JN199095

近世日朝交流史料叢書

通訳酬酢

つうやくしゅうさく

田代和生 編著

刊行にあたって

　歴史研究の深化を支えるのは、良質な史料との出会いにある。近世日朝交流史研究に限れば、基礎的な史料として日朝関係を取り仕切った膨大な対馬藩宗家の記録類がある。国内外七か所に分割保管されている宗家記録のなかで、最大の蔵書点数を誇るのが対馬藩府中（対馬市厳原町）に伝わった宗家文庫本である。かつて木造の倉庫に雑然と積み上げられていたこの史料は、一九七九年より厳原町教育委員会が整理作業を開始し、断続的に約三十年の歳月をかけて、二〇一二年に古文書・古記録・絵図類など八万三千点に及ぶ目録を完成させたことで利用が容易になった。また一九九八年より、朝鮮通信使記録（韓国国史編纂委員会本・慶應義塾図書館本）、倭館の館守日記（国立国会図書館本）、裁判記録（同上）、江戸藩邸記録（東京大学史料編纂所本）など、各保管所の基礎的な史料の全冊がゆまに書房によってマイクロフィルム出版され、研究者への便宜が図られた。さらに国立国会図書館では、現在、所蔵文書の総てがデジタル化され、インターネットを通じて世界中どこからでも宗家記録に近づける時代が到来した。史料への接近が容易になった近年、近世日朝交流史の分野では著しい研究の進展がみられ、優れた成果が次々と世に生み出されている。

ただし宗家記録以外にも、日本国内外の図書館や資料館、あるいは個人の家にも貴重な関連史料が数多く現存している。しかもこれらの史料は、総て難解な古文書で書かれており、中には漢文やハングル史料も多く含まれている。解読するための特別な訓練を受けた者は良いが、他分野の研究者や外国人研究者からみれば、それはいまだに近づきがたい状態にあるといえる。研究文献に引用された史料は、研究者自身の歴史叙述や事実証明の典拠として使われるため、その一部分だけが切り取られて利用される裏方の存在にすぎない。記録を残した筆者の思考過程に迫るには、まず史料の全文を解読することから始めなければならない。五十年間にわたる研究活動の中で、近世日朝交流史研究にかかわる珠玉のごとき貴重な史料との出会いがあり、それをいつの日か表舞台に登場させ、専門家だけでなく、必要とする総ての方が理解できるように配慮した史料集の刊行をかねてから願ってきた。

本史料集は、近世日朝交流史関係の膨大な記録の中から、とくに重要と思われるものを精選し翻刻するものである。収録の対象は、日朝間の交流現場で様々な役職に従事してきた者の記録に限定した。具体的には、朝鮮国への使節随行員による日記、対馬藩朝鮮方に伝わる記録、朝鮮語通詞による編纂書などである。これらを通読すれば、激動の時代に展開された日朝外交の実態、日本人居住区倭館の詳細、交流現場に常に介在した朝鮮語通詞の養成から活動内容、通訳官同士が交流現場で交わした会話の数々、などが明らかにされる。触れられたテーマは、両国の外交、歴史、地理、政治、経済、制度、産業、交通、情報、宗教、思想、教育、文学、美術、音楽、食物、自然、怪奇現象等々、さらに為政者から庶民階級にいたる人々の行動や考え方、礼儀作法にまで及び、そこから日朝交流にかける人々の思い、心の深層までも探ることができる。より広い読者にこの史料の面白みを理解していただくために、日本語（古文書）で書かれたものは、原文の校訂文と読み下し文、それに文意を把握できるような詳しい註を付した。漢文やハングル文は、状態が良ければ原本の影印版を用い、読み下し文、現代語訳・註によって内容が分かるように配慮し、解読にあたってはその分野の専門家のご協力を仰いだ。

異文化との交流を通じて生まれた相互理解は、国際交流の原点ともいうべき「国家」「社会」「人」とは何かを問いかけている。これは現代の複雑な国際関係を理解することにも通じることで、あらためて良質な史料に基づく歴史認識の重要性を喚起させ、その手がかりとなる第一級史料の発掘と解読はさらに重要なものとなっていくと確信している。

二〇一七年四月

田代　和生

目次

刊行にあたって 1
凡例 11
通訳酬酢　解読編 15
通訳酬酢　序書 17
通訳酬酢　一　風儀の部 23
通訳酬酢　二　風楽の部 43
通訳酬酢　三　船上の部 67
通訳酬酢　四　外国の部 91
通訳酬酢　五　乾坤の部 115
通訳酬酢　六　浮説の部 129
通訳酬酢　七　武備の部 157
通訳実論　八　官品の部 181
通訳酬酢　九　女性の部 203

通訳酬酢　十　飲食の部　231
通訳酬酢　十一　酒礼の部　263
通訳酬酢　十二　礼儀の部　285
通訳酬酢 原文編　303
通訳酬酢　序書　305
通訳酬酢　壱　風儀之部　307
通訳酬酢　二　風楽之部　315
通訳酬酢　參　船上之部　327
通訳酬酢　肆　外国之部　339
通訳酬酢　伍　乾坤之部　351
通訳酬酢　陸　浮説之部　359
通訳酬酢　柒　武備之部　373
通訳実論　捌　官品之部　387
通訳酬酢　玖　女性之部　399
通訳酬酢　拾　飲食之部　413
通訳酬酢　拾壱　酒禮之部　429

通訳酬酢

小田幾五郎　著
田代和生　校注

凡例

一、本書は、小田幾五郎（おだいくごろう）著『通訳酬酢（つうやくしゅうさく）』（十二巻三冊）の全文を活字にしたものである。底本は、自筆原本である韓国国史編纂委員会所蔵本（宗家文書）を用いた。このうち欠本となっている「巻八　官品の部」は、旧本『通訳実論』（鍵屋歴史館本）で補った。

二、「解読編」について。

1、一般読者用に、原文（漢文を含む）に句読点を付して読み下し、難解な語句には註を付して簡単に解説した。漢字は常用漢字へ改め、変体仮名、仮名の濁点、送り仮名などもすべて現行の使用法に改めた。

2、原文に従い、「通曰く」「訳答る」など会話の主を文頭に出し、会話と会話の間を一行あけた。原文では説明が会話中に書かれているものが多いが、これも改行して会話部分と区別した。原文で略された会話の主には、（船将曰く）（一人が曰く）などのように（　）内でそれを補い、改行して前者の会話と区別した。

3、虫損、破損などの箇所は■■■で示し、推定できる文字、あるいは原文の誤字・造字を正字に改めたものは、文字の右に「、」を付した。諺や熟語など、原文に返り点が付されているものは、語順を直して読み下した。意味の通じない文章や不要な文字のうち、判断できれば正してその右に「、」を付し、判断できないものは（ママ）とした。

4、読みにくい文字には振り仮名（朝鮮人名や両班（ヤンバン）などの朝鮮音は片仮名）を付し、語句の解釈や難解な文章、年代などが想定できるものなどは、各巻ごとに番号を付して註記した。頻出するもの（例、東莱府使、訳官など）は、重複を避けるため詳しい説明の巻と註番号を付した。本書に出てくる長さの単位は、次の通りである。

一丈＝約三m　一尋（ひろ）＝一間＝六尺＝約一・八m　日本一里＝朝鮮十里＝約四㎞

5、註に引用した史料・文献・辞典は以下の通りである。刊行本は（　）内に出版年代などを記した。

『草梁話集』小田幾五郎著、鍵屋歴史館所蔵。

『象胥紀聞』小田幾五郎著（鈴木棠三編『対馬叢書』第七集収録、村田書店、一九七九年）。

『象胥紀聞拾遺』上、小田管作著、韓国国史編纂委員会所蔵。

『象胥紀聞拾遺』下、小田管作著、長崎県立対馬歴史民俗資料館寄託。

『交隣須知』（京都大学国文学会編、一九六六年）。

『譯科榜目』韓国ソウル大学校奎章閣学術研究院奎章閣所蔵。

『倭語類解』（京都大学国文学会編、一九五八年）。

『洌陽歳時記』金邁淳著（姜在彦訳注『朝鮮歳時記』平凡社東洋文庫193収録、一九七一年）。

『朝鮮語方言の研究』上下（小倉進平著、岩波書店、一九四四年）。

『大漢和辭典』（諸橋轍次編、大修館書店、一九六〇年）。

『日本国語大辞典』（小学館、一九七二年）。

『朝鮮語辞典』（韓国学文献研究所編、亜細亜文化社、一九七五年）。

6、朝鮮釜山に置かれた日本人居住地区「倭館」は、小田幾五郎の時代「倭」字を避けて意図的に「和館」と記述されたことから、本書では解説も含めて「和館」に統一した。また本文や註の解説の中に、今日の基準から見ると、人権保護上問題となる用語や表現があると思われるが、歴史史料の提供という本書の目的に鑑み、そのまま掲載した。

三、「原文編」について。

1、底本を、原文どおり活字にした。

2、異体字・俗字・略字・古字はそのままとし、誤字や造字は本書名の「酢」を除き、文字の右に（　）を付して正字を入れた。ただし次の文字は、初めから正字で記しておく。

冝→宜　ホ→等　𠀋→丈　凢・几→凡　監→監　杦→杉　誉→誉　臭→魚

㓛→功　吐→吐　虫→虫　纔→纔　枣→棗　替→替　幼→幼　屈→屈

3、虫損、破損などの箇所は■■■で示し、推定できる文字は（　）内に入れた。意味が通じない文章、不要な文字は右に（ママ）とし、原文内の文字訂正には【　】を付した。

通訳酬酢

小田幾五郎著

（解読編）

通訳酬酢　序書

明和四丁亥年、私前髪にして朝鮮草梁和館に渡り、壮年に及び訳官の輩と交わる事殆ど五十余か年、大小の公幹、通詞と訳官の議論に止まる。日本判事多しといえども、就中、聖欽李同知・士正朴僉知・敬天玄知事等、唇歯のごとく交わる事久し。かの国の人情、先学の教え多き故に、考うべき事ながら、私現在見聞随時の論、一か年中の手覚えこれを集め、愚案のまま後生通詞のため通訳酬酢と題目し、文化四丁卯年を始めとし同十四年戊寅年に至り、十二編に顕し袖中に納め置き候処、老年に及び数十か年御恵み蒙り奉り候験、御役方へ差し上げ置き候。かの人へ旦夕の交わり、実直を失わざる時は、かの方奸を施すとも終に直に伏す。奸を責めれば柔を以て和に移す。和に応ずれば、理に随い慾に便る。理慾を正せば欺き歎く人の情、朝夕これを弁える事第一なり。

通詞、私の心得。

通弁は秋の港の渡し守り
往き来の人のこゝろ漕ぎ知れ

天保二辛卯清月　前大通詞　小田幾五郎
齢七十七歳白書　謹んで識す

卯年㉕
辰年㉖
巳年㉗
午㉘
未㉙
申㉚
酉㉛
戌㉜
亥㉝
子年㉞

通訳酬酢　一　風儀の部
通訳酬酢　二　風楽の部
通訳酬酢　三　船上の部
通訳酬酢　四　外国の部
通訳酬酢　五　乾坤の部
通訳酬酢　六　浮説の部
通訳酬酢　七、　武備の部
通訳酬酢　八　官品の部
通訳酬酢　九　女性の部
通訳酬酢　十　飲食の部
通訳酬酢　十一　酒礼の部
通訳酬酢　十二　礼儀の部

註

（1）明和四丁亥（ていがい）年　一七六七年。小田幾五郎十三歳の年。

（2）前髪にして　額の上の髪を束ねた元服以前の男子の髪型。

（3）草梁（そうりよう）和館　朝鮮釜山草梁項に延宝六年（一六七八）～明治六年（一八七三）置かれていた日本人居住区。日朝外交・貿易の拠点でもある。延宝以前は釜山豆毛浦にあった。正確には「倭館」と書く。「和館」の語は近世中期ごろから多用され、小田幾五郎は意図的にこちらを使用する。

（4）訳官　司訳院に属する日本語通事。和館には、訓導（くんとう）（二年交代）・別差（べっさ）（一年交代）および書記や守門などに配属される小通事（三〇名）が常駐する。

（5）公幹（こうかん）　公務。職務。巻六原文に「御用」とある（巻六註69）。

（6）通詞　対馬藩の朝鮮語通詞。

（7）止（とど）まる　集中すること。

（8）判事（はんす）　日本語通事の総称。

（9）就中（なかんずく）　とりわけ。

（10）聖欽（ソンフム）李（イ）同知（どうち）　李命和（イミョンファ）。字、聖欽。一七二八年生まれ。宝暦十二年（一七六二）および天明七年（一七八七）の渡海訳官使（巻三註2）。同知は同枢（従二品）の別称で堂上訳官。

（11）士正（サジョン）朴（パク）僉知（せんち）　朴俊漢（パクジュナン）。字、士正。一七三〇年生まれ。寛政八年（一七九六）渡海訳官使。僉知は僉枢（正三品）の別称。堂上訳官。

（12）敬天（キョンチョン）玄（ヒョン）知事　玄義洵（ヒョンウィスン）。字、敬天。一七六五年生まれ。文化六年（一八〇九）対馬易地聘礼の講定役（事前交渉官）として渡海訳官使となり、文化八年（一八一一）来日の通信使上々官を勤める。知事は知枢（正二品）の別称で訳官の最高位。

(13) 唇歯のごとく交わる　常々親密に接すること。

(14) 後生通詞　後輩の朝鮮語通詞。

(15) 酬酢「酢」は小田幾五郎の造字。「酬酢」の字義は「応対すること」。ここでは「言葉の掛け合い」の意味に用いられている。

(16) 文化四丁卯年　一八〇七年。

(17) 同十四年戊寅年　文化十四年（一八一七）は丁丑年。戊寅は文政元年（一八一八）。

(18) 旦夕の交わり　日常的な交流。

(19) 実直を…直に伏す　実直さを失わなければ、朝鮮側が奸（悪巧み）を仕掛けてきても最後には正しい道に従うものである。

(20) 奸を責めれば…人の情　奸を責めれば柔軟になり和やかな態度に転じる。その和やかさに応じれば理（人間の性）に従い慾（私欲）を巧みにする。理や慾を正せば欺き嘆くのが人の情というものである。奸を厳しく責めずに実直さを失うな、という意味。

(21) 私「渡し」の掛詞。

(22) 天保二辛卯　一八三一年。

(23) 清月　陰暦八月の異称。

(24) 大通詞　対馬藩朝鮮語通詞の最高位。

(25) 卯年　文化四年（一八〇七）。

(26) 辰年　文化五年（一八〇八）。

(27) 巳年　文化六年（一八〇九）。
(28) 午　文化七年（一八一〇）。
(29) 未　文化八年（一八一一）。
(30) 申　文化九年（一八一二）。
(31) 酉　文化十年（一八一三）。
(32) 戌　文化十一年（一八一四）。
(33) 亥　文化十二年（一八一五）。
(34) 子年　文化十三年（一八一六）。

通訳酬酢　一　風儀の部

卯(1)の春、都表より四品以上の官人衆(2)、日本人見物として下来これあり。訳官(3)共に十余員同席の所、

一人の曰く　日本人は、顔の長きを好み候や。何れも面を長めたる。

と語る。通、聞かざる体におり候所、

訳答る　この髪を剃る事、養生の第一に候。日本人達を御覧候らえ。眼病気これなく気運よく候故、精力強く候。被り物を用い候らえば、皆々器量・骨柄相応の生質(4)に候故、人品好ましかるべきを惜しき事に候。髪を延ばすは、喪に逢い候人の験に候。惣体月代(5)を延ばすは、失礼の儀に御座候。

一人　なぜ、被り物を用いざるや。

と語る。

訳答る　頂(6)に物を置く事、日本の風儀にては無礼の儀に候。寒中我々出会いにも、都度都度頭巾(7)を抜ぎ取り、正しき風習に御座候。

傍(かたわら)**の従者が曰く**　日本人は半僧にて御座候。

と謡(つぶや)く。[8]

通聞て　汝(なんじ)は事を弁(わきまえ)ざる下人、他国の人物を譏(そし)る不埒(ふらち)の至り、咎(とが)める迄もこれなし。唐人は天窓(てんそう)を丸く剃(そ)り、南京(なんきん)の印し少しこれあり。[9]これ等は全僧に候や。北京人も同様にこれあるべし。無識の小人、麁忽(そこつ)の言[10]吐(は)かざる事なり。日本人はその方ごときものを毛唐人(けとうじん)[11]と言い伝う。これ皆下部の雑説(ぞうせつ)[12]、論じるに足らず。日本の下人他国の人物を敬(うやま)う意ありて、軽々しくこれ等の語言わず。毛唐人と唱え候は、口髯(ひげ)長く、食物残らず髯に着き穢(きたな)く見え候。

と即席和(そくせきなごやか)に譏り返す。

訳曰く　日本大通官の弁才(べんさい)、御聞きなさるべく候。北京の通官[13]はいかがに候や。

一統(いっとう)**口を揃**(そろ)**え**　北京の通官妄説(ぼうせつ)[14]多く、拙者共にこれを喰(く)らえ、又は下人共へこれを召されよ[15]との類(たぐい)時々これあり。この大通官の語、下人への言(ことば)始終相揃い、拙者共への当話(とうわ)[16]、年輩に応じ相当の挨拶(あいさつ)[17]に候。

一人の曰く　日本人の風を見るに、帯刀の人、無刀の人これあり。一体にこれなきは不審の儀に候。その内に尻を挑(かか)げ[18]大脇(おおわき)[19]を差し出し、暦々(れきれき)[20]の前を通りても咎める人これなく失礼に当たらず候や。

訳答る　帯剣の人は有禄、[21]無刀の人は無禄に候。無禄にても勤めをいたし候節は、短剣一柄ずつ帯び候。日本の法は、主人持ち残らず一柄ずつ帯び候。その中にも重立ち候道具預り候者、両刀を帯びし候。長剣・短剣常に帯び候は有官の人にて、林佳と言う[22]武士に候。尻を挑げ候は主人持ちの下人、又者[23]にても己が主人を懇ろに取り扱い候。

一統より　然らば下人共にも闘争せよ、との言い付けに候や。

訳答る　日本の法、覚悟なき喧嘩、猥りに致さざる様との示しと聞き及びおり候。

論中、年齢相応の両班[24]一人通に近寄り、剣を見せ候らえと無体に柄の半ばを握る所を、訳差し留め、無用無用と制す。

側なる一員の曰く　一剣にて済むべきものを両剣を用い、金銀を以て飾りこれあるは奢りと見え候。長剣これあるはいかがの儀に候や。

通答る　両刀の内、長剣は主君のために佩び[25]候。短剣は私の用に候。

その間に年若き官人、剣の刃見たしとて鯉口[26]二、三寸曳き抜き候を、通、その手を聢と握り、

（通曰く）　これは御無用に候。御存じこれなき筈に候らえども、我が国の法、他の剣に手を当て候は

至って失敬の儀。我が国の人なれば上下も論ぜず、親友たりとも差し置かざる儀に候。

又一人曰く　剣を大事に致され候は利の筋に候らえども、金銀の飾り多きは公の奢りと察し候。公の身上他目（ひとめ）を飾られ、徒（いたず）ら(27)事と見請け候。

通答る　この飾り無用と見え、奢りと御覧、御尤もに候らえども、実は主君の用に候。万々一不慮の儀これあり、数日を経（へ）、兵糧（ひょうろう）に事欠（ことか）き候時は用心物にして、この内用にならざる品より段々取り外し売り用い候ためにて、かく飾り置き候は身元の要害（ようがい）(28)故肌に付けまかりあり候。かねがね倹約をいたし、禄の有余を以て帯剣を飾り候は主用に候。太平の御代（みよ）、利剣(29)・粧刀（しょうとう）(30)・木剣も同様、御互いにありがたき御代に候。

一人、通が側に躙り寄り(31)、袖を探り見て、

（一人曰く）　絹物を重ねられ、この綿を一つに厚々と入れ然るべきものを、弊（つい）(32)えなる衣服の仕様（しよう）や。

と誉（ほ）め立て、印籠（いんろう）(33)・巾着（きんちゃく）(34)の口は明（あ）けず、外廻りをとくと見て、

（一人曰く）　この内にいか様の品、入れ用いられ候や。

通答る　巾着には印判を入れ、小玉の銀(35)等を入れ用い候。これは薬入れにて、急用のため気付（きつけ）等の仕（し）

分け(36)に入子(37)これあり、御覧の通りに候。蒔絵等の飾りは、麁略になさざるため(38)に候。さて各様の巾着、種々の品一つに入れられ混雑いたし、急用の時間に合い候は不審に候。日本の風儀、軽き品にも仕分けこれあり、書き付け等はこの紙入れの内に預かり候。貴国の風儀、巾着のみにて御済ましなされ、若き御方は太くなりても(39)苦しかるまじく候らえども、御老人は遠路御迷惑ならるべしと察し候。

いずれも同じ答えに候。

（一人曰く）　国の風儀、幼少より提げる習い(40)、苦しからず御座候。日本向き(41)衣服に制度これなく候や。

と訳官に問う。

訳答る　日本の服制委しく存ぜず、我が国とても品々これある儀、不詳に候らえども、日本の制度大体を考え候処、両班達(42)は真綿を用いられ、中分は真綿と綿等分を用い、下の部は全て綿ばかり相用い候に付き、軽き人にても寒気に二つ三つ重ね着いたし候。惣体綿厚着候は失礼と見え候。日本の制度奢り外表に出さず、これ等の法下々に至り真用いたし(43)、奇特の義に御座候。

都より付き添い来り候従者迄、日本人珍しく覚え、通に取り廻り候に付き、通心得、その中巾着に縫いあるを珍らしき巾着と誉め曳き寄せ、内の品々残らず打ち明け見候処、火打(44)を初め書き付け類、

銭百文ばかり、干鱈の身少し、果物等入れこれあり候に付き、

通曰く　その方達は遠路にても苦になるまじく候らえども、上典方(45)も巾着にこれ等の品入れあり候や。

官人達気の毒致され(46)、従者共を叱り退け、

一人の曰く　公の衣服を見候に、地白き絹物と見候らえども染めこれあり。その外も同様に見え、誠に質朴(47)なる御国風。白きものを染め用いられ、我が国の眼には惜しき事に候。

通答る　朝鮮こそ質朴なる御制度これなく、白き物をそのままに用いられ、中以上紬(48)類迄にて、縮緬(49)の服見掛けず、真綿沢山に御用あり共見えず。中以下は木綿手繰り袴(50)に綿厚々と入れ、上わ着に袖これなし。浅黄染(51)めのみにて纔かの染め代、女中前垂に浅黄染めこれあり。男子帯剣の飾りに及ばず。頭に髪附油の弊えこれなし。上中下共に網巾(52)にて相済まし、鼻紙懐中これなし。大袖の上わ着の袂に折節手拭の所持これあり。これを以て鼻汁を拭き、手も拭き通用致され候らえども、中以下手拭所持致さず手鼻(53)を拭き、諸般質朴の御国風、朝夕多く候らえども目立たざる様にこれあり。往古の姿にて済まして通される堅き国風、日本器物の内御重宝あり候らえども、高直(54)の品は御好み少なく、皆人よくよく御堪えなされ、面々差し傘などは人別用立て候らえども、一国中纔かの御入用と聞き候。これ等の儀、訳官達へ称讃致す義に御座候。かれこれの間、何れが質朴に候や。御一統の前、憚りながら御尤もの御国習に

候。

訳答る　帯剣の飾り、人々屢に致され奢りの様見え候らえども、追々考え候処、子孫迄相伝わり、我が国の風儀が国の風儀弱きにこれあり。頭上に弊え多く、候笠を用い候に付き、損じ早く、全う用い候(55)時三年に一度は新しく仕替え、その外揮項類に至る迄、(56)中以上は毎歳仕替え候。白き衣服面(57)りは弁利(58)の様に見え候らえども、第一垢付き早く少しの穢れも目に立ち、洗濯のたびたびなるたけ白め候故、釜に灰汁(59)を入れ煮突き、河辺に持ち行き石の上にて打槌(60)を以て擲き候間、木綿の地弱り破れ多く、却って弊えに相なり候。日本こそ質朴なる仕習いにて、白きものを染め用いられ質朴第一の儀に御座候。

論中一人、通が羽織の袖を返し見、

（一人曰く）　表より裏の絹宜しきを、裏表に拵えたるは不審なり。

と一統へ評す。

訳、押し停め、

（訳曰く）　御無用、御無用。日本の風儀、衣類に手を当て候事は失礼これに過ぎず。他人に候らわば公の手を捕え闘争(61)に及ぶべし。右様の事日本人と出会いの刻、御遠慮なさるべし。

と示す。

一人、羽織の紋所を見、

（一人曰く）これ、却含(はず)(62)みに候や。

通答る　この紋は予が家の標(しるし)に候。人々の家により、紋所(もんどころ)に違いこれあり候。予が同姓の親類同じ紋を用い、子々孫々に至り他姓に紛れざる様代々用い来り候。衣類の裏を却含み候は羽織(はおり)に限らず、表向きを飾らず、有任(63)の身分心中を却含み候らえとの禁(いまし)めに候。人として表を却含まず、心中を却含み、心を磨(みがく)が第一の奉公に御座候処、人々の志(こころざ)し同じかるべき様これなし。貴国も衣類を以て御制度これあり。面前喪に逢い候人は、父子より段々寸滅(すんめつ)の分(わ)かち(64)顕(あらわ)れこれあり、宜しき教えに候。これに付き親類の事、寸を以て定めこれあると聞き候。父親は一寸、母親は二寸に定め、叔父(おじ)を三寸、叔母(おば)は外姓、これより従弟(いとこ)を四寸と定め、段々血筋を以て五寸・六寸・七寸・八寸、九寸より他人に至り候由、その通りに候や。

官人の内老人進み寄り、

（一人曰く）公の論忝(かたじけな)く覚え候。当地へ多年在留と聞こえ、我が国の人と同様の出会いに候。公は父母・妻子に懸念(けねん)これなく候や。

通答る　旅勤中、上中下の面々、留主留守人数に応じ、官家(65)より扶持なされ候に付き、飢寒の懸念等御座なし。この地にては家人に至る迄、料米厚く給わり候に付き、世事に強いて念慮御座なく候。

訳曰く　料米等の儀委しく御問いなられまじく候。かねて聞き及びおり候は、我が国と違い、この人達本州に男女の家頼これあるやに聞き候。ここ元にて下人両三人ずつ召し遣われ候処、官家より下人迄残らず扶持与えられ、その外有官の両班下人数多に候らえども、人数に応じ官家より扶持これあり候。我が国は惣体薄禄故赤面致し候。日本の風儀上より下迄主人を貴び候。面りこの大通官の小童(66)、漸く十歳余りに相なり、この子父母の膝下を離れ、主を頼りにして側に付き添いおり候体御覧候らえ。愛るべき事に御座候。我が国の童児と違い、屈膝(67)致しおり候。幼少の時よりかくのごとく仕立て候。

一統口を揃え　初めて日本人に逢い候処、幸いの人に出会い、風儀の荒増を聞き喜悦致し候。かねての噂に増さり日本向きの御政道、誠に感心の儀と密々評儀の上、他館に数十か年在留これあり、父母・妻子気に掛けず忠誠を尽くされ候趣、論中にこれを察し候。

暫くありて四、五員竊々私語(68)候処、訳より通に向かい、

（訳曰く）　適々の事故、この両班達へ日本の食物進めたく、公の旅宿に御用意下さるべし。
と語る。

（通曰く）　安き儀、直ちに御同道ならるべく候。

一統席を起立し候処、武官の人弓・箙(69)を佩び、剣を帯び、いざ参るべしと立つを、

訳制して曰く　和館(70)に武器を帯びて入る事失敬の至り、已前より相ならざる儀に候。
と差し留める。

（訳曰く）　いか様旅館の人を驚かすに似、遠慮致すべき事。
と言い、弓・箙下人に渡し、脇道より帰路に待ちおり候様申し付けられ候故、

通より訳に私語候は、

（通曰く）　御隣交の厚みを重ねられ、今の御示し御尤もに候らえども、都表より下来の官員衆、殊更三品以上の両班交わりこれあり。六曹(71)の判書(72)をも勤めるべき御方これあるべきやと考え候処、余り差し面に仰せ向かわれ、拙者気の毒致し候。饗応事は公のため故、取り繕い申すべく候。

訳答る　三品以上の衆故、日本向きの事情丁寧に存じ込まれ候様にと、わざと言いたる義に候。都表

両班達は素より、我が国の人、日本判事(はんす)(73)は捴(そう)じて日本贔屓いたし候様心得られ、幸いの折に付き、意味これある儀故御気遣い下されまじく、御親切忝く御座候。

通曰く

あの内、東萊府使(とうらいふし)(74)相勤めるべき官員をも見掛け候。公の勤中、諸般日本贔屓と心得これあり候らわば、却って公幹(こうかん)(75)の妨(さまた)げに相なるべきやと気掛りに候。惣じて拙者共の勤め同様の儀、日本向きにては伝語官中(76)は朝鮮贔屓に掛け合い(77)候と存じ込まれ、御同然の儀に候らえども、折節には御誠信の本意(78)暦々方へ申し上げず候ては、御誠信も骨抜けに相なり候故、背(そむ)かざるに拘わらず(79)仰せ述べられ候趣、憚(はばか)りながら御尤もに御座候。

訳答る

あの衆の内にも、段々訳ある事に候。拙者共へ府使類の勤め致したく、相頼まれ候官員もこれあり。その中(うち)府使より経(へ)登り重職致され候時は、公私に付き頼み事これあり候らえども、前方(80)取り入り候は弊事(へいじ)(81)、その節に至り仕える道これある儀、御気遣い下されまじく候。

通曰く

朝鮮の風儀、時の主官(82)・権柄(けんぺい)ある人のみ敬まわれ、常にその意なく済まし置かれ、その節に行き当たり厄い生ずべし。諸向現色(げんしき)(83)勝負と申す姿に候。先刻武器の事御尤もに候らえども、信使・訳官(84)の節にも客殿の門内に入り、鉄炮を放たれ候は失敬の重なりに相当たり候。これ等の意味御分かりなられず、館中に武器佩び入れ候事と御心得大いに違い候。去りながら他国に御入来なられ候に付き、専ら武威を張られ候義共にてはこれなく候や。首尾相揃(そろ)わざる義と察し候。

訳答る

信使・訳官の節放炮いたし候らえども、あれは武器にこれなく、紙を仕込み炮の響きを取り候のみにて、旅館に残りおり候者共に路中恙(85)なしとの知らせに候。鉄炮と存ぜられ候は我が論に当たらず候。字意を以て論じ候らえば、紙炮僻事(86)に候。公は数十か年在館これあり、見聞の通り毎年番船館中の前を通り、釜山の城を見掛け候らえば、往来共に炮を放ち通行を知らせ候義これあるのみ。武器の釣り合いを以て論ぜられ候らえども、国内にても城郭を見掛け炮を放ち候事、武備に拘わらざる意察し下さるべく候。第一謹しみ候は行粧船(87)の出入り、放炮致すはかれこれの間邪魔(88)・悪気を払い候主意専一に候。

通曰く

朝鮮の事情見馴れおり候拙者にても、鎖細の意味委しからず。客殿の門内に入り、炮を放たれ候事不敬と存じ候。増してや、日本の諸臣・諸人見聞これある時は、猶更不審の沙汰(89)これある筈に候。その上対州の地にては、朝鮮人勝手次第に計り候との噂これあるべくや。御隣交厚き中、軽き事にて両国の意地生ずべきやと後先考え候。朝鮮贔屓の拙者第一気の毒(90)に存じ候は、日本の武威盛んなる事を知らず、朝鮮人武を飾り候と日本向きにて嘲り笑うべし(91)と、対州の諸官人衆迄も手に汗を握り気の毒致され候。

訳答る

聊かも武を張り候意これなし。公見掛けられ候通り、海上にて類船を見失い候時は節々炮を放ち、類船よりも応炮致し、炮の音繁くこれあり候。これ等の儀、御隣交永続諸向如才なく(92)相計らい候義に御座候。申さば他国に乗り掛け、炮を放ち候意味憚るべき事に候らえども、御双方太平の御代、武威・武備共に遠慮なき所より起こり、殊更三穴炮響(93)を取り候ため故、その証し紙玉飛び散り、皆人見分の所に候事(94)、長き論に及ばず。鳴り物と諦め下さるべく候。

通曰く

炮類の品、鳴り物とは得手勝手(95)の論に移り候。日本向き軍器の内、鳴り物は別に備えこれあり、常に御用いこれなし。御見聞通り、船の出入り太鞁を打ち知らせこれあり。漕船(96)の差図等は采(97)を振り、声高に騒ぎこれなし。出入りのたび、一、二、三番の太鼓にて陸に揚がりおり候。小者共一人も残らず乗り組み、類船見失い候時は太鼓を打ち、夜分は火を以て知らせ合い候。炮を放つ事、貴国のごとく乱りなる義これなし。三穴炮手に取り見候らえば、全く武器と見えず候らえども、炮の音は鉄炮の音に候故、已来は場所柄御勘弁なされたき儀に候。この趣、かねて使臣の御方(98)へ委しく御申し入れ置かれたき義に御座候。

註

(1) 卯　文化四年（一八〇七）。
(2) 四品以上の官人衆　正三品以上が堂上官（国王に拝謁できる官位）のため、かなりの高官たち。

（3）訳官　日本語通事（序註4）。
（4）生質（せいしつ）　生まれ付いたときから備わっている性質・能力・容姿など。原文振り仮名に「ウミツキ」（生み付き）とある。
（5）月代（さかやき）　額から頭上に髪を剃った成人男子の頭の形。
（6）頂（いただき）　頭の上。
（7）頭巾（ずきん）　布製のかぶり物。朝鮮では僧侶がかぶる。
（8）謐く（つぶやく）　原文振り仮名「ツブヤク」（呟く）の当て字。「謐」は「静かな言葉」の意味。
（9）唐人は…これあり　中国人は頭上の髪を丸く剃り、これを南京（中国人）の目印とするふしがみられる。
（10）麁忽（そこつ）の言　粗忽（そこつ）（失礼）な言葉。
（11）毛唐人（けとうじん）　野蛮人。長崎に来航する紅毛人（オランダ人）と唐人（中国人）の略称。
（12）雑説（ぞうせつ）　根拠のない風説。
（13）北京の通官　中国人の朝鮮語通事。
（14）妄説（ぼうせつ）　間違ったいい方。
（15）拙者共に…召されよ　（高官の）我々へ「喰（く）らえ」と言い、下人には「お召し上がりください」と言う。位階や年齢にふさわしい言葉使いができないという意味。
（16）当話（とうわ）　頓智のきいた即答。
（17）相当の挨拶（あいさつ）　格をわきまえたふさわしい応答。
（18）尻を挑（かか）げ　尻のすそをはねあげること。
（19）大脇（おおわき）　大脇差し（大刀）。

(20) 暦々　お偉方。「歴々」に同じ（註24）。
(21) 有禄　主君につかえ禄（俸禄）を貰う者。
(22) 林佳　直参の家臣。「林」は君主。「佳」は佳人（良臣）。
(23) 又者　臣下の臣（陪臣）のこと。
(24) 両班　原文振り仮名に「レキレキ」（歴々）とあり、ここでは朝鮮のお偉方。
(25) 佩び　身につけること。
(26) 鯉口　刀剣の鞘の口の部分。
(27) 徒ら事　「徒事」（何の役にも立たない）に同じ。
(28) 身元の要害　一身上の大切な物。
(29) 利剣　切れ味の良い名刀。
(30) 粧刀　飾り刀。
(31) 躙り寄り　座ったまますり寄ること。
(32) 弊え　金をかける。
(33) 印籠　腰にさげる印判や薬入れ。
(34) 巾着　財布。
(35) 小玉の銀　豆板銀ともいう日本の小額銀貨。
(36) 気付等の仕分け　気付薬などを分類する。
(37) 入子　同形の大小数個を組み合わせた用器。
(38) 麁略になさざるため　物事をおろそかにしないため。

(39) 太く　分厚く。
(40) 提(さ)げる習い　一緒に持ち歩く習慣。
(41) 日本向き　日本側。
(42) 両班　原文振り仮名に「レキレキ」（歴々）とあり、ここでは対馬藩のお偉方（上級士族）。
(43) 真用(しんよう)いたし　誠実に守る。
(44) 火打(ひうち)　火打石。
(45) 上典　原文振り仮名に「ヲヤカタ」（親方）とあり、従者からみた主人（雇い主）のこと（巻二註126）。
(46) 気の毒致され　（通へ）申し訳なく思う。
(47) 質朴(しつぼく)　飾りけのないこと。
(48) 紬(つむぎ)　あらめの絹織物。
(49) 縮緬(ちりめん)　よりを入れた高級絹織物。
(50) 袴(ももひき)　下着。原文振り仮名「バッチ」は朝鮮語。
(51) 浅黄染め(あさぎぞめ)　あさぎ色（薄緑）の藍(あい)染め。
(52) 網巾(もうきん)　原文振り仮名に「マユキヌ」とあり、朝鮮語「マングン」（男性の頭髪を束ねる網）のこと。
(53) 手鼻(てばな)　指先で鼻をかむこと。
(54) 高直(こうじき)　高値。
(55) 全(まっと)う用い候　ずっと使用し続けること。
(56) 揮項　笠の一種。原文振り仮名「フヤグ」は朝鮮語。
(57) 面(まのあた)り　実際に。

(58) 弁利（べんり）　物事をよくわきまえていること。
(59) 灰汁（あくじる）　灰を水につけた上澄みの水。衣服の汚れ落としや漂白に用いる。
(60) 打槌（うちつき）　物を叩く道具。
(61) 闘争　原文振り仮名に「ケンクワ」（喧嘩）とある。
(62) 却含み（はずみ）　原文振り仮名に「ハヅミ」（弾み）とあり、気前よく奮発したという意味。
(63) 有任　職についている者。
(64) 寸滅（すんめつ）の分（わ）かち　肉親・親戚と、（その関係が消滅する）他人との分かれ目。
(65) 官家　対馬藩主。
(66) 小童　近辺の雑用を勤める少年。
(67) 屈膝（くつしつ）　膝をまげて正座した姿勢。
(68) 竊々私語（せつせつしご）　小声でひそひそ話をすること。
(69) 箙（えびら）　矢を入れて背負う武具。
(70) 和館　朝鮮釜山の日本人居住地（序註3）。
(71) 六曹（そう）　朝鮮議政府の行政事務を担当し、吏曹・戸曹・礼曹・兵曹・刑曹・土曹の六部局で構成される。
(72) 判書（はんじょ）　六曹の最高位。正二品。
(73) 判事（はんす）　日本語通事の総称。
(74) 東萊府使（とうらいふし）　慶尚道東萊府（巻二註6）の行政長官、都護府使の略称。
(75) 公幹（こうかん）　公務。職務（巻六註69）。
(76) 伝語官　対馬藩の朝鮮語通詞。

(77) 掛け合い　交渉。
(78) 御誠信の本意　双方の実意を知った上で互いの違いを理解し尊重するという対馬藩儒者雨森芳洲（巻四註1）の教え。
(79) 背かざるに拘わらず（公務に背く）背かないに関係なく。
(80) 前方　前々から。
(81) 弊事　弊害あること。
(82) 時の主官　その時の担当官。
(83) 諸向現色勝負　すべての事が現実に現われている勝ち負けで決まる。
(84) 信使・訳官　来日する通信使や渡海訳官使（巻三註2）。
(85) 路中恙なし　道中無事で何事もないこと。
(86) 僻事　間違い。
(87) 行粧船（出入港時に）飾り立てた船。
(88) 邪魔　害を与える魔物。
(89) 不審の沙汰　何事かと尋ねてくる。
(90) 気の毒　気がかりなこと。
(91) 朝鮮人…嘲り笑うべし　朝鮮人が武を（見せかけだけ）飾っていると、日本側が馬鹿にするに違いない。
(92) 如才なく　手抜かりなく。
(93) 三穴炮　三つ穴の朝鮮銃。威力はないが破裂音が大きい。
(94) 皆人見分の所　すでに周知のこと。

(95) 得手勝手　自分勝手。
(96) 漕船　帆と櫓で動く船。和館との往来にも用いる。
(97) 采　棒の先にヨモギを束ねた船道具。これを振って合図する。
(98) 使臣の御方　来日する朝鮮の使者たち。

通訳酬酢　二　風楽の部

通曰く　貴国女楽（じょがく）(1)を見候処、曲調(2)に慈味（じみ）(3)これあり。舞いの体（てい）、花に蝶戯（たわむ）れ遊び候と見え候。楽器何々これあり、女の歌舞伎（かぶき）、官女(4)に限り候や。

訳答る　八道(5)に官女これあり候らえども、東莱府（とうらい）(6)の官女幼少より踊りを仕込み、他所の官女小唄等を嗜（たしな）み候。楽器は琴・嵇琴（けいきん）(7)・笛・鼓(8)・長鼓(9)・洞簫（どうしょう）(10)・太平簫(11)七音に候らえども、鼓切れ間々に打ち曲調改まり、琴は音静かに候故耳に立たず候。笛は尺八同様にて一調独吟(12)に相なり、両班(13)達自身楽（らく）に扱われ候。余りの楽器一調に応ぜず、琴は女人の弄（あそ）び、取り扱い候者稀（まれ）にこれあり候。

通曰く　別曲は、踊りの品違い候や。一切り(14)、四人ずつ出で替わり舞い候。その間に小乙女両人ずつ手替わりに出で、そのたび柏（かしわ）(15)を打ち知らせ候。柏は木札十枚程、一つしめ結び候品と見及び候。

訳答る　別曲、音楽共に違い候事これなし。始めは蝶、花を尋ね候体故、踊り緩（ゆる）やかに見え候らえども、半ば過ぎ花を見当て候故、蝶戯れ女男もつれ合い、楽もこれに乗り喧しく(16)これあり。踊りの品違いこれなく、胡蝶の舞いに候。軍楽と言うは、喇叭一声を以て進退を示し候らえども、我が国の者共の心得急なる時は烈しく吹き、緩やかなる時は緩やかに吹くと心得り。喇叭は天鵝声(17)故風楽(18)の第一、悪魔を払うと言い伝え候。開閉門は素より海陸の出入りにこれを用い、これに添える楽これあり。喇叭をシウライ(19)と言うは誤りなり。吹螺(20)ホラの貝の事。螺角(21)・銅鼓(22)・笛・鼓・長鼓・錚(23)・太平簫・嵆琴等を路次楽(24)と言い候。この外、笙(25)・胡笳(26)の類、座楽(27)これあり。笙は一穴を吹き候らえば十二穴(28)より音出し、一音ずつ違い候。笳は、人の口真似いたし女真(29)の楽物に候。これ等の品、太平の代に至り遊器に候。我が国の鳴り物にては喇叭第一故、他国への使臣重くこれを用い、日本向きより客館(30)へ御使者出入り(31)の節この一品を用い候。軍楽に辟り候品にこれなく候。

通曰く　開閉楽(32)の時、多人数鯨波(33)を揚げ候は軍令に候や。仰山なる声(34)に候。

訳答る　開閉門に至り、軍官頭より使令(35)・羅杖(36)・楽人中へ号令致し候に付き、朝夕共に暇を給わり、その節一統同音に応じ候のみに御座候。

通曰く　門戸これなき船中にても、取り行われる謂あり候や。

訳答る　何れの謂か知らず、国の風流にて、主官(37)これある邑には取り行う。諸官寄り合いの時は上の官掌られ、余りは遠慮あり候。謂は昔、周の武王(38)呂望(39)を用いられ候処、陣中の密計順風耳(40)の悪魔聞き取り、妨げをなし候に付き、覚られざる様にと始まりたると聞く。太平の代に至りては、陰陽の離れ離れ(41)悪魔を払い候ための事と考え候。

通曰く　順風耳の事、武王軍談にこれあり。公の論これに当たり候らえども、旌旗(42)は数々御用いこれあり。新たに軍備を飾られ候儀、共にはこれなく候や。

訳答る　これ又右同様、千里眼(43)の悪魔陣中を見透し候故、旌旗を以てこれを遮り、止られ候謂と聞き候らえども、太平相続古来の旗、清道・巡視・令簱等の外色々の簱を用い、国内にては品々これあり。大簱には龍の縫これあり、これは国王の用いられ候重き簱に御座候。この内の令簱は国王より臣下に免しこれあり、使臣を初めその外にも免しこれあり候に付き、数本これあり候。一道の監司(44)巡見の時は、諸郡県より種々の簱持ち出し、異様の簱多くこれあり。往昔周の代の楽器、軍備の品、少々ずつ当世に残りおり候らえども、これ等の儀に付き大臣衆美麗を好まれ、下もこれに応じ候も太平の徳風と考え候らえども、我が国の両班は怖畏しき事(45)多く候。

通曰く

朝鮮の両班、道すがら音楽を聞き、旌旗を持ち列(つら)ね、下人共仰々しく取り扱い(46)、高輿(たかこし)に乗り、加え煙器(きせる)しておられ、下々よりは我れ劣らず頭(かしら)に追従し、かれこれ晴れなる行粧(ぎょうそう)(47)に御座候。従者多くても気に掛けらず、叱り事は棍(こん)にて済まされ候故、供先(さ)きにては昼寐(ひるね)して帰りを待ちおり候らえば、一番喇叭(らっぱ)を吹き、二番を吹き、緩やかに起立し、忘れ物これなし。剰(あまつさ)え取り添え物等(48)いたしても、主人の耳に入れざるよう中間にて取り済まし、誠に安泰なる様子(49)、なりて見たきは朝鮮の両班に候。我が身の不明(50)脇より一言聞くに、入らざる自慢貌にて権柄(けんぺい)を取り(51)、諸般の計(はか)らい善悪の調べに及ばず、棍を取り出し候らえば相済む事これあるやに聞き候。怖畏しき事これなく候らえども、側の従者いかめかしく候。日本の御暦々(52)、御供廻(おともまわ)りの衆、長きの道中物語りもせず、御供先に障(さわ)り入り(53)候ても終日終夜慎(つつ)しみおられ、昼寐等の儀は存恥(ぞんち)致され(54)、片時(かたとき)も気楽これなし。主君も御憐(あわれ)みこれあり候に付き、御安泰なる御様子も見えず候。上より下迄退屈の儀(55)に御座候。

訳答る

日本の暦々こそ誠の大人(たいじん)(56)に候。鳴り物等御用いこれなく候らえども、御供廻りのしまり方、歩行に遅速これなく、一行物静かにこれあり。鳴り物の上を行き、御供の衆中一刻の油断これなく相見え候。不時の事出来候ても、間後れに相ならず。去るころ東照宮(57)拝礼相済まし、萬松院(ばんしょういん)(58)より太守公(59)御帰りの行列拝見仰せ付けられ候処、御乗物の前後は言うに及ばず、御一行のしまりよくよく堅めたる事にて、誠に勿体(60)これあり。我が国にては、挙動(61)に異ならず候。

通曰く　挙動に異ならずとこれあるは、実論に至らず候。日外(62)の論に日本大樹(63)の行列、王候の挙動同然枚(64)を含みたる様にこれありとの論、相当の義に候らえども、今の論大いに違い、監司の釣り合い然るべく候。去るころより東萊府使(65)の行列見候処、仰々しく天のごとき府使を雲のごとく御(66)せよと輿添(67)の者共威勢を取り候事は、かの晏平仲(68)御史(69)を真似候やと覚え候。府使これを聞き、歓ばれ候義に御座候や。

訳答る　公は我が国の両班を羨まられ、挙動の論過ぎ候様聞かるべく候らえども、監司の行列と釣り合いも出来ず、府使の釣り合いを以て論ずべき所、これとても委しき釣り合いこれなし。両国の釣り合い相当の事存ぜず、行粧の引き合い実論に相ならず候。

通曰く　一郡の府使と一国の大樹と釣り合い見候らわば、凡その引き合い(70)相なるべきやと存じ候。公の心得、聞き詰めたく御座候。

訳答る　大樹と監司との釣り合い、相当の論に候。

通曰く　これも日本を敬われ候論にて、実論に至らず。拙者、我が国を貴ばれ、歓び候者と思し召し候や。実論こそ頼もしく御座候。対州小国故、心挽き(71)に八道の監司に相当たると論ぜられ候や。

訳答る　拙者余り実を吐き候故、公は却って逆情(72)致され候。朝鮮国にて引き合わせ考え候処、監司の重職と日本国六十余州の大樹の重職と凡そ釣り合い、対州の太守を初め何れも一国の王に当たり候。各人命を司られ、天下政の重きはこの事に候。行粧の論ばかりにこれなく、政の重きを含みおり候より意味違いに相なり候。

通曰く　行粧の論より起こり、政事の論に移り、重職の論よくよく相察し候。然る処府使の輩、下々より凄じく用い(73)候事を何れも御同意これあり候や。

訳答る　府使の心得は、その人身持の敬疎(74)にこれあり。天のごとき使道(75)を雲のごとくいたせとの諂言(76)、公耳立ち候と聞こえ候らえども、輿に乗り候官員(77)への諷諫(78)にて、八道何地も同様、下吏(79)共この語を唱え候。

通曰く　諷諫とは、いかがの意味に候や。

訳答る

上は正直明かなる義に候らえども、中間にて佞奸(80)の雲起こり、気向に(81)随い浮きみ出で、明らかなる上を覆い掠め候。事勢に応じ明らかなる光を下に照らさず、時の勢いこれある故、上より見通し明らかにこれあり候様との諷諌(82)に候。この語、国の秘密。公には実論を顕し候らえども、拙者噺候事を聞き捨てに下さるべく候。天のごときとは、府使に差し当たり丁寧に敬い候意、雲のごときとは、中間の官吏(83)に突き当て候意にこれあり。この雲と言うは書手の者共、来る官員ごと身元近く召し遣われ、気に入り候者(84)時々これあり。これ等の佞雲、起き候事知らざる府使これあり。常々諌め候らえば、却って曖昧(85)に落ち候故、輿に乗られ候上にて諷諌致し候様との意にこれあり候。昔、名ある監司、この諷諌八道の郡府へ赦され、末世に至り人賢く相なり候故、この諷諌常の心得に相なる。日本の御暦々に、かくのごとき諷諌これなく候や。

通答る

日本向き、専らこれ等の諷諌これあり。謡囃(86)等迄慈味これあり。その品多く昔の天子・国主酒色に沈れられ、不仁(87)の政、不道の所作(88)、或いは物好きの戯れ事などを御目前に顕し、間々には狂言と名付け、頓智なる事の真似をして御覧に入れ、御慰みに致され候らえども、貴国のごとき大道にて万民の耳目に触れ候様にこれなく、上輿・下輿(89)の折、化々しき言令これなく候らえども、却って行列のしまり堅く整え候。貴国行列立てを見候処、所々透間(すきま)これあり。一所に多人数寄り合い候もこれあり。日本行列の立法(りっぽう)(90)と大いに違い候。日本にて重き法は、行列の中を切り通る事至って重き儀に付き、仮令(たとえ)他国の人にても殺害致すに苦しからざる法故、行列混(こみ)し候時のため御聞き置かれたく候。貴国は行列の中、横に通るを咎めこれなく候や。

訳答る

朝鮮の法、同様に候。国法、その場にて重き杖罪いたし候。行列を切り通る事、児・女子にても決して相ならず、既に去る未(ひつじ)年聘使(へいし)(91)通行の時、八幡宮(92)の前にて七つ、八つの童児走り通り候処、使令見当たり、跡に引き戻し置き、帰館の上公の同官内へこの趣(おもむき)論じ、事立てざる様相済まし候事これあり候。

通曰く

行列の中を切る事、一天下同様の儀と察し候。十歳以下の童児の計らい方、御尤(ごもっと)もに御座候。法ある義に候らえども、十歳未満の童(わらべ)見咎(とが)め候人の計らい、一行に知られざる様引き戻され候事これあると聞き、その節は行列より先き客殿に参勤いたしおり、全体存ぜず候らえども、論の端(はじ)(93)め故論じ見候処、何国も法ある事と聞き候。貴国の行列余り大体(たいてい)(94)にこれあり、中を切りても差し支(つか)えざる行列かと論じ候義に御座候。行列の中を切る事御法これあり候らわば、日本の大人(たいじん)(95)方行列の建て様御聞き置かれたく候。数百人に及び候行列は、諸人急用・急病等の節迷惑致さざる様、所々切れ間を拵(こしら)え、その後先押さえの禁徒(96)守護これあり、主

用・病用等滞ざる様との儀かと考え候。貴国行列の立法を見候処、引き続き行きても然るべき所を、長々と曳き明けこれあり候に付き、行列の中を切りても苦しからずやと拙者始め存じおり候処、日本向きと同様に聞き候。然る上は行列の立法、已来御心得なされたく御座候。併しながら、少人数を多人数のごとくなされたき事にてはこれなく候や。その内には行列の人数一所に集まり候義もこれあり、旁に付き(97)行列のしまり方、かねて御示し置かれたく存じ候。

訳答る これ等その時々、行列奉行の軍官へ申し渡し候様致すべく候らえども、元(98)人夫共不心得に付き、際立ちしまり速やかに整えまじく(99)、その時に臨み計らうべき外これなく候。

通曰く 犯馬(100)の事、日本向きにては失敬に候らえども、朝鮮は強く失敬の体これなし。日本の事情、御心得置かれたく御座候。

訳答る 騎り打ち失敬の事、人々存じおり候。日本向きにても、御役人衆と見候所は御挨拶致し、御関番所の前は勿論の儀に御座候。

通曰く 人々存じの所と論ぜられ候らえども、朝鮮表にて和館(101)往来の節、軍官遅速に下馬これなく、騎り通され候事これあり。拙者はこの方より御通りなさるべしと伝え候らえども、挨拶これ

なき人には、供の下人馬より挽（ひ）き卸（おろ）し候事時々これあり。同心（どうしん）(102)これある時は、かれこれ振れ合い気の毒致し(103)候。惣体貴国の人自尊の意これあり、失敬と存じながらも知らざる体にて、なるたけ騎り打ち致すべき所為（しょい）(104)と相察し候。右様の心得これあり候ては、日本の輪内(105)にて馬上より挽き卸され候らえば、双方の手入れ(106)に相なり候。かねがね日本国にて朝鮮は文国（ふみのくに）(107)と申し触らしこれあり候処、礼儀を失なわれ、対州の人に行き合われ、下馬の会釈もこれなく、万一日本内にてもこの意捨てず候ては、朝鮮国は対州の恥辱（ちじょく）に相なり候。

訳答る　犯馬は失敬に候らえども、知らざる人には道の片脇を騎り通り、一面これある人には一通り挨拶致す。上・中間の人に逢い候時は下馬致し、国内にても上中の間一面これなき人には、扇を以て面を覆（おお）い騎り通り候。誰人（だれ）に逢いても下馬は仕内（しうち）(108)の儀に候らえども、我が国の馬具日本と違い、馬に騎り候て鐙（あぶみ）に足首を碇（しか）と結びくゝり、その上を野袴（のばかま）(109)のごときものにて包み、上わ紐は腰に引き廻し候。日本の馬に騎り候者共の咄（はなし）を聞き候処、恰好（かっこう）緩（ゆる）やかにこれあり、騎り下（お）り宜しきものと申し候。我が国の騎馬、仮初（かりそめ）に下馬相ならず。中以下の人は腰袴相ならず、以上は右の通り故落馬致し候時は、馬に曳（ひ）き摺（ず）られ怪我太（はなは）だしく候。

通曰く　京城（けいじょう）(110)の内、公等の輩（ともがら）、馬上にて往来これあり候や。

訳答る　馬上は辞誼(111)に手間取り多く候故、馬に騎るべき人徘徊（はいかい）がちにこれあり。京外に出で候時は、公私馬上の往来多く候。これに付き、緩歩（かんぽ）は車に如（し）かず、晩食（ばんしょく）は肉に勝（か）たず(112)と言う。宜しき教えに候故、保養のため公に伝え候。

通曰く　緩やかに歩み候事車も及ばず、晩（おそ）く食するは飯の味好（よ）く美饌（びせん）に勝ち、いか様宜しき御論に候。さて京城内、道幅広くこれあるべし。馬上の往来少なき様に相聞き候。道幅広く候らわば、馬上の往来遠慮これあるまじき事と考え候。その外輿車（よしゃ）(113)・駄馬（だば）等の往来少なく候や。

訳答る　道幅、凡そ六、七間ずつこれあり。横道は、二、三間もこれあるべく候。輿の往来宰相（さいしょう）(114)外の人これなく、車は往来少なく候らえども、富人（ふじん）の方往来がちに候。

通曰く　京城の本道幾筋、横道幾筋これあり候や。

訳答る　本道の大道、四通りこれあり。京城の内半分は道に積もり、洞分（まち）けしたるものと聞き伝え候。四通りは東西南北大門の通路、横道は大道の左右凡そ十条程これあり候らえども、長き通りこれなく、大道十字と考え申されるべく候。

通曰く　前方より、何洞の住居と論じこれあり。洞とは、谷合いの事に候や。家数何軒ずつの極（きま）りに

候や。東莱府にも洞分けこれあると聞き、他郡も同様にこれあるべし。京城も洞分けこれある由、論じ聞き候。洞の事今以て委しからず、悟り好き様御論じ下されるべく候。

訳答る 京城にては、一洞家数百軒を言う。州府にては、一洞五十軒ばかりを言う。郡県にては、二十軒程を一洞と言い候。洞は町の事にて、官人の家、民家共に一洞にこれあり。百軒と言いてもその上これある洞もあり、その内に減じおり候洞もこれあり。実数年々違い候故、何洞の住人とばかり御心得これあるべく候。去りながら、変宅[115]ある内の事に候。家数・人数の事、実論致しがたく候。委しく論じたく候ても、急には相知らざる事に候。

通曰く 公等の居宅より闕内[116]迄、何町ばかりこれあり候や。何洞に各の同官、住居多く候や。書通[117]の上わ書き、何と顕し候らえば通用宜しく候や。

訳答る 同官中は南門内に住居多く候らえども、西門内にもこれあり。闕内迄は凡そ風楽聞えざる程間にこれあり。居宅にて音楽の遊興遠慮なく、殊更宰相達の宅東地に多く候故、朝夕行き逢い候事これなく、惣体威儀[118]しくこれなく候。拙者方へ書通の時は、南門の内倭学何判事[119]の宅執事となされたく候。去りながら開封がましき風俗故、後と先き御考えなられ、御書き載せ下さるべく候。

通曰く　宰相達は素より、高官の衆、無礼咎めはこれなく候や。

訳答る　京中商人、道の傍らに立ちおり候のみにて、左のみ無礼に至らず。有官の人は、一揖[120]ばかりにて相済まし候。第一重立ち候無礼は、咥え煙器、扇遣い、腰掛け候事を三失礼と唱え、軽き役人にても屹度[121]咎め候。

通曰く　朝鮮の礼法を見候処、両班の会席中陪従[122]の者共、頭の上に立ち蹈み並び、狭き間にせり込み[123]候に付き、双方に対し追い退けたく候らえども、貴国の礼は立ち候事が宜しく候や。居る事が宜しく候や。礼節の儀故慥かに聞き置きたく御座候。さて又欠伸は瑣細の儀ながら、暦々の前苦しからず候や。公等初め長座に至り候らえば、口を開き伸欠致され、若年の御同官失敬の段、御示教なされたく御座候。

訳答る　陪従の者、暦々の席に据わりおり候らえば、同席に混じ紛れ候に付き、蹈み立ちおり候らえば見分け克く、狭き所は頭の上にもなり候に付きては、下人共主人の上に立ち候事、不審致され候筈に候らえども、両班の前後に立ち添い候時は、屹度両手を組み、並び候事に御座候。

通曰く　陪従の者、暦々の席に蹈み立ち、両手を組み並び候事は、日本向きにてかれこれの間失礼の事に候。組手は尚更の事。日本の礼儀、両手を下に突き、屈居[124]して謹しみまかりあり候体は、

則ち御見及びの通りに候。然るを貴国の礼、両手を組み、席中にても遠慮なくは、貴国内の風儀に御座候。日本向きには応ぜざる儀故、已来一行内の従者共に貴国内と心得ざる様、御諫諭[125]これありたき義に御座候。

訳答る

両班の前、両手を組み立ち並び候は、慎しみたる体に候。主用の外は手を働かさず、堅く慎しみ候義に御座候。立つと居るとの論、立つ事礼に候。公、席に居り候は、従者共決して相ならざる儀に候。上典[126]立ちおられ候時は、皆共に立ち添い候に付き、従者・小童（しょうとう）に至る迄、寒暑共に足袋（たび）をはき候。席中に立ち廻り候勤め候者、何れも素足致さざる義に候。欠伸は公体を憚り私席にては強いて失礼に相ならず、双方平座の交わり故、礼譲（れいじょう）[127]の親（ちか）さより起こり候らえば、わざと欠伸仕出（しで）かし候事これなし。根気草臥（くたびれ）候より不意に発し候間、咎められ候時は誤りになり候。気の付かざる振りにて相済ます事、これ等の事は小節（しょうせつ）[128]の礼儀に候。小節の内、重きはいか様の儀に候や。

通曰く

足の蹈み所を弁（わきま）えず、これを第一の無躾（むしつけ）と定めこれあり。狼狽（ろうばい）候時他の履（はきもの）に触り候ても憚り候段、詫び置き候事に御座候。人として手足の舞いを知らざるを、夷（えびす）[129]に譬（たと）え候。日本人の躾、童児の時より煙器（きせる）一本も蹈み越えず、手を以てこれを除け候様、這（は）い廻り候児に教え候故、人立ち候上[130]、足にて跪廻り候事これなし。朝鮮人の礼儀正しき事多く候らえども、

人々足にて何品をも跪廻し、手にてすべき事を足を働かし、両班の小童等府使に付き添い候者、府使の煙器を足にて扱い候。下賤（げせん）の者共は、取り分け足の所作（しょさ）[131]がちにこれあり候。公等も日本の事情御存じこれありても、先日狼狽御立ちなられ候節、公の多葉粉（たばこ）入れを足にて跪遣（や）られ、持ち来り候様仰せ付けられ、仕癖（しぐせ）の悪き事、よくよく御心得置かれたく御座候。なお又信使・訳官の節、一行の銘々へ堅く申し付けられたく御座候。

訳答る

足癖悪きとの事、拙者初め恥入り候。信使の砌（みぎり）、対州より御示し下され候らえども、多人数に付き全く行き届かず、聘使の耳に入れ候らえばいか様と存じられ候体に見え候らえども、貴国と違い幼少より躾これなき義に付き、気の毒なる事に候。我が国の者、足の賤（いや）しさを知らざるもこれなく、去りながら耳目口鼻の内他に殃（わざわい）をなさざるは足ばかりに候。我が国の下々、食物を跨がり越し候は無躾と咎め候らえども、日本のごとく幼少より懇（ねんご）ろに躾これなき故、年長候上合点（がてん）[132]しても仕癖（しぐせ）急に直りかね、実（まこと）に以て迷惑致す義に御座候。

通曰く

足の働き、両班の御方は稀（まれ）にこれあり候らえども、下々は十人が十人共足を利（き）かせ候に付き、拙者見当たり次第朝鮮人ごとに申し聞かせ候らえども、仕癖故一度や二度に改らず気の毒に[133]御座候。公も殊更足贔屓と聞き、足は殃なきものと論じこれあり候らえども、日本向きにて詞（ことば）通じざる人と出会いの席にては闘争に相なるべきや。小事の大事はこれ等の儀、かねが

ねこの段御心得置かれ、日本体に御馴れなされたく御座候。

註

（1）女楽（じょがく） 女性による音曲歌舞。
（2）曲調 原文振り仮名に「フシヒヤウシ」（節拍子）とある。
（3）慈味（じみ） 豊かな深い味わい（巻九註59）。
（4）官女 官庁に所属する妓生（キーセン）。
（5）八道 八地方の行政区域に分かれた朝鮮全土。
（6）東萊府（とうらいふ） 「東萊」は慶尚道の地名。行政機関として府が置かれ和館を監督する。
（7）嵇琴（けいきん） 原文振り仮名に「コキウ」（胡弓）とある。『象胥紀聞拾遺』に「コキウ絃二ツカケアリ胴ノカタチ少々異也」とある。
（8）鼓 太鼓。
（9）長鼓 原文振り仮名に「ツヾミ」（鼓）とある。横長の鼓（つづみ）。
（10）洞簫（どうしょう） 原文振り仮名に「ヨコフヱ」（横笛）とある。
（11）太平簫 原文振り仮名に「コシウライ」（註19）とある。いわゆるチャルメラのこと。
（12）独吟 独奏。
（13）両班 原文振り仮名に「レキレキ」（歴々）とあり、ここでは朝鮮のお偉方。
（14）一切り 曲の区切り。

(15) 柏（かしわ）　合図や拍子をとるための拍子木（ひょうしぎ）。原文振り仮名の「ホトギ」（缶・盆など）は、器などを宴席でたたいて歌に合わせたことに由来し、『倭語類解』（楽器）に「拍　ホトギ」とあり日本語。
(16) 喧（かまびす）しく　やかましい。
(17) 天鵝声（てんがせい）　白鳥の声。
(18) 風楽（ふうがく）　吹いて音を出す管楽器の類。
(19) シウライ　通常、対馬では喇叭（らっぱ）を「しうらい」と呼び、「周羅」の文字をあてる。太平簫（註11）は小さい喇叭の意味で「こしうらい」という。
(20) 吹螺（すいら）　ホラ貝。原文振り仮名に「シウラ」（周羅）とあり、小田幾五郎は「しうらい」は喇叭ではなく吹螺であるとする。
(21) 螺角（らかく）　竹の筒。
(22) 銅鼓（どら）　原文振り仮名に「ドラ」（銅鑼）とある。銅製の盆形の打楽器。
(23) 錚（そう）　原文振り仮名に「ハチガ子」（鉢金）とある。鉢の形をした銅製の打楽器。両手の指にかけて鳴らして踊る。
(24) 路次楽　道を歩きながら奏でる楽器の類。
(25) 笙（しょう）　管楽器。十九穴と十三穴のものがある。
(26) 胡笳（こか）　あしぶえ。北方民族の楽器。
(27) 座楽　座って奏でる楽器。
(28) 十二穴　正しくは十三穴。
(29) 女真（じょしん）　北方民族。

(30) 日本向き　日本側。
(31) 客館へ御使者出入り　対馬の使節が和館宴大庁（饗応宴を行う施設）に出入りすること。
(32) 開閉楽　門の開閉時に鳴らす楽。
(33) 鯨波　原文振り仮名に「トキノコヱ」（鬨の声）とある。士気を鼓舞するため、敵に対して戦闘の開始を告げる叫び声。
(34) 仰山なる声　大げさな声。
(35) 使令　棍棒を手にした軍官。巻七の原文振り仮名に「ソレギ」とある（巻七註94）。罪人を捕らえるほか、所々見分のとき令旗を持ち、あるいは喇叭や太平簫などの楽器を奏でる。
(36) 羅杖　原文振り仮名に「ツヱモチ」（杖持ち）とある。使令と同じく警護や罪人捕縛にあたる。
(37) 主官　担当官。
(38) 周の武王　中国古代王朝の周（前一一〇〇年～前二五六年）は、武王が殷を滅ぼして建国した。
(39) 呂望　周の政治家、太公望呂尚のこと。
(40) 順風耳　耳がメガホンのように突き出ており、天上から下界のことをよく聞く神。千里眼（註43）とセットで祀られる。
(41) 陰陽の離れ離れ　陰陽の気が平衡を失うとき。
(42) 旌旗　旗の総称。ここでは軍旗。
(43) 千里眼　下界を見通す神。両目が双眼鏡のように突き出ている。
(44) 監司　八道に派遣される地方長官。正二品。観察使・巡使道ともいう。
(45) 怖畏しき事　脅かすように、厳めしくものものしいこと。

(46) 仰々(ぎょうぎょう)しく　大げさなこと。原文「子々敷」は当て字。
(47) 行粧(ぎょうそう)　外出の際の装い。
(48) 取り添え物　(客以外の従者へ出す)酒や肴。
(49) 安泰(あんたい)　呑気な様。
(50) 我が身の不明　自身の至らぬところ。
(51) 入らざる…権柄(けんぺい)を取り　不似合いな自慢貌(じまんがお)でいばり散らす。
(52) 御暦々　お偉方。「歴々」に同じ。
(53) 障(さわ)り入り　(不在など)先方の都合が悪いこと。
(54) 存恥(ぞんち)致され　恥ずべきことと知っている。
(55) 退屈の儀　困り果てること。
(56) 大人(たいじん)　人格者。
(57) 東照宮　対馬府中にある徳川家康を祀った神社。
(58) 萬松院(ばんしょういん)　対馬府中にある宗家の菩提寺。
(59) 太守(たいしゅ)公　対馬藩主。
(60) 勿体(もったい)　品格。
(61) 挙動(きょどう)　原文振り仮名に「ミユキ」(行幸)とある。『朝鮮語辞典』に「動駕に同じ」とあり、朝鮮国王が外出する行幸(ぎょうこう)のこと。
(62) 日外(じつがい)　いつぞや。
(63) 大樹(たいじゅ)　大名。

(64) 枚を含み　正しくは「枚を銜み」。「枚」は箸のような木。密かに敵を攻めるとき兵士や馬にくわえさせて声をたてないようにすることから、音をたてずに静かに移動することを意味する。

(65) 東萊府使　東萊府（註6）の長官（巻一註74）。

(66) 御せよ　お仕えしろ。

(67) 輿添　輿のそばに仕える者。

(68) 晏平仲（晏嬰）　中国春秋時代の斉の宰相。晏嬰の御者が慢心して意気揚々と馬を御するのを見た妻が夫に離縁を求めたことから、御者は自身の行いを抑制し、精励したので大夫になれたという故事がある。

(69) 御吏　そばに仕える下役人。

(70) 凡その引き合い　大体の釣り合いがとれていること。

(71) 心挽き　気を遣うこと。「心引き」の当て字。

(72) 逆情　興奮して上気すること。

(73) 下々より凄じく用い　下々の者をさかんに（側近に）用いる。

(74) 身持の敬疎　平生の行い次第。

(75) 使道　原文註に「府使」とあり、東萊府使（註65）のこと。

(76) 諂言　へつらい。

(77) 官員　原文振り仮名に「ヂトウ」（地頭）とあり、地方官僚のこと。

(78) 諷諫　他の事にことよせ、それとなく諫めること。

(79) 下吏　原文振り仮名に「シタヤク」（下役）とある。

(80) 佞奸　うわべは柔順にみせかけるが、心は悪賢くねじけている者。

(81) 気向　気の向くがままに。
(82) 時の勢い…諷諌（中間の佞奸が勢いづくこともあるが、やがて）時勢が変わり、上からの見通しが明らかになるという諌言。
(83) 官吏　原文振り仮名に「ヤクニン」（役人）とある。
(84) 来る官員…気に入り候者（任地へ）来る官員ごとに、お気に入りの使用人を連れてきて召し使う。
(85) 曖昧（あいまい）　原文振り仮名に「ムシツ」（無実）とあり、かえって冤罪を蒙ってしまうという意味。
(86) 謡囃（ようそう）　はやり歌。
(87) 不仁（ふじん）　情のない。
(88) 不道の所作（しょさ）　道徳倫理からはずれた振る舞い。
(89) 上輿（じょうよ）・下輿（げよ）　輿の乗り降り。
(90) 立法（りっぽう）　法を定めること。
(91) 未年（ひつじ）聘使（へいし）　文化八年（一八一一）来日した江戸時代最後の通信使。対馬で易地聘礼（えきちへいれい）を行った。
(92) 八幡宮　対馬府中の八幡宮。
(93) 端（はじ）め　糸口。
(94) 大体（たいてい）　大ざっぱ。
(95) 大人方（たいじん）　諸大名方。
(96) 先押さえの禁徒　行列の後ろにいて列の乱れを防ぐ下役人。
(97) 旁（かたがた）に付き　あれやこれや。
(98) 元（もと）　元来。

(99) 際立(きわだ)ち…整えまじく　とりたてて素早く整えることができない。

(100) 犯馬(はんば)　原文振り仮名に「ノリウチ」（騎(の)り打ち）とあり、後の原文註に「騎打之事」とある。馬から降りずに通り過ぎることで、下乗(げじょう)の礼を欠く失礼な態度。

(101) 和館　朝鮮釜山にある日本人居住地（序註3）。

(102) 同心(どうしん)　同道する連れの者。

(103) かれこれ振れ合い気の毒致し　あれこれのかかわり合いで迷惑をかける。

(104) 所為(しょい)　振る舞い。

(105) 輪内　域内。

(106) 手入れ　もめ事。

(107) 文国(ふみのくに)　礼儀作法を備えた文化程度の高い国。

(108) 仕内(しうち)　「仕打ち」の当て字。人に接する時の態度。

(109) 野袴(のばかま)　旅行や外出時に着用する小袴。

(110) 京城(けいじょう)　朝鮮の都(ソウル)。漢城ともいう。

(111) 辞誼(じぎ)　挨拶。

(112) 緩歩(かんぽ)は…勝(か)たず　「緩歩」は「安歩」が正しい。ゆっくりと歩けば車も及ばず、遅く食事をすれば（腹がすいて）肉を食するよりうまい、という意味。訳官朴俊漢(パクジュナン)（字、士正(サジョン)）の教えによるという（巻十註129）。原文は「晩食以當肉、安歩以當事」（晩食以て肉に当て、安歩以て車に当つ）。出典『戦国策』巻十一「齊四」。

(113) 輿車(よしゃ)　小さな輿。

(114) 宰相(さいしょう)　朝鮮王朝の重臣（巻十註27）。

(115) 変宅　家を変える。
(116) 闕内（けつない）　王城内。
(117) 書通（しょつう）　文通。
(118) 威儀（いぎ）しく　格式ぶったこと。
(119) 判事（はんす）　日本語通事の総称。
(120) 一揖（ゆう）　一礼。
(121) 屹度（きっと）　厳しく。
(122) 陪従（ばいじゅう）　貴人の従者。
(123) せり込み　押しのけて割り込む。
(124) 屈居（くつきょ）　身をかがめる。
(125) 諫諭（かんゆ）　諫（いさ）め諭すこと。
(126) 上典　原文振り仮名に「ダンナ」（旦那）とあり、主人のこと（巻一註45）。
(127) 礼譲（れいじょう）　礼儀を尽くしてへりくだること。
(128) 小節（しょうせつ）　わずかな節操。
(129) 夷（えびす）　野蛮人。
(130) 人立ち候上　立って歩けるようになってからは。
(131) 足の所作（しょさ）がち　足を好んで使いがち。
(132) 合点（がてん）　納得。
(133) 気の毒　気がもめること。

通訳酬酢　三　船上の部

通曰く　辰年(1)、訳使(2)上船近寄り候に付き、釜山の浦半ばに訳駕船(3)二艘掛け浮き、点船(4)のため御役々差し越さる。予、朝鮮船の全体委しく見廻り候処、船瓦(5)太き丸木二、四本並べ、それより段々棚を仕上げこれあり。棚一枚丸木の侭と見え、厚さ一尺余り、各太き丸木にて高さ棚数八、九枚これあり。棚より棚に船張り(6)を貫き候故、船底に仕切り多くこれあり。上に太き船張を以て棚のしまりをしたるものと見え、艫(7)表の所は棚板翼(8)に遣いこれあり。棚板の両端に厚板を以て床にして、梶穴・身木(9)の通り候程に造り立てこれあり。上わ廻り(10)、見掛け通り取り繕わずこれあり。かくのごとくにして信使・訳官船一艘の入料(11)、いか程に候や。

訳答る　入料銀、国より使臣へ与えられ候に付き、拙者共より船将(12)へ大銭(13)百貫文定式にして相渡し候。船造りの雑費委しからず。船将等に問わるべし。

とて船将呼び出し、

船将答る　番船一艘造り立て、諸船具相揃え候迄積もりに相なり候らえども、官家(14)より諸郡県に差図これあり。造り所より乗り出し候故、雑費・入料積もりがたく候。

但し点船の事は、かの方首途（しゅと）の心に当て[15]候。解、[16]船見分の事に候。已前（いぜん）この意味違い、大いなる御手入り[17]と聞く。この年幾五郎委しくこれを聞き、通詞内へ相伝え置き候事。

通曰く　駕船一艘に、松材木何本ばかりにて出来候や。

訳答る　凡（およ）そ三、四尺廻りの松木、百本に相なり候。我が国船の造り方、生木（なまき）より取り掛かり、堅（か）た木を以て栓（せん）を指（さ）し、潮染（し）み込み候様造り候ものと聞こえ候。上わ廻り諸船具、綱・碇（いかり）・帆（ほ）筵（むしろ）[18]迄も景尚[19]七十一官公役拘わらざる所これなく、大造（たいそう）[20]の儀に御座候。

通曰く　かくのごとく公と同席して、予も高檻（こうかん）[21]に座りおり候処、釜山近辺の万戸（ばんこ）[22]達小船に乗り来り、下より揖（ゆう）[23]これあるを、公等応揖これなく、失敬に当たらず候や。

訳答る　拙者共使命を受け候身分、応揖に及ばず。これ則ち御和交の威勢に候。併（しか）しながら御苦労の段、側付きを以て申し遣わし相済まして候。

通曰く　一行の下人、捴（すべ）て公等の雇人に候や。

訳答る　上中下官、段々訳これあり、水夫は海上に馴れ候者多く候。その中（うち）船を造り候者十人ばかりずつ、その船に乗せ置き候事例に候所、統営(とうえい)[24]より功者(こうしゃ)の水夫五、六人、水営[25]より四、五人、釜山より同じく上官二、三人、大丘より上官一両人召し遣わされ候例これあり。この余りは拙者共の心得にて連れ渡り候に付き、この時分頼み人多く迷惑致し候。東萊より楽人[26]一行相添えられ、旗等は東萊府[27]の品に候。

翌日順風と見え候時は、釜山より水主二、三十人来り、二つ帆を引き揚げ候処、夜白(しら)み、碇(いかり)一房にて釜山浦を吹き廻られ候らえども、風強く候時は帆を横に引き廻し候故碇猥(みだ)りに当たらず、筵帆(むしろほ)故風の抜け方尖(するど)[28]にこれあり。翌朝順風発船に至り、二枚帆を両方に引き分け一つ帆にして風を受け、強く吹き候時は二枚帆を打違え風を抜かし、渡海の時山見掛(か)け候ても真向(まむ)きに走らず、四十八里の渡し千島に乗り渡り[29]、大小船共に走り方同断。朝鮮より小船四、五艘十里余り付き来り、その内小船二艘に高札のごとき木札相渡し、釜山へ無事渡海の知らせと聞き候。渡中(とちゅう)にて白米一俵・生猪(ぶた)一疋、海中に入れる。船将これを司(つかさ)どり、手を揉(も)み龍神を祭る。船の乗り様、働き方、統営の者達者(たつしゃ)と見え、日本大船に強(し)いて晩(おく)れず。同日同時佐須奈(さすな)浦[30]に渡着の処、十日ばかり滞船に及ぶ。順走のため、浦内の高山に船将并に上官一両人冠服して上(のぼ)り、平言(ひらことば)[31]を以てはづれはづれ[32]手揉みして順風を祈り、膳部(ぜんぶ)を備え、肉食少しも残さず山上に投げ配る。惣じて祭の体、かくのごとしと聞く。

訳曰く　日和(ひより)よく候故、互いに高壇に上り風勢(ふうせい)見たく候。日本の地に来り、日本の鬼神(きしん)[33]を祭り候に付き、明日は順風に相なるべく候。公の心地、何とこれあり候や。

（通答る）順風の事は、当浦の者へ聞き合わせるべく候。御馳走(34)のため、府内(35)より沙工(36)も乗りおり、船内に船将もおり候らえども、この地の気候にて幼少より海辺に住み馴れ候老人の言い伝えもこれあり、旁(かたがた)(37)にて所の者共へ問い合わせ候様致すべく候。

訳答る　いか様その心得致すべく候。織ることはまさに婢(ひ)に当てるべし、耕やすことはまさに奴(ぬ)に当てるべし(38)の古語、実(まこと)に当たり候。

通曰く　朝鮮人は捴じて神霊を指し、鬼神と唱えられる。鬼は形凶悪なるものにて、人の邪魔をすると言い伝う。日本は神国故、神とばかり尊び候。天照皇大神宮(あまてらすおおみかみ)(39)を始め奉り、貴き神々数多(あまた)御座なられ、神霊の奇特時々これあり候。

訳答る　我が国にも神を敬い、その験(しるし)これあり。面(まのあた)り(40)漁祭も節々いたし候事、御見及びの事に候。さて渡海後心気疲れ、保養いたしたく候間、童便(どうべん)(41)才覚(さいかく)出来まじく候や。

通答る　童便の事いと安き義、幸い童児集りおり候て家来(けらい)に申し付け候処、蚫殻(あわびから)は小さく候故、小太き器を遣わし候様陸より申し来り候。何なりと遣わさるべし。

と伝え候処、訳、下人に差図して、朝夕相用い候真鍮（しんちゅう）の飯碗の蓋（ふた）、美しきを持ち来り候に付き、童共迷惑がり、延引に及び候故聞き合わせ候処、田舎の子供にても呑み用と聞く器は寄麗（きれい）にこれあり。皆共急に便（おとずれ）ず、いか様百姓の子供尤（もっと）もの事、殊勝（しゅしょう）の至り(42)、際木（さいぼく）(43)迄下官を遣わし、蚫殻にて運び来たり候様申し付け候事。

通曰く　郷村の童子すらかくのごとくこれあり、府中の童子共よりは求めかたかるべし。追々御用なされ候や。

訳答る　心気疲れ候砌（みぎり）に付き相用い候らえども、惣じて薬と言うものは只管（ひたすら）(44)用い候ても利（き）き候義これなし。

翌日、豊崎（とよさき）の鼻はえの刃(45)通船の時、米と猪海中に入れ、祭り候に付き、

通曰く　渡海の節、龍神の祭り左もこれあるべく候らえども、この所にては何のために候や。

訳答る　前年この辺りにて、訳駕船破船(46)致し候事これあり。その霊魂を祭り候趣意に候。

通曰く　御尤もの儀、この辺り雨夜には磯辺に妖火(47)これあり。夜更（よふけ）候時通船に近寄り候に付き、十人余り妖船の中に白き服を着し候もの、口々に何やら分らざる言を颯々（ざざ）(48)めき候故、米水を手向（たむ）

け候らえば消え失せ、追い掛け見れば大海を差して逃げ失せ候由。朝鮮の海辺、かくのごとき妖火の類これなく候や。

訳答る 朝鮮の海辺、妖火の噂これなし。流星の太き火、折節海辺に落ち候事これあり。妖火とあるは、いかがの光に候や。

通答る 俗に言い伝え候は、海辺にて死に候者の魂魄(49)と申し候。通船を見掛け、小雨降り候夜多くこれある青き火と聞き候。予、考え候に、妖火と言えども、この二十年前大風吹き候夜半、濱崎に出て波花(50)を見候処、大海より大浪起こり、浦口瀬の多き所にて浪打ち込み候時、青き色になり硫黄の火色に似寄り候。妖火と申すをよくよく考え候らえば、潮花(51)行き合い候に付き、潮上にて揉み合い、硫黄のごとき波花立ち上り、妖火と見え候事にこれなきや。疑わしく存じ候。朝鮮にて海辺潮の行き合い候所少なく、対州は瀬多く、この豊崎は分けて瀬多く候故妖火これある筈に候と諦めおり候。これ等の雑話、船中にて忌み候。貴国は何事も大遣いにこれあり、我が国の船の中にて小唄等諷んぜず、鳴り物は太鼓、外の品乗せ走りの時無用にて、水主共大いに嫌い候。

訳曰く 妖火を見当候に、米水を以て祭る事、理に応じ消し去るべき義に御座候。船中にて小唄謡わずとの事感心致し、誠に忌むべき事に候。船内の人心緩(ゆる)やかに相なり、大寐いたし、水主共は心怠り、雨風の起立も弁(わきま)えず常の気性に移り、脇平(わきひら)[52]も拍子に乗り候故、勝手次第謡わせ候らわば、口々諷立(そらだ)ち喧(かまびす)しくこれあるべく、かれこれ理に叶い候忌み事に候。鳴り物の内太鼓は龍神好み候と聞き、我が国にても船の上太鼓を主にいたし、小船にもこれを用う。網(あみ)曳船(ひきぶね)[53]には太きを用い候らえども、常に歌は謡い申さず。人を働かせ候ために控え候事これあり。樵(きこり)共は、小唄往来に諷んじざる者これなし。日本向き[54]いかがに候や。

通答る　樵夫(しょうふ)の唄何国も同じ事、身労の気を養い候に付き、遊人野道を行き候時、気慰みに諷んじ候事これあり。大坂辺りは繁華の土地、夜行多く候故、中以下路次往来にも諷んじ候。諸人鬧(さわが)しく、晴夜往くに当わざる様にと心得候や。これ等の儀、太平の験に候。貴国京中は素(もと)より、州府郡県の内賑(にぎわ)い候土地柄は、夜分往来の人諷んじ通り候事これあり候や。

訳答る　夜分京中州府、何れも往来少なく候は虎の恐れこれあり。唄い通り候人一切これなく、若き童女なお又怖れをなし、野路にては白昼、中以下の者、旅商人など諷んじ通り候。

通曰く　両班の内室、小唄御嗜みこれあり。中分の女中、常に諷んじ候事これあり候や。

訳答る　内室方に嗜みこれあると聞き候らえども、他聞を遠慮致され、官女共の内小唄の得手(えて)・不得手これあり。人聞きをも憚らず、声一杯に諷んじ候は巫女より外これなく、実はその身の世業に候。下々の女、田植え歌男女打ち交わり賑々しくこれあり。巫女外の女人一人立ち、諷んじ候事これなく候。船中気鬱に候故、拙者気散し致すべし。とて笛吹・鼓弓摺り呼び出し、訳、独吟して曲調を合わせ候に付き、唱歌聞き候に、九万里長天の日月を繫ぎ、白髪の双親をなろなろ年行候様いたしたく、とある。

通曰く　曲調慈味これあり、感じ候。願わくは和やかなる唱歌の唄、聞きたく候。

訳答る　公の意、両班の内室方の体聞きたき口気これあり。大体、唄の意を以て察しあるべく候。男女交わり遊興の席上にて唱和す。花堂の賓客満坐の中、琴を弾ずる紅

（一枚欠）

四拝してこれを行う。上官・中官は訳使の後より四、五人ずつこれを行う。下官拝礼に及ばず、屋形の外より小童を以て安否を伺い候事。望闕台は高山に設けたく候らえども、御手入り故かくのごとく船上にて望闕の手数相済まし候、と申し聞き候事これあり。

通曰く　先刻御噺これある唄の唱え、慈味を含み、両班の婦人交わりの体相察し候らえども、歌詞

の内夫ありや無しや、品により同宿せんとの意、人柄により遠慮あるべし。歌詞、礼情に苦しからず候や。貴国は礼義正しき国と聞き候処、品により意味違い時々これあり。併(あわ)せて歌詞を以て大体を御知らせ下され、婦人方遊興の体相察し候。さて望闕礼御手入りなき様御心得、御尤もに御座候。併せて祝日・朔望(さくぼう)(65)の礼欠くべき様これなく候らえども、前方信使の節(66)壱州(67)にて望闕台御設けこれあり、仰山(ぎょうさん)(68)なる御手入りと聞き伝え候。三使臣(69)その外一行の内、暦々(れきれき)(70)衆忍びに加わりおられ候と聞こえ候に付き、国の威勢御張りなされたき意これあるべく候らえども、他国の地に入り我が国を強く貴ばれ候は、化々(けばけば)しきなされ方に御座候。四方に使して君命を辱(はずかし)めずの語に辟(のっと)り(71)、所柄の御弁えこれなく、仰山にのみ取り行われ候は却って御忠節と論じがたし。常に御咄、恭(きょう)を過(す)ぎて礼にあらず(72)の意に移すべきや。船中の計(はか)らい公私共に御心得置かれたく御座候。この序(ついで)で御咄申し述べ候。太守(73)方御通船の時、船中にて御行き合いこれあり、御双方帆を下げ御辞誼(じぎ)これあり。風勢により遠方は少し帆をゆり、御時誼合わせ(74)これあり候。各(おのおの)の駕船通行この心得ありたく、類船夜に入り見失い候時、火を揚げ候らわば迎え火を合わせ候様、船将へ達し置かれたく候。日本船には太鼓これあり、貴国船には喇叭(らっぱ)これあり。これ等の知らせ論に及ばず、船上にて時誼合わせの大体、船将等心得おり候様にと存じ候。日本内にて、喇叭いか程吹き候ても不用に候。貴国内には肝要に候らえども、その国に入りてはその国に随(したが)い候らえとの語(75)、尖き教えに御座候。

日本にてはかねて漕船（こぎぶね）(76)の御備えこれあり。駕船一艘に何十艘付き添い候や。御覧の通り御手厚き御扱い、御誠信行き届き候を、公等は素より拙者に至り力強くありがたく御座候。その上幾日の滞船にても、数十艘の漕船人夫昼夜控えおり候。然る処我が国の船、朝鮮の左右道(77)に欠乗（かけのり）(78)候節、日和よく候ても漕船の出方尖にこれなく、廻館の上(79)は日本船わざと滞留いたし候様聞こえ、その上都表には日供（にっきょう）(80)の費（ついえ）と響きを取り(81)、対州は残弊の土地(82)に候らえども、誠信を重んじ、昼夜何百人の備えこれあり候や。則ち御覧の通りに候。両国間を相勤め候拙者、対州向き甚だ以て気の毒(83)に候。朝鮮の漕船御備え方仰せ出され、船手預りの当たり所(84)に御厳達なされたく御座候。その上、日本船滞留候時は、御国費と申す物に候。第一重き人命に係わり候事故、御合点なされたく候。この論等閑（とうかん）(85)に御聞きなられまじく候。

訳答る

漕船の備え方、対州の御厚意、御差図等は御役人の御心得に候らえども、上よりの御誠意相届き候故と察し、拙者共の身分に至り感激(86)仕り候。漕船の夫、昼夜には数百人に及び候らえども、百姓一人も逃げ去らずは、公役事（くやくごと）(87)大切に心得おり、我が国の百姓共と違い、土民に至る迄各その身丈（みたけ）(88)の忠勤いたし候と見え不思儀の儀に候。怠り候らえば、重き罪科にてもこれあり候や。

通答る

漕船の百姓共心得方、不審の論これあり。怠り候らえば、その品により軽重の科（とが）これあり候。

天下の万民、人気一様にこれあるべきや。公役怠りこれなくば、官家の恵み(89)にこれあり候。漕船の事は不時(90)の公役故、一人前毎日の飯米官家より宛行われ、作り方は妻子懈怠なく(91)相働き候。幾日不順にても、数百人同様に候。朝鮮表にて漕船の体を見候処、居浦より纔かに出で来り、漕ぎ廻しの時通行の小船を見掛け、喇叭にて呼び付け候故、聞かざる振りにて走り抜け候船もこれあり。付き添いおり候船も長漕ぎに至り候らえば逃げ去り、洋中に大船一艘浮かして置き、人命の重みをも顧みず候故、守護の船漕ぎ方鈍き(92)とて船の上に引き伏せ、杖罪致し候ても出精致さず、この方の者ども催促に及び候らえば、朝のまま故空腹働きがたしと腹を扣き候故、強く催促致さず不便のあり様に候。官家より多少の間、公役賃下されず候や。

訳答る　日本向き御政道ありがたく、土民迄忠勤いたし候筈に候。我が国百姓の遣い方、何方も同様にこれあり。飯米等は存じ寄らず、上納米の内一合引き候事これなし。惣じて国中百姓の遣い方、日公役(93)のみにて相済まし候故、各逃げ去る心ばかりこれあり。一時の間も他に譲り次ぎたき了簡いたし、公役身に付かず。公の咄を聞き誠に恥入り候らえども、国風故立ち直り申すまじく候。何事も一時の計らい、杖罪にて相済まし候。

通曰く　船中にて龍神を慰め候音楽、別段にこれなく候や。

訳答る　龍神は太鼓好み、日本船共に同用に候。一天下龍宮の沙汰（さた）[94]これあり、船中にては忌み候故無用に候と言う。

側に船将おり候て、

（船将曰く）　太鼓は、悪魚を退（しりぞ）け候時のためと聞き候。悪魚とは、鯨・鱶（ふか）の事に候。

通曰く　日本にて好（よ）き太鼓は、一里内外聞こえ、朝鮮にては十里[95]の数に候。日本向き、時の知らせには鐘（かね）・太鼓これあり。京・大坂・江戸・長崎その外、州府の城下同様の儀に候。貴国州府郡県、時の知らせ何を以て考えこれあり候や。

訳答る　一国中に時の知らせこれなく、京中に大釣鐘一つこれあり。先年相咄し候通りに御座候。これにより刻付（こくづけ）の書き付けに間違い生じ、下吏[96]迷惑致し候事時々これあり候。

通曰く　刻付の知らせこれなく、小役人の遅延何を目途（めど）に定勤候や。

訳答る　朝は日の出卯（う）の刻[97]、日中午（うま）の刻[98]、暮は酉（とり）の刻[99]、この三時（どき）より起こり候。夜は初鶏[100]の声子（ね）の刻[101]に定め候らえども、所々釣り合いこれあり。刻付の間違い時々これありても、下役の不心得に相なり、相済み候は少しの賄（まいない）にこれあり候。

通曰く　下役の咎(とが)、少しの賄にて済まし候との論、落着せず候。上わ役は下を食み(は)[102]、その上わ役は官家より食を垂られ[103]召し使わらるべき義に候処、配下に弊え(つい)[104]生じても、官家より糺(ただ)しになさざる御政道に候や。

訳答る　これ等の事、官員の処置により刻付等の事、言い分を聞き済まされ候義もこれあり。元来法令委しからざる所より下(しも)の難儀相生じ、これにつき上わ役の下吏、心中に間違う事歓び候者もこれあり、一様に論じがたく御座候。

通曰く　渡海の日、拙者梶座(かじざ)[105]に居(すわ)り、終日の間水疾(すいしつ)[106]致さず。公は初めての渡海に水疾これなく、宜しき事に候。駕船は上わ廻り晴々しくこれあり候らえども、朝夕困り候は炊(かし)き[107]の煙り、簀板(すいた)[108]の下より数か所焚(た)き立て、住所におられず。上に揚(あ)がり候ても、簀板の透(すき)より臭気(しゅうき)甚だしくこれあり。淦(あか)[109]ばかりにもこれなく、下の間に住み候者共淦の間に小便を通し、米の磨汁(とぎじる)・魚の洗い汁をも流し込み臭気悪(あ)しく候らえども、公苦しからず候や。

訳答　船に馴れざる者は水疾(よわ)ずと申し伝え、数十里の渡海眠り通し、左(さ)のみ難儀(なんぎ)に覚えず。公は水疾れ候体一向見掛けず、丈夫なる気持に候。乗船前噂(うわさ)を聞き候処、一寸下は鯨の餌になり候と怖ろしき咄も聞き、又都表にて両班達の噂、海辺浪音(なみおと)聞かざる人水疾致さずと語られ候事共思い当たり候。これにより信使の節、数多（あまた）の暦々船に乗り見たしとの員これあり、その中（うち）日本御手厚き御馳走請けたき下意(110)もこれあり。万里の滄海（そうかい）大造(111)に聞き候らえども、左して怖ろしきもこれなく、洋日和(112)には快よく覚え候。嗅気悪しとの事船将に申し付け候処、淦かすり捨て候節、諸品の滓溜（たま）(113)り候らえば淦の入り方少なく相なり候、と水主共申し出で候に付き、そのままに相済まし置き候と申し聞き候。船中の事、いかに乗頭（のりがしら）(114)にても強く申し付けがたく、これにより離宮香(115)を側に置き時々これを嗅ぎ候。公も用いられたく候。香気は脾胃（ひい）(116)の補薬、悪嗅は脾胃気の毒病（やまい）(117)を引き起こし候。心得なされたく存じ候。

通曰く 悪嗅は人々嫌い、拙者丁子（ちょうじ）(118)少し持ち合わせおり候間、強き嗅気これある時焚（た）き用い候処、住所の内暫（しば）らく香気これあり候。少しながら御用いなさるべく候。

訳答る 丁子は上気致し候故我が国にて一品は相用いず、嗅気を去り候に付き離宮香に加え候由。その外にも龍柱香(119)の類に加え候と聞き候らえども、一品は相用いず候。かくのごとく頭を暖め候故冷物を好み、香類手を離れず、路中にて香り悪しき所にては鼻に当て通り過ぎ候。公も常に御所持なされたく候。神気を冷しめ宜しく覚え候。

通曰く 船の上わ廻り広くこれあり、通用好く候らえども、真中の大床両端の上より上に大綱を以て捻(ひね)りこれあり。却って惣棚の弱りに相ならず候や。拙者見分には船底より帯廻し(120)これあり候らわば、船の惣じまりに相なるべき事と考え候。

訳答る　大船張りの事、船将に達すべし。

とて呼び出し、

(訳官曰く)　大通官の所見、いかに候や。

船頭答る　船張りは棚板一枚に栓木(せんき)(121)一本ずつ、左右に通しこれあり候に付き棚数に応じ候故、簀板の下八、九本ずつ二十尋(ひろ)(122)の間所々にこれあり、上より船底に入らずしては通しがたく候。この船張り惣じまりは上の大床に候故、大綱の苧(ちょ)(123)物を以て練(ね)り、丈夫にいたし候らえども、惣体の船張り引きしめ、船底より帯廻し候に及ばず、大いなる船のしまりに候。日本船の造り法と違い、船釘少なく、木栓を以て造り立て候に付き、船瓦・棚板迄も大丸太より生木一本ずつ故大造りに御座候。大通官いかに我が国の事情功者にしても、か様の所は知られざる筈。上わ廻りより見分と違い候故、御気遣いなされまじく候。

通曰く　船の事心遣いに存じ候も、御一行のために候。拙者ばかりに限らず第一気掛かりに相なり候は、艫板に梶穴これあり。日本船は床を別段にいたし候に付き、気遣いこれなく候らえども、艫板に仕込みこれあり。渡海の間始終守り詰めおり候処、替え梶の用意これあり、少しは安心いたしたる義に候。已前（いぜん）信使駕船の内（うち）梶を損じ、渡中にて抜き替え候由聞き及び候。その梶穴漸（ようや）く実木（みき）[124]の通る程これあるを、穴より無雑作に抜き替え、滞りなく往還相済まし候由に御座候。

訳答る　我が国の船、祇木（しき）[125]の置き所不丈夫にこれあり候故、中往日本船のごとく釣り梶に仕掛け候処過（あやま）ちこれあり。近年前のごとく仕来り、別条これなく候。

船将の曰く　船の事決して新たに致さずと、一国の老人共申し伝え候。そのたびたび雑費増し候様聞き候ても、前より慥（たしか）なる事職人の手の内にこれあり候。このたびも百姓の公役、惣体には万人も越し候。

註

（1）辰年（たつ）　寛政八年（一七九六）。この年、朴俊漢（パクジュナン）（字、士正（サジョン））を正使とする渡海訳官使（註2）が来日。
（2）訳使　渡海訳官使の略。寛永十二年（一六三六）に始まり、訳官が正使となって対馬へ派遣される外交使節。
（3）訳駕船（がせん）　渡海訳官使（註2）が乗る船。
（4）点船　船改め。原文振り仮名に「フナケンブン」（船見分）とある。

（5）船瓦（ふながわら）　船首から船尾へかけて通す船底材。
（6）船張り　船体の横強度のため棚板の間に渡す太い角材。
（7）艫（とも）　船の後端部。
（8）翼（よく）　左右に張り出した部分。
（9）身木（みき）　舵の軸となる木。
（10）上わ廻り　船の上部の総称。
（11）入料　（造船に）必要な費用。
（12）船将　朝鮮船の責任者。対馬藩でいう「船奉行」。
（13）大銭（たいせん）　和館でいう朝鮮銭の総称。和銭（寛永通宝）よりも大ぶりにできているためこの呼称がある（巻七註100）。
（14）官家　原文ふりがなに「コウギ」（公儀）とあり、朝鮮議政府のこと。
（15）かの方首途（しゅと）の心に当て　朝鮮側では出港の行事という意味に当てる。
（16）解（わけ）　原文振り仮名に「ワケ」（訳）とある。
（17）御手入り　面倒な世話がかかること。
（18）帆筵（ほむしろ）　朝鮮船の帆に用いる筵。
（19）景尚　慶尚道のこと。寛政十年（一七九八）将軍世子家慶（いえよし）（後の十二代将軍）の「慶」字を嫌字に指定したため、日朝間では「景尚道」と記す。
（20）大造（たいそう）　大がかり。
（21）高檻（こうかん）　欄干（らんかん）など檻（てすり）のある高所。

(22) 万戸(ばんこ)　水軍の武官。「哨探将」とも称す（『草梁話集』）。
(23) 揖(ゆう)　礼。会釈。
(24) 統営(とうえい)　統制節度使（陸海総大将）の軍営所。「大鎮」ともいう。
(25) 水営　水軍節度使（各道水軍の長官、水使ともいう）の軍営所。
(26) 楽人　軍楽を奏でる者。
(27) 東萊府　慶尚道東萊の行政機関（巻二註6）。
(28) 尖(するど)に　素早いこと。
(29) 四十八里…乗り渡り　遠くたくさんの島々に渡ること。
(30) 佐須奈(さすな)浦　対馬北端の浦。朝鮮への渡航口として関所が置かれる。
(31) 平言(ひらことば)　わかりやすい言葉。
(32) はづれはづれ　解れ解れ（とけ離れとけ離れ）。一種のまじないか？
(33) 鬼神(きしん)　原文註に「鬼神之事神を云」とある。
(34) 御馳走　応接。接待。
(35) 府内　対馬府中。
(36) 沙工　船頭。
(37) 旁(かたがた)にて　あれやこれや。
(38) 織ることは…当てるべし　熟達した者へ尋ねるのが最も良い、という意味。原文は「耕則問田奴、絹則問織婢」（耕は則ち田奴に問い、絹は則ち織婢に問う）。出典『魏書』巻六十五「刑巒」。
(39) 天照(あまてらす)皇大神宮　天照大神(あまてらすおおみかみ)を祀った神社。

(40) 面（まのあた）り　現に。
(41) 童便（どうべん）　子供の小便。薬に用いる。
(42) 殊勝（しゅしょう）の至り　心がけがしっかりしていること。
(43) 際木（さいぼく）　境界を示す標木。
(44) 只管（ひたすら）　やたらに。一途（いちず）に。
(45) 豊崎（とよさき）の鼻はえの刃　豊崎郷（対馬北端）の先の浅瀬「南風波瀬（はえのは）」。対馬渡航のときの難所。「はえ」は、海辺の暗礁のことで朝鮮語の転化といわれる（小倉進平『朝鮮語方言の研究』下）。
(46) 訳駕船破船　訳駕船の破船は、元禄十六年（一七〇三、総員一〇八名が溺死）、明和三年（一七六六、三三名が溺死）などである。
(47) 妖火　怪しい火の玉。原文振り仮名に「トンボウビ」（飛んぼう火）とあり、人魂のこと。
(48) 颯々（ざざ）めき　原本振り仮名に「颯々（ザヽ）めき」とあり、ざわざわと音をたてること。「颯々（さつさつ）」は本来風の吹く音に用いる。
(49) 魂魄（こんぱく）　たましい。
(50) 波花（なみのはな）　波の泡のかたまり。
(51) 潮花　波花（註50）に同じ。原文振り仮名に「潮花（シケ）」とある。
(52) 脇平（わきひら）　かたわらにいる者。
(53) 網曳船（あみひきぶね）　網を引いて魚をとる船。
(54) 日本向き　日本側。
(55) 巫女（かんなぎ）　神に仕える巫（みこ）（巻九註38）。

(56) 世業（せいぎょう）　代々うけついだ家業。
(57) 鼓弓（こきゅう）摺（す）り　胡弓をひく人。
(58) 双親（そうしん）　両親。
(59) なろなろ　そろそろ（巻十註59）。
(60) 年行（ねんぎょう）　年々の修行。
(61) 慈味（じみ）　豊かな深い味わい（巻九註59）。
(62) 口気（こうき）　口ぶり。
(63) 紅　以下原文一枚欠。「紅裳の女よ…」と続く。内容は巻十に重複（巻十註21）。
(64) 四拝　鞠躬（きっきゅう）（最上級の拝礼）を四回行う。十五日に行われた望闕礼（ぼうけつれい）（王城への拝礼）の様子。
(65) 朔望（さくぼう）の礼　月の朔日（ついたち）と十五日に行う儀式。
(66) 前方信使の節　宝暦十四年（一七六四）通信使来日の時。
(67) 壱州　壱岐（いき）島。
(68) 仰山（ぎょうさん）なる　おおげさな。
(69) 三使臣　通信使の正使・副使・従事官。
(70) 暦々（れきれき）　「歴々」に同じ。お偉方。
(71) 辟（のっと）り　したがい。
(72) 恭（きょう）を過（す）ぎて礼にあらず　尊び過ぎるとかえって礼を失する。
(73) 太守　対馬藩主。
(74) 時誼（じぎ）合わせ　時にかなった挨拶。

(75) 尖き教え　厳しい教え。
(76) 漕船(こぎぶね)　帆と櫓で動かす船（巻一註96）。
(77) 左右道　慶尚道の左道と右道。原文振り仮名に「左右(上ミ下モ)」とあるのは、左道（主に機張）への漂着を「上(かみ)乗(のり)」（略して「かみ」）、右道（主に巨済・玉浦・加徳・知世浦など）への漂着を「下乗(しものり)」（略して「しも」）と称すため。
(78) 欠乗(かけのり)　嵐などを避けて和館のある釜山浦以外の浦口に乗り入れること。「脇乗(わきのり)」とも称し漂着扱いになる。
(79) 廻館の上　和館へ回送したうえで。
(80) 日供(にっきょう)　和館滞在中使者へ支給される物品。原文振り仮名に「ヲイリ」（五日次）とある。日供物は五日分を乾物（雑物）でまとめて支給されるため朝鮮音が訛って「五日次（おいり）の雑物」と称す。
(81) 費(ついえ)と響きを取る　出費が大変だと言いふらす。
(82) 残弊の土地　（日本の）片隅の貧しい土地柄。
(83) 対州向き…気の毒　対馬側からみれば大変腹立たしいこと。
(84) 当たり所　担当役所の万戸（註22）を指す。
(85) 等閑(とうかん)　なおざりにすること。
(86) 感激　原文振り仮名に「アリガタク」（有難く）とある。
(87) 公役事(くやくごと)　公命による労働。
(88) 身丈(みたけ)　身体や能力にかなった。
(89) 恵み　役手当。
(90) 不時　臨時。
(91) 作り方は妻子懈怠(けたい)なく　（仕事の）働き方は妻子共に怠ることない。

(92) 鈍(にぶ)き（速度が）のろい。原文振り仮名に「ヌルキ」（温き）とある。
(93) 日公役　一日単位で公役を課すこと。
(94) 沙汰(さた)　うわさ。評判。
(95) 朝鮮にては十里　日本の一里（約四km）は朝鮮の一〇里に相当する。
(96) 下吏　下級官僚。後の原文振り仮名に「シタヤク」（下役）とある。
(97) 卯(う)の刻　明け六つ。夏は午前三時すぎから五時ごろ、冬は五時ごろから七時ごろまで。
(98) 午(うま)の刻　昼十一時ごろから午後一時ごろまで。
(99) 酉(とり)の刻　午後六時ごろ。その前後二時間。
(100) 初鶏(はつどり)　明け方最初に鳴く一番どり。
(101) 子(ね)の刻　午前零時ごろの前後二時間。
(102) 上わ役は下を食(は)み　上役の者が下の者から金品を受け取ること。
(103) 垂(た)られ　ねだられ。
(104) 弊(つい)え　無駄な（金をかける）こと。
(105) 梶座(かじざ)　船の梶をすえる所。
(106) 水疾(すいしつ)　後の原文振り仮名に「水疾ず(ヨワズ)」（酔わず）とあり、船酔いすること。『交隣須知』（舟楫）に「フ子ニヨウ」（船に酔う）に「水疾」の語をあてる。
(107) 炊(かし)き　炊事。
(108) 簀板(すいた)　船底に敷いた簀の子状の板。
(109) 淦(あか)　船底にたまった水。

(110) 下意　下心。
(111) 滄海（そうかい）　青い海原。
(112) 洋（なだ）　「灘」に同じ。潮流の強い海岸。
(113) 滓（かす）　残った不純物。
(114) 乗頭（のりがしら）　ここでは船将のこと。
(115) 離宮香　『象胥紀聞拾遺』に「離宮丁」とあり、丁字（註118）を含む香料のことか。
(116) 脾胃（ひい）　脾臓と胃腸。
(117) 気の毒病（やまい）　難儀な病。
(118) 丁子（ちょうじ）　モルッカ諸島（東南アジア）原産の香料。花のつぼみを乾燥させた形から丁字・丁香などという。長崎で輸入したものを朝鮮へ輸出する。
(119) 龍柱香　香の一種。
(120) 帯廻し　グルグル巻きにする。
(121) 栓木（せんき）　穴にさしこむ木。
(122) 尋（ひろ）　一尋は両手を左右にのばした長さ。日本では六尺（一八二cm）に相当する。
(123) 苧物（ちょ）　麻やからむしの繊維をより合わせて作った縄。
(124) 実木（みき）　「身木」（註9）に同じ。
(125) 祇木（しき）　「敷（しき）」の当て字。船底部の厚い板材（舤（かわら）ともいう）のこと。原文振り仮名「祇木（カジ）」は「梶木」「楫木」の当て字。

通訳酬酢　四　外国の部

春日永の時、通訳差し向かい出会いの席。

訳曰く　雨森東(1)の語に、日本の繁華は大坂城、日本繁昌の地は長崎嶋と聞き伝え候。公は長崎表に多年の在任と聞き候。阿蘭陀人の体いかに候や。

通答る　阿蘭陀人は惣髪白く、鼻高く、眼丸く、声濁り、不祥(2)惣身の服白き絹物にて色違いこれなし。牡丹掛けにして、手足・胸背共(3)に牡丹一通りずつこれあり候らえども、小用を通し候時片足を高く揚げ、犬の欠尿(4)に似寄り候。阿蘭陀を朝鮮人多くは紅毛と唱え候らえども、紅毛人(5)は中路より掉銅(6)一本ずつにて雇い来り、惣身黒く、着物着ず、水練に達者なるもの共と聞き候。数万里の海路(7)、水切れ候時は海底に入り、清水を汲み取り来り候由に候。

訳曰く　已前我が国へ阿蘭陀船漂流致し候処、浦内へ寄せ附けず追い払い候(8)に付き、それより阿蘭陀と数百年不和に相なりおり候。長崎表にて我が国の漂民(9)を見て悪しき振舞致さず候や。

通答る　朝鮮と阿蘭陀不和の様子、かねて聞き及びおり候。その砌にてこれあるべし。已前日本に来り、朝鮮国を我々手にて掠(かす)め取り進上致すべしと言い候らえども、日本の御返答、隣交の国故、変あり候時は救いをも遣わすべき国柄に付き、聊(いささ)かもその儀に及ばずと公[10]に差し置かれ候と聞き候。御隣交の厚き事、蛮国(ばんこく)にも通りおり、両国の光りに御座候。

訳曰く　阿蘭陀は怖ろしき者共と聞き候。いか程の館(やかた)に召し置かれ候や。

通答る　館御設け下されず、その身共入料を以(もっ)て出嶋[11]に旅館設けおり候。船の長さ凡(およ)そ三十尋(ひろ)もこれあるべし。左右に石弩(いしゆみ)[12]数挺仕(し)掛(か)け、船の出入り数挺の石火箭(いしびや)[13]打ち放し、煙立ち候間に帆の揚げ卸(おろ)しいたし候。長崎着四、五日前より弩(いしゆみ)[14]の音聞こえ、十里近く響き聞こえ候。船内(ふなうち)[15]に畠これあり。上にて水を遣い、砂漉[16]しにして、船中数日滞り候ても水の心遣いこれなき様との事に見え候。

訳曰く　諸戎(えびす)[17]多き中(うち)にても、阿蘭陀程怖ろしき者これなく候を、通船の御免(ゆる)しこれあり、日本の御威勢感じ奉り候。料米等の品持ち来り候や。

通答る　穀物食せず、小麦類と見え候バンと言うものを食(くら)い、これを煉(ね)りて一日に一度給い候。肉食強いて好まず、牛・羊一、二疋船中より飼い来りおり候。拙者、かれ等が旅館にて牛肉を給い見候処、ここもとの品と違い味これなく候。

訳曰く　長崎にてかの者共我が国の者を近く見、讐を含み候体これなく候や。阿蘭陀人寿命長くこれあり候や。

通答る　悟き者共故、御隣交の厚き様子を知り一向相障らず、この方様御屋鋪と阿蘭陀の旅館川迎い[18][19]にこれあり候らえども、かの者共一切外に出で候事これなし。雇い来りの紅毛人身軽ものと見え、家の上を鳥のごとく走り廻り、上より瓦を打ち割り、礫にして双方警固人の透間を見合い投げ遊び候にて、この方様御屋舗より公義の警固衆方へ掛け合いこれあり候故、募りて[20][21]猥りなる義これなし。日本向き漂民共に至る迄御厭い遊ばされ候段、阿蘭陀・紅毛共よくよ[22]く相察しおり候て、讐らしき体見請けず候。或日阿蘭陀の旅館に入り、年ごろ四十才ばかりの者に年を問い候処、通官答え候は、この男十五才に候。二十才迄生き候者稀れなる事に御[23]座候と言う。予、その故を知らず委しく問いしに、通官、阿蘭の暦法一年を春と定め、二年目を夏と定め、三年を秋に定め、四か年目に至り一か年に積もり候。二十才の時八十才に及び候故、様子と年と大いに違い候、と申し聞き候。

訳曰く　阿蘭陀人、江戸に通り候事これあり候や。琉球人は、北京にて見候事これあり。長崎表に旅館設けこれあり候や。

通答る　阿蘭陀人、三年に一度ずつ江戸表に参勤[24]致し候らえども、道中少しの御馳走これなく、自分の雑費にて往還相済まし、その上通官及び案内の小役人迄賄(まいな)いいたし、信使の拵(こしら)えとは雲(うん)泥(でい)の違いに候。琉球人の館、長崎内にこれなく、僻州[25]の御支配、公義御代替わりの節、信使後薩州様召し連れられ、関白[26]よりの御馳走、海路共に一切これなし。御隣交に付きては、我々に至る迄御蔭を蒙り、ありがたき事に御座候。

訳曰く　南京人[27]船の体、人相もよくよく存じ候らえども、人心は違う内の儀、かの地に多人数来りおり、その中には日本人と争論等致さず候や。

（通曰く）　南京船数艘長崎表に毎歳往来致し候に付き、朝鮮へ漂流の船時々これあり候に、粮米(りょうまい)・水木のみ与えられるの由聞き候。南京人、日本人と昼夜の出会い、争論の沙汰(さた)[28]聞かず候。他国の人故、日本の下人少々の事は相堪え済まし候。長崎表の事、庁司[29]の御捌(さば)きにこれあり候。その下にては、かの地定住の代官これあり。惣じての扱い方、年番に仰せ付けられ候。大体南京人の振れ合い考え見候処、優(やさ)しきものと見え、朝鮮人を見掛け候らえば側(そば)近く来り、何とやら嬉(うれ)し気(げ)に頭を撫(な)で、頻(しき)りに愁傷(しゅうしょう)[30]の体見え候。上官の人は高麗(こま)高麗と呼ばわり、優しき心中を察し候らえば、実にも哀れに候。頭を撫で候事は、昔の姿を思い出し候と見え候。これ等の旧情御隣交厚き所より、その身共の体と違い、全(まった)き人[31]に逢(あ)いたる振り形(な)り目前に見及び候。漂民共帰国の上、右等の咄(はなし)御聞きなされず候や。朝鮮人日本の内に来り候上は、異国人に出会い致しても、少しの御気遣いに及ばず候。併(しか)しながら外国の内、朝鮮国に仇(あだ)を構え候国これなく候や。御実話承(うけたまわ)り置きたく候。一昨年、予、在任の時、牧の島(32)上(か)みの口龍台(33)(34)に異船一艘漂着いたしおり候処、何の御備(そな)えもこれなし。異船は巧(たくら)みなき者と思し召し候や。この方様(35)は貴国に対し、その節武官数十人館中へ差し渡し置かれ候。異船漂着の節、御計(はか)らい方かねて承りたく御座候。

訳答る

その節問情(もんじよう)(36)のため、東萊の内裨将(ないひしよう)(37)・釜山の書手(38)・訓導(くんとう)(39)并小通事(しようつうじ)(40)両一人、近村の老人四、五人、異船に取り乗り問い掛け候処、他の言なくイゲシュ、イゲシュとばかり答え候。一向何共相知らず、その内一人マツマエと言い候に付き、日本の松前人にても候やと考え候らえども、日本人の体にこれなく、人数を揃(そろ)え見候処八十人程乗り組みおり、商売体の品面(まのあた)りに置かず、船底に蔵(かく)しおり候と考え候。暫(しばら)くして牛を指(さ)し、口に当て味(あじ)わい候様子を見せ、指を十(と)う折り、口にて風を吹き出帆の体をいたし候により、水木を与え、料米人数に応じ与え候上出船致し候。

通曰く

問情人数の内老人御加えなされ、巧みあるものに候は老人より先に手を下し申すべく、老人等よき御遣い所御尤(ごもっと)もの儀に御座候。イケシュと言い候事、イギリスの事にこれあるべし。

魯西亜の(41)文字は、聞き及びおり候。貴国の音にては、魯西亜(42)にて御座候。外国の内凡そ当たり字候らわば、御知らせ下さるべく候。

訳答る　外国の当たり字、一向委しからず。長人国、小人国、女人国、蝦夷、西洋国などの字、折節見及び候のみにて、数多の外国文字通じざるの国多し。国名に応じ学者文字使いこれあり、当てに相ならずと考え候。

通曰く　朝鮮国は北の方ばかり女真(43)に地続き、東南西の向き海上を受け候故、異船の漂着これあるべくは勿論、已前より相替わり候船来り、国を窺い候儀これなく候や。異船に付き、別段武備これなき様子不審に候。異船と申すものは異宗を進め込み、己が国風に致すべき所為(44)にて、諸国を経廻り候者と聞き候。これ等の宗旨、国の角に残りおり候もの御座なく候や。

訳答る　東南西の方海向きに候らえども、東南は日本の方角異船来らず、南西は唐土の方角故異船来らず。南京船日本に通行の時、漂流時々これあり候らえども、水木相与え候のみにて外に手入れこれなし。北京の方へ出帆後、使臣の序(45)で案内及び候。一昨年異船漂着の節(46)、対州より武官差し渡され、御深慮の段都表に申し登りこれあり候処、追々差し渡され候兆しこれなきやと考えられ候様子これあり。朝廷の稟議(47)、一天下漂船はある内に付き、水木を与え、一日も早々出帆方取り計らい候様との事申し付けられる。殊更已前全羅道へ異船漂着いたし、地方官[48]より一道に急触れを廻し、軍兵数多招き集め候に付き、一道一方ならず騒ぎ立て候処、程なく出帆致し、後にてその所の地方官流罪申し付けられ、全羅道の監司[49]退職に相なり候。異船のみに狼狽え、一道残らず騒ぎ立たせ、その船の虚実を糺さず軍兵を起こし、国中乱れにも及ぶべき沙汰もこれある不勘弁の心得、一船に千人ずつ乗り来りても十艘に一万人に過ぎずとこれあり。その後の心得一国中同様に相なり、唯国内安泰のみ専一に守られ候風俗に御座候。異船漂着の儀は、住古にも例これあるべく候らえども、我が国の法令、他国の船へ乗り込み申さざる様厳制しこれあり候に付き、異宗の者に進み込まれ候暇決してこれなく、異宗の沙汰国中角々にも御座なく候。

通曰く　対州の船は、他国船にこれなく候や。左右道[50]にて本船に乗り込み、長話いたし候人これあり候に、御勘弁なき御論に候。異宗の者、子孫もこれなき事やと疑慮いたし候。

（訳答る）　対州の船、異国船に類し申すべく候や。惣体他国人と交わり、馴々しく長話・筆談等いたし候事禁制の品これあり。

通曰く　潜商筋に御座候や。委しく聞きたく候。

訳答る　我が国の人心疑慮多く、他国の人を語らい、内通の計略にても致さずやと探りを入れ候に付き、人々怖れをなし慎しみ候。異宗の者入り来り候沙汰往古よりこれなく、逆賊の企て間々これあり。これにより疑いの端になり、外国の人と交わり候事聊か人目に掛けざる様いたし候。宗旨の事委しからず、皆人念じ候は観音・釈迦・阿弥陀に候。老人共は、寝起きに南無阿弥陀仏を唱えり候。逆賊の疑い強き異宗の論これなく、これを以て宗旨の事、卒かに御詰め下されまじく候。

通曰く　異宗の者、北方の立ち入り候儀これなく候や。女直[51]辺りよりは陸地続き候故、不意の御備え御座なく候や。

訳答る　不慮の備え、北狄[52]の者立ち入り候に付き異宗の堅めもこれあり。我が国、第一怖れをなし候は北方に候。往古は日本国に候処、壬辰年乱[53]後より御隣交数百年に及び、一天下太平の御代に相なり候に付き、持国[54]の備え追々堅固に至り候らえども、国内に不慮の儀時々相生じ候故、他邦の人と交わり乱を起こし候事これあるべきやとの疑いこれあり候に付き、公と実論他に漏れ候ては、以後睦じく交わりがたき意御察し下さるべく候。

通曰く　北方は白頭山[55]を限り、北兵使并に虞候[56]の備えこれあるとの事聞き及びおり候らえども、北西の方戦船[57]の備えこれあると聞かず。西北の詰まり、都より凡そ何里ばかりこれあり候や。

訳答る　咸鏡道は八道の内、官少なく二十二官これあり。景尚道[58]七十一官の積もりを以て察せられたく候。二十二官の内、八、九か所僉使（せんし）[59]・郡守[60]、[61]県令は五、六か所にて、万戸[62]二十か所、武官多人数これあり候。この外境目（さかいめ）の所、権官[63]二十か所置かれ候。但し僉使は一城の守護、万戸・権官は小城の守護、文官は纔（わず）かに召し使われ、咸鏡道内は喧嘩の仕[64]がちにこれあり候間、軽官の武官数多召し遣われ来り候。

通曰く　北西の方詰まりは義州と聞こえ、北の方詰まりは鐘城[65]と聞き候。白頭山を越えずしても、山の裾に廻り道これあるべし。鴨緑江[66]を御渡りなられる大造（たいそう）[67]故、船渡しの所別にこれなく候や。

訳答る　白頭山の左右、西は鴨緑江に流れ、北は豆満江[68]に流れ、鐘城より女直の渡し一里ばかりこれある由。この流れ北海近く候故、洲（す）少なく双方共川渡しの船これなく候。

（通曰く）　北方の者、白頭山この方へ立ち入り候との噂これあり。この辺りに太き城郭（じょうかく）あると聞かず、人参の事にて来り盗み取り候由咄これあり。鐘城より北方への川纔か一里隔（へだ）て候所に、両方に渡し船これなしとは審（つまび）らかならず。鴨緑江の渡りも一里内外と聞き候らえども、この辺りにも常に船渡しこれなく候や。

訳答る　鴨緑江・豆満江共に船にて往来、この方より制しこれあり候。已前(いぜん)かの方より乗り来り候に付き人夫を潜(ひそ)かに遣わし、川下に突き流し候事時々これあり。その後に至り筏(いかだ)に乗り来り、十人、二十人立ち入り候事これあり。これ又潜かに突き流し候に付き白頭山の裾を廻り、五人、十人ずつ立ち入り候処、後には数百人陸地より立ち入り候に付き、北京へ案内を遂げ制しこれあり候故、近年咸鏡道の内騒動少なく候。

通曰く　女真の北に夷(えびす)の国これあり候や。この女直凡そいか程の国と御察しなられ候や。日本にて朝鮮の北は女直と言い、女真と言い区々[69]に候。文字の間違い、又国違い候事共はこれなく候や。

訳答る　女真は朝鮮の継(つづ)き、女直は女真の継き、鴨緑江へ少しの出先きこれあると聞き候。これにより北方惣体を指して女真と言い習わし、我が国にてこれを北狄と言い候。広大の国と聞き、女真の北狄国と聞き候。雁、女直より初秋に至り出立候と見え候。北京の空、雁の往来我が国程繁くこれなし。雁、南に赴くとあり。北の詰まり、大概これ等の積もりを以て、女真の体察しなさるべく候。韃靼[70]は、平安道西に当たり候。遼東は、黄海の西に当たる。蝦夷は、江原道東北に当たり候。この方角より、異船の漂着一切これなく候。全羅道は西南を受け候故、この道異国の漂船時々これあり候。

通曰く　咸鏡道は異境の地続きに候所、流人を遣わされる。頃日の御論には、他国人に親しく交わる事謀叛に疑われ候とこれあるは不審の論に候。

訳答る　鬱陵島(71)・済州(72)は島数多き中、太き島に候らえども流人配流これなくは、竹島(73)は元于山国と言い、済州も元漢羅国と言い、何れも別国に候処、三韓(74)後朝鮮一国に詰まり候故、この二嶋我が国より百里の波濤隔たり候故、配所の沙汰に及ばず。これに加え両島共に米穀不出来の土地、鬱陵島は無人の島、かれこれを以て已前より配流人これなし。済州は我が国の名嶋に候らえども、土産少なく候。

通曰く　名島とは何を言われ候や。済州の漂民共已前は全羅道内の者と答え、地名を顕かに申さざる所、近年は江津・順天と問情に答え候に付き、訳ある事と聞き候。多年探り問い候処、已前日本船漂着の時、船具・荷物等残らず奪い取り候と聞き候。その身共日本の地に来り、心中に恐れ、かくのごとく答え候と察しおり候処、近年追々流れ来り、日本より御丁寧に御扱いなし下され候に付き、中往怖れず候らえども、元人柄悪しき嶋と聞こえ候。両三年前、済州旌義の県監(75)内室を連れ漂着これあり(76)。予、旅館(77)にて懇ろに取り扱い、帰鮮の上都表にて御丁寧の御扱い、消日(78)のため碁相手遣わされ候との噺等これありたると聞き及び候。

訳答る　名島と言い候は、済州の漢拏山は高山にて、白頭山と釣り合い候山はこの山外これなし。山上より見渡し候らえば、三国一覧の島に候。東は日本国を見渡し、西は唐土を見渡し、北は朝鮮を見渡し候に付き、一島三国一覧の土地に候らえども、島中に浦津これなく候故三国通船相ならず、四方渡海遠く、島の近辺波高き故唐船も乗り掛けず。前ごろ日本の大船乗り掛け破船に及び、その節は荷物残らず取り集め薩州の漂人送り来り(79)、公は問情に越され、存じもこれあるべし。この島人の出生少なく人気悪しく候に付き、近来県監に達し諭しこれあり候故、漸くこのごろ人並の者に移り候。

通曰く　嶋の程、いか程に候や。定めて土産沢山にこれあるべし。猟事は宜しき所柄と察し候。日本の内近く見え候は、何国に当たり候や。

訳答る　済州の長さ、凡そ十余里(80)と聞き候。土産少なく候らえども、四方海辺故鮑余計にこれあり、生海鼠も少々これあり。鮑の太きは、串し乾かしにして献上致し候。大竹これあり、国中笠用に遣い候間、細かく割り裂き買い出し候。

通曰く　済州の内一か年中の鮑、朝鮮俵百俵にも相なり候や。煎海鼠(81)の数、二、三百俵に至り候や。

訳答る　鮑の出方俵数とは存じ寄らず、日本の塩俵に少し太く拵え、百俵内に相なるべきや。四方海辺故、生海鼠これあり候ても纔かの儀に候。大竹も、四、五寸周りより太き品これなしと聞き候。我が国中丸竹用い候所これなく、割り竹外持ち来らず候。この嶋南に向かい秋ごろ海上穏やかなる日、五十里ばかりにして山見え候由、対州と五島一向(いっこう)見えざる由に候。この嶋内漁(いさ)りいたし候らえども、鱈(たら)・青魚(せいぎょ)(82)・鶴・鴨の類これなく候。

通曰く

往古(おうこ)北京への通路、黄海道の内より船にて往来これあり。今陸地に相なり、船の通行公私これなく候や。遼東の海辺見え渡り申すべく考え候。咸鏡・平安・黄海辺りの近き夷、小船にて漂着致すべし。已前海賊船朝鮮に来り候咄、御座なく候や。

訳答る

海賊船は乱国中の事、惣体我が国は先崎(せんざき)(83)・荒瀬多く候故、大小船地方に乗り掛け候義これなく、遼東辺りより小船漂着の儀これなし。日本往来の唐船、全羅道に漂着これあり候らえども、買売体の噺も他国人に致さず。遼東の前東南に当たり田横島(84)これあり候らえども、我が国より西の方山一向見えず候。絵図を以て考え候らえば、大国(85)は見えるべき筈に候らえども、向こうより向かいの山決して相見えず候。

通曰く

異国船漂着の事不用の論に候らえども、往古蒙古人佐須郷の浦内に数艘乗り来り(86)、日本内所々に着し対州にも来り候処、揚陸の様子これあり候に付き残らず討ち取り、船は焼き捨て、浜辺に寄り候木仏十余り、今以てその所の寺[87]にこれあり候。その後蒙古人、数百万人筑前の国に来り[88]候処、一騎余さず討ち果たされ、帰船の沙汰これなし。その後これ等の船、日本の地に来らず。蒙古は海なき土地と聞き候に、船に乗り来り候は不審の至りに候。公の論にも西北は小船の通路これなしと聞き候に、蒙古船に乗り来り候は解（げ）せざる儀に御座候。察し候に、朝鮮国と蒙古は地継きと聞き候。朝鮮の海辺より乗り出すべき外これなし。遼東は朝鮮と波路大いに隔ており候由、旁（かたがた）以て[89]不審の儀に候。朝鮮の内、何道より乗り出し日本に来り候や。往古の論不用に候らえども、昔語り聞きたく御座候。

訳答る　我が国内より日本に向かい発船致し候所、聞き及ばず候。かの唐の太宗[90]朝鮮国端（はし）より端迄攻め来られ候らえども、日本国は堅固の国、武威盛んに聞こえ手差（てざ）し相ならずと諦（あき）らめこれあり候に、朝鮮国より蒙古日本に渡り候との疑論、存じ寄らず候。我が国に数百万人入り来り候らわば、先きに我が国を侵すべき怖ろしき論に候。

通曰く　鴨緑江の川裾（すそ）浅く、小船の通行相ならざる由聞き及び候。それにしてはそのころ蒙古勢強き故、その気に随い、この地より船の造費等償（つぐな）われ候事これなく候や。

訳答る　蒙古の論、始めて聞き候。我が国旧記に一切これなし。韃靼の地広大と聞き候ても人物他に出ず、日本の方角知らざる筈に候処、唐の太宗北狄征伐の時分、追い詰められ遼東に逃げ出し、遼東の西南田横島の辺りより船を乗り出したる故にてはこれなく候や。太宗は朝鮮国中打ち通られ、既に日本を見渡し絶影島[91]に渡られ、今に太宗台[92]と言う所この島内にこれあり候。秦の代方士（ほうし）[93]の語に、天下に蓬莱山（ほうらいさん）[94]あると唐にて言い伝え候に付き、太宗蓬莱山を望み見られ候事と聞き候。

通曰く　その往（むかし）[95]唐より白楽天[96]船に乗り来り、日本の漁夫に逢い和国の弄[97]を聞き、歌語の意を聞き、感じて帰唐ありしとの論これあり候。

訳答る　拙者も和歌の意、感じ致し候事これあり。去るころ童子の唄に、鮎は瀬に住み、鳥は木に止まり、人は情の下に住む、との歌語慈味（じみ）深く覚え候。

通曰く　女真の詞（ことば）、通じ候人あり候や。その外韃靼辺りの者、往来に詞をかわし候事これなく候や。

訳答る　女真の詞は素より、我が国の者異国の詞言い習わざる様に制しこれあり候。

通曰く　前方ヲランカイ[98]、朝鮮に攻め入り候事これありと聞き候。近年ムスコウビヤ[99]、東北を侵し候と聞き及び候。女真の辺りを侵し候沙汰、これなく候や。

訳答る　ヲランカイは蒙古の俗類、女真の者をもヲランカイと言う。捴じて北狄の事奴漢[100]と言い候。北方に何の沙汰もこれなし。外国の当たり字、御知らせ下さるべく候。

通曰く　几良哈[101]ヲランカイ、莫斯歌未亜[102]をムスコウビヤと見及び候。他の文字委しからず。その内考え、当たり申し述べるべく候。

訳答る　我が国物事委しからず、北方の夷を指し、奴漢とばかり言い触らしおり候。

通曰く　絵図を考え候に、福州とこれある太き国にて、海辺遠くこれあり。女真の隣りに候や。

訳答る　西の方は北京の輪内にて、福州は平安道の北に当たり候。その間に女真の地入りおり候と聞こえ、この外の北狄、無用の論に候。御隣交諸戎に知れ通り、朝廷初め頼もしき儀に御座候。

通曰く　朝鮮は六姓と聞き候らえども、種々姓多くこれあり。異姓の委しき御知らせ下さるべく候。これにつき異宗の者、夷狄より入り込みこれなく候や。

訳答る　異宗とは何事に候や。人々その姓これあり、異姓の事にてこれあるべし。朝鮮の国法八道に定まり候時より、何道・何州・何郡の姓、何氏と言う事、不分明にしては何地にも長く住居相ならず候らえども、変村[103]のたびたび根元引き合わせ候事、自然と大様に相なり、種々姓も変じ、大唐乱の砌（みぎり）逃れ来り候人の姓もこれあり。逐年（ちくねん）多姓に至り、姓の多くは国体[104]恥ずべき義に候。異宗の論は先主の事にてこれあるべし。先主と唱え候は位牌[105]の事にて、軽き土民も先祖代々血筋を書き継ぎ[106]、その人の業を明らかに記（しる）し候を、家別棚に居（す）え置きこれを敬い候。系図無きもの末孫に至り名士出来候ても、昇官の障りに相なり候。

通曰く

天主学[107]の論、聞きし事これあり。昨今その余族これあるべし。いか様の儀を常に取り扱いおり候や。

訳答る

天主学は、別に学冊[108]これに背かせるとの噂のみ聞き伝えおり候。この書冊、已前取り扱い候者これあり。厳しき制度出され、その冊類悉く焼き捨てに相なる。そのころの噂に天主学は日々金降り来り、身分自由自在、五丁、十丁空を飛び廻り候事ありと言い触らし、近年は巫女の祭も少なく、託音[109]等の事迄中以上は一切用いこれなし。畢竟（ひっきょう）[110]かくのごとき事魔法と定められ候に付き、中以下重き病い、住所祟（たた）りこれあり候ても潜々（ひそひそ）取り扱い、巫女に託し候事稀（まれ）にこれあり。惣じて異法の取り扱い国内堅く制し厳重にこれあり、邪法の沙汰一切これなく候。

註

（1）雨森東（ウサムドン）　対馬藩の儒学者、雨森（あめのもり）東五郎（号、芳洲（ほうしゅう）、一六六八～一七五五年）のこと。長く日朝交流にかかわった経験をふまえて藩主宗義誠（よしのぶ）（在位一七一八～三〇年）へ五四項目からなる意見書『交隣提醒』を提出し、「誠信は実意」（巻一註78）であることを説いた。原文註に「朝鮮雨森東五郎公を称名して此唱尊候」とあり、朝鮮側は尊称して「ウサムドン」と呼ぶ。

（2）不祥（ふしょう）　縁起悪いことに。

（3）胸背（きょうはい）　胸と背中。

（4）欠尿（かけばり）　小便。

（5）紅毛人　オランダ人。本文の記述から、小田幾五郎はオランダ船に雇われた「黒人」と誤解している。

（6）棹銅（さおどう）　大坂の銅座で精錬された長崎輸出用銅。

（7）海路　原文「路レ海」の語順を直す。

（8）阿蘭陀船…追い払い候　承応二年（一六五三）オランダ船の済州島漂着一件。実際は追い払ったのではなく、十三年間にわたり朝鮮国内に抑留し続け、寛文六年（一六六六）船長ヘンドリック・ハメル以下八名が脱走して長崎経由でオランダへ帰国した。

（9）長崎表にて我が国の漂民　日本各地の沿岸に漂着した朝鮮漂流民は長崎へ送られ、対馬藩邸において調書を作成した後に送還する規定になっていた。

（10）公　対馬藩主。

（11）出嶋　長崎のオランダ人居住地。面積は約四千坪で和館（一万坪）より狭く、入居のために滞在費を支払う。

(12) 石弩（いしゆみ）　大型の弓。遠距離をバネを用いて矢や石をはじき飛ばす。
(13) 石火箭（いしびや）　大砲。
(14) 十里　原文註に「朝鮮百里」とあり、日本の一〇里（約四〇km）に相当する。
(15) 船内（ふなうち）　船中。
(16) 砂漉（こ）し　砂を透かして水を流すこと。
(17) 戎（えびす）　「夷」とも書く。外国人の蔑称。
(18) この方様御屋舗（やしき）　長崎の対馬藩邸。天明七年（一七八七）出島の川向こう、西築町に置かれる。
(19) 川迎い　「川向かい」の当て字。
(20) 警固衆　出島乙名（おとな）（支配役人）配下の番士。
(21) 募（つの）りて　いっそう。
(22) 日本向き　日本側。
(23) 通官　オランダ語通詞。
(24) 三年に…参勤　出島のオランダ商館長が交代の時江戸参府を許可される。寛政二年（一七九〇）より四年に一度となる。
(25) 僻（へき）州　（日本の）片田舎の藩。
(26) 関白　徳川将軍。
(27) 南京人　中国人の別称。
(28) 沙汰（さた）　うわさ。
(29) 庁司　原文註に「御奉行之事」とあり幕府が派遣する長崎奉行。

（30）愁傷の体　嘆き悲しむ様子。
（31）全き人　正直で愚直な人。
（32）牧の島　絶影島（註91）の日本名。和館の対岸にあり、野生馬が放牧されていることに由来する。
（33）上みの口　牧の島の北側。
（34）龍台　「龍塘」「龍堂」ともいう。牧の島近く牛岩浦北側の村。『草梁話集』に「前洋より往古龍登りたると云伝」とある。
（35）この方様　対馬藩。
（36）問情　役人を派遣して尋問すること。原文「〇為問情…〇其節」の語順を直す。
（37）東莱の内裨将　東莱府使（巻一註74）配下の役人。『象胥紀聞』に「内裨将無定数、府使ノ見立ニテ同道有之、宛行府使ヨリ有之」とある。
（38）釜山の書手　釜山僉使（釜山鎮の長官）の書記。
（39）訓導　和館勤務の日本語通事（序註4）。
（40）小通事　訓導配下の通事。
（41）魯西亜　「ロシア」の当て字。原文振り仮名に「ヲロシヤ」とある。
（42）魯西亜　原文振り仮名に「ヲセイア」とある。
（43）女真　朝鮮半島に隣接する北方民族。
（44）所為　ふるまい。
（45）使臣　朝鮮が中国へ派遣する朝貢使節（燕京使）。
（46）一昨年異船漂着　寛政九年（一七九七）釜山浦へ乗り入れた「阿蘭陀人に似寄候もの」（恐らくイギリス

人）の船。八月二十四日夜中に釜山浦へ繋船し九月二日出帆。対馬藩から幕府へ届けられ、一件記録『異国船朝鮮釜山浦江繋入対州巡浦沖江漂候記録』（長崎県立対馬歴史民俗資料館所蔵）が作成される。

(47) 朝廷の稟議（りんぎ）　朝鮮議政府の関係部局による承認。

(48) 地方官　原文註に「地頭之事」とある（巻二註77）。

(49) 監司（かんし）　八道に派遣される官僚（巻二註44）。

(50) 左右道　慶尚道の左道と右道（巻三註77）。対馬の船が嵐を避けて和館以外の浦に乗り入れることが多く、「問情」（註36）と称して水軍武官が船に乗り込んでくる。

(51) 女直　女真（註43）に同じ。遼人が興宗（宗真）の諱（いみな）を避けて「直」の字を当てる。

(52) 北狄（ほくてき）　北方の野蛮人。

(53) 壬辰年乱（じんしん）　文禄・慶長の役。文禄の役・一五九二～九三年。慶長の役・一五九七～九八年。

(54) 持国（じこく）　自分の国。東方守護の主神、持国天（四天王の一つ）に擬（なぞら）えたか。

(55) 白頭山　朝鮮国最高峰の山。

(56) 虞候（ぐこう）　水軍の武官。「副水使」ともいう。『象胥紀聞』に「虞候、従四品兵水使ノ副将ノヨシ」とある。

(57) 戦船　原文振り仮名に「バンセン」（番船）とある。『象胥紀聞』に「番船ハ萬戸ノ預リニテ或ハ一隻又ハ二隻其浦處ニ依」とあり、万戸（註62）が支配する警固の見張り船のこと。

(58) 景尚道　慶尚道のこと（巻三註19）。

(59) 僉使（せんし）　水軍の武官。『象胥紀聞』に「僉使　正三品従三品モ有之、其勤務ニヨリ　階二階ノ違有之、海辺一鎮ノ大将ト云、居所ヲ與ト云」とある。

(60) 郡守　地方官。『象胥紀聞』に「郡守　正四品以下五六品ノ内ヨリ遣レ、及第ノ砌ニ郡守又ハ縣令ニ遣シ候ヲ教授ト云、又校理トモ云、一道ニ二三人ツヽ遣ワレ候由」とある。

(61) 県令　県監ともいう。『象胥紀聞』に「懸令　懸官　正六品ノ人ヲ多ク遣レ、其内五品ノ人モ折節有之」とある。

(62) 万戸　水軍の武官、僉使（註59）の下（巻三註22）。

(63) 権官　万戸と同じ職務。『象胥紀聞』に「権官　正六品、一村ヲ預リ萬戸ノ勤ニ同シト云」とある。

(64) 喧嘩の仕がち　紛争が頻発すること。

(65) 鐘城　咸鏡道の北。北兵営が置かれている。

(66) 鴨緑江　朝鮮北西部、中国との国境ぞいの大河。

(67) 大造（たいそう）　大がかりなこと。

(68) 豆満江　北東国境ぞいの大河。

(69) 区々（まちまち）　それぞれ異なり一定でないこと。

(70) 韃靼（だったん）　蒙古系部族とその居住地。

(71) 鬱陵島（うつりょうとう）　朝鮮東海上の島。

(72) 済州　朝鮮南海上の済州島。

(73) 竹島　鬱陵島（註71）の日本名。

(74) 三韓　百済・高句麗・新羅の三国時代。六六八年新羅が統一する。

(75) 県監　県令（註61）に同じ。

(76) 漂着　文化十二年（一八一五）九月、済州島旌義県前県監の李種徳（イチョンドク）等三六人乗りの船が五島に漂着し、翌年対馬から朝鮮へ送還された。

（77）旅館　対馬府中にある使者家。漂民官人李種徳等が滞在し、小田幾五郎が賄通詞として応対した。
（78）消日　暇つぶし。
（79）薩州の漂人送り来り　文化七年（一八一〇）薩摩藩の公用船（二五人乗）が七島沖で遭難し日本へ刷還された。
（80）十余里　原文註に「日本之」とある。
（81）煎海鼠（いりこ）　海鼠（なまこ）を煮て干したもの。対馬藩が朝鮮から輸入し、長崎から中国へ輸出される。
（82）青魚（せいぎょ）　にしん（巻十註39）。
（83）先崎（せんざき）　山の先端に突き出た崎。俗に「鼻」という。
（84）田横島　中国山東省にある島。
（85）大国　原文振り仮名に「カラ」（唐）とあり、中国のこと。
（86）往古…乗り来り　蒙古及び高麗の使節が文永六年（一二六七）二月豊浦に着き対馬島民二名を連れ帰り、同年六月島民送還のため伊奈浦に着くが、いずれも戦闘に至っていない。
（87）寺　不明。六月来日の使節が安楽寺（太宰府天満宮）に毛冠を献じたことの誤伝か。
（88）その後…筑前の国に来り　文永十一年（一二七四）及び弘安四年（一二八一）、蒙古・高麗連合軍の襲来をさす。
（89）旁（かたがた）以て　あれこれの点からみて。
（90）唐の太宗　唐の第二代皇帝、李世民（在位六二六〜六四九年）。
（91）絶影島　原文註に「牧之島」とある（註32）。
（92）太宗台　絶影島の北側高台にある。

(93) 方士（ほうし） 神仙術を行う道士。
(94) 蓬萊山（ほうらいさん） 東海にあるという不老不死の仙人が住む蓬萊島の山。
(95) その往（むかし） 原文振り仮名に「ソノカミ」とあり、大昔のこと。
(96) 白楽天 唐代の詩人。謡曲「白楽天」に、日本へ来た白楽天が老漁夫にあい、詩を作るとすぐに和歌に読み替える場面がある。
(97) 弄（あそび） 軽い楽曲。
(98) ヲランカイ 中国北東部一帯。女真族発祥の地。
(99) ムスコウビヤ モスクワの日本呼称。
(100) 奴漢 原文註に「奴漢とハ、トイノムと云、我国より悪口ニ唱え候」とある。
(101) 几良哈 原文振り仮名に「カイラハム」とある。
(102) 莫斯歌未亜 原文振り仮名に「マクサカミア」とある。
(103) 変村 引越。
(104) 国体 国家体制のありかた。
(105) 位牌 先祖の廟などに祀る木牌。
(106) 血筋を書き継ぎ 族譜のこと。
(107) 天主学 原文振り仮名に「キリシタン」とある。
(108) 学冊 聖書。
(109) 託音（たくおん） 原文振り仮名に「ツケコト」（告言）とあり、巫女が神霊のお告げを伝えること。
(110) 畢竟（ひっきょう） 結局。

通訳酬酢　五　乾坤の部

（前欠）

訳答る　献物(1)に紅参(2)数百斤、その外皇帝御食用の米、我が国より献じ候処、近年道中雑費多く候故漸々相減り、新たに紙類取り揃えこれあり。遠路故道中の弊え(3)厭い下され、諸戎(4)の貢租聞き合わせ候処、所々の土産仰山の品は北京より減少これある由相聞き候。我が国の土産聊かの儀に候処、帰りには緞物(5)を賜り、その品礼曹(6)の庫に納まりおり候。

通曰く　北京の暦御用これなしと聞き候らえども、二十四気(7)七十二候(8)、時刻間違い候事は勿論、北京の方気候の廻り■かるべし。閏月、大小の違い(9)、北京の釣り合い差し支えこれなく候や。

訳答る　暦の大方、日本・北京・朝鮮も符合致し候らえども、日本の暦には日月の蝕顕しこれあると聞き候。北京・我が国は天変と心得、皇帝より王侯迄当日斎(10)これあり。我が国両国間に対し重き御用・接待等の儀も遠慮これあり。日月蝕の事、八道監司(11)に主君御斎の知らせこれあり候。

通曰く　日月蝕の象、左程重き御慎みこれあり候に、貴国の人の諺(ことわざ)に、日蝕の時盤[12]に水を入れ写し見れば、犬が切りて喰(くら)う、と言う語を聞く。主君の御斎に懸(か)けず、俗話にても天象を畏(おそ)れず、国民の意不都合の至りに候。なお亦(また)三公[13]を三台星[14]に象(かたど)ると言う語あり。これ天を尊(たっと)ばず、王侯の国には潜称(せんしょう)[15]の意に候らわずや。天象を以(もっ)て御国政の譬(たと)え間々(まま)相聞き候。破軍の七星[16]、二十八宿[17]も何々の府司に当たり候や。日本向き[18]重職に差し下され候両班[19]を別星と唱えられ、日本国に対せられ候別号に御座候や。

訳答る　破軍の七星に象り候は、備弁司[20]・六曹[21]にて、時日の運びに随(したが)い剣先を考え、国の東西南北に向かい他国の掛け合い第一の司(つかさ)に候故、六十已上(いじょう)の老臣集まりおられ、若き人にても勤めの品により備弁司に居(す)えられ候。その外二十八宿に当たり官府これあり、この外不時の勤めに赴(おもむ)き候を別星と言い候。

通曰く　貴国の御政度(せいど)[22]天に表しこれあるとの儀、日月の廻り順路に候らえば、気向もそれに応じ候らえども、空中に風雲起こり正天の日月[23]を覆(おお)い蔵(かく)し、中間の気候により日の内月の内幾度も照り曇りこれあり。民の害をなし、穏(おだや)かなる海上に風波を立て、両国の通路障(さわ)りになり、或いは船をも損じ、兎角中間の者程巧みにして怖しきものこれなく候。

訳答る　中間の悪鬼、我慾に誇り候は誠に迷惑に候。なかんずく我が国の風俗空中の邪気絶えず、照天を掠め覆い、下に害をなし、漢水(24)の隔てある牽牛・織女の楽しみを妨げ、中間の曲者の邪気勘弁第一に候。

通曰く　中間の邪気、左のみ憂うに足らず。下より見通し候らえば、不時に黒雲起り、照天を一時の間掠め候らえども、一片の清風に吹き払われ、たちまち行所知らず消え失せ候。

訳答る　清風何方より起こり候や知らず。預め上より明らかなる目鑑(25)、用いられたき義にてはこれなく候や。

通曰く　清風の起こり所実直より出で、邪気を吹き払い候らえば誠信も相立ち、両国間よくよく見え渡り候。さて又上の目鑑に曇りこれありても、時々摩きを用いざる時は下の目鑑に及ばず、上よりは中間の雲・霧に遮られ、見通しの光り闇く下より上を見候らえば、朝夕天気相見え候。雨雲立ち候時は雨具用意致し候。ここを以て論じ候らえば、下よりの目鑑宜しき様に覚え候。

訳答る　日月の光り、空中の邪気に拘わらず一天下に照り輝き、中間の邪気永く障りに相ならず、自然自然と光り通り候。去りながら晴天に暴に風雨起こり、その時に至り候ては下よりの目鑑早く見通しに相なり、雨具の備え尖(26)にいたし候間、面り相凌ぎ候らえども、中間の邪気片時も由断せず候。

（通曰く）　邪気怖るるに足らず。公等の語に、妖(27)は徳に勝らずとこれあり。これは魏の楊修(28)が諫め、大人の徳、小人は小人だけの心得これあり。予、数十か年在館し朝鮮の気候に馴れ、邪気に浸されず候は、一日の内冷暖両三度ずつ換わり候らえども、そのたびたび油断なく衣服の抜ぎ着いたし、強く邪気に当てず候は、身不精に致さざる心掛け故に候。気向は所々により違い候らえども、朝夕空を詠みおり候らえば雲の起こり相見え候。公、都にて朝夕の詠みに、雲立ち登り候事共御覧なされず候や。予、絶影島(29)より雲起こり候事を現に見候(30)。

訳答る　夏向きは水気強く候に付き、都にては北の方三角山、南は木覔山、東は峨嵯山、西は仁王山より雲起こり候らえども、全体の雲、数里に及び候を見ず。景尚道(31)の大山その外雲立ち登り候は、山気強き山と言い候らえども、現に見候事これなし。海辺は瘴気(32)多き故、雲のごとき模様これあり候らえども全く雲を見ず。日本の富士山は天下無双の高山、昔より我が国の人は言うに及ばず、異国人も見及び候らえども、北京辺りにも見及ばず。殊更雲の背を見卸し(33)

候との話これあり。その通りの事に候や。

通曰く

富士山の事御問いなされ、惣じて問答と申すものは問うより答えむずかしく、殊更、予、見ざる山故委(くわ)しく語りがたし。日本は暖気国に候処、極暑中にも山の頂(いなだき)に雪積り、白頭山も積雪の由、高山に候。大唐の泰山(たいざん)[34]さぞ以て高くこれあるべし。北京の地より見渡し候様これあるべし。北京の道中大山いか程これあり候や。日本富士山、雪の解け雫(しずく)大井川に流れ、信使の節御通り御存じの所に候。北京、道中に大川これあるべし。河より龍の登り候噺(はなし)、唐北京の間語(かんご)[35]これなく候や。

訳答る

河辺より龍の登り候話聞かず候らえども、海辺より龍登り候事我が国内にこれあり。則ち釜山浦内龍堂[36]と言う村和館[37]の向こうにこれあり。数百年前の事にて、その後何地にもこれなく候らえども、黄龍・青龍・臥龍(がりゅう)・登龍の画これあり、天下これを貴び候。我が国龍の姿大旗にも用いこれあり。日本内にも龍の登りたる所、これあり候や。

通曰く

海辺所々にこれあると聞き候。晴天にても俄(にわ)かに風雨起こり、黒雲海上に下り来り、海水を曳(ひ)き揚げ候らえば、四、五里の間渦巻き凌(はげ)しくこれあり。中に龍の体見え、上を差して登り候との話時々これあり。その近辺に大船往来いたし候らえば、その所に曳き寄せ、空中に引き上り候事これあり、船乗りに用心致し候義に御座候。これを龍巻（たつまき）と言う。去ころの咄を聞くに、京都に有福なる人快石[38]を翫び[39]候に、或る時この快石より龍登りたるとの話これあり。少し水気これあり候らえば、力に相なり候ものと聞き候。日本にては登龍の沙汰（さた）[40]時々これある由に候。

訳答る

龍の貴きは一天下同様の儀に候処、日本国は登龍時々これあるとの語、目出たき国に候。我が国中大廈（たいか）[41]の梁（うつばり）[42]に青龍・黄龍を画き、天子を龍に表し候らえども、我が国一通りの心得を以て大旗・小旗等にも縫（ぬ）い候らえども、龍は魔払いと唱え候。公は龍の徳、何と御心得候や。

通曰く

龍の事、仰せのごとく天子を表し候事と聞き候処、龍の徳御問い下され、画を以て評すべく候。龍頭勢い強く、尾に剣を持つは下に至り威光を示し、頭は人中の頭故これに表し候事共にはこれなく候や。龍の体は画きこれあり、愚痴の舌頭に評し候らえども、電（いなずま）の体朝鮮の画柄に見たる事これなし。空中を鳴り候時は天動と言い、地震を地動と言うは天地の大概に候らえども、電雷の文字通用これあり。形ある故画これなく候らわば、雷の評聞きたく候。下々の誓を立て候時、この事間違い候時は天罰を蒙り、雷に打たれ申すべしと言う。画これなく候らわば、俗説の論聞きたく候。

訳答る　往古より誓言に天罰と申し伝え候は、天より火の塊(かたまり)来り、極悪人打ち殺し候話これあり。ここを以て悪人を指して電に打たるべし、などと当今迄も言い馴れ候。我が国儒道の論聞き候に、様々評これある中に天地の間気を吐き、陰火集まりて陽に冒(おか)され、空中に声を発すとも言う。形これなきものと言えども、俗説に雷光将と言う鬼神陰火を司(つかさど)る故、稲光りを先(せん)達(だち)[43]て続けて声を発すと言い伝え候。

通曰く　雷光将を鬼神と論ぜられ、その鬼神の形いかなる体の者に候や。電雷の評、日本にても様々これあり、聖賢の教えこれなく候や。無用の論、怪録[44]も楽しみ故、雷光将と名号これあり候に付き雷の姿と覚え候故、俗話の実論、是非とも聞きたく候。

訳答る　雷光将の姿、面(つら)荒くれ、骨節高く、凶悪にして常に鉄の棒を持ち、或る時は変身して壮年の美男になり、その身に害及ぼし候時は、たちまち蛇類の虫に変じ蔵(かく)れ難を辟(さ)け候と聞く。画姿書き出し候らわば姿体(したい)調べるべく候らえども、我が国の風邪説(じゃせつ)を翫び候えば、時勢により咎(とが)めに逢い候故、浮説のみに候。

通曰く　併(しか)し雷光将と書き候らえば、雷の事に当たるべく候。人に罪を当て、田畑に飛び廻り候話これなく候や。変身自在の者に候らわば、言語通ずるべし。それ等の話これなく候や。

訳答る 昔、悪逆なる者候時は天帝より使と称し、現にその者を打ち殺し候との話、国内の草紙に顕しこれあり候。近年太平打ち続き、天地もこれに応じ、天罰も現式報い望まず緩やかにこれあり候。雹、田畑・人家を破り候事終に聞かず。山野に落ち候事、五、七年の間一度あるかないかに候。日本内いかがにて候や。日本は東国故、雷落ち候事多かるべく察し候。

通答る 日本内雷落ち候事、時々これあると聞き候。対州地にも、予、覚え候より一両度これあり。今に大木に爪形のごときこれあり、獣の姿考え候。儒の論には、その日十二支の内、空中より誤りて落ち候と言えども、形体見たる人これなく、人に害をなし候事稀に聞き候。日本内にても奥州は広き土地、州府多く候故夥しく鳴り廻り、田地の間に落ち候事これあり候に付き、領地の官員百姓(45)のため雹狩りを致さる。狩法は馬上にて野原を駆け廻り、弓箭(46)を以て黒雲の内より火の光り出で候所に弓を放ち候事と聞き候らえども、射留め候話これなし。去りながらその後には田地荒れ候事少なしと聞き候。貴国の浮説、雷光将などと有官らしきものと聞かず候。雷声は血気病の女、頭に徴し(47)候と聞く。朝鮮の女人これ等の儀候や。

訳答る 血気病に障り、男子にても家内中を怖れ、食中に箸を落とし、積みたる柴に頭を突込み、土足にて他家に飛び入り、笑うべき事多く候。

通曰く　浮説を翫び候事咎めこれあるべしとの話、一時は理（ことわり）に似寄り候らえども、然（しか）らば神仙（しんせん）[48]の画専ら御嗜みこれあり。これ等は浮説にこれなく、仙人を見候画師これあり候や。

訳答る　いか様神仙見たる人これなき筈を、往古より色々の神仙これあり。中にも鶴に乗り雲に乗り、海上に剣を浮かして乗り廻る画もこれあり候を、日本・北京・我が国迄も弄（もてあそ）び、公の咎め尤（もっと）もに候らえども、何のころより神仙の画書き始まり候やも知らず。近代神仙の沙汰これなく、中往迄は人直（ちか）にこれあり。神仙を好み候人、食物の用意もなく深山に独居して、終に獣の災いに逢い候人もこれあり。近年は神仙の真似とは八朔（はっさく）[49]事と笑い嘲（あざけ）り、適（たまたま）深山・幽谷に閑居（かんきょ）[50]する身にても、子孫を見極め候上退き候故、神仙も世事の心苦、絶えざる世の中に相なり候。

通曰く　否（いや）、左様にもこれなし。神仙を感じ、神仙に増（まさ）り候人多くこれあると聞き候。朝夕の働き、利発[51]の品これあり。現に誉め候時は神仙と称され、面（まのあた）り囲碁（いき）[52]の手段見貫（ぬ）き候時は、ああ神仙したりしたり[53]と称歎（しょうたん）これあり。新しき神仙の寄り合いは、今この時に候。御和交の余徳を以てかく酬酢致し候事、御互いに新しき術を相用いず、古格の通り直なる手段を施し、永く楽しみたく御座候。

通訳酬酢　五　終り

註

（1）献物　朝鮮から中国へ派遣される朝貢使節（燕京使）が持参する献上品。
（2）紅参　生人参を蒸して乾燥したもの。開城特産として中国向きに輸出される。
（3）弊え　費用がかかること。
（4）戎　（中国へ朝貢する）野蛮国。
（5）緞物　絹織物。
（6）礼曹　朝鮮議政府の六曹（註21）の一つ。外交・祭典・科挙などを司る。
（7）二十四気　一年を二十四区分した節気。
（8）七十二候　二十四節気をさらに区分したもの。五日を一候、三候を一気、六候を一月とし、一年を七十二候とする。
（9）大小の違い　一か月二十九日を小の月、三十日を大の月とし、暦によって大小の入れ方が異なる。朝鮮は中国の暦を使用し、日本は独自のものを使用するため日付が異なる。
（10）斎　穢れの日、飲食行動を慎み心身を清めること。
（11）監司　八道に派遣される地方長官（巻二註44）。
（12）盤　原文振り仮名に「タライ」とある。原文「檻」は「さかずき」。
（13）三公　原文註に「両議政、領議政」とある。領議政は朝鮮議政府の最高官僚、両議政は領議政の下の右議政・左議政のこと（巻十註69）。

(14) 三台星　北極星近くにある上台・中台・下台の三つの星。
(15) 潜称(せんしょう)　身分を越えて上の称号を勝手に名乗ること。
(16) 破軍の七星　北斗七星の七番目の星。
(17) 二十八宿　天を東（蒼竜）・西（白虎）・南（朱雀）・北（玄武）の四宮に分け、さらに七宿ずつに分けたもの。
(18) 日本向き　日本側。
(19) 両班　お偉方。原文振り仮名に「レキレキ」（歴々）とある。
(20) 備弁司　備辺司の誤か。原文註に「此府国之功臣老臣之集り所、此府決断の上主意ニ入候事のよし」とあり、巻八に「備辺司は国の老臣集まりおられ」とある（巻八註14）。
(21) 六曹　議政府の行政事務局の総称（巻一註71）。
(22) 政度(せいど)　国家・政治を動かすきまり。
(23) 正天の日月　規則正しい季節にかなった天の動き。
(24) 漢水　正しくは「銀漢」「天漢」。原文振り仮名に「アマノカハ」（天の川）とある。
(25) 目鑑(めかがみ)　めがね。
(26) 尖(するど)に　素早く。
(27) 妖(よう)　もののけ。
(28) 楊修(ようしゅう)　後漢、揚州の人。隠語に通じ曹操に仕える。
(29) 絶影島　和館対岸の島（日本名、牧の島）（巻四註32・91）。
(30) 雲起こり…見候　原文註に「委草梁話集ニ出し爰ニ略ス」とある。小田幾五郎著『草梁話集』文政八年

（一八二五）は、和館内外の諸事を記録したもの（巻十二註83）。
(31) 景尚道　慶尚道のこと（巻三註19）。
(32) 瘴気（しょうき）　熱病を起こす毒気。
(33) 見卸（おろ）し　「見下し」に同じ。
(34) 泰山（たいざん）　中国山東省の山。中国五岳の一つ。
(35) 間語（かんご）　「閑語」に同じ。暇にまかせてする話し。
(36) 龍堂　「龍台」「龍塘」ともいう（巻四註34）。
(37) 和館　朝鮮釜山の日本人居住区（序註3）。
(38) 快石　原文振り仮名に「ボンセキ」（盆石）とあり、自然石を盆上に載せて鑑賞すること。「石を快（たの）しむ」の意味。
(39) 翫（もてあそ）び　手に持って遊ぶ。
(40) 沙汰（さた）　うわさ。
(41) 大厦（たいか）　原文ふりがなに「ヲ、イヱ」（大家）とある。
(42) 梁（うつばり）　柱の上に横たえ屋根をのせる材。
(43) 先達（せんだち）て　先導にして。
(44) 怪録　奇怪なことをしるしたもの。
(45) 官員　原文註に「地頭之事」とあり、地方官僚のこと（巻二註77）。
(46) 弓箭（きゅうせん）　弓矢。
(47) 徵（きざ）し　（病いを）起こし始める。

(48) 神仙（しんせん）　原文振り仮名に「センニン」（仙人）とあり、不老長生の世界に遊ぶ者。
(49) 八朔（はっさく）　「八朔童子」（八ヶ月生れの未熟児）の略。原文註に「馬鹿之事」とあり、朝鮮語の悪口。
(50) 閑居（かんきょ）　ひっそりと暮らすこと。
(51) 利発　役にたつ。
(52) 囲棊（いき）　囲碁に同じ。
(53) したりしたり　「あっぱれ」「してやったり」の意味。

通訳酬酢　六　浮説の部

中年[1]春長日の折柄、誠信堂[2]において訳官三、四員と会談の刻。

通曰く　公等の噺、絶影島[3]に渡り終日遊びたしとの談、落着せざる話に御座候。予、この近年在館いたし候故島の事よくよく存じおり候処、公等我が国の名所咫尺[4]にこれあるを知らずとは大体の至り[5]に候。壬辰年[6]日本の両将[7]平安道迄通られ、唐太宗[8]この島迄通られ候様相聞き候。予、かの島へ渡り候節太宗台[9]を見たく、春日終日経廻り候らえども見当たらず残心故、船より参り絶影島三里の廻り漕ぎ廻り候らえども台らしき所見当たらず、南より東に廻り候処、牧の島[10]小山の出崎に一丈余りの岩二つあり。島と岩との間潮の通りにて、岩の上に碁盤[11]と見え、一方の岩上に一人の神仙盤[12]に指ざし、一人は頭に帽子[13]を被り候体に見え候。誠の神仙囲碁の形に相違これなく、ここ本の小山を太宗台と申し候由、島の者懇ろに教え候。この小山より岩迄の間、三、四間これあり。下は巌屈にて浪打ち掛け、潮の往き来絶えず、高さ二丈余りもこれあるべし。中々飛行なりがたき所に候処、折節丸木橋二本双べこれあり。おず渡りおうせ[14]帰りざま島の方を見候らえば、渡りに四、五間と覚え候処、七、八間余りに見え、高さ二丈余りと見え候も三、四丈に見え、誠に当惑致す。若気の血気後悔の至り、この所にて諸事の慎しみ鑑(かんが)え当たり候[15]。この丸木橋を掛け置き候は、いか様の者の仕事に候や。今以て合(が)点(てん)行かず候。かくのごとくにても、この島へ御渡りなされたく候や。

訳答る　それは宜しき時、行き逢われ候。去春、東莱府使(とうらいふし)[16]太宗台に見物に行かれ候由、定めて府使の差図にて丸木橋掛かり、その跡の儀と考え候。拙者共参り候とて、その所に橋を掛け候は大(たい)造弊(そうつい)[17]え軽からず候。絶影島は、往古より神仙の住む所と申し伝え候。近ごろも釜山浦の者材木伐(き)らせ、この島に夜泊りいたしおり候内、或る夜は空中に白馬を騎(か)り、山上を往来致し候事これあると聞こえ、山気強き嶋に候。公は、拙者共いまだ見ざる所を御覧これあり。囲碁を好まれ候に付き、神仙に縁これあると察し候。その岩の上に、居(すわ)り所これあり候や。

（通答る）　岩上に、畳二枚敷き程これあり。その所に三、四才の童児と見え候石二つ三つ居り、岩上にて神仙の形見え申さず。二つは向かい同士に立ち、十才の余りの童子程にこれあり候。下より見候時は、実(まこと)の神仙と見え、人力の所為(しょい)[18]に相見えず候。絶影嶋西表は館中往来御覧の通り見る所これなく、牧馬のみに候。森の内、朝夷奈大明神(あさいないなみょうじん)[19]の祠(ほこら)へこれあり候。貴国内の事、拙者より御聞きなされ珍しき義に候。

訳答る　左様の難所、江原道内には所々これあり。都表より両班[20]・閑士・学士[21]の輩(ともがら)、わざわざ見物に参られ候時、橋の両脇に綱を張り、下には木綿二重引き渡し、山輿(こし)に乗り丸木橋の上を摺(こす)り(22)、その先の見物所岩峙(そび)え千仏の形これあり。一丈ばかり下は岩屈(がんくつ)立ち流水を見下(お)ろし、この世の心地これなしと聞き候。大岩に目を溜(と)め候らえば、文字の跡これある由。面(まのあた)り釜山永嘉台(23)風景の名所、東萊府使初め都表より暦々(れきれき)(24)達下来の夜、遊びには浜辺に焚火(たきび)を連ね慰められ候。我が国名高き月見所に御座候。往古日本より入唐これある中(うち)に、有識の官員この所に滞留あり。鬱(うつ)気の余りにや、月夜に日本の方見渡し、帰朝の心起こり候や、和人の詩歌これあるとの昔語り聞きおり候。

通曰く　その詩歌の唱歌、御存じ候や。作者の姓名これあり候や。

（訳答る）　往古の記録委(くわ)しからず。詩歌と覚しきは古冊の切端に、有識の和員釜山永嘉台において月夜詠吟、とこれあり。和多路波浪(わたろはら)、不離槎﨑美禮為(ふりさけみれば)、假数嘉也(かすがなる)、三笠山に出る月のごとし、と文字見え候。姓名分らず候らえども、拙者なればこそこれ式にても耳に溜め置き候。

通答る　往古の記録、何国も同様に候。日本にこれに応じ候和歌、今に伝わりおり候。唐にて詠まれ候歌と聞き及び候らえども、今の咄(はなし)にて考え候らえば、まさしく釜山浦の永嘉台にての事と悟り候。歌の意、丁度和韻(わいん)(25)に符合いたし候。読み人、殿上人参議篁(こう)(26)と言う御方の詠吟、とあり。入唐の時、和田の原、振りさけ見れば春日なる、三笠の山に出し月かも、とあり。歌字の続き和音に似か寄り、これ御覧候らえ。仮名の当たり引き合わせ候。

訳曰く　和多の和の字、日本の事に当たり、三笠山は富士山の異名に候や。

通答る　往古日本の都、大和国春日山の下に皇都を居（すえ）られ、都の内に三笠山と言う名山あり。この山上に出で候月、殿上の官人月見の遊興これある事故、永嘉台の月三笠山の月も同様に思し召し出だされ、御帰りなされたき意を顕わされ候詩歌と考え候。往古日本の国号扶桑国と言い、大和国と言い候様聞き候。朝鮮も時々国号違え、何国も同様に候。

訳曰く　日本国を扶桑国と言いたるとの語、始めて聞き候。天地開闢（かいびゃく）の初め、日の本に桑ありと言い伝え候。誠に以て開闢初生の国、貴とき目出たき国柄に候。日本国高祖皇帝の御名は、何と申す御方に候や。

通答る　天神七代、地神五代の御始祖、天照（あまてらす）皇太神宮と申し奉り、今上皇帝の御元祖に御座候。

（訳曰く）　東照宮(28)を御元祖に御立てなされ候事と存じおり候処、大いなる心得違い。日本国の皇帝数百歳、御血脈御永続大唐の及ぶ所にこれなく、誠に以て天照皇太神宮万々歳目出たく御座候。

太宗絶影嶋迄来り、力に及ばざる国と申され帰唐これあり。秦始皇帝日本国を蓬萊(ほうらい)国[29]と存じ込まれ、韃靼辺りの夷(えびす)[30]に命じ、東に当たり蓬萊国あり、この国に至り委しく要害見来り候様命令これあり。その砌(みぎり)は時々西方の夷、軍勢多しとの話聞き伝え候。その後様々の学士をも差し渡され候らえども、帰唐の者これなし。日本国は、東海の皇帝と唱えおり候。殊更(ことさら)今大清の代、四海安穏にても日本国は神霊の国、天下に怖るべしと称(たた)えらる。これにつき我が国他邦より懇ろに扱われ、これに加え北京の俗習に移らざるは御隣交の徳に候。

通曰く

東照宮を御元祖と御心得、左もこれあるべし。御隣交御永続、御和交の御元祖故、御心得違いなされ候筈に候らえども、往古日本の皇帝へ朝鮮国より貢を献ぜられ候処、三韓時代[31]に至りその儀なく候に付き、日本の女帝[32]この地に御渡海遊ばされ、三韓を責め、御憤りの余り御持弓の筈(やはず)[33]にて、岩窟多き所の厳面に約条を背き候段宸筆[34]遊ばされ候と古書に見え候。貴国内の岩面に文字の形、八道内にこれあるとの浮説、御聞きなされず候や。

訳答る

三韓時代の旧記、残りこれなし。今名のみにて全く文字これなく、岩面には文字の形所々にこれあり。去りながら江原道岩窟多き土地、東を受け日本国より真向かいに当たり候故、万一この辺り共に文字分明の形これあるべくや、委しからず候。岩窟は所々にこれあり、太きは十人余り入り、その外の五人、三人入り候穴三、四か所これあり。小さき窟(いわや)には虎住みおり候故、その近辺には通り候ものこれなし。数百年の義多く埋れ、岩面に仏体の形これあるとの浮説、これあるのみに候。日本内、窟のある所も候や。

通曰く

日本国、所々に窟これあり。その内太きは畳十枚敷もこれあるべし。丹波州には、これよりも広き窟これあると聞き候。往古逆賊、この窟に籠りおり候と聞く。予、現に見候窟もこれあり。壱州(35)滞船の節、わざわざ見物に揚がり、山上を廻り候所、畳五、六枚敷も候窟四、五か所これあり。太きは内三間にして、中程に明りの穴これあり。大きなる岩を以て造り、脇は土を以って埋み、入口には石門を構えこれあり候。人力にても候や。往古三皇の時分、岩窟に人住み候事と考え候。古書に恙なし(36)とあり、有熊氏(37)家宅を造られ候と、十九史略(38)にこれある御咄を覚えおり候。昔は何国も同様、朝鮮も窟に人住み候事これあるべし。御国中に、日本の女帝御残しこれある文字の跡候べきを、皆人国の恥辱と考え候や。誰しもこの話、知らずと答える。公を見立て、実談聞きたく御座候。過ぎ去りし浮説、深く御慎みに及ぶまじく候。

訳答る

内は違い候ても互いに両国間の勤め故、我が国の恥辱は貴国の恥辱。他人は兎も角も公と予差し向かいの話、三韓時代より国体色々変じ、馬韓・辰韓・弁韓(39)、それより新羅・百齊・高麗(40)となり、都も数度替わり、当代の初め京畿道の内開城府を都とし、今京都に相なり候。これにより三韓・高麗の廟所に至る迄跡形これなく候。

通曰く

古話捨てざる事これあり候らえども、捨てるべき語はこれを捨て候に、信この内にこれあり候。予、二十歳ごろ長崎に行き候処、かの地の人々漂民に附き廻り、高麗高麗と口を掛け候しが、その後三十歳ごろ勤番にまかり越し候時、人則ち朝鮮人と言う。昨今は日本国中全て朝鮮人と言い候らえども、朝鮮人は日本人の事を倭人と言う。その上にも物貨記などに倭物と書き、問情書[41]に倭人と頭に用いこれあり。貴国の風儀に候らえども、諸事速かにこれなし。倭の字を以て多年来御国内通用これあるは、誠信の意御懇ろにこれなし。朝鮮の癖、容易に直らざる風と察し候。倭の字、往古大和の国と唱え候意に応じ候文字と聞こえ候に付き、我が国の辱めと存ぜず、聞き咎め候もこれなく候らえども、表向きに御用いこれなく論に及ばず候らえども、辺境の者共倭人と言い候故、拙者答には、日本人の外に倭人と言う人この国に来り候や、と一通りに差し詰め置き候らえども、貴国の人癖面白からず候。

（訳答る）

御誠信数百年に及び候処、日本人の事皆人真直に言わず、折節倭人と嘲り候内心これあり、宜しからざる意に候。日本と朝鮮、御隣交一天下に通りおり候故、何と唱え候ても強いて差し支えず、我が国遠境の者倭人と覚えず唱え候意味、公御存じこれなき筈に候。近年分けて遠境の者漂流いたし、日本の御蔭蒙り候者多くこれあり。その親類に至り日本を貴び、今は倭人と唱え候もの少なく候。倭人と唱えし起こりは往古乱世の時分、剛勇の倭人船を乗り来り、海辺の在々劫(おびやか)し、米穀等掠(かす)め取り候故百姓難儀に付き、倭人は怖ろしきものと言い触らし、その中に分けて剛勇なる者野党人(やとうじ)[42]の組と言い、百余党これある大将と見え候人、面皮(つらのかわ)荒々しく、長(た)け高く、足跡太く、白昼にその人見えず候らえども童子に至る迄聞き伝え候。その時分甚だ怖れをなし、住家を明け逃げ去り候者多くこれあり。そのころ景尚[43]・全羅の辺(へん)鄙(び)にては、子供威しの言葉に、野党人が来るぞ来るぞと言いたる由。御誠信後、この戯言(ざれごと)捨さり候事と聞き候。定めて日本の落武者にてこれあるべく候らえども、始終の仕業(しわざ)旧記に委しからず。日本より逃げ来り候人の姓これなく、大明時代唐より我が国を頼り、入り来り候人多くこれあり。我が国の姓を以て、凡そ御考えなさるべく候。朝鮮は六姓に候処段々増(まさ)り、色々の事生じ内乱絶えず、日本の御政道には恥ずべき義御座候。

通曰く

野党人の事昔咄聞き、それ等の剛勇これあるべく候。当世、貴国内一里塚を将木と唱えこれあり。人の面体を彫(ほ)[44]り付け、柱を建てこれあり。日本人の言い伝え候には、これを野党人と言い候。貴国の音にては野党人(ヤダグノム)[45]と読み、剛盗者[46]と通じ候。古話の意、釣り合い候。唐土の人入り来り候を、御穿鑿[47]これなく候や。

訳答る　唐より入り来り候人多くは有官の人、学才等これあり。別意なき人物と聞き候に付き、京城外に差し置かれ、田地の宛行(あてがい)(48)等もこれなし。その人一生のみの事に候処、子孫の内相応の人は高官に登り候らえども、元(もと)我が国の本姓にこれなき故、堂上(49)の部に昇官相ならず候。

通曰く　日本より剛勇の人来り候らわば、朝鮮にも剛勇の人これあるべし。国中自由自在に働かせ申さるべき様これなく、熟案(50)じ候らえば、朝鮮内悪党の者共盗みを企て候ものにこれなく候や。乱世の砌故日本人に出で立ち(51)、盗賊の仮(に)せ者共はこれなく候や。朝鮮国に百人も集まり、野伏等の大盗人の類これなく候や。狗盗(くとう)(52)の類は絶えざる風俗と察し候。軽き品にても下人共盗み取り候事、時々これあり気の毒(53)致し候。これ朝鮮の名折(なおれ)、対州も不安義多く候。以後使臣御渡しの節は、厳しく御示し置かれたき義に候。

訳答る　その時分は乱世の砌故、日本より渡り候人追々これあり。既に朝夷奈大明神のごとき剛勇不(ふ)敵(てき)の人渡り来り、その外五人、三人、十人、二十人、江原・景尚・全羅の海辺に来り害をなし候故、対州に御頼みこれあり。一時平定に至り(54)、その後御誠信御和交(55)の上前方の憂い等追々考え候処、野党人の所為と相分かり、頭に烏帽子(えぼし)を着し、顔に木面を覆(おお)い、往来の道筋所々に太き草鞋(ぞうり)を捨て置きたると聞こえ候。我が国にも百人、二百人剛盗いたし候類、この五、六十年前迄時々これあり。今にても少しこの形相生じ候らえども、なるたけ穏便に相済まされ、沙汰に及ばざる儀これあり候。日本人に仮せ出で立ち候党決してこれなく、咸鏡道の者、女真[56]の者共を曳き入れ、大盗を企て候事時々これあり候らえども、京畿より東南の地これ等の憂い絶えてこれなく候。

通曰く 御和交後御国内に憂いこれなしとの論、何を以て御考え当てなされ候や。乱は何時起こるべくも計りがたく候処、何を頼りにして朝廷も御安心なされ候や。

訳答る 御誠信ますます篤きの儀を以て一国中安堵致し、景尚・全羅南道の百姓に至り、日本人の姿に移り候様子これなき故、北方の風と違い東南は静謐[57]の儀、逆賊の党起こり候事の心遣いこれなく候。

通曰く 公の論、日本向き御安堵の様に聞こえ候らえども、海辺の憂いのみに候。康熙年中国姓爺鄭[58]森[59]と言う人大唐を動かし、日本国尾張州水戸大納言卿[60]の幕下舜水[61]先生へ救いの兵を乞われ、日本人軍立てを以て大いに勝利を附けられ候との書冊これあり候。野党人は、いか様の人制せられ候や。静まり方聞きたく御座候。

訳答る 左程に聞きたくば、あり様を話すべく候らえども、他言無用に候。何時も夜中船を乗り来り、民家の重物[62]・穀物を奪い帰り候に付き、民家の者共逃げ去りし跡、食物に置毒[63]して殺し候と聞く。これより心附き、壬辰年乱[64]の時この計略に習い、海辺民家毎に飯を焚(た)き立て、逃げ除(の)き、日本人を数多(あまた)損じ候と聞こえ候。

通曰く　朝鮮昔は毒殺の計、旦夕(たんせき)[65]にこれあり。怖しき御国風、誠に笑裡(しょうり)に刀を蔵(かく)すの出会い[66]、今咄を聞き公等と出会い、気当たり[67]強く申し候らわば御憎みこれあるべし。併(しかしながら)予は両国間に死を極(き)めおり候故、朝夕疑いこれなく出会い致し候。毒殺外に、他の計略これなく候や。

訳答る　毒殺外の計略、朝暮施し候。公は毒気に当たられず奇特に候。一切毒種の取り扱いこれなく、同官中も沙汰致し候。

通曰く　毒気に当たらず、毒種取り扱わずとは、何事の論に候や。

訳答る　毒殺・毒気、現在にこれあり。公、毒気に当たらずと言いしは、慾心少なき意を蔵(かく)し論じ候。毒種とは銭両の取り扱い致されざるを、白地(はくち)[68]に言わざる毒類種々これあり。公幹(こうかん)[69]にて私慾をなし候は、人には大毒を振る舞い候。これにより、我が国内は押し出し賄(まいない)[70]を人情と言い候。去りながら、公も勘弁の上少々は取り扱われたく候。聖賢の語にも相聞こえ候は、石を挙げて顔(かんばせ)を紅(くれない)にす、とあり。力を出し重き物を持ち候時は、面色に顕ると言い伝え候。天の与えを取らずんば、反(かえ)ってその殃(わざわい)を受ける[71]、と言い候故、取るべき時は取る事に候。

通曰く　毒種の事、列国時代舌害の論に候。あり様(72)の毒種いか程施され候ても、解毒の品これあり。賄を人情と号(なづけ)られ、貴国内は通るべく候らえども、日本向き(73)には通らず候。挙名の論、左もこれあるべし。日本の俗語に、塩計る手を嘗めると言い(74)、少しずつ脇平(わきひら)(75)に捨てさり、我が手の分は嘗めるべき外これなく候。天の与えを取らず候時は殃を受けるとの事、我が身の上に当たり候。分を安んじ、拙を守ることは(76)第一に候。慾は目前の大毒、奢りも同前の大毒、美妓のため千金を弊(つい)やし、貧者は日慾のため身を損じ候。貴国は、已前(いぜん)より毒害の計多く相聞き候。外の手段これなく候や。

訳答る　毒殺の計、種々これあり。表に顕れざる品を以て幾度も施し候に付き、前方毒種の取り扱い方増長(ぞうちょう)致し、国内少しの冤(うらみ)をも報い候故国中平(やすらか)ならず、近年に至り毒種取り扱い候者厳重に穿鑿これあり、役人の書き付けこれなく候ては売買相ならざる法令に候。去りながら太平打ち続き候故、毒種の上を取り扱い候言毒(げんどく)(77)近年流行(はや)り、有功の人を害し、老功の人をも用いず、剛勇をも折(くじ)き候故、言毒には解毒の薬これなし。日本にもこの毒、時好候(78)や。我が国には、上下これに当たり苦しみ候者多く候。

通曰く　言毒公も御所持、予も所持致す怖ろしきもの。朝暮取り扱い候らえども、名医の匙(さじ)一本にて治し候。これとても左のみ怖るゝに足らず候。日本国往古時好候時代これあり、近代は古書の考えこれあり。時代の鑑匙（かがみ）一本段々譲り次ぎこれあり候に付き、言毒の当たり利（き）かず、藪（やぶ）医は匙の取り扱い疎（うと）く候故言毒利き候。貴国の医師は匙（さじ）取り扱いこれなしと見え、言毒に蘇生せざる人これあると聞き候。(79)梶よりも匙に心を付けられ候らわば、言毒治るべき事と存じ候。

訳答る　言毒、匙にて治るとの論、いかがの意に候や。

通答る　三略(80)の内、僻（かたよ）って聴くは暗く、かねて聴くときは明らか也(81)、と去る年士正朴（サンヨンパク）僉知(82)の聞きおり候処、その砌日本人と朝鮮人大いなる争論起こり、一方を聞き候らえば理これあり。又一方を聞き候上引き合わせ候処、理非明白致し表向き御捌（さば）き(83)に及ばず、双方事立てず相済まし候事時々これあり候。さて三国志(84)は真景（しんけい）(85)これあり。例の国、呉・越・漢・楚の内、誰人公の贔屓に候や。

訳答る　諸葛亮(86)・張子房(87)・韓信(88)は諸人の知る処に候らえども、韓信は功をなして亡び、孔明は功を遂げずして過ぎ、張良は韓信をも欺き赤松に退き、哀れなるは韓信の語に候。狡兎（こうと）死して走狗（そうく）烹（に）らる(89)との意、現在にも多く候。

通答る　日本の諺（ことわざ）に、犬骨折りて鷹に執（とら）るゝ、と童子も吟（ぎん）じ(90)候。予が贔屓は、越国の范蠡（はんれい）(91)に候。高名富貴の身、五湖の楽[92]羨（うらやま）しく候。

（訳答る）　范蠡の事羨しがられ、退身の意これあると察し候。

通答る　御察し通り、その意これあり。今一人取り立てこの業を委（ゆだ）ね、小船に棹（さおさ）し、老の楽いたしたく御座候。

訳曰く　日本は禄厚き故妻子に懸念（けねん）なく、今にても思い立ち遂げらるべく候らえども、我が国は薄禄故跡の事を気遣い、勤め掛（が）け[93]より田地を緩（ゆるや）かに調（ととの）え置きたく、この工面（くめん）勤中に絶えざる備えを極（きわ）め候上の事故、退身の座段（ざだん）[94]に至らず、時節をのみ相待ちおり候。

（通曰く）　妻子の事御気に掛けられ、その慾は御同然の事。その上にも愛孫の嫁も見たき欲、離れがたきは常の情、公の論面白からず覚え候。予、平素身元の倹約いたし、他の慾を貪（むさ）ぼらず、父母に別れ候に付き妻子は打ち忘れ、孤楽の身分存生（ぞんじょう）[95]おり、極楽世界に趣（おもむ）きたき念願に候。

訳答る　極楽世界の話に移り、公も後生を願われ候やに聞こえ、老年に至られ候と察し候。我が国の人これ等の仏説常に語らず、拙者初め識（ものし）り顔して過ごし候らえども、日本にも右様の浮説これあり候や。

通曰く　日本は神を敬い奉り、次には仏法を貴び、所々在々に寺数多これあり候。朝鮮にては京畿内南漢・北漢の大寺これある由、景尚にては梵魚寺[96]と聞こえ、釈迦・阿弥陀・観音・薬師の宗旨と聞き及び候。外に御国中寺数何十か所これあり候や。

訳答る　八道に寺数三十余か寺これあり、景尚道ばかりにても大寺三か寺これあり。東莱に梵魚寺、景州[97]に祇林寺[98]、海南に大芚寺[99]これあり候。

通曰く　朝廷より位階贈り、寺領添え候寺に候や。全羅道は、往昔より異国船漂着の土地と聞こえ、異国人建立の寺これなく候や。平安・咸鏡の辺り唐僧入り来り、山を開き候寺一国中にこれなく候や。

訳答る　全羅道には二大寺、金溝に金山寺[100]、羅州に雙渓寺[101]これあり、一か寺に僧四、五百ずつこれあり。中に朝廷より位階下され候和尚・長老などもこれあり、寺中に僧将と言いある僧の武者頭に候。軍夫[102]に遣わされ候時のためと聞こえ候。海南の大芚は寺領これあり、朝廷祝願所[103]に候間、千仏の供養、その外の仏器・戸帳[104]（とばり）の錦等取り替え下され候。惣体僧徒は軍夫の備えものにて、常の渡世紙漉（かみすき）・大工に至る迄も得手得手[105]（えて）に免（ゆる）し置かれ候。

通曰く　寺々山号あり候や。一寺の広さ、いか程に候や。

（訳答る）　大笵内にも、僧菴二、三十これあり。菴毎に山号を唱え、或いは楓渓堂と言い景色を像り候山号に候。寺中、凡そ十里周り[106]もこれあり候。僧徒叩鉢に廻り候事これなく、農作時分濁酒を造り、田野に持ち出し売買を免され候。日本向きは僧徒を敬々しく取り扱われ、何ぞ国の力になり候事候や。

通答る　日本向きにて僧徒の御扱い賤しからざるは、僧百人にして二、三十人は両班の次男、三男、別腹の胤[107]に候故、俗人これを敬い候。僧の内にも高下の差別これあり、先祖の祭を預け候故、各々先祖に対し敬い候。僧は学道に志し昇官いたし候に付き、州府郡の村々に一寺を居え、百姓に道を教え候ために候らえども、京都・江戸・大坂辺り数万の僧輩叩鉢を免され、家々の門に立ち米銭を乞い通り候。その内にも知識の僧、大寺の僧都て打ち交り、身持ちの善悪、志に応じ敬・不敬これあり、一様に論じがたく候。

訳答る　公の論にて、僧徒相察し候。人々先祖の祭を預け、州府・郡村に一寺を置かれるとの事、何国も百姓は文盲故僧輩を師に定め置かれ候は、州府・郡県・村々に至る迄も御制度行き届き誠に感じ入り候。既に中昔朝会の席国政の大論これあり、日本国のごとく分県にいたしたくとの論これあり。大臣衆同意候処宰相の論、分県の治世当今に宜しく候らえども、年久しく相なり候らえば乱の基に相なり候。左これなくても国内悪賊多く、掌を結び乱の機し時々これある国風、日本人の生質は我が国の生質を知らざる論、国体改めがたしとの論に決し候。我が国理非の悟りこれあり候らえども、国体鈍（にぶ）く(108)これあり候。諸論の中、これ等の意味この席限りに候。

通曰く　日本贔屓の公、乱世の砌（みぎり）に候らわば日本へ御渡り込むの道これあるべし。昔三韓乱後の時分、李氏の人対州に逃れ来り候を召し置かれ、今李田某（すもだ）(109)と言う士官の元祖と聞き候。この子孫、予、若き時ここもとへ使者に渡られ、公等の先官聖欽李（ソンフムイ）(110)同知折節訓導（おりふしくんとう）(111)故一日対面これあり、同姓の親しみあらせるの義に候。御互いに他国に生れ候ても、人情は捨ざるもの。去る年相勤め候講定官(112)明遠崔（ミヨンウォンチェ）(113)知事は有信の人、現在に昔咄いたしたく存じおり候。

講定官明遠崔知事、大通詞小田幾五郎副特下行廊(114)に住みおり候処、或る夜明遠御構えの塀忍び入り来り申し聞き候は、

明遠曰く　公久しく公幹に苦しめられ、長髪の体、須鬚(115)悉（ことごと）く白み厭（いと）おしく(116)候。下り合いの同官中(117)評議致し、拙者入り来り、則ち衣服持ち来させ候間、この上（う）わ着（ぎ）着られ今夜出立申さるべし。都表にては公一生豊かに暮らされ候様差し寄り、介抱致すべく候。道中用大銭（たいせん）(118)二貫文持ち来させ候。早々出立候様にと存じ候。一日二百文の当たり過分に候。

通答る　公幹ならざるに候らわば死決と存じ候処、公等深切(119)の段忝（かたじけ）なく御座候。公幹ならざるに付き、御救い下さるべき底意と考え候。

訳（明遠）答る　公幹遅滞致し候に付き、公を苦しめ候は拙者共の不働き。始終相ならざるにこれなく、押し詰まり順成（じゅんせい）致し候(120)間、それ迄待ち届け申されまじく、公の身一箇厭（せま）り(121)、わざわざ忍び来り候故唯今出立申さるべく候。

通答る　公幹遅滞に及び、呵（しか）り蒙りおり候身分、国を後ろ向けに出立し、人に面（おもて）を対すべく候や。増して公等の出会いも恥ずかしく、至って礼なく、その上不忠・不義限りなく候。公幹一日も早く順成に至り候らえば、公私の御恩この上なく候。御呵り中、人と出会い相ならざる法に候間、情懐（じょうかい）(122)窮（きわま）りなく候らえども、早々御帰り下さるべく候。一別後久し振りの対面に、御帰り下され候様申し候事、私ならず残念の至りに候。

と述べ候内、明遠涙を流し、互いに袖を絞り、

（通曰く）　一刻も早々御立ち去り下さるべし。

と気丈（きじょう）に申し候処、

訳（明遠）答る　公は御呵り中に候らえども、同官中幾五郎へ対面致さざる様との御達しこれなし。死

生を互いに決し勤め候拙者共、公の苦しみを見捨て申すべくや。信友[123]の信義この節故、今暫らく止(とど)まり候様致すべく候。留守状[124]認(したた)め置かれ候らわば、送り進むべく候。

通曰く 御情意厚き故、菅[125]と言い切りがたく候らえども、若(も)し道中にて朝鮮人見咎(とが)め迷惑すべく、半途[126]にて言語全(まっとう)せず進退極(きわ)まり申すべく候。

訳（明遠）答る 不日(ふじつ)[127]にして救うべく候。

と言い捨て相別れる。翌日、敬天玄(キヨンチヨンヒヨン)知事[128]訓導勤めに付き、旅宿の前を通り、目に手を当て泪(なみだ)を拭き候体をして行き過ぎ、その後又々前を通り、従者に礫(つぶて)を打たせ、扇を遣い、笑い笑い通り過ぎ、小通事[129]金又得(キムウドウク)[130]と言う者を以て近々対面致すべし、と相伝え候事。かの銘々の情会[131]、言語の外れに気を付け、身体に目を配し、心を緩(ゆるめ)ず弁(わきま)えるべき事也。

通訳酬酢　六　終

註

（1）中年(さる)　寛政十二年（一八〇〇）。

（2）誠信堂　和館近く、通称「坂の下」にある日本語通事の詰め所。

（3）絶影島　和館対岸の島。後の原文註に「牧島之事」とあり、日本名「牧の島」のこと（巻四註32）。

（4）咫尺（しせき）　非常に近い距離。
（5）大体（だいたい）の至り　一体全体何ということだ。
（6）壬辰（じんしん）年　文禄二年（一五九二）。文禄の役（壬辰倭乱）開戦の年。
（7）日本の両将　小西行長（一番隊）と加藤清正（二番隊）。
（8）唐太宗　唐の第二代皇帝（巻四註90）。
（9）太宗台　絶影島の北側、高台にある。
（10）牧の島　絶影島のこと（註3）。
（11）棊盤（きばん）「碁盤（ごばん）」に同じ。
（12）神仙（しんせん）　原文振り仮名に「センニン」（仙人）とある。
（13）帽子　ずきん。原文振り仮名に「ボシ」とある。
（14）おず渡りおうせ　こわごわ渡り終える。
（15）諸事の…当たり候　諸々の慎しみ事と合わせて考えると当たっている。
（16）東莱府使（とうらいふし）　和館を管轄する東莱府の長官（巻一註74）。
（17）大造弊（たいそうつい）え　並はずれた費用。
（18）所為（しょい）　しわざ。
（19）朝夷奈大明神（あさいな）　鎌倉時代の武将、朝比奈義秀（よしひで）（父は和田義盛、母は巴御前）を祀るもの。武門の神として古和館時代から神社が建立され、文政二年（一八一九）加藤清正を祀る加藤神社と合祀して「龍尾山神社」となる。
（20）両班　原文振り仮名に「レキレキ」（歴々）とあり、お偉方のこと。

(21) 閑士・学士　在野の有能な儒生。
(22) 摺り　「擦り」に同じ。何度も押し当てたまま動かす。
(23) 永嘉台　通信使の発着所として知られる。観月の名所。
(24) 暦々　「歴々」（註20）に同じ。
(25) 和韻　漢詩にこたえ同じ韻字を用いて和歌を作ること。
(26) 参議篁　遣唐使に任じられた小野篁（八〇二～八五二年）か。但し歌からみて皇帝玄宗に仕えた阿倍仲麻呂（七〇一～七七〇年）を指すが、入唐後の名前は仲麻・朝衡（晁衡）。「晁」の誤字か。なお阿倍仲麻呂時代の遣唐使船は、九州方面の南路から直接中国へ入るルートをとっており釜山は通過しない。
(27) 扶桑国　扶桑は神木の名。中国の東方日の出るあたりの海中にあるとされることから、日本の異称に用いられる。
(28) 東照宮　徳川家康。
(29) 蓬莱国　不老不死の仙人が住む国。
(30) 韃靼辺りの夷　蒙古周辺の野蛮人。
(31) 三韓時代　紀元前二世紀ごろ、半島南部各地に韓族（馬韓・辰韓・弁韓など）が分裂割拠した時代。
(32) 日本の女帝　神功皇后。神託を得て新羅を討ったという伝説がある。
(33) 筈　矢の末端のつるを受けるところ。
(34) 宸筆　天皇の直筆。
(35) 壱州　壱岐島。
(36) 恙なし　恙虫がいなく病にならない。

（37）有熊氏（ゆうゆう）　中国の古帝、黄帝の号。
（38）十九史略　「十八史略」（中国の太古から宋代に至る歴史書に「元史」を加えたもの）。
（39）馬韓…弁韓　三韓時代の韓族（註31）。
（40）新羅…高麗　三国時代（三一三〜六七六年）。
（41）問情書　取調書。
（42）野党人（やとうじ）　原文振り仮名に「ヤトウジ」とあり、後の原文註に「彼国ニ而者ヤダグノム」とある。古くは倭寇を指す語。
（43）景尚　慶尚道のこと（巻三註19）。
（44）彫（ほ）り　原文振り仮名に「ケヅリ」（削り）とある。
（45）野党人（ヤダグノム）　朝鮮語「ノム」は「バカ野郎」などの侮蔑語。
（46）剛盗者　「強盗者」に同じ。
（47）穿鑿（せんさく）　綿密に調査すること。
（48）宛行（あてがい）　俸禄。
（49）堂上　国王に拝謁できる官位の者（巻十註6）。
（50）熟（つらつら）　よくよく。
（51）日本人に出で立ち　日本人に扮装する。
（52）狗盗（くとう）　盗人。
（53）気の毒　迷惑。
（54）対州に…平定に至り　十五世紀初め倭寇鎮圧を対馬島主宗貞茂（在位一三九八〜一四一八年）に依頼したこ

とを指す。

(55)御誠信御和交　（江戸時代の）誠信の実意に基づく和交。

(56)女真　北方民族。

(57)静謐　静かで安らかなこと。

(58)康熙年中　一六六二～一七二二年。

(59)国姓爺鄭森　鄭成功（一六二四～六二年）。鄭芝龍と平戸の田川氏の娘との間に生まれ七歳で明へ渡る。明国滅亡後、抗清活動のため日本に援兵を乞う「日本乞師」として知られるが、日本からの派兵はない。

(60)尾張州水戸大納言卿　正しくは「常陸国水戸」。徳川光圀（一六二八～一七〇〇年）。

(61)舜水先生　朱舜水（一六〇〇～八二年）。明国の儒者。明滅亡時回復に尽力するが万治二年（一六五九）日本に亡命。後に水戸藩主徳川光圀（註60）に招かれ水戸学に重要な影響を及ぼす。

(62)重物　貴重品。

(63)置毒　飲食物に毒薬を仕込んで立ち去ること。原文振り仮名に「ドクバイ」とある。

(64)壬辰年乱　文禄・慶長の役（巻四註53）。

(65)旦夕　朝から晩まで。

(66)笑裡に…出会い　表面に温和を装い、内心は陰険な人との交流（巻一註104）。小説や戯曲に多く見える成語。原文は「這是笑裏蔵刀」（笑のうちに刀を蔵す）。出典『水滸伝』巻十九。

(67)気当り　気にくわないこと。

(68)白地　あからさまに。

(69)公幹　公務。職務。後の原文註に「御用」とある。

(70) 押し出し賄　下の者が上の者へ差し出す賄賂。

(71) 石を…受ける　天が与えるものを取らなければ却ってその咎めを受ける、という意味。原文「天與不取、反受其咎」（天与えるに取らざれば、反って其の咎を受く）。出典『史記』巻八十九「陳餘」。

(72) あり様　実際。

(73) 日本向き　日本側。

(74) 塩計る手を嘗める　正しくは「塩を売っても手を嘗める」（塩売りが手についた塩を無駄にせずに嘗める。商人は商物を少しもむだにしない、というたとえ）。本文に「日本の俗語」とある。

(75) 脇平　「側辺」（かたわら）の宛て字。

(76) 分を安んじ、拙を守ること　己の本分を守って妄りに欲求しないこと（身分相応の所に満足しろ、の意味）。特に出典はないが、明代の類書「図書編」の「朝鮮考」に「按高麗、其國頗尚禮義、安分守己。自入國朝以来、四時朝貢、不癈禮節」とある。

(77) 言毒　言葉による毒。

(78) 時好　その時代の人の好み。流行。

(79) 棍　棍棒のこと。原文振り仮名に「ヘラ」（篦）とある。

(80) 三略　中国の兵書。周の太公望の撰とするが、後世の偽撰書といわれている。

(81) 僻って…明らか也　正しくは、「兼聴すれば明らかに、偏聴すれば闇し」（偏って聴けば明らかにならない、双方の意見を聴け、の意味）（巻九註79）。本文に「三略の内」とあるが、宋の范祖禹『唐鑑』巻三「太宗一」に「帝謂魏徵曰、人主何為而明、何為而暗。對曰、兼聴則明、偏聴則暗」とあり、出典は『三略』ではない。

(82) 士正朴僉知（サジョンパクせんち）　朴俊漢（パクジュナン）。字、士正（序註11）。僉知は正三品。
(83) 捌き（さばき）「裁く」に同じ。処分。
(84) 三国志　魏・呉・蜀の歴史書。
(85) 真景（しんけい）　実際のこと。
(86) 諸葛亮　中国、三国時代の蜀漢の宰相。字は孔明。赤壁の戦で曹操を破り戦略家として活躍するが、司馬懿との対陣中に病没した。
(87) 張子房　張良。字は子房。中国、漢初の功臣。高祖の作戦の中枢となるが、秦始皇帝の暗殺に失敗して逃走中、太公望の兵書を授かったとされる。
(88) 韓信　中国、前漢の武将。漢の統一後、斉王から楚王になるが左遷されて呂后に殺される。
(89) 狡兔（こうと）…烹（に）らる　正しくは「狡兔死、良狗烹」（狡兔死して良狗烹らる）。すばしこい兎が死ねば猟犬は不用になる。功臣は用がなくなれば適当な罪をあてて殺される、の意味（巻十註157）。出典『史記』巻九十二「淮陰侯列傳」。
(90) 吟（ぎん）じ　原文振り仮名に「クチヅサミ」（口ずさみ）とある。心に浮かぶ詩歌を興に任せて軽く声に出すこと。
(91) 范蠡（はんれい）　中国春秋時代の越の功臣。呉王を討ち後に商業の中心地（山東の陶）へ行き、陶朱公と自称して巨万の富を築いた。
(92) 五湖の楽　五湖遊のこと。范蠡が隠退して五湖に遊ぶことを演じた戯曲。
(93) 勤め掛（が）け　勤務のついでに。
(94) 座段（ざだん）　格。

(95) 存生(ぞんじょう)　この世に生きながらえること。
(96) 梵魚寺(ぼんぎょじ)　東萊金井山にある。『草梁話集』に「僧二百人程これあると言う。丹楓(もみじ)の名所」とあり、和館在住者が紅葉狩りに出かける寺。
(97) 景州　慶尚道のこと（註43）。
(98) 祇林寺　月山にある。
(99) 大竾寺　全羅道海南県の頭輪山にある。
(100) 金山寺　全羅道金溝県の母岳山にある。
(101) 雙渓寺　全羅道羅州にあったが「古有、今無」と廃寺になっている。
(102) 軍夫　下級僧侶の夫役。
(103) 祝願　原文振り仮名に「キトウ」（祈禱）とある。
(104) 戸帳(とばり)　「帳(とばり)」（帷）に同じ。室内と外部を区切る布。
(105) 得手(えて)得手　それぞれが得意とするところ。
(106) 十里　原文註に「一里ニ当ル」とあり、日本一里＝朝鮮一〇里。
(107) 別腹の胤(たね)　妾腹の子。
(108) 鈍(にぶ)く　原文振り仮名に「ユルク」（緩く）とある。何事も素早く対応できないこと。
(109) 李田(すもだ)某　李田氏は代々大小姓(おおごしょう)（中士）。朝鮮林川の士大夫（両班を輩出する知識人層）で、文禄・慶長の役（註64）の被擄人(ひりょにん)李文長(イムンジャン)を祖とする。
(110) 聖欽(ソンフム)李(イ)同知　李命和(イミョンファ)。字、聖欽（序註10）。同知は従二品。
(111) 訓導(くんとう)　和館勤務の日本語通事（序註4）。

(112) 去る年…講定官　文化六年（一八〇九）の渡海訳官使（巻三註2）。通信使易地聘礼のための諸交渉を行う。

(113) 明遠崔（ミヨンウォンチエ）知事　崔昔（チエソク）。字、明遠・明元。文化六年（一八〇九）渡海訳官使の堂上官、文化八年（一八一一）通信使上々官をつとめる。知事は正二品、堂上訳官の最高位。

(114) 副特下行廊　和館西館にある副特送使家前の長屋（下行廊という）。

(115) 須鬚（くちひげ）　原文振り仮名に「クチヒゲ」（口髭）とある。

(116) 厭（いと）おしく　不憫（ふびん）でたまらない。

(117) 下り合いの同官中　（都から）下って和館勤務する訳官たち。

(118) 大銭（たいせん）　朝鮮の銅銭（巻三註13、巻七註100）。

(119) 深切　「親切」に同じ。

(120) 押し詰まり順成（じゅんせい）致し候　最後は次第宜しく解決する。

(121) 公の身一箇せま厭り　幾五郎の身だけが行き詰まる。

(122) 情懐（じょうかい）　心中の思い。

(123) 信友　互いに信じる友。

(124) 留守状　留守宅への書状。

(125) 菅（すか）と　「すかっと」（たやすく）の当て字。

(126) 半途　（都への）道なかば。

(127) 不日（ふじつ）　多くの日を待たずに。

(128) 敬天玄（キヨンチヨンヒヨン）知事　玄義洵（ヒヨンウィスン）。字、敬天（序註12）。

(129) 小通事　訓導配下の訳官。

（130）金又得（キムウドゥク）　文化二年（一八〇五）、当時配流中だった前訓導崔瑨（チェチン）と小田幾五郎との連絡役として知られるが、経歴等詳細は不明。

（131）情会　情けある出会い。

通訳酬酢　七　武備の部

通曰く　朝鮮にて暦々(れきれき)(1)の事を両班と言う。謂(2)あり候や。

訳答る　国の左右に文武立ち並び候より起こり、両班と言い伝え候。

通曰く　文武の別ち常に知りがたし。官品の尊卑は素より、他国の眼には弓・箙(えびら)(3)・剣を佩びられ(4)候人のみ武官と見及び候。たとえ武官にても、無帯の人は文官とのみ存じ候。実論聞きたく候。

（訳答る）　文武共に鳥獣に表し、公も朝夕見及びこれある通り鶴を表し、武官は虎を像(かた)どり候に付き、勇しくありても空を翔(かけ)る鳥に及ばず、文官は位階高く候ても地を走る獣に及ばず。これにより文官は鶴を胸背(きょうはい)(5)に用い、武官は胸背に虎を用い候らえども、公服故常に用いず。中以下の武官、弓・箙も同様の事、勤め外常に佩びず候故、他国人知りがたしとの論尤(もっと)もに候。常に笠を着し候人は有官の人と心得、出会い下されたく候。その中にも尊卑これあり候らえども、これ等の差別公と違い、委(くわ)しき事情知らざる人は外向き(6)に明白致さず。環子(かんし)(7)に品々別ちこれあり、同じ堂上(8)にても、金環子・玉環子の類(たぐい)色々にこれあり、他国人仮初(かりそめ)に見分けがたき筈(はず)

に候。赤き帯を、堂上官と心得ありたく候。細々論じがたく、畢竟[9]右等の事瑣細になり候事も、太平打ち続き、両班達その身の威に誇られ候より位階の別ち種々細かに相なり、各一階ずつにても官を貪り候様相なり、気の毒[10]に候。我が国かくのごとき故、同官睦じからざる事時々相生じ候。拙者共同官内にもこれ等の意相含み、公等の手前恥ずかしく候。

通曰く　文武共に堂上・堂下[11]これあり。三品以上の武官に堂下の文官と出会いの座席、いかが相なり候や。

訳答る　文武私会[12]の時、堂下の文官次席致され[13]候。表向きの席、堂下の文官と堂上の武官と組み合わせの勤め所これなく候。

通曰く　武官の司、兵曹[14]と聞き候らえども、又操扈府[15]これあり。この府には、六曹の判書[16]より高官の御方頭取[17]これあると聞き候。何れが武官の本司に当たり候や。

訳答る　兵曹は国の備え、武官の惣司[18]に候。操扈府は国王親族の御方頭取これある御旗本の府にて、智勇の達人集まりおられ、又五軍門[19]・軍資監[20]これに属し有力の人多くこれあり、この府より諸道僉使[21]・虞候[22]相勤め候人数百人に及び候。国内の兵権他に奪われまじきとの意にて、古来より御親族の内頭取これあり候故、六曹の判書より権柄[23]強く候。

通曰く　貴国は、文官に重職多くこれあり。国内の備えのみに候や。

訳答る　武は国内の備え、日本向き(24)には文を外に顕(あらわ)し貴び、文は内に備え候と聞こえ候らえども、武を内に用い文を外に用い、北京向きには武を外に顕し文を内に用いこれあり。これにより韃靼・建州女真(25)(26)の備えには、武官多く用いこれあり。咸鏡道は纔(わず)か二十二官(27)これあり候らえども、北兵使并兵営万戸(ばんこ)(28)の勤め所四十二か所に備えこれあり。景尚道(29)は七十一官これある所に、万戸の勤め所二十四か所これあり。左右の備え(30)賊船のため、別に水使(31)の備えのみに候。

通曰く　和館(32)の上下(かみしも)を左右道とこれあり、朝鮮より左は何地を言い候や。右も地方、御咄(はな)し下さるべく候。

訳答る　景尚道日本に対し候故、上を左道と言い、機張を限り候。下を右道と言い、順天を限り候。これにより左右道の間に水使の営、二か所これあり。中程に巨済(33)の地方に、統営(34)の首官これあり候。

通曰く　統営の統制使(35)は外方の勤め、武官の惣大将重職と聞こえ候。監司(36)と釣り合い候品階に候や。

訳答る　監司は一道の頭、統制使は景尚・全羅・江原三道海辺の惣大将故、外方の職分にては文武共に同品の釣り合いに聞こえ、同席の沙汰(37)、位階の高下相知らず候。虞候一員ずつ水使に添えこれあり。凡そ、僉使と同品と聞こえ候。この衆、勤めに差し支えこれある時は、統制使よりかねられ候事これあり。我が国の法、上役より下役の勤めかねられ候儀、折節これあり候。

通曰く

当月初旬、水使添えの虞候、館外を通行これあり。一行の人数二、三百人もこれあるべし。大旗これなく、中小の旗五、六十本これあり。楽器常の通りにて、虞候初め騎馬五、六員具足(38)これあり。簾持ちの夫迄残らず帯剣致し、日本人腰に指したる体(39)に相見え、行列の厳重なる事巡察使(40)に勝り候。虞候附きの軍夫、常に一剣ずつ所持致しおり候や。

訳答る

虞候配下の軍夫とては、百足らずこれあり。所々にて人数三、五十人ずつ相加わり、釜山僉使(41)の軍夫百余り相添え、水営よりこの方所々の軍夫二、三百に及ぶべく候。軍夫一剣ずつ帯び候らえども、軍用の品官庫にこれあり、借し渡しこれあり候。水営より統営にまかり越され、通行の所々人夫相増し候に付き、統営に着くの時分は騎馬并人夫迄一万に相なるべく候。釜山僉使は一段上故虞候の通行に出勤これなく、軍夫ばかり差し出され、頭取は船将二人騎馬にて相供えられ候(42)。巡察使通行の時は、東萊府使(43)・釜山僉使出勤致され候。

通曰く

水使通行これあるべく候所、虞候と唱え、実は水使の通行にてこれあるべく候。実話聞きたく候。

（訳答る）虞候の通行、訳これある儀に候。我が国代替わりに付き、軍器の備え怠りこれなきやと、諸方点検として水使の代わり虞候統営迄通される。右道の虞候同様の事故、両所釣り合い候事と存じ候。

通曰く　巡察使行列には大旗その外、常体（じょうたい）[44]御用とこれなき長旗等多くこれあり。中に粛静の重器[45]相見え、軍中の令物[46]と見え候らえども、これ等の軍器統制使は素より、虞候の通行にこれあるべき品見請けず候。何の用に立つ大札に候や。

訳答る　旗数多くは一道の軍夫支配致され候に付き、所々に分け用いこれある品、追々出揃（そろ）い相増（ま）さり候。粛静の大札は一道の備えものにて、変ある時は虎の画を表に出し、太平には粛静と書き候を表に出し、通行これあり。統制使には、不用の品に候。

通曰く　軍器官庫にこれあるとの儀、何地（いずち）の官庫に備え多く候や。

訳答る　統営・水営[47]各鎮にこれあり候らえども、数委しからず。統営と言え共この所には各別の備えこれなく、水営各鎮に集まり候軍夫統営に司られ、軍器多く備えこれあるは各鎮に候。各鎮は、僉使・万戸の居所を鎮と唱え候。

通曰く　鎮は民家いか程、軍夫いか程ずつ、剣鉞[48]の備え、一鎮に幾程これあり候や。

（訳答る）鎮は州府郡の内に加わりこれあり候らえども、射夫[49]鎮に属し候故、弓一張・剣一腰ずつ不束[50]ながら所持致し候。一鎮に射夫十五、六人これあり、常に百姓の姿にて農作致し、士の姿これなく、勤めの節ばかり弓・箙帯び候。民家の数委しからず、これ等も戸数の内に加わり候故、州府郡の民家に属し候。軍夫は百姓代わる代わる召し遣い候故、軍器を所持候人を軍士と唱え候。常に別ちこれなく、剣鉞一鎮に百柄ずつ備えこれあり候らえども、用立つべき品は半分もこれなし。これにより代替わりの時備えの分点検致され、肝要の品修履に及び候。虞候の行列珍しき事、官家も大造[51]に存じられ、実は日本向きに対し武備声花[52]に償う[53]等もこれあり候。

通曰く　射夫は郷士と聞こえ、先達[54]は御直参と聞こえ候。その外武官の官名多くこれあり、千摠・百摠・把摠[55]の類、何れも面々に弓・剣の所持これあり候や。

訳答る　射夫の及第[56]は州府郡にていたし、先達は都にて及第いたし候に付き、八道を経廻り美名を顕し、国中先達の先生に見参致し候て、他郡に住みおり候事これなく、番所の郡府に永住致し、その身の望みによりその所の勤めいたし、勤め振りにて先達にて万戸勤め候人もこれあり。千捴・百捴・把捴の武名は州府百姓の小頭にて、千捴は軍夫千人を預かり、把捴は射夫十人を預かり、荒増（あらまし）の官名文武の間相かね候事もこれあり候。

通曰く　鎮鋥所(57)持候員は、何品の員に候や。

訳答る　都にて所持候は兵曹・操扈府の都提調(58)外方にて、統制使・北兵使并水使・虞候・僉使・万戸・船将迄は是非所持これあり候。常に国内にては武官の銘々軍服を相用い、習練の時声花（さわやか）なる衣服笠をも飾り候らえども、具束表立たず、名あるは実少なく候。

通曰く　武弁(59)の大臣衆、具束御所持これあるべし。問うに及ばず候らえども、府使・郡守・監令は文官にても御所持これあるべしと考え候らえども、東萊府使具束の沙汰聞かず候処、船将の端官(60)是非所持これなくて相済まず。謂は、いかがの儀に候や。

訳答る　船将は一船の頭、有官の人を預かり、至って重き勤めに候故、品により僉使の代わり相勤め、かつ船中にての令、速やかに届き候様常に厚き取り扱いこれあり。船具等の支配は別段に見え、人命を預かり重き勤め筋に対し、具束の免（ゆる）しこれあり候。

通曰く　先達・射夫、一国中に幾人程これあり候や。船将の撰び出し、都表より分付(61)これあり候や。

訳答る　先達、官家(62)より宛行(あてがい)(63)これなく、自分持領の田地を以て銘々に営みいたし候に付き、身上(しんしょう)(64)相応の人は昇進致し候らえども、飛び抜け候人は稀にこれあり。人数の定めこれなく、年々多少これあり候。射夫も同様、船将は番船の数に応じ、その所の僉使・万戸より申し付け候。信使・訳官(65)共に使臣見出しの上申し付け候。先達・射夫豊年の砌(みぎり)、自然と多人数に相なり候。拙者共文官に候らえども、楽しみに弓を引き候事もこれあり。先達外に克(よ)く射て候人も折節これあり、一様には論じがたく候。手前より望まざる嗜みにいたし、達人これあり候ても、見出しの上先達申し付けられ候事もこれなく候。

通曰く　弓芸、剛弓を主にいたし候や。中(あた)りを主にいたし候や。

訳答る　剛弓は得手(えて)・不得手これあり、第一遠矢の当たりを主にいたし候。公はこの近村にて射稽(しゃげい)の大法(66)御存じの儀に候らえども、間は百歩余りにして射人走り行きて矢を放ち、的は二尋(ひろ)角の木綿幕張り射て習い候。及第これに替わらず、矢数の当たりに応じ誉(ほま)れを取り(67)候。

通曰く　馬上にて射て候稽古これなく候や。朝鮮人に騎射の得手もこれあり候に付き、騎射の稽古もこれあるべし。終(つい)に見掛けず候。曲馬の稽古何地にてこれあり、曲馬も及第これあり候や。

訳答る　朝鮮の射法十間ばかり走り行き、身を労して射て候を主に稽古致し候。騎射はその人の物好きに嗜み、及第これなく候。曲馬は武官の遊び、稽古馬好きの仕業、馬も連々に仕込み候。これにより大道の中深さ一間ばかり掘り、両方に土を持ち立て、馬横に切らざる様騎り覚え(68)の候。馬上にて、鑓打ち合い候事もこれあり候。

通曰く　鑓の稽古もこれあると聞き候。鑓にも及第これあり候や。人々馬の騎り方、初心の内稽古これあり候や。

訳答る　馬の騎り様常に稽古致さず、暗雲に乗り覚え候故時々落馬いたし候。それ故馬には口取り(69)始終付き添いおり、手綱は用心ものに掛けおり候。自然と無理乗りに乗り覚え候。日本の鐙と違い、鐙を踏まず、鐙に足をはめ候様古来より馬具の仕掛これあり、徒の落馬・怪我多く候。馬の騎り方、日本人上手と見請け候。我が国の者は馬上を弁ず、諸事・諸具共に自然と不精構え(70)候事多く候。それ故落馬をも恥じず候。鑓は稽古の法これなく、弓の外は小科の部に入り、座段(71)低く候。

通曰く　小科とは何々の稽能(72)に候や。大科は弓の及第と考え、文官の法にも大科・小科これある由。大科は堂上の部、小科は堂下の部と聞きおり候。武官の法にて小科とこれあるは、何の分かちに候や。

訳答る 小科は、鉄炮・鑓・剣・鉄丸の事に候。これ等武官の部に入り、百姓の公役致さず、卑（ひく）き官を受け、一州一村の庄屋の体に貴ばれ候。

通曰く 鑓・鉄炮の大体存じ候らえども、鉄丸は軍用に相なるものにて候や。

訳答る 鉄丸は柑子（かんし）程(73)のものにて、投げて当たるばかりの芸に候。手近く言わば、石礫（いしつぶて）に候。第一は、僧徒投げ覚えおり候。師範とてはこれなく、下賤の者共自分投げ覚え候。我が国の下々礫を克くいたし、山上に小石を集め置き候。僧徒は軍夫に備えこれあり、僧徒の内に先達もこれあり候。礫を打ち候事時々これあり。村地を荒らし候人見え候時、十才余りの童子等投げ打ち、知らざる体に相済まし候事これあり候。

通曰く 去る（さる）(74)中年の冬帰国いたし候処、渡中にて大雨風に逢い、南方の地方吹き放たれ、江原道の内延日の栗浦に翌日漸（ようや）く乗り取り候処、県令(75)と見え候官員従者数多（あまた）召し連れ来り、問情（もんじょう）(76)のため本船に乗り移られ候処、一人具束を帯びし声花（さわやか）に出で立ち、拙者側に近寄りおられ候らえども、県令の下に着（つ）かれ、朝鮮の具束着られ候人物を始めて近々と見及ぶ。鎧の煉方（きたえかた）(77)は存ぜず候らえども、身に付き候様克く堅めたる(78)ものにて、兜の頭上小さき摺鉢（すりばち）をうつむけしたる様にて、所々鎮鑰(しんちゅう)[79]の筋鉄(すじがね)これあり、日本の兜も似寄り候と見請け候。これ等の評、拙者不用の論に候らえども、具束仕りたる人下(し)も座におられ、威勢軽く見え候はいかがの訳(わけ)候や。

訳答る

具足を帯びし候は、県令の従者に候故下に着き候。則ち県令の具束、何地にても具束を帯び候官員は従者に着せ廻り候。着用の時は尖(するど)[80]に用立て候との心得と聞き候。腰より下　鉥(かすがい)[81]・脚(すね)当等(あて)[82]細(こま)かにこれなく、両腕・首・胴を構え候ばかりの物にて、左(さ)のみ便(たよ)りに相ならざるものに候。

通曰く

若き時より、左右道[83]に節々欠乗(かけのり)[84]いたし候らえども、所々の県令・僉使・万戸具束持ち出しこれなく候に、延日の県令に限り持ち出しこれあり。何ぞ訳候や。

（訳答る）

江原道延日辺(あた)りは左道の海辺、難所多く、中にも長鬐の出先き十里余りこれあり。北より西への通船、年々吹き放たれ候は、公等も察しの所に候。これより上(かみ)、日本船欠乗致し候事稀なる故、地方官の心得、館所よりも都の道法(みちのり)近くこれあり候に付き、和漂船と見掛け、武備を飾り候事やと考え候。惣体外方の勤め、僉使・万戸は素より、県令迄具束一両ずつ持ち越しこれあり。任[85]に赴き候官員、何れも身元の従者に道中すがら具束を着せ、持ち下り候。日本人は具足箱、旅勤の節持ち越しこれあると聞こえ、同様の儀に御座候。

通曰く　八道の軍夫、凡そ幾万人これあり候や。

訳答る　軍夫数定まらず、大抵を以て考えを附けられたく候。朝鮮国中三百三十三官に定めこれある内に、武者所鎮営に属し候先達・射夫等、年々増減これあり、僧徒も軍夫に加わり候故、一官の軍夫凡そ一千人ずつと見え、三十三万余人に当たり候らえども、一万、二万の増減年向き[86]に違い、百姓の老若男女共に四、五十万にも及ぶべきや。聊か実話に相ならず候。

通曰く　万戸以上武官の勤め所、鎮の数に応ずべく候らえども、鎮・県の間に勤めこれあり、詳に察しがたし。万戸は、百姓の万戸司られ候事に候や。

訳答る　万戸の意、その理に候らえども、所柄により百軒余り、又は二、三十軒の村もこれあり。その証には、景尚道七十一官の内、万戸の勤め所十七、八か所これあり、咸鏡道二十二官に万戸の勤め所二十か所もこれあり。文官の勤め所他道に多き故、近年は武官交わりに差し越され、万戸は武官の勤め所に候処、文官仕立の員交わりに差し越され候所もこれあり。時代違い候に付き、大法は定まりこれあり候らえども、少しずつの相差[87]これあり候。

通曰く　万戸の名目あり候員、数多これあり候は、通信使の時別軍官は何れも万戸に候や。万戸勤めは、幾人御座候や。

訳答る　万戸は武官の名目故、県監勤め候文官も時により万戸と唱え、文武相混じり定数論じがたく候。その所々勤めの官名故、都内官府勤め候人も万戸と言い、県令勤め候人はその人を敬(うやま)い幾年も県令と唱え、府使・僉使・万戸一度勤め候人は役名幾年も同様に敬われ、他国に釣り合いこれなき儀、一国中の言い馴れ、員数定めがたく候。この外千揔の類、ここを以て察しこれあるべく候。公は事情に敏(さと)く候らえども、かくのごとき問いこれあり。通信使の節、一時の筆談に自分寛大に出で立ち候人(88)、何万戸などと書き顕し、事情知らざる日本の暦々衆へ出会い候と相聞き候。他国人の耳には、万戸の名色凄(すさま)(89)じくこれあるべしと、心得書き見せ候様考え候。

通曰く　貴国の事泥(なじ)(90)り候様これあり候らえども、諸般名号凄じくこれあり。面(まのあた)り館外に設けこれある九尺角足(た)らずの番所、下番人両人ずつこれあるを伏兵軍と唱え、頭(かしら)の軍官を伏兵将と言う。この射夫交代の時見掛け候に、薦包み(91)の内に古き剣一腰を差し添え負い来り候。この伏兵の将日本向き拘わり、勤め筋を咎(とが)められ、公等杖罪致されり。役名凄じき将を杖罪候に、その主官へ釣り合いこれなく候ても苦しからざる儀に候や。

（訳答る）　我が国の言い習わし改めがたき事、上より下迄夥(おびただ)しくこれあり。宰相一日勤め候人の終身迄何氏政丞と尊び、その外判書(はんじょ)より以下、万戸に至りその人一生の間これを唱え候。目前館中へ馳走に入れ候炭柴、[92]預かりの頭役を営纏監官[93]と唱え、監令に近寄り候役名、拙者共若党に召し使い候使令[94]の事、文字言語にては使者の名色に近く候。日本向き若党を軍官と号され、武官の御方何れも禁徒と唱え、大中小瑣細の官名常にこれなきは、廉直[95]なる儀に御座候。

通曰く　昔より名剣を打ち出し候鍛冶これなく候や。剣に銘を顕し、上手の名を得候ものこれなく候や。

訳答る　鍛冶は統営・水営各鎮にこれあり、武官に属し候。同業の者その得手得手[96]小刀・庖丁・斧・鎌の類、この外鎮鍮・金具・鈔張[97]・錠・鍵・煙器[98]等の大匠[99]に至り、所々十余人に相なるべく候。剣に銘を出し候事これなきは、怪我人これある時の身の穢れを嫌い、銘を出さず候。

通曰く　剣一振の代料、いか程掛かり候や。鑓・長刀を打ち用い候や。

（訳答る）　剣一振の代料凡そ二貫文[100]に候らえども、官家に訴えずしては承り候事相ならず。鑓の身六、七寸にして、一尋余りの柄を用い候。我■■■■■行列に見及ばれ候通りの品にて、外に類■■■■■旗の上にこれあり、左のみ用立て候とも覚えず■■■泊め候事もこれあり候。朝鮮の風、武器■■■の根に至る迄煉方[101]固くこれなく候。鍛冶の職人後世に名を残し候気性[102]これなく、諸般懇ろに取り扱わず[103]、一時の貪慾[104]のみにて業を営み候。

通曰く　左にてこれなく、この十か年前朝鮮内にて鉄炮張り覚え候との話これあり。今程は上手に張り覚え申すべし。近来の業見たく候らえども、館近辺持ち廻り候猟師の鉄炮皆古物にて、摺(す)り割れの代わり筆管(ひっかん)(105)の程これある小竹の穴より見通し候由。近ごろ新出来の鉄炮、一挺(ちょう)の代料いか程掛かり候や。

訳答る　鉄砲張り候と聞き候らえども、当たり細(こま)かにこれなく、三穴(106)炮を一穴に通り候様したるものと聞き、代料の取り沙汰(ざた)(107)これなし。猟師の持ちたるは多く古物にて、多く錆(さび)損じこれあるべし。新筒用い候事いまだ時好(108)せず候。

（通曰く）■■■　■■■の取り扱いこれあり、当たり第一にして町間(ちょうけん)(109)の見極(きわ)め等■■■■■。

（訳答る）　火前■■■当たり大概を見定め放ち候事、御見掛け通り■■■■■■■軍中相図(はか)るの品と聞き候。尤(もっと)も当たり■■■■■■■計らい候故に放ち候事と聞き候。それにつき我■■■■■■■■■尾の剣を以て日本国■■■■■■■■■を平定遊ばされ、万歳目出たき唱え■■■■■誂(あつら)えの霊剣(110)数々これあり、不思儀の■■■■■■■、公の戯(たわむ)れ■■■これあり候。

（通曰く）■■■　■■■■■■■四海の宝物、それにつき利剣(111)の瑞事(ずいじ)、(112)かれこ偏(ひとえ)に皇帝の叡徳、(113)恐伏奉り候。

通訳酬酢　七　終

註

（1）暦々（れきれき）　「歴々」に同じ。お偉方。
（2）謂（いわれ）　理由。
（3）箙（えびら）　矢を入れて背負う道具。
（4）佩（お）びられ　身につける。
（5）胸背（きょうはい）　官服の胸と背。位階を示す模様が描かれている。
（6）外向き　朝鮮側。
（7）環子（かんし）　玉を繋いだ耳飾り。原文振り仮名に「ミ、ガ子」（耳金）とある（巻八註60）。
（8）堂上　昇殿を許され国王に謁見できる官僚（巻十註6）。位階は正三品以上、役職によっては正三品の堂下官（註11）もいる。
（9）畢竟（ひっきょう）　結局。
（10）気の毒　恥ずかしいこと。
（11）堂下　堂上官（註8）に対する官僚（巻十註7）。
（12）私会（しかい）　私的な集会。
（13）次席致され　（上席をゆずって）下座につく。
（14）兵曹（へいそう）　六曹（巻一註71）の一つで、軍政・武官人事などを司る。
（15）操扈府（そうこふ）　王城の近衛軍営のこと（巻八註35）。

（16）六曹の判書　六曹の最高位（巻一註72）。
（17）頭取　集団の長。
（18）惣司　統轄官。
（19）五軍門　五衛（義興衛・龍驤衛・虎賁衛・忠左衛・忠武衛）からなる軍隊組織。
（20）軍資監　地方の軍隊組織。
（21）僉使　水軍の武官（巻四註59）。
（22）虞候　水軍の武官（巻四註56）。僉使（註21）の下役。
（23）権柄　政治上の権限。
（24）日本向き　日本側。
（25）韃靼　蒙古系部族。
（26）建州女真　北方民族。女真族は建州・海西・野人の三部族からなり、このうち建州女真族が後金国（後の清国）を建国した。
（27）二十二官　『象胥紀聞』には二十三官とある。
（28）万戸　水軍の武官（巻三註22）。虞候（註22）の下役。
（29）景尚道　慶尚道のこと（巻三註19）。
（30）左右の備え　慶尚道の左道（東海岸部機張まで、通称「上」）と右道（南海岸部順天まで、通称「下」）（巻三註77）に対する防備。
（31）水使　水軍節度使（各道水軍の長官）のこと。正三品。統制使（註35）の下役。
（32）和館　日本人居住区（序註3）。

（33）巨済　巨済島のこと。慶尚右道に属する。

（34）統営　統制使（註35）の任所。『象胥紀聞』に「統営ヲ大鎮ト云、戸数八千戸程ト云、表向ハ四千戸ノ取立」とある。

（35）統制使　統節度使のこと。『象胥紀聞』に「正二品、海陸ノ総大将ニテ軍士ノ命ヲ司リ、監司ハ一道ヲ守リ申サレ候ヘトモ統制使ハ慶尚・全羅・忠清三道ヲ兼テ重キ由」とある。

（36）監司　八道に派遣される地方長官（巻二註44）。

（37）沙汰　きまり。

（38）具束　甲冑などの武具。

（39）日本人腰に指したる体　日本人のように（剣を）腰にさしている様子。

（40）巡察使　監司・観察使の別称（註36）。

（41）釜山僉使　釜山鎮の長官。

（42）供えられ　用意すること。

（43）東莱府使　慶尚道東莱府の長官（巻一註74）。

（44）常体　いつも。

（45）粛静の重器　「粛静」と書いた重要な品。『象胥紀聞』に「粛静ト云、凡ソ竪二尺横一尺余ニソ、柄ヲ付ケ裏ニ虎ノ頭ヲ画キ候テ、粛静ノ文字ヲ表ニソ持チ」とある。

（46）令物　命令・伝達に用いる物。

（47）水営　水使（註31）の軍営所（巻三註25）。

（48）剣鉞　剣と鉞。儀仗（儀式用の武器）のこと。

(49) 射夫　弓を持った兵士。
(50) 不束（ふつつか）　不調法。不格好。
(51) 大造（たいそう）　大げさなこと。
(52) 声花（さわやか）　原文振り仮名に「サワヤカ」（爽やか）とあり、「鮮やか」「鮮明」の意味。
(53) 償う　補う。
(54) 先達　弓の試験に合格した者。『象胥紀聞』に「先達ト申ハ弓ノ及第ヲ致シタルヲ云（中略）、小科ノ部ニテ萬戸・権官・別将等ニ召仕レ、監令ノ中武官ヨリ仕ハレ候」とある。
(55) 千捴・百捴・把捴　軍夫千人・百人・五百人を預かる軍隊。
(56) 及第（きゅうだい）　科挙など試験に合格すること。
(57) 鏌錕（ばくこん）　鏌（大きな剣）と錕（宝剣）。儀仗に用いる。
(58) 都提調　議政が兼任する。正一品。
(59) 武弁　武官。原文註に「武官之事」とある。
(60) 端官　下に配属される軍夫。
(61) 分付　命令すること。原文振り仮名に「ユイツケ」（言い付け）とある。
(62) 官家　朝鮮議政府。原文註に「公儀」とある。
(63) 宛行（あてがい）　俸禄。
(64) 身上（しんしょう）　経済状態。
(65) 信使・訳官　通信使と渡海訳官使（巻三註2）。
(66) 射稽（しゃげい）の大法　弓稽古のきまり。

(67) 誉れを取り　褒めたたえられること。
(68) 横に切らざる様　横に行かないよう（真っ直ぐに）。
(69) 口取り　馬の引き綱を引く役。
(70) 不精構え　面倒くさがる姿勢。
(71) 座段　格。
(72) 稽能　稽古の能力をはかること。
(73) 柑子　みかんの類。原文註に「九年母」（くねんぼ）とある。
(74) 申年　文化九年（一八一二）。
(75) 県令　地方官。「県監」ともいう（巻四註61）。
(76) 問情　役人を派遣して尋問すること。
(77) 煉方　金属の精錬の仕方（註101）。
(78) 堅めたる　「固めたる」の当て字。身につけること。
(79) 鎮鍮　銅と亜鉛の合金。
(80) 尖に　素早いこと。
(81) 鎹　つなぎに打つ金属。
(82) 脚当　脛を包んで防禦する小具足。
(83) 左右道　左道と右道（註30）。
(84) 欠乗　「脇乗」ともいう。嵐などを避けて釜山浦以外の浦口へ乗り入れること（巻三註78）
(85) 任　原文振り仮名に「ヤク」（役）とある。

(86) 年向き　年がたつにつれ。
(87) 相差（そうさ）　差異。原文振り仮名に「マチガイ」（間違い）とある。
(88) 自分…候人　自分を大物のように装う者。
(89) 万戸の名色凄（すさま）じく　万戸という職名は恐ろしげにみえる。
(90) 泥（なじ）り　「詰り」の当て字。非難すること。原文振り仮名に「ナジリ」とある。
(91) 薦（こも）　むしろ。
(92) 目前…炭柴（たんさい）　すぐ目の前で館内へ支給する（燃料用の）炭と柴。
(93) 営纏（えいてん）監官　炭小屋の番人。原文「営纏」の註に「炭小屋之事」とある。
(94) 使令　軍官（巻二註35）。罪人を捕縛するほか見分のとき令旗を持つ。原文振り仮名の「ソレギ」は朝鮮音の転化。
(95) 廉直（れんちょく）　手軽なこと。
(96) 得手（えて）得手　それぞれが得意とするところ。
(97) 鈔張（かなばち）　原文振り仮名に「カナバチ」とあり、鉄鉢（かなばち）（金属製の鉢）の当て字。
(98) 煙器　キセル。
(99) 大匠　鍛冶師。原文振り仮名に「カジ」（鍛冶）とある。
(100) 二貫文　大銭（たいせん）（朝鮮銭）二〇〇〇枚。原文註に「百匁ニ当ル」とあり、朝鮮銭と日本貨幣をリンクする対馬藩の「九銭」（銭九〇枚で銀一匁）一〇〇匁に相当する（巻三註13）。
(101) 煉方　原文振り仮名に「キタイ」（煉い）とある。
(102) 気性　気質。

（103）諸般…扱わず　何事にも熱心に取り組まない。
（104）貪欲（どんよく）　金銭目当て。
（105）筆管（ひっかん）　筆の軸。
（106）三穴炮（さんけつほう）　三つ穴の朝鮮銃（巻一註93）。
（107）代料の取り沙汰（ざた）　代金を取ったという報告。
（108）時好　流行。
（109）町間（ちょうけん）　距離を測ること。
（110）霊剣　霊徳ある剣。
（111）利剣　鋭利な刀。
（112）瑞事（ずいじ）　めでたいこと。
（113）叡徳（えいとく）　天子の徳。

（中表紙）

文化十一甲戌年

戌

通訳酬、酢、　八　官品の部

大通詞
小田幾五郎

通訳実論（ママ）　八　官品の部

通曰く　朝鮮官職考を見、公等の論時々聞き候らえども、多般にこれあり混雑致し候間、日本向き御[1]通交に拘りこれある官府の分、詳（つまび）らかに御論じ下されたく候。[2]

訳答る　三公[3]は別段に見え、礼曹判書（れいそう）[4]・参判・参議[5]、東萊府使（とうらいふし）[6]、釜山僉使（せんし）[7]、訓導（くんとう）・別差（べっさ）[8]迄に候。大意、御書契（しょけい）[9]・御往復[10]等を以て考えありたく、委（くわ）しく論ぜず候。

通曰く　三公御三人の内、一時も闕職（けつしょく）[11]これなく候や。

訳答る　議政府[12]は表向きの首職にて、領議政・左議政・右議政、これ等三公と定めこれあり。領議政は、殿下老幼の時これあり、左議政も闕職これなき筈に候らえども、時世に随い右議政一人にて相済み候時代これあり候て、三公の内重き事の決断に相ならざる時も候故、議政の内一人当職[13]と言い候事、秘すべき儀に御座候間、委しく論じがたく候。

通曰く　三公の内、当職の御方御一人にて御一決なされがたきとの趣（おもむき）、然らば御政事何（いず）れよりの御決断に相なり候や。これ等の事情、詳らかに御実論聞きたく候。

訳答る　公はかねがね聞き及びの通り、他国掛け合い事は備辺司(14)にこれあり。この府の衆評に至り決断の起こり相始まり、表向きになり候上議政府の決断相極（き）まり候。備辺司は国の老臣集まりおられ、三公は従一品(15)に候らえども、退職の人休職の人これあり。或いは六曹の判書迄に昇り、八道監司（かんし）(16)迄にて相済み候人達の集まり所にて多人数これあり。この人達の跡を常に宰相(17)方と唱え候。当職の人を時任宰相と言い、前職の人を原任宰相と敬（うやま）い、かれこれにて宰相方多人数に相なり、決断事却（かえ）って滞るに至り、国内・国外共に速やかならざる儀も候。

通曰く　文官の勤め所多く、武官の勤め所少なく見え候。両班（ヤンバン）(18)と唱えられ候て、文武釣り合いを以て御国中御備えこれあるべし。いかが釣り合い候ものに候や。

訳答る　文官は木の根、武官は枝葉に表し候。監司は一道の首官、北兵使・南兵使(19)と釣り合い、府使と水使(20)と郡守(21)・県令・県監(22)と僉使（せんし）(23)・虞候（ぐこう）(24)・監牧官(25)と釣り合い候。この外文武相かね候勤め所、府郡県の内所々駅に察訪これあり。馬別当（べっとう）(26)故巡察使(27)通行の節、僉使の格にて供せられ候(28)。

通曰く　外方(29)とは都外の事を言われ候と考え、外方の職、武官の極官(30)は統制使(31)の由。水使・僉使の員、支配致され候と聞く。景尚(32)・全羅・江原三道の海辺のみに惣大将これあり、日本向きの備えに候や。武官昇職の体を考え候処、僉使に堂上(33)・堂下(34)これあり、釜山僉使は堂上を差し定められこれあり、勤め向きに随い水使相勤められ候上、統制使に至られ候と聞く。外方にて統制使に釣り合い候文官を聞かず、何れと釣り合いに相なり候や。

訳答る

我が国、北方は難処にても地続き隣り、夷(えびす)に近く候ても北京の通路にてしまりこれあり。南方は諸戎(えびす)に海路続き候故、統制使の備えこれあり。日本の通船ばかり安穏にこれあり候らえども、明日に至り海賊の憂いこれあるべきもはかりがたく候。統制使の釣り合いは都表操扈府(35)にこれあり、内外武の備えこれある兵使は兵曹(へいそう)(36)と釣り合い候。操扈府は籏本の備え(37)故、統制使の威及ばず候らえども、外方にては武官の極官に候。この府は主君御近族の御方惣しまりを司られ、当今藋舅御(かんしゅうぎょ)(38)に預けこれあり候。強いて日本向き用心の備えにこれなく、我が国の残党昔より他国を語らい、逆意の企て多く候故、海路に工(たくみ)なる戎夷の語らい共致さず候やと、開国砌(みぎり)よりこれ等のため統制使の備えこれあり。その後壬辰(じんしん)年の乱(39)起こり、かれこれにていよいよ堅き備えこれあり候。日本は御政事正しく、各州太守(40)毎(ごと)その国を治められ、我が国にて言い候は日本の太守は一国の王侯に当たり、国々別段の御備えこれなきやに聞こえ候。いよいよ一国の威重くこれあり、我が国と引き合い見候らえば、八道の監司日本の太守に釣り合い候らえども、一道の人命一決相ならず、一罪の糺(ただ)し方品に応じ都表の差図を請けられ候事これあり。又はその品により拙者共の小官にても全(すべ)て任ぜられ候事もこれあり、諸向一体に論じがたし。両国間には訓導の任重く相立ちおり、郡守・県令数多（あまた）これあり候ても、訳官に及ばざる事これあり候。御隣交に付ては表向き礼曹・東萊府・訓導・別差迄に候。訓導は堂下の勤め所に候らえども、別件これある時は堂上官の内訓導勤め候。別差の事、往古は小（しょう）通事[41]の内日本の事情委しき者を訓導に差し添えられ、召し遣われ候らえども、若き判事（はんす）[42]はいよいよ不馴れに相なり候故、中往より判事内初心の人を順次を以て申し付けられ、全て勤め終え候上にて訓導勤め候。判事中の事は公よくよく御存じに候らえども、官職の事混乱いたし候と申し聞かれ、丁度その通り細かに論じ候程分けずにこれあり候。

堂上官、数定まらず。信使に三員、訳使[43]に一員ずつ。監董官（かんとうかん）[44]一員ずつ。大差使[45]差備官[46]同様。

教誨、[47]十員。訓導勤め、又別件等の節相勤め候人物これあり。

聡敏（そうびん）、[48]十五員。別差、諸送使[49]差備官、堂上官に相附く。信使・訳官[50]その外共に一員ずつ、堂上に添える。

前銜、[51]二十人ばかりこれあり。この内より及第、[52]聡敏に加わる。常に漂民差備[53]等相勤める。日本詞（ことば）稽古の名目。

惣人数、凡（およ）そ三十人に定めこれあり。小通事三十人に及び、判事中に小童三十人の定数免じこれあり。

御通交は備辺司にあり、訳学の司[54]は中枢府[55]にこれあり。この府に京訓導教誨の内、聡敏の内より相勤める。東莱府下り合いの判事中、訓別[56]より内意の向き合い等いたし候。

通曰く　中枢府は、訳学の司の由。訳学とは、日本判事各の名目に候や。漢学と仰せ聞かされ候詞も聞き候。いかがの官名に候や。中枢府の事御論じ下さるべく候。

訳答る　中枢府は二品の衆頭にして、判事中の庁に候。漢学は唐判事[57]に候。日本判事も同様、堂上・堂下これあり、凡そ三十員に類し候。諸般同様の身元に候らえども、通交の国盛衰に応じ、判事の暮らし方善悪これあり候。

通曰く　堂上の各に一品・二品これあると聞く。三品よりは堂上と言い、その別（わか）ち相知らず。知事[58]に正二品これあり。同知[59]に従一品これあると聞く。その験し環子（かんし）[60]に表しこれあるとの事に候へらえども、わざわざ耳元に寄らずしては相分りがたく、外向き[61]より見知りよく候は服制のみにて、何れの堂上もよく相分り候らえども、細々通礼不届きに至り、御人体により恕罪[62]下さるべきやと存じ候。各の堂上官、他に比べ候時は、何れの官員に類し候や。

訳答る　拙者共堂上官府使に釣り合い、堂下官は郡守・県監に釣り合い候。

通曰く　然らば、東莱府使も各の堂上官同様の官品に候処、役柄にて尊卑これあると見え、二品、三品、堂上の詮これなき役柄専一に候や。

訳答る　朝鮮国中府使の部多く候処、東莱府使府使の最上にて、その余りの府使勤め所により拙者共堂上の下に着し候。教誨より下、堂下官は郡守・県令勤め向きにより席の上下定まりこれなし。これにより堂上官より訓導勤めの時は、接慰官(63)堂下故表向き名代を免（ゆるさ）れ、堂下の判事にても勤め筋にて、並府使より上座致し候事もこれあり候。我が国法時勢に随い、権威の盛衰、旦夕（たんせき）(64)にこれあり候。

通曰く　堂上に昇られ候家筋の判事、その人一生のみに候や。子孫連続の家、稀に聞き候。日本の事情にては、旧き家筋御厭（いと）い(65)これあり。拙者共出会いにも、先（まず）堂上の子孫と聞き候らえば、別して情意厚く交わりたき心自然とこれあり候。子孫高官に昇られ、御永続の御家名等多くこれあるや。

訳答る　堂上に昇り候ても、その人心得により家名永続の家これあり候らえども、その人一生の美名その子不揃（ふぞろ）いにこれあり候らえば、親の美名も捨てさり、漸やく少しの田地を保ち候家多く候。公、御存じこれある前の首訳(66)、來儀崔（チェ）知事(67)の嫡子、段々昇進いたし、大科の部(68)に入り東莱府使をも勤め候程の官に昇り、その次の首訳晦伯玄(フェベクヒョン)知事[69]の嫡男画員[70]より経登り両班の部に至り、今子孫繁昌に候。その外汝厚朴(ヨフバク)同知[71]の跡富貴の家名これあり、今にても子孫繁栄に候らえども、判事の家筋連続致さず、この外数多の判事何家も同様にて消絶いたし、跡目継ぎ候は稀なる義に候。日本判事旧き家筋御慕い下され候御底意相察し、忝(かたじけな)く御座候。何れも一生の美名を得候事のみ本望といたし候は、子孫に頼り少なく、嫡了これなく候ては妾腹の子に跡式譲り候事相ならず、永禄とては当てこれなく、自然と家筋断絶勝ちにこれあり。公等の見聞安らかならず、一華[72]の貪慾これ等の意より起こり、日本の永禄[73]実に羨(うらや)ましく候。

通曰く

公等堂上の論を聞き候処、三議政[74]初め宰相方の後胤連続の家稀これあるべく、御一生の美名専一にこれあるべし。たとえ宰相の極官に登られ候ても、子孫に伝え候高禄もこれなく、御子孫繁昌の楽しみこれあるまじく候処、大臣衆御忠勤これあり候は、御国法よくよく相立ち候事と考え候。日本判事の座目[75]、前方は何判事と記しこれあり候処、近来は何主簿[76]と顕しこれあり、判事・主簿・判官[77]と折節交わりこれあり。これは官品に相応し候事にてもこれあり候や。小通事内年長の者、左右道[78]問情(もんじょう)[79]等の節何判事と唱え、これ等の儀苦しからざる官名に御座候や。

訳答る

我が国宰相の堂上、日本判事の堂上も同じ事にて、十分富貴にこれあり候ても、一生の間美名・田地を沢山に相調え、子孫に分け与え候外他事なく候らえども、忠勤の志（こころざ）しこれあり候者、学を好み学力より起こり候。忠勤、日本国は生質（せいしつ）[80]より起こり候。忠節・博学は上わ塗りの磨（みが）きに候故、思義[81]を専らにして後世の美名のみに志しこれあると聞く。これ等の儀、国々の太守より公等の身分に至り一体の生質、学力の及ばざる訳、これを以て我が国大臣の釣り合い、今生の間美名等察しありたく候。朝夕出会いの刻（みぎり）、公等と論じ候通り、人は死して名を留め、虎は死して皮を留むの意、ここに本付（もとづ）き候。日本訳官中の論これあり、判事は両国の公幹[82]正しく相勤め候。官名、和学・漢学共に同様に候らえども、前方判事中座目書には判事と書き候事多く、近来は主簿多くこれあり候は時節相衰え候故、この官名多くこれあり候。判事は訳官の惣名、已前は時代宜しき故判事の名目にて仕立て候らえども、近年判事中相衰え候に付き、判事の名目立て通しがたく、諸官府の書役を勤め、その中より日本詞の稽古致し候にて、何主簿と座目に出し候らえども、判事中恥じ候義故、自然と官名のごとく用い来り候。判官は府の勘定を預かり候て、書役の主簿より上わ役に当たり候らえども、同様の勤め向きに候。これ等の事情定規[83]に相ならず、惣じて訳官中を判事と心得これある様、若き御同官中へ御示し置き下さるべく候。

通曰く　仕立ての判事衆、京府の書役相勤められ候により、主簿の官名多くこれあるとの論、時代衰微に至りかれこれの間左様の事情ある内の儀に候らえども、前ごろ士剛劉判事[84]は聡敏の内、別差勤中より景尚道監司の内裨将[85]相かねられ、館中御用隙を見合わせ折々まかり越され候。近ごろ密陽府使の内裨将かね候堂下の判事衆これある由。日本勤め当時致さざる人は差し支えこれなく、諸道にも多く相勤められ候や。これ等も主簿の官名同前、何裨将と号しこれあるべき儀、内裨将の官名已前より各の座目に見及ばず候。日本判事の名目にて、他官勤め致され候ても差し支えざる儀に候や。

訳答る

別差勤中より、士剛、大丘の内裨将相務め候由聞き伝え候。館中よりも御宥免これあり候と聞き、畢竟[86]我々中の勢い衰え候故、幸いの便りこれある時は、他官の内裨将等相勤め候同官折節これあり候らえども、日本向き勤め筋速々[87]しく相なり、得手勝手[88]いたし実は恥ずべき儀に候。公は多年の間、拙者共の体御存じの通りに候らえども、これ等の儀判事の身分慎む内、容易に相知れ候筈にこれなき処、他官勤め差し支えず候やと論じられ、返答当惑致し候。諸向功者振り申され候ては、公の身害に相なり候事もこれあるべし。知る知らざるの意、専一に存じられ候らわば、永勤頼もしく御座候。

通曰く

内裨将内、堂上・堂下これあると見及び候。都表にて惣人数いか程に候や。

訳答る　内裨将勤めは人数定めこれなく、信使一行の内府使・僉使相勤め候人は素より、万戸(ばんこ)(89)の内力量弓馬(90)の達人なども加わりおり候。宰相達より見寄りの人相頼まれ、かれこれ内情これあり多人数に相なり候らえども、凡その人積もり考えありたく存じ候。一道の監司に七、八人ずつこれあり、東萊府使に至り四、五人にて相済まし候。都表にて内裨将勤め候株の人数凡その程論じがたく、両班の隠居、部屋住みの次男、文官・武官の中無職の人も加わりこれあり候らえども、堂上の員も相附けられ候事これあり。これにより府使よりも知事の儀大監(91)と呼ばれ、僉知の事令監(92)と呼ばれ、八道監司達も同様の待接(93)に候。

通曰く　三品以上の官員ばかりに内裨将相附けられ、堂下の官員には内裨将これなく候や。内裨将は府営の上下恐怖致し候。常に何事を支配これあり候や。かつ大監と言い候は、堂上の知事を指す。拙者共各の首訳を大監と呼び捨て、同知・僉知を令監と呼び何れも同様に当たり候処、近村の者共老人を敬(うやうや)しく令監と多く言い馴れ候。これ等の儀、苦しからざる詞に候や。上下の差別、知りがたく御座候。

訳答る　内裨将は八道の監司、并びに東萊府使・義州の府尹(ふいん)(94)には別段の含みもこれあるやに考え候らえども、文武相交わり勤め候故、支配の品表向き相極まり候論答えがたし。都表六曹の旨を請け、府使記録等考えの折節これを論じ、郡中下役の人柄等追々穿鑿(せんさく)(95)の上申し付けられる。

官府の修理、郡内米穀出来穂、貢米・木綿官庫の出入り調べを預かり、百姓・官吏の刑罪を預かり、軍用の品、支配等の事頭取(とうどり)(96)これある重き公幹には、内裨将中差し寄り評決の上府使の了簡相究(きわ)めり、啓聞(けいぶん)(97)に及び候。信使の節差し添えられ候内に、内裨将の名目にて主君近習の内礼曹判書の見寄り、備辺司の方口々手寄りの人、かれこれに付き多人数に相なり、権柄ある人達故奢(おご)りがちにこれあり。日本判事の身分、迷惑筋数多これあり候。訳官の節はこれ等の人遠慮なく候らえども、監司・府使へ頼み込み、彼方より挨拶に及び、上官の部に加え連れ渡り候人これあり。内裨将の類これなく候らえども、両班の身元より密かに差し越され候人これあるべきやと、人物等委しく吟味致し候義に御座候。一行の内、郷(98)堂上の人もこれあり候処、元拙者共より下に着しおり候人物故記憶なく、同道致し候内裨将の名目表向きに用いざる儀に候。釜山僉使も同様内裨将これなく、内外の手代わり船将二人ずつこれあり、内より諸向支配致し候らえども、小役所は釜山鎮の書き手代わる代わる相勤め候。水使以上、内裨将これあり。根元を申さば大将の裨官故、その員の別将(99)日本体に釣り合い見候時は、御用人・諸奉行の部に当たり候。

通曰く

府使・府尹諸道に多く候処、東萊・義州の使道重き御用これあると聞こえ、訳違い候事御座候や。且常に使道これあるは敬いし候事と考え、信使・三使の事何れもの事、三使道と言う。

常に官員とこれあるは、郡守・県令・万戸の員を敬いし候事と聞く。地方官と言うも、郡県、万戸を言う。その通りに候や。

訳答る　東義州の府使は大都護府と言い、直啓聞これある職分に候。その地に属し候郡監令には直に差し図を免され、後にて啓聞に及び候事これあり。監司方へは報状を以てこれを知らせ、釣り合いこれあり。その外は堂上の府使にても都護府と唱え、監司へ申し出られ、監司より啓聞これあり候。

通曰く　官品に応じ啓聞の手筋、都表何れの官庁に当たり候や。直啓聞は至って重き事と聞き候。何れより起こり、朝廷の御聞きに及び候や。

訳答る　日本向きの事、成否共に訓導・別差より東萊府使に手本(100)致し、府使より承旨(101)に当て啓聞差し上げられ候。承旨は従三品の員、四、五員ずつ主君の側を勤められる用人に候。表向き啓聞の手数は、備辺司方へ八道監司初め差し立てられ候義に候らえども、備辺司は素より議政府よりも承旨に差し出され相済まし候。承旨に当て府使より差し上げられ候ても、備辺司の公論に相なり候事もこれあり、公幹の軽重により同じ事再三啓聞に相なり、主君の一決に相ならざる様したるものに聞こえ候。我が国の事手数多く候に付き、公体相滞り候事多く候。何角に付き、日本の御政事速かにこれあり。我が国の体と違い候故、公等難儀の事情等朝夕相考え候らえども、国の風俗詮方なき事情、よくよく御察し下さるべく候。拙者も日本体に馴れ、両国間の釣り合いを考え候処、日本の御執政と我が国六曹の判書と、六十六州の太守と八道の監司との品階対応致し、府使・僉使に至り対州の奉行に釣り合い候。公の汲み取り様に付き、軽薄[102]と思わるべく候らえども、御和交永続を案じ候て相応の判事仕立てたく懸念致し候。公も伝語官[103]相応の人仕立てられたく御座候。かれこれ共に、詞よりも潔直なる人を見立てたき儀に候。

通曰く　日本と朝鮮の釣り合い大概相当に候らえども、委しく行き届かず、六十余州の大樹[104]八道の監司と引き合い候に見え候時、対州の大樹[105]東莱府使と釣り合い候体にこれあり候はいかが思し召し候や。礼曹と御釣り合いに相なるべき事と存じ候。公等の御心得、実論聞きたく候。

訳答る　対州の大樹は、我が国にて別星[106]と唱え候官品に類し、主君より直に御掛け合いの意これあり。別して重き御職分、常に相対候品階、京内・京外、八道にもこれなく、東莱府使と御応対これある儀に候。拙者共の心得には、監司と御引き合い相当に存じ候。則ち殿牌[107]の殿の字、和韻[108]にては殿様と称すべき事に当たり候。頃日公の教え、同官内若き仁太守と言い候時、和韻を以て殿様と称し候様諭され、尤もの儀に存じ候。これ等の意、古風の言い馴れ、日本判事常に唱うべき儀に候。太守公と申し候らえば、よそよそしく角（かど）立ち候。已後若輩の同官共へ御心附きの儀、隔意なく御示諭下さるべく候。已前の堂上達、日本の事情并びに日本詞迄勝れ候人は誰々に候や。

通答る

拙者若き時の首訳來儀崔知事、引き続き晦伯玄知事、日本の事情に馴れ詞も上手にて、丈夫なる人物に候処、その後の首訳君剛金（クンガンキム）知事(109)は貪慾・佞奸（ねいかん）(110)の人に候らえども首訳に昇られ、貴国の御政事いかが相立ち候儀に御座候や。殿様の品階東莱府使と釣り合い候意を以て別星の御方に釣り合いこれあり。東莱は東莱の地名、府使は八道内の府使、監司と座段(111)違い候を御釣り合いになされ、一時の論に応じ御答えこれあり、聊（いささ）か実論と覚えず候。

訳答る

東莱府使も別星の備えに候。府使の勤めは地に着き候官名、辺情に付き候は別星の意含みこれあり候。外向きを以て論じ、拙者答え迂闊(112)に聞こえ候らえども、外向きと実論の違いこれあり候。首訳の儀知事に至らず候ては相ならず、強き人物、功・不功に拘わりこれなく、堂下訳より堂上に昇り、その身六十歳の定命過ぎ候迄相勤めおり候に付き、御和交糸口の首官故、齢全（まっと）う候上は堂上の筆口(113)に相なり候に付き、捌（さば）けざるにしても一度は首訳に至り、知事申し付けられ候。何官にても六十歳を越え候らえば首官に相なり、その勤め筋に応じ知事の官を給わり候。小通事中迄も六十を過ぎ相勤め候者は、仲間中より行首(115)と呼び貴び候。拙者(116)

別差の時より公の介抱に預かり、[117] 議聘(ぎへい)の公幹[118]同然に勤め、両国間の御為を尽くし、公と同様勤労致し、拙者初め陽元玄(ヤンウォンヒョン)知事、[119] 明遠崔(ミョンウォンチェ)知事[120]三人共に齢の論に及ばず知事の官申し付けられ、両国の御盛徳幸いは素より、殿様の御憐恵を蒙(こうむ)りありがたき身分に候らえども、この知事は一生の美名、子孫に伝わらず苦念の至りに候。公の体、前に違わず候処、家名子孫に相残すべき頼もしき御政道に御座候。

実論　八　終

註

（1）朝鮮官職考　伊藤東涯（紹述）編。正徳元年（一七一一）京都崇古堂刊。朝鮮王朝の基本法典『経国大典』（一四八五年完成）巻之一の記載内容を、位階別・官職別・八道別に整理し、返り点や送り仮名を付したもの。

（2）日本向き　日本側。

（3）三公　議政府（註12）の中枢をなす領議政・左議政・右議政のこと。いずれも正一品。

（4）礼曹(れいそう)　行政府を構成する六曹(そう)（巻一註71）の一つ。外交・祭典・科挙などを司る。

（5）判書・参判・参議　六曹の品階。判書（正二品）・参判（従二品）・参議（正三品）。

（6）東莱府使(とうらいふし)　東莱府の長官（巻一註74）。

（7）釜山僉使(せんし)　釜山鎮の水軍武官。

（8）訓導(くんとう)・別差(べつさ)　和館勤務の日本語通事（序註4）。略して「訓別(くんべつ)」という。

（9）書契(しょけい)　外交文書。
（10）往復　（両国間の）往復書状。
（11）闕職(けつしょく)　職を欠くこと。
（12）議政府　朝鮮王朝の最高行政府。領議政・左右議政・左右参賛・左右参成からなる（巻十註69）。
（13）当職　現職の役人。「時任」ともいう。
（14）備辺司　内外の軍事を統括する。長官の都提調（正一品）は議政が兼任する重職。
（15）従一品　正しくは正一品。
（16）監司(かんし)　八道に派遣される地方長官（巻二註44）。
（17）宰相(さいしょう)　朝鮮王朝の重臣（巻十註27）。
（18）両班(ヤンバン)　貴族階級。文官・武官の総称。
（19）北兵使・南兵使　陸軍のこと。長官は兵馬節度使（従二品）。
（20）水使　水軍の長官（巻七註31）のこと。
（21）郡守　地方官（巻四註60）。
（22）県令・県監　郡守の下の地方官（巻四註61）。
（23）僉使(せんし)　水軍の武官（巻四註59）。
（24）虞候(ぐこう)　水使（註20）の副将（巻四註56）。
（25）監牧官　州の監督官。
（26）馬別当(べっとう)　馬の飼育、乗馬の口取りをする者。
（27）巡察使　監司（註16）の別名（巻二註44）に同じ。

(28) 供せられ　もてなすこと。
(29) 外方　地方官の総称「外官」のこと。
(30) 極官　最高職位。
(31) 統制使　陸海軍の総大将「統節度使」のこと（巻七註35）。
(32) 景尚　慶尚道のこと（巻三註19）。
(33) 堂上　国王に拝謁できる位階。水軍の場合は正三品以上。
(34) 堂下　水軍は従三品以下の位階。
(35) 操扈府　王城の近衛軍営（巻七註15）。
(36) 兵曹　六曹の一つ。軍事を司る（巻七註14）。
(37) 籏本の備え　将軍直属の武士と同じ役割。
(38) 雚舅御　不明。純祖（在位一八〇〇～三四年）妃の父で「国舅」と称された金祖淳（一七六五～一八三二年）のことか？
(39) 壬辰年の乱　文禄・慶長の役（一五九二～九八年）。
(40) 各州太守　大名。
(41) 小通事　訓導・別差（註8）配下の下級通事（序註4）。
(42) 判事　通事（訳官）の総称。
(43) 訳使　渡海訳官使（巻三註2）。
(44) 監董官　和館の修改築を担当する訳官（巻十註5）。
(45) 大差使　対馬の臨時使節「大差倭」のこと（巻十註8）。

(46) 差備官　館守等和館役員や使節を応接する接慰官に配属される「差備訳官」のこと（巻十註4）。
(47) 教誨（きょうかい）　訳官の職位。堂下官。
(48) 聡敏（そうびん）　教誨（註47）の下役。
(49) 諸送使　対馬から派遣される使節の総称。
(50) 訳官　この場合は「訳使」（註43）のこと。
(51) 前銜　聡敏（註48）の下役。『象胥紀聞』に「倭譯ニ志シ候者最初ニ前銜ト云部ニテ稽古致候」とある。
(52) 及第（きゅうだい）　訳科登用試験（雑科）に受かった者。
(53) 漂民差備　（日本人）漂流民担当の訳官。
(54) 訳学の司　司訳院。
(55) 中枢府　司訳院の所属官庁。上級官人優遇のための官職で長官（領事）は正一品。
(56) 訓別　訓導・別差の略称（註8）。
(57) 唐判事　中国語通事。清学・漢学・蒙古学からなる。
(58) 知事　「知枢」ともいう。正二品で通事の最高位。
(59) 同知　「同枢」ともいう。通常は従二品。
(60) 環子（かんし）　玉を繋いだ耳飾り。原文振り仮名に「ミ、カ子」（耳金）とある。『象胥紀聞』に「環子　一品知事玉環子、モヨウナク丸ク、二品知事金環子同、同知金環子或ハ梅花等ニ作ル、僉知玉環子同」とあり、位階の指標にもなる。
(61) 外向き　朝鮮側。
(62) 恕罪（じょざい）　罪を大目にみること。

(63) 接慰官　使臣接遇のため派遣される役人。
(64) 旦夕（たんせき）　日常的。
(65) 厭（いと）い　大切にする。
(66) 首訳　訳官の頭役。
(67) 來儀（ネウィチェ）崔知事　崔鳳齢（チェボンニョン）。字、來儀。一七二一年生まれ。安永九年（一七八〇）渡海訳官使。
(68) 大科の部　中央官僚の部門。雑科及第の訳官と異なり科挙及第者が配属されること。
(69) 晦伯玄（フェベクヒョン）知事　玄啓根（ヒョンゲグン）。字、晦伯。一七二六年生まれ。安永九年（一七八〇）渡海訳官使。
(70) 画員　王室直属の画人。
(71) 汝厚朴（ヨフバク）同知　朴道洵（バクドスン）。字、汝厚。一七二一年生まれ。天明三年（一七八三）渡海訳官使。
(72) 一華　「一花」に同じ。ほんのいっとき。
(73) 永禄　家禄。
(74) 三議政　「三公」（註3）に同じ。
(75) 座目　席次の記録。
(76) 主簿　文官の堂下官で判官（註77）の下役。
(77) 判官　文官の堂下官で僉正の下役。後の原文に「判官ハ府之勘定を預り」とある。
(78) 左右道　慶尚道の右道と左道（巻三註77）。
(79) 問情（もんじょう）　役人を派遣して尋問すること。この場合は日本人漂流民調査のための訳官派遣。
(80) 生質（せいしつ）　生まれ付き備わっている性格（巻一註4）。
(81) 思義（しぎ）　「思議」の当て字。あれこれ考えをめぐらすこと。

(82) 公幹　公務。職務。
(83) 定規　基準。
(84) 士剛劉判事　正しくは「鄭判事」。鄭思鈺。字、士剛。一七四四年生まれ。
(85) 内裨将　東莱府使配下の役人（巻四註37）。
(86) 畢竟　結局。
(87) 速々しく　落ち着かないこと。
(88) 得手勝手　自分の都合ばかり考えること。
(89) 万戸　水軍の武官（巻二註22）。
(90) 力量　腕前。
(91) 大監　知事（註58）の尊称。
(92) 令監　「令公」ともいう。従二品から正三品の職位の尊称。
(93) 待接　原文振り仮名に「モテアツカイ」（持て扱い）とある。日本語「接待」同様、客人へ酒食を供し応対すること。
(94) 府尹　「府使」の別称。州・府の長官。
(95) 穿鑿　細かいことを調査して知ること。
(96) 頭取　集団の長。
(97) 啓聞　地方官が文書で上奏すること。
(98) 郷　原文振り仮名に「イナカ」（田舎）とある。
(99) 別将　武官の職名。生員の下役。

（100）手本　上申書類などの模範書。
（101）承旨　王命を司る承政院の官僚（巻十一註42）。
（102）軽薄　お世辞。
（103）伝語官　対馬藩の朝鮮語通詞。
（104）六十余州の大樹　大名。
（105）対州の大樹　対馬藩主宗氏。
（106）別星　君命をおびて他国へ使する奉命使臣の別称。
（107）殿牌（でんぱい）　王を象徴する木牌。
（108）和韻（わいん）　日本語のひびき。
（109）君剛金（クンガンキム）知事　金健瑞（キムゴンソ）。字、君剛。一七四三年生まれ。『増正交隣志』の編者。
（110）佞奸（ねいかん）　口先が巧みで悪賢い者。
（111）座段　格。
（112）迂闊（うかつ）　不注意。原文「扝闊（うかつ）」は当て字。
（113）筆口　不明。「末席」の意味か？
（114）捌（さば）けざる　うまく対処できない。
（115）行首　集団の頭目。頭取（註96）よりも下。
（116）拙者　後の原文から日本語通事玄義洵（字、敬天）のこと（序註12）。
（117）介抱に預かり　世話になる。
（118）議聘（ぎへい）の公幹　文化八年（一八一一）対馬易地聘礼の上々訳官（玄義洵（ヒョンウィスン）・玄烒（ヒョンシク）・崔昔（ナエソク））。

(119) 陽元玄（ヤンウォンヒョン）知事　玄烒（ヒョンシク）。字、陽元。一七六二年生まれ。文政五年（一八二二）渡海訳官使、文化八年（一八一一）通信使上々官。

(120) 明遠崔（ミヨンウォンチェ）知事　崔昔（チェソク）。字、明遠（巻六註113）。

通訳酬酢　九　女性の部

（前欠）

（通曰く）■■■■■（一行欠）■■■■■■■■■■■■■■■■■■■■■■■女中の働き強く候。■■■■■見候処、男子は家の前に莚を敷き、昼■■■■■者■■これあり、女は礒山を挊ぎ(1)、昼は夫に仕え、夜は綿拵え仕事等精かに致し、子供を育み抱きおり候らえども、夫の懐に抱く事を見ず、多くの男長煙器を咥え(2)緩やかなる男多く候。両班(3)の奥方は余り慎み強く、家事に疎くこれあるべし。拙者は、下賤の女人贔屓に候。女性の手より数多の木綿を織り出し、国の御ために相なり候。この大国に、男は農業に怠り空地多く候故、男女の差別咄の序でに付き、他国の御政事譏り候様候らえども、悪しく御汲み取り下されまじく候。

訳答る　下賤の女働き方御贔屓下され、我が国両班は勿論、心ある老人これを歎き候。両班の奥方世事に疎く候故、宰相(4)達の宅にて有禄(5)これある老人一人ずつ養い置かれ候。女の働きを頼み、男子不精に候らえども、その内男働きに実を入れ候者共は身上仮成(6)に暮し候らえども、段々仕上り候時は昇官を望み、笠を放さず身持ち尊大に出で立ち候故、自然自然困窮に及び候て、海辺の民は多分漁夫に候。南男北女と一天下に言い伝え、国内・道内何地もこの機に応じ、朝鮮国にても南方■■■■柄宜しく、北方の女子器量好く候。国民に教え■■■■下の官員勤めを貪り、得物を得候上は瓜代(7)を待ち請け、各所務(8)に抱わり候心得のみこれあり、日本向き(9)に恥ずべき事に候。

通曰く　貴国中の女性、気晴らし遊び事これなく候や。

訳答る　若き女、娘子共五月五日鞦韆(10)を乗り、菖蒲の葉にて頭を巻き候らえば、頭痛これなしなどと各翫び(11)候。十歳内外の小娘、指の爪に紅の花を塗り、幼少より頭に物を据え候事を仕覚え候。女盛りには米三斗程の重き物を頭上に居え、両手を振り山坂を往来致す。公、見掛け通り中以下の女、実に以て働き強く候。

通曰く　女中の働き別段にこれあり。繁華の地には遊女、宿々にも買女等これあるべし。何れの地これ等栄え候や。

訳答る　遊女とは妓生(12)の事に候や。遊女の名国内にこれなき事、公よくよく存じの所に候処、無用の事問われ候は数十か年在館に付き、鬱気の余り戯言これあると聞こえ候。これ迄公の手前を恥じ発話致さず候らえども、拙者共去秋丹楓[13]見物のため梵魚寺[14]に一統寄り合い、府使[15]の内裨将[16]と出会い、官婢共残らず召し呼び一昼夜かの寺にて慰め、官婢十人ばかりに楽人十人ばかりの者へ一統より大銭[17]五百文くれ、その外の雑費多く候故、これ式の遊びも弊え[18]に候。宿々買女これなく候らえども、一夜腰を揉せ候らえば二、三十匁見合わせくれ候。これ等の事定めの花料[19]これなく候。

通曰く　官婢の事、この近辺の者妓生と言い候。日本にて申さば傾城[20]に当たり候。然るを官の勤めいたしおり候者、身持ち自由に相なるべき様これなく、下賤の者にても銭両を与え候時は何時も自由叶い候やに聞こえ、遊女の体にこれあり候。

訳答る　官婢に定数これなく、時々に多少これあり。日々官を勤め候者三、四人これあり、その余りは非番故何時も手空きこれあり自由叶い候。下賤の者にても銭両を有数に与え候らえば持ちて、中分にても借し候人は持てず、一夜の仕切[21]十匁内外と聞き候。妓生共この礼物を受け、その身の衣類取り繕い、官家より給銀これなく相勤め候。

通曰く　官婢の事を常に妓生と言う。監司[22]・府使、娘立[23]の女子を撰び出し呼び取られ候や。又は官家より身の代にて(24)も下され、妓生に召し使われ候事に候や。

訳答る　官婢に品々これあり。勤める内女子を生み候者跡を継ぎ、身持悪き者、二十歳内外不儀の沙汰ある者、その外に色々故障ある者、官婢に入り候。官婢も仕合わせ(25)により、両班の妾に相なり候者もこれあり。妓生の勤め中男子を生み候時は、地方の直家来に下され候。

通曰く　京中の諸府に官婢の類、妓生と唱え候女いか程これあり候や。

訳答る　官婢の類、諸府にこれあり候らえども、至って人少なにこれあり。外方の体と違い、猥りなる事一切これなし。京中には女医(26)数多徘徊致し、諸家に繁く出入り致し候。

通曰く　官婢諸府にこれあるとの事、府は役所と聞く。一府に官婢幾久しくこれあり、何用を達し候事に御座候や。女医の内、医術の上手これあり候や。

訳答る　一府に老女一両人ずつ、官庁の脇におり水火絶えざる様にいたし、昼夜守りおり小童等に与え候事の用に候。公幹(27)体は女人見聞き候ても証に立たざる故何もこれなく、已前より夫なき者召し置かれ候。各鎮(28)には官婢これなき法に候らえども、この例に応じ水汲み婢と唱え、僉使(29)以下万戸(30)在番所に一両人ずつこれあり候。女医は老女に限らず、年若き女もこれあり。当職外の宰相(31)方の宅迄廻り、婦人の伽(32)にも相なり、闕外の時(33)話等いたし、婦人病気の時は昼夜側に附き添いおり候。若き女医は両班の房(34)に入り、按摩取り候者もこれあり、礼物定めこれなし。女医の内、年長の者両班の婚姻事の媒いたし、その外妾の世話、宰相の姫子達の伽、産台の扱い、かれこれに付き衣類相応に取り繕い、顕わに申し候らえば買女の体に候。然れども妓生の類と違い、婦人達遊楽催され候時は、京監司の方へ申し越され、官裨数十人来り慰め申し候。宰相方へ楽人抱えこれなく、あらん限り祝い事(35)には朝廷より音楽下され、舞は官婢器用なる者撰ぶに相なり候。この形を以て他国の使者、慰労のため朝廷より送られ候(36)。府使の扱いにてこれなく候。

通曰く

外方(37)には巫堂(38)と言い、若き男女連れ立ち諸方祈禱をして廻り、女は下賤の者共の好みに随い纔の礼物を請け候と聞き候。夫は隣辺に行き合いおり候由。いかに渡世にても、義理なき祈りも利きまじく察し候らえども、公等到任(39)の砌通礼の祈禱致され候時は召し呼ばれ候が、その験これある儀に候や。その体を見候処、巫堂は三十歳ばかりの女中にて、見苦しからざるものには錦類の上わ着を打ち掛ける。華麗の服にても、咎めこれなく候や。

訳答る

これ等の事を巫堂と言えども、夫を巫男、婦を巫女と言い、夫婦の間義理なき世業に候らえども、我が国の祭り天地を祈り候故、夫婦一様に陰陽を以て天地の間災いを避け候に付き、

（40）任に赴（おもむ）く者巫（みこ）を以て山川を祈り候。これ等の類に覡（かんなぎ）（41）これあり、卜方（うらない）をいたし寄異（きい）なる事間々これあり候処、国民専（もっぱ）ら取り扱い候に付き、中往（ちゅうおう）（42）これ等の覡禁じられ、祈禱事は巫堂ばかりに相なり、卜者は時々の時好（43）、盲人など仕覚えこれあり。近来覡廃し候らえども、巫堂の事覡と言い候者これあり候。日本にもこれ等の者、これあり候や。

通答る

巫堂の類これあり、巫女多く候。日本国は神国故巫は神に事（つか）え、老若共に剃髪にて白衣を着し、舞をして神を清め、巫男は神楽太鼓（かぐらだいこ）を奏し、神を冷しめ夫婦の差別これあり候。覡はその類少々これあり、懇（ねんごろ）に扱わず。盲人は卜を奉じて琵琶（びわ）を弾き、家別廻り一家の災いを払い、米銭を受け、中以上の盲人は婦人の伽、琴の糸五筋ばかりに掛け、音（じ）（44）染みを出し候品を以て渡世候。貴国の人、易経（えききょう）（45）考の上手（じょうず）多く候や。両国の事大同小異（だいどうしょうい）、委（くわ）しく問答に及ばず候。

訳答る

近年世人賢くこれ等の信仰はさて置き、易にしても已前は名人これあり候処、その伝えを慕（した）わず諸業共に師範を尊ばず、惣体（そうたい）慈悲少なき世の中に、貴国の御政事国民・盲人迄行き届き候御恵み、我が国にては盲人・離歩（46）に行き逢い候老人、未来のためとて寸志（すんし）を施し候のみに御座候。

通曰く　都にて管絃の御遊び、所々にこれあるべし。琵琶の弄び、その外闕内(47)の侍女多人数踊り遊び候に、瞽女(48)打ち混じりし調べを入れ、得手得手に取り扱い候品これあるべし。何々に候や。

訳答る　婦人の楽には、第一琴瑟(49)にて、配匹(50)仲好き事を琴瑟重きと言い候。次には嵆琴(51)・笙(52)・阿箏(53)の類に候。歌楽鼓(54)等これあり、管絃所々これあり候らえども、一声独吟(55)故婦人達会坐の時にも、処女(56)達侍女惣踊りとてはこれなく、日本向き歌楽の体と違い陰気なる楽に候。

通曰く　表通りの楽器は大概見及び候らえども、笙・阿箏・歌楽鼓はいか様の品に候や。

訳答る　笙は一つ穴より吹き候らえば、十二穴より声を吐き、各その音違い色々の律に応じ候。阿箏は琴の形にて、絃(57)多くこれあり。歌楽鼓は十二絃にて、音の好きものに候。これ等の楽、婦人の翫物(58)にて得手得手に扱いこれあり、外に賑々しき慰めこれなく候。

（一枚欠）

揃い候や。

訳答る　踊りは、惣体小蝶の舞に候。花に蝶の戯れ候体故、それと見候らえば慈味(59)その内にこれあり。

楽の名は太平楽[60]と唱え、常にこれを用い候。太平楽は両国安泰の接待を祝い候。我が国の祝いには、与民楽[61]を用いられ候。八道の郡村に至る迄、六十、七十の百姓に祝いを下され候。右様の楽、曲調同じ事に候。朝廷方寿(ことほ)ぎの祝いを万歳楽[62]と唱え候。

通曰く　別曲は音楽高く喧(かまびす)しく[63]、踊りも頻(しき)りに進み[64]、手覆(ておい)[65]を半(なか)ば抜き、素手(すで)の体になり、拙者共目に面白く覚え候。貴国の人この曲調に乗り、両手に剣を持ち舞い候踊りこれあり。惣じて踊りは女子に限らず、男子も踊り候事これあり。これ等何の意に候や。

（訳答る）　別曲は常の楽一調子高く、蝶花に居(すえ)らんとして番(つがい)を結び[66]、会合(かいごう)[67]の形に候。剣舞は、所作(しょさ)別段にこれある事に候。鴻門(こうもん)の会[68]、樊噲[69]相応じ候事を形取り、一席の興に付き根葉これなき踊り、不吉の兆(きざ)し故論に及ばず候。

通曰く　一両年前、九里山[70]十面埋伏の別曲[71]歌ばかり聞き候処、虞(ぐ)氏[72]と別れを惜しみ、范増(はんぞう)[73]が諫(かん)を用いざる事後悔限りなし。虞氏の言葉に、妾(われ)を御気遣いなされず、敢(あ)えて兵を収めて生を御求めなされたしとの歌辞、誠に悲慟[74]致し候。これ等の音曲も一つに候や。蝴蝶の歌これに類し笛[75]ばかりにてこれを聞く。唱歌関東八景[76]を暮中に見廻りたる慈味これあり候らえども、別曲の内これ等の音楽用いこれなく候や。

訳答る　楽名外にこれなく、太平楽・与民楽・万歳楽に候。

通曰く　八送使宴享[77]の楽、太平楽を以て御慰めこれある段、前以てより聞きおり候らえども、知らざる振りして下賤の者へ問い候処、与民楽と答え候。これ等の儀誠信の本意を失われ、他国の使者を国内の民と御覧なされ候意に移り、御誠信積年に至り漸々薄く相なるべく候やに考え候。惣体の事、この意を差し挟まれ候らわば朝廷の御本意違い、公幹にも疑慮起こり候。実儀御咄しなさるべく候。

訳答る　公の語面前の意、御誠信積年に及び漸々薄く相なるべしとの論に至り候は、下賤の者一言より起こり、与民の外には楽名知らず、その身共一生に一度音楽を聞き候故、左答えるべくも尤もに候。この近辺の者共は折々聞きおり候らえども、委しく相分からず、唯太平楽とのみ存じおり候。文意にての咎め尤もに候らえども、公幹筋に至り下賤の浮言、脇平[78]の差し入れ信容たらず、公一朝の憤りと存じ候。古語にこれあり、僻って聴けば則ち闇く、兼聴すれば則ち明らかなり[79]とある人の論、これを主にして御心得なされたく候。御誠信の本意を以て差し詰められ候らえども、頼もしく大慶致し候。

通曰く　この語頭取候[80]御方、第一の金言に候。貴国の両班は、分けて御銘心なされたく御座候。かれこれ共にこの語御用いこれあり候らわば、両間の幸いに候。御暦々様（れきれき）[81]は御正道（せいどう）にこれあり、先入主（せんにゅうしゅ）[82]のなりとは申せ共、その先入せし人柄をよくよく御探りなされず候ては曖昧[83]これあり、僻（ひがみ）とかねる事に至り候。貴国中は上より中迄阿諂[84]の輩（やから）多くこれあると考え、佞奸（ねいかん）[85]御暁（さと）りなされたく、その弊え自然と他国に及び候。この魔妓（まぎ）[86]御払いなされ候様に存じ候。

訳答る

魔妓の怖しき事、一国はさて置き、天下を覆（くつがえ）し候事古書にこれあり、委しく論ずるに及ばず。范蠡（はんれい）[87]ごとき人、西施（せいし）[88]を越（えつ）[89]に亡ぼされ、主君の御ため感ずべき事に候。

通曰く

古（いにしえ）絶代の佳人（かじん）、傾国（けいこく）の美人、大体聞き及びおり候らえども、朝鮮国に美人の沙汰聞かず。当今は勿論（もちろん）、以前名ある美女これあるべし。一国中美人の評議聞こえ、北京・女真（じょしん）[90]、その外遼東[91]・建州[92]辺り求婚の噂等これなく候や。

訳答る

古より朝鮮に名ある国色（こくしょく）[93]これなく、折節両班の処女に美色これあり候らえども、国の風にて沙汰致さず。両班は素より、中分迄十五歳以上の女子、門に出ざるは万々一異境の貪（むさぼ）りに逢うべくも知りがたき意より起こり候らえども、中分の娘子両班の妾に撰び取られ候事もこれあり。これ式の事、一国中の沙汰に及び、凡そ十四、五より二十歳迄の年切（ねんきり）[94]妾のみに候。拙者壮年のころより美人の沙汰聞かず、何れも並々の女ばかり、増して風儀・容体違い候に付き、他邦の人目に応ずべき様これなし。美人多く候などと噺(はな)しても信用これあるべく候らえども、大体は公、妓生の振形(ふりかた)[95]見及ぶ故、美女の体御考えなさるべく候。日本には、定めて美女多かるべし。対州にて荒増(あらまし)見通し候処、我が国の女子より好き仕立多く候。大坂辺りには、当今美人これあるべし。その上遊女数多これあるとの噂聞き及び、畢竟(ひっきょう)[96]女人多き故、定めて傾国色多き筈と察し候。日本の女人は、志(こころざ)し優しく聞こえ候。

通曰く

いか様美人の沙汰、近年天下に聞こえこれなし。日本・朝鮮昔より傾国色これなくは、日本暦々方の息女決して人目に触れず、貴国両班の処女同様の儀、委しく論ずるに及ばず候。御国内に名ある美婦、王后に登られ候事共はこれなく候やと一通り咄し候処、却って日本の女人を誉められ気の毒致し候[97]。女人の容貌その質にこれあり、女人驕(おご)り候は御国体に一理これあり。夫を敬い過ぎ内外を働き候事強き故、気勝ちにこれあるべしと考え、両班の配匹気勝ちにこれあるまじく、いかがの御身持ちに候や。

訳答る

両班の配匹は素より、中分以上違い候は何れも別房[98]これあり、侍女・通引[99]板の間にて朝夕仕(し)廻(ま)い候。日本の女中、[100]密夫の沙汰これなく候や。我が国男女の差別厳重に候らえども、中以下は男女混乱いたし候故、これ等の患(うれ)い時々出来、中以上はこの儀少なく、女人気勝ちにもこれなく、一様に論じがたし。何事も大体を以て御察しなさるべく候。

通曰く　中以下の者、密夫顕れ候時はその身共いかが計(はか)らい候や。日本にて中以下の者、密通洩(も)れ候時は両人共に死を決し、両人の実情を世の人に顕し、生前の不義理を死後に晒(さら)し候。その出で立ち花麗(かれい)にいたし、同服にて互いに睦(むつ)まじき体にて剣を以て女を先に殺し、男は自殺いたし候。これ等の事、時々これあり候。これにより近年公義より御禁(とど)め遊ばされ、死後梟首[101]これあり候故この患い稀にこれあり候。朝鮮にも密通洩れ候時、かくのごとく計り死に候事これあり候や。

訳答る　密夫両死の沙汰、我が国の者已前(いぜん)より聞き伝えこれなし。密通泄れ候らえば他道に逃げ去り、親子一所におらざるのみにて、官家より呵(しか)りも届かず、その侭にて一生過ぎ、押し詰まれば困窮いたし、十に一人身を持ち候者は我が村に立ち帰り候。色道に死を決し候は、義気強き生質[102]と考え候。

通曰く　敬天玄(キヨンチヨンヒヨン)知事[103]と差し向かい、対座の席相噺(はなし)候は、予既に半百(はんぴゃく)[104]に至り、公も御同然五十有余に及ばれ候処、四、五年前東莱府に十六、七の妾を求められ候由。定めて艶(えん)[105]これあるべし。いか様年長(としたけ)候ても若気は捨てざるものに候らえども、半百越え候ては保養専一、かつは都表御内室の前憚りありたき儀に候。多年の出会いこれ式の事、慮外(りょがい)[106]ながらも異見[107]致し候間、必ず御慎みなされたく御座候。

玄答る　妾を求め候事、御存知通りこの年迄一子これなく候に付き、妻に談じ越し、外姓[108]の親類共談合の上、東萊府に妾宅構え置き候。日本向き勤め[109]中は東萊内に下宿これなく候ては、結句（けっく）弊[110]え多く候故、一つは勘定事に候。一昨年妾腹に一子を儲け（もう）都表へ申し越し候処、過ぎし春妻東萊に下り来り、妾に向かい世話に預かり候一礼懇ろに申し述べ、一、二か月振り帰京致し候。女人疾妬ある内の儀に候らえども、その身子なき事を悔みおり候と見え、不便（ふびん）の至りに候。これ等の意、同官内遠慮致し候処、公の言、朋友（ほうゆう）積善の理[111]に当たり、他国の人にても頼もしく候。拙者、別差（べっさ）[112]勤めの節よりも介抱に預かり[113]、今首訳[114]に昇り以前にこれなき重大の公幹、公と両人主に相勤め、ここに出会い候事両国泰平私幸の至りに候。

通曰く　貴国の風操合（くりあい）相なり候人は、妾幾人も置き候様聞こえ候に付き、宰相方は御勝手次第と考え候。手届き候らえば妾幾人にても苦しからざる事に候や。

訳答る　富者は諸方に田地を調え候に付き、その所に妾を置き見かじめ[115]致させ、子供出生の上は田地を分け与え候。宰相は婦人二人免し（ゆる）これあり、両婦人に子息なき時は又一人免しこれあり、表立ち妾と言う事これなく候。

通曰く　宰相方の婦人は御同職内より御娶り（めと）なされ候や。又は王氏の内、姫君にても御縁組これあり候や。

訳答る　宰相の婦人撰びに手入れ[116]多く、初婦人は両親の計らい、次婦人は主君より御扱いこれあり、両婦人子息なき時は国母[117]よりの御扱いにて、三婦人に至り候らえども有功の宰相に限り候。

通曰く　王妃は世子これなき時、いかがなされ候ものや。尤も御妾腹に世子御誕生これあり候上、母儀王妃に備えられ候事これあると聞く。この外宮女数多これあるべし。宮女の家筋御吟味等これなく候や。

訳答る　宮女、已前（いぜん）は数多これあり候処、先々王[118]の代御減らしなされ、当今纔か二、三十人これあり、三品以上の処女達にて相済まし候。

通曰く　捴（そう）じて女は妬み強き者故、王妃以下妬みより起こり、呪咀（じゅそ）の意地等の事これなく候や。

訳答る　女人は、呪咀と言う語（かたら）いこれあり。その品見[119]候事これなく候らえども、髪を逆にし、山川深谷に入り怨み言を数々言い立て、両掌（て）を揉（も）み、昼夜弁（わきま）えず怨みを言い候と聞き候。妾は幾人にても夫を怨まざる訳これあり、上下共に同様の儀に候。妾は子供さえ誕生いたし候らえば、その身一生の間その子にこれを譲り、田地を作り養い候故、子なき妾はその身不仕合わせと諦め他を怨み候事これなし。妾腹の子、何人にても本妻に子なき時は養子に譲り候に付き、その念これなく各諦めおり候。我が身を歎き候のみに候。不孝三(120)に、子息なき罪深し。呪咀の怨み、十人にして一人あるかないかに候。

通曰く　上下の女人疾妬の気少なき訳、呪咀の法稀なるよし。いか様その筈の事に候。貴国の人情、毒扱い軽々しくこれあると聞き候。妬みの怨み毒薬を振る舞い、仕損じ候時は念を晴らし候故、呪咀の法変わりたる事これあるべき様なき筈に候らえども、軽き怨みに毒害致すべき様これなし。一通りの怨念、いか様の意を以て憤りを散らし候や。

訳答る　一通りの怨念は常に悪口を吐き候故、女人気勝ちにこれあり。その中にも気強き女は仇人（きゅうにん）の姿を見ては噛をなし(121)、鳥獣の死たるを見、仇人に譬（たと）え唾きして通り候女もこれあると聞こえ、女人の情全（すべ）て妬みなきとは話しがたく候。

通曰く　貴国の女人気勝ちの咄し候処、いか様その理りに当たり候。軽き者共は常の悪口に、癩（らい）者が子(122)と言う。癩病は血筋引かず候や。至って憚（はばか）らざる悪口、咎め人これなく候や。

訳答る　女人気勝ち手余りの者、近年は地方官に言上に及ぶ。少々の事は杖罪強く致され、官婢に召し遣われ、品に応じ段々辺邦に送られる。この外貪色（たんしょく）(123)の女、巫女に相なり候。

通曰く

巫女は神仙を祈り、その祭り一年誠信堂[124]にて見候らえども、他方の祭り楽器を入れ手入れの祈禱これなく候や。

訳答る

山川にて祭り候には、病者のため多く候。巫男は鉦（どら）を打ち、巫女は片手に扇をかざし、片手には鈴を振り、身には錦蘭の上わ衣を着し、暫（しばら）くして託宣[125]を言い、四方の鬼神を祈り、果物を膳に備え、重き祈禱には牛羊の肉をも備え、祭り終わりて山川に配り、病人の頭に白紙を着せ打擲（ちょうちゃく）の振りをし、後には白紙を焼き捨て、備え物の木綿一疋はその身共取り帰り候。一通りの病人は身に付け候古着を竿（さお）の先に掛け、高く振り廻し、祭り終わりて焼き捨て候。日本向きにもこの体の祈禱、女中も妬み強く、呪咀の法取り扱い候事これなく候や。

通答る

巫女・巫男神を崇び、人の病症楽奏し、祭りの女人は身分丈（だけ）の貞心を尽くし、不届者終には乱心致し候。往昔（おうじゃく）の咄これあり候は、怨念強き女と知らざる男子、その女を欺き候に付き、女憤り責め募り候故、男その所を逃げ去り候を、追い行く所に大河あり。男渡り畢（お）えて船を突き渡し候故、詮方（せんかた）なく、女、河の上下狂い廻り、大蛇となりて河を渡り候に付き、男道成（どうじょう）寺（じ）[126]と言う寺に走り入り、釣り鐘に身を蔵（かく）し候処、大蛇鐘に巻き上りしめ候に付き、その鐘湯になりしと言う古話これあり。今に女人妬みの強き者の戒めに、この女蛇に相なるべしと言い伝え候。

訳答る　その女性常並(つねなみ)(127)の人にこれなく、神気を請け候人にてこれあるべし。人蛇に化すべき様これなく、怨念の強きは義気(ぎき)(128)より生じ、精心神に通じそれ等の儀これあるべし。日本人の義気強く、女人迄も怨念神に徴(あらわ)し怖ろしき気質に候。

通曰く　義気強きとの咄事、訝しく(129)候。周の末、微干(130)は諫(いさ)めて死すとあり。剣に触れ主君のため死したる人数多これあり。貴国も同様、珍しからざる義気の咄に候。

訳答る　義気珍しからずとは何事に候や。かく論じ候もかれこれ信より起こり、義の端(はし)(131)に候を珍しからずと言われ当前の理に候らえども、公の義論この上の論に候や。

通答る　微干禍(わざわい)に逢うべくを知り、諫(かん)を容れられ候らえども、生前の儀臣下の道に候。これ以て珍しからざる義に候。

訳曰く　公の論義を泥(なじ)られ(132)候らえども、太平に諫め程重き忠臣これなし。昔は死を先達(せんだ)ち(133)諫めこれあり、これ義の重畳(ちょうじょう)(134)に候。

通答る　忠義の論仮初(かりそめ)(135)に咄候処、公、忠義を重じ拙者を押し詰められ候に付き、やむをえざる事、日本の義情を顕し候。聞き捨てになさるべく候。百年前ある関白(136)酒色に沈(おぼ)れられ、臣下追々諫めこれあり候らえども御用いこれなし。根津宇右衛門[137]と言う武臣御諫言申し上げられ候処御用いこれなく候に付き、御前を退き朝服[138]して又々御前に進み候上、再三諫言申し上げ次席にて自殺を遂げる。それより怨霊御側を去らず、朝夕御目通りに侍り、御膝下に畏まり候体数日の間御覧遊ばされ、諫言御耳に泊まり、終に御国家安穏に至り、御当代に相なり根津権現[139]と称され、今以て江戸の御城外に祠これあると聞き候。

訳答る　義気、至誠[140]の論に左もこれあるべく候。関羽大将[141]の論もこれあり、書画にも生気これあるは同前の事、義に生気捨てざる筈に候。

通曰く　日本御暦々の婦人、尼を遂げられ候は寡婦人[142]に候処、姿を変え、美め形を悪しき様にして貞心を顕し候ものと聞こえ、改嫁[143]の沙汰に至らず候。貴国夫寡[144]再び婦人娶られ候や。

訳答る　宰相方再び婦人娶られ候事これあり候らえども、同品の処女にても妾と唱えられ候。婦人、尼を通し候人稀にこれあり。一つは、剃刀の刊れ口悪く手間入りこれあり。尤も僧は鎮鍮[145]の剃刀相用い候。これにより、女尼少なく候。

通曰く　朝鮮は礼儀正しき国と言い候らえども、春色[146]の咄父子兄弟同席にも憚りなく致され、五倫の道[147]苦しからざる義に候や。

訳答る　父兄同席にても、その身に当たらざる色談は苦しからず候らえども、その身に及ぶ雑評、若輩の人老人の前遠慮致し候。軽き者共席の弁えこれなく、気の毒[148]致し候事多く候。

通曰く　去る年、長崎勤番[149]中漂民数巡これあり。予、僕[150]を連れ他行の留守召し遣いの女一人旅宿に残し置き、帰宿の上他行の留守漂民の内放埒(ほうらつ)の振舞(ふるまい)致さざるやと問い候処、御他行の日は一人も入り来らず、遠慮がましき人達にて淋(さび)しき事に暮らし申し候と答える。これ等の事、御示し[151]相届き候やと頼もしく御座候。

通訳酬酢　九　終

註

（1）礒山(いそやま)を挊(かせ)ぎ　海辺や山で働くこと。
（2）咥(くわ)え　原文振り仮名に「クワヱ」（咥え）とある。
（3）両班(ヤンバン)　朝鮮の貴族階級。
（4）宰相(さいしょう)　朝鮮王朝の重臣（巻十註27）。
（5）有禄(ゆうろく)　俸禄を得て官位にある者。
（6）仮成(かなり)　「可成」の当て字。一応の水準に達している状態。
（7）瓜代(かだい)　原文に「瓜滞(カウダイ)」とあるが「瓜代」の当て字。瓜の熟する時期に交代するという故事から、役人の任期が満ちることを意味する。

(8) 所務（しょむ）　収入。

(9) 日本向き　日本側。

(10) 鞦韆（しゅうせん）　朝鮮のブランコ。原文振り仮名に「ビシャゴ」とある。『交隣須知』に「鞦韆ハミトリノカケ（緑陰）ニキレイナ女トモガノルヨウスハ　ミルニヨウゴザル。ビシャゴハ　タカイキニ　ツナヲムスンデ　男女ミナノリマスル」とある。

(11) 翫（もてあそ）び　楽しむ。

(12) 妓生（キーセン）　官妓。

(13) 丹楓（もみじ）　「紅葉（もみじ）」に同じ。

(14) 梵魚寺（ぼんぎょじ）　和館近く東莱金井山の寺（巻六註96）。

(15) 府使（ふし）　東莱府の長官（巻一註74）。

(16) 内裨将（ないひしょう）　東莱府使配下の官僚（巻四註37）。

(17) 大銭（たいせん）　朝鮮の銭（巻三註13、巻七註100）。

(18) 弊（つい）え　金がかかること。弊害。

(19) 花料　花代・玉代ともいう。娼妓の揚げ代。

(20) 傾城（けいせい）　遊女。

(21) 仕切（しきり）　（官婢の）揚げ代。

(22) 監司（かんし）　八道に派遣される地方長官（巻二註44）。

(23) 娘立（だて）　「立」は「伊達」の当て字。人目をひく娘。

(24) 身の代　身売りした代金。
(25) 仕合わせ　めぐりあわせ。運命。
(26) 女医　『象胥紀聞』に「女醫之事京中ニ数多有之、各道官婢ノ内美キ者ナトヲ上ヨリ呼登サレ、医道ノ稽古申付ラレ男女ノ病トモニ療治イタシ、折節ハ病ニ托シ召ヨセ候コト有之」とある。
(27) 公幹　原文註に「御用」とある。公務。職務。
(28) 鎮　原文註に「武官之勤所」とある。統制使（巻七註35）の任所を大鎮という。
(29) 僉使　水軍の武官（巻四註59）。
(30) 万戸　僉使の下官（巻三註22）。僉使（註29）の下役。
(31) 当職外の宰相　現職についていない重臣。
(32) 伽　話相手などして退屈を慰めること。
(33) 闕外の時　「闕」は宮門のこと。（主人が）都を離れて不在の時。
(34) 房　部屋。
(35) あらん限り祝い事　この上ない祝い。
(36) 他国の使者…送られ候　中国使臣へ女医を、日本使臣へ楽人を遣わすことをさす。
(37) 外方　「外向き」に同じ。朝鮮側。
(38) 巫堂　原文振り仮名に「ミコ」とあり、女性を中心とする民間の巫儀式。『象胥紀聞』に「巫堂ハ神子ト云如クニシテ巫男巫女アリ又覡ト云」とある。
(39) 到任　任地に赴くこと。
(40) 任　原文振り仮名に「ヤク」（役）とあり、役職につくこと。

(41) 覡（かんなぎ）　原文振り仮名「ボサ」は、朝鮮語「ボンザ」（奉祀）の訛り。
(42) 中往（ちゅうおう）　少し以前。
(43) 時好（じこう）　流行。
(44) 音染み（じ）　「音滋味」に同じ。音に深く豊かな味わいを持たせる。
(45) 易経考（えききょう）　周代の易学書『易経』の考察。
(46) 離歩　「離」は「跛（ちんば）」に同じ。原文振り仮名に「カタハ」（片輪）とあり、歩行不自由者。
(47) 闕内（けつない）　都。
(48) 瞽女（ごぜ）　盲目の女。
(49) 琴瑟（きんしつ）　琴と大琴。音が調和することから夫婦仲にたとえられる。
(50) 配匹（はいひつ）　原文振り仮名に「フウフ」（夫婦）とあり、配偶に同じ。
(51) 嵇琴（けいきん）　「胡弓（こきゅう）」に同じ（巻二註7）。
(52) 笙（しょう）　管楽器（巻二註25）。
(53) 阿箏（あしょう）　『象胥紀聞拾遺』に「琴ニ似テ絃多シ」とある。
(54) 歌楽鼓　伽耶琴のこと。後の原文に「歌楽皷者十二絃ニて音之好キきものニ候」とある。
(55) 一声独吟（どくぎん）　一人で独奏すること。
(56) 処女　後の原文振り仮名に「ムスメ」（娘）とあり、未婚女性のこと。
(57) 絃（いと）　原文振り仮名に「スジ」（筋）とある。弦楽器に張る絃。
(58) 翫物（がんぶつ）　遊び道具。
(59) 慈味（じみ）　原文振り仮名に「オモシロ」（面白）とあり、豊かな深い味わいのこと。

(60)　太平楽　楚の項荘と項伯が鴻門の会（註68）のとき剣を抜いて舞ったことに由来する。舞人四名は甲冑姿で太刀をおび豪華で勇壮な舞楽。朝鮮では国王の即位式や外国の使臣饗応などで奏する。
(61)　与民楽　世宗時代（在位一四一八〜五〇年）に始まる雅楽の曲。朝鮮国内向けの楽。
(62)　万歳楽　雅楽の曲。祝賀の宴に奏でる。
(63)　喧しく　騒々しい。
(64)　頻りに進み　（手足を）激しく動かす。
(65)　手覆　手の甲をおおう布。
(66)　番を結び　雅楽の番舞。男女の蝶が一組で舞う。
(67)　会合　交合すること。
(68)　鴻門の会　中国陝西省西安の鴻門の地で、漢の高祖劉邦と楚の項羽が会見した故事（前二〇六年）。このとき項羽の臣范増（註73）が剣舞にことよせ劉邦殺害を企てるが、樊噲（註69）の機転で劉邦が命拾いをする。
(69)　樊噲　漢の高祖劉邦の功臣。鴻門の会（註68）で劉邦を助け、劉邦が漢王になると将軍になり封土から「舞陽侯」と号す。前一八九年没。
(70)　九里山　江蘇省銅山県の北。漢・楚が対峙した垓下の戦（前二〇二年）の古戦場とされる。
(71)　十面埋伏の別曲　楚の項羽が漢軍によって四面楚歌の状態になり、虞氏（註72）との決別の宴で歌われた曲。
(72)　虞氏　別名「虞美人」の名で知られる。項羽の寵姫。垓下の戦で項羽が窮地に追い込まれ、決別の宴での歌が有名。
(73)　范増　奇策を好み、項羽の功臣として劉邦を窮地に追い込むが、項羽に疑いをかけられ怒って故郷へ帰る途中で病死する。前二〇四年没。

(74) 悲慟（ひどう） 悲しくて声をあげて泣くこと。

(75) 笛 原文註に「尺八之事」とある。

(76) 関東八景 中国幽谷関以東（河南省山東）の風光明媚な景色。

(77) 八送使（はっそうし） 対馬から朝鮮へ派遣される年例使節のこと。寛永十二年（一六三五）兼帯の制により、使船派遣が整理されて年間八回となったことに由来する。

(78) 脇平（わきひら） 「側辺」に同じ。かたわら。

(79) 僻（かたよ）って聴けば…明らかなり 片言（かたこと）より広く人の言を聴け、の意（巻六註81）。

(80) 頭取（とうどり） 集団の長。

(81) 暦々（れきれき） 「歴々」に同じ。お偉方。

(82) 先入主（せんにゅうしゅ） 「先入観」に同じ。固定的な観念。

(83) 曖昧（あいまい） 原文振り仮名に「ムシツ」（無実）とあり、冤罪を蒙ること（巻二註85）。

(84) 阿諂（あてん） 原文振り仮名に「ヘツロウ」（諂う）とあり、へつらい、おもねること。

(85) 佞奸（ねいかん） 口先が巧みで悪賢い者。

(86) 魔妓（まぎ） 人心を惑わす者。

(87) 范蠡（はんれい） 中国春秋末期の越国の謀臣。呉・越の戦いのなか、策をめぐらし敗北を勝利に転化して呉を滅ぼした。

(88) 西施（せいし） 越の美人。越王勾践が行儀作法を教えて呉王夫差に献じ、女色に惑わせて政治を顧みないよう謀って呉を敗北に追い込んだ。

(89) 越(えつ)　春秋時代十四列国のひとつ。呉を滅ぼすが、後に楚に滅ぼされる。
(90) 女真(じょしん)　北方民族。清国を建国した。
(91) 遼東　鴨緑江の東方。
(92) 建州　豆満江の北方、女真族（註90）の本拠地。
(93) 国色(こくしょく)　国中一の美人。
(94) 年切(ねんきり)　年を限ること。
(95) 振形(ふりかた)　なりふり。
(96) 畢竟(ひっきょう)　結局。
(97) 気の毒致し候　気を遣わせて申し訳ない。
(98) 別房　別室。
(99) 通引　原文註に「小童之事」とあり、子供の使用人のこと。
(100) 密夫　情夫。
(101) 梟首(きょうしゅ)　さらし首。
(102) 生質(せいしつ)　原文振り仮名に「ウミツキ」（生み付き）とある。生まれ付き備わった性格（巻一註4）。
(103) 敬天玄知事(キヨンチヨンヒヨン)　玄義洵(ヒヨンウィスン)。字、敬天（序註12）。
(104) 半百(はんびゃく)　五十歳。
(105) 艶(えん)　愛おしい。
(106) 慮外(りょがい)　ぶしつけなこと。
(107) 異見　忠告。

(108) 外姓　妻方。
(109) 日本向き勤め　和館勤務。
(110) 結句（けつく）「結局」に同じ。
(111) 朋友積善（ほうゆうせきぜん）の理　良い行いをせよという友人の道理にかなった言葉。
(112) 別差（べつさ）　訓導（序註4）配下の和館勤務の訳官。
(113) 介抱に預かり　助けていただくこと。
(114) 首訳　訳官の頭役。
(115) 見かじめ　管理すること。
(116) 手入れ　やり方。
(117) 国母　皇后または国王の母。
(118) 先々王　英祖（ヨンジョ）（在位一七二四〜七六年）。
(119) 品　様子。
(120) 不孝三『孟子』にいう「不孝三有」。一に親を不義に陥れること、二に家貧しくても官に仕えないこと、三に後嗣なく先祖の祭祀を絶つこと。
(121) 噛（ごう）をなし　かじって音を出す。
(122) 癩（らい）者が子　原文振り仮名に「癩者（ナンジャ）が子（アトル）」とあり、朝鮮語の悪口。
(123) 貪色（たんしょく）　色を好む。
(124) 誠信堂　訳官の詰め所（巻六註2）。
(125) 託宣（たくせん）　神のおつげ。

(126)　道成寺　紀州日高郡にある天台宗の寺。寺僧に恋慕した女が大蛇となって追いかけ、道成寺の鐘に身を巻きつけて焼き殺す伝説が有名。
(127)　常並　あたり前のこと。
(128)　義気　義を守ろうとする心。
(129)　訝しく　不審で納得できない。
(130)　微干　微国（山西省潞城県）の比干。殷の紂王の暴政無道を諫めたが、受け容れられずに殺された。箕子・微子と共に殷の三仁と称せられる。
(131)　端　一部。
(132)　泥られ　非難すること（巻七註90）。
(133)　死を先達ち　死ぬ道を選ぶこと。
(134)　重畳　幾重にも重なっていること。
(135)　仮初　その場限り。気まぐれ。
(136)　ある関白　『翁草』（根津権現由来の事）によれば、六代将軍徳川家宣の父、徳川綱重（一六四四～七八年）のこと。将軍家光の次男に生まれ、甲府宰相となるが三十五歳で死去。
(137)　根津宇右衛門　徳川綱重（註136）の近習の士といわれるが、実在は不明。
(138)　朝服　束帯の正装。
(139)　根津権現　根津神社のこと。創設は不明。文明年中（一四六九～八七年）太田道灌の再興と伝えられる。はじめ駒込千駄木にあり、徳川綱重の子（家宣）と孫（家継）の産土神となる。家宣が将軍家へ入ったことから社殿を甲府家の下屋敷跡へ遷祠し、地名を根津と称して後に朱印地五〇〇石を賜う。家宣の命による祭礼が盛大に行われ、これを俗に天下祭りと称し、神田祭・山王祭とともに江戸三大祭の一つとなる。

(140) 至誠（しせい）　極めて誠実なこと。『礼記』（至誠の道）によると、人はよこしまな気持ちを起こさなければ、常に誠実さを見極めることができるという。

(141) 関羽大将　中国三国時代、蜀漢の武将。張飛と共に劉備（りゅうび）に仕え、赤壁の戦いで曹操を撃破した。後世、武神として書画とともに関帝廟（びょう）に祀られる。

(142) 寡（か）婦人　原文振り仮名に「ゴケ」（後家）とあり、夫を亡くした婦人。

(143) 改嫁（かいか）　再婚。

(144) 夫寡（ふか）　原文振り仮名に「ヤモメ」（寡）とあり、妻を亡くした夫。

(145) 鎮鍮（しんちゅう）　銅と亜鉛の合金で、仏具や食器などに用いる。

(146) 春色（しゅんしょく）の咄　恋愛話。

(147) 五倫の道　儒教で守るべき父子・君臣・夫婦・老幼・朋友の五つの対人関係。

(148) 気の毒　迷惑をかけた。

(149) 長崎勤番　長崎へ回送（巡という）された朝鮮漂流民の通訳。

(150) 僕　従者。

(151) 御示し　（下の者への）訓示。

通訳酬酢　十　飲食の部

冬、伝語官庁(1)にて訓導・別差(2)并びに館守(3)差備官(4)、監董官(5)堂上(6)・堂下(7)、大差使(8)差備官堂上・堂下、その外東萊下り合いの判事(9)、供に八、九員、饗応相済み候上、

通曰く　日本食物の内、各の口合いに何品宜しく候や。

訳答る　第一に杉焼(10)、第二鮟鱇(11)、第三濱焼(12)・素麺人々好み候。

通曰く　日本の酒、味いかがこれあり候や。公等は未煉酒・方名酒(13)、その外も給われ、この内何酒宜しく覚えられ候や。

訳答る　日本の名酒種々給い候らえども、皆々蜜水に候。常に用いこれある上酒(14)こそ実の酒にて、我が国の人々好み、この口味と言い酔い心地別して宜しく、その内少々酒味違い候らえども、惣体日本の上酒結構に候。我が国にも名酒これあり候らえども、これ又蜜の味加え、焼酒を以て日本の上酒に類すべく、強きを第一に造り候。北京その外夷狄(15)の酒、焼酒多くこれあり候。日本国は米宜しく候故、酒においては天下第一と覚え候。

通曰く　日本の上酒を天下一と論ぜられ、誉（ほ）め過ぎに候。然（しか）らば貴国に用いこれあり候らわば、数百挺御求めなさるべきを、味のみ宜しきとこれあり、樽にて御調えなされず、振る廻い候時は何れも酒量だけ御用これあり、誠に御倹約の儀感じ入り候。去りながら貴国の焼酒、我が国の酒客宜しく覚え候との論これあり。拙者下戸（げこ）口には、梨花酒・方紋酒[16]の類、焼酒より造り出しこれある味候らえども、蜜湯を冷し給い候口味これあり。朝鮮は強き焼酒を以て人々酒盛りこれあり候らえども、常に肉食致され脾胃強き故、男女共に声高く、仮初（かりそめ）の噺（はなし）[17]も喧嘩の様に聞こえ、女人の音声は尖（とが）り[18]て細く聞こえ候。大酒候女中、上下の間これあり候や。

（訳答る）　男女打ち混じりし酒盛これなく、女中酔臥（すいが）候迄給わず。野遊びには雑人集まり、多人数呑み倒れ候に付き、これ等の遊興少なく候。両班（ヤンバン）[19]達の酒宴、小歌の心を以て察しこれあるべく候。花堂の賓客満坐の中、琴を弾ずる紅裳（くれないのも）[20]の女よ、汝の出頭天、山上山か、左り七月か、真実山上山ならば、汝と同宿せん、と謡う類歌[21]多くこれあり。この意を以て、遊びの体（てい）察しありたく候。

通曰く　歌の言葉は一通り分かり候らえども、これは謎（なぞ）歌に候。出頭天とは夫の事、山上山とは出と言う字に当たり、左り七月と言う文字は有と言う事と聞こえ、汝の夫あるか無きかとの謎歌と聞こえ、酒興の戯（ざ）れ言と察し候。朝鮮の女中、二十歳前後は赤き裳を着し、中年には藍色・紺色を着し候様子に見及ぶ。両班の婦人、地合いは何品御用これあり候や。

訳答る　婦人達は素より、侍女迄も縮緬(22)・水花紬(23)を用い、各道の官女もこれ等の品を着し候。女人は服制に拘らず候らえども、喪に逢い候女色服致さず、中以下は木綿の裳に候。

(通曰く)　杉焼・鮟鱇は、貴国の人々好まれり。先日、東莱府使(24)宴享に下来これあり。御頼みに付き杉焼仕立て進ぜ候処、各別御気に叶い候との事にて、余りの品官女共へ下され、宴庁にて取り寄せ給い候。杉焼は府使に限らず、都表より下来の両班御好みなられ、日本の味噌味わい宜しき様に聞き候。去る戊辰年(25)、訳官士正朴僉知(26)分けて御好みこれあり、帰国の船中、対州在留中にも拙者より朝夕相賄い、土産用迄御所望これあり。小樽二、三丁遣わし候処、都表より一礼申し越され、宰相方(27)へ御振る舞いこれありたると聞こえ候。その外餞別に諸方より保命酒(28)の類、一、二瓶御取り帰りこれあり候らえども、この沙汰これなし。日本の上酒並びに味噌は、朝鮮人に嫌いこれなきものと聞き候。

訳答る　日本の産物多い中に、鯛・鰤・生蚫・干烏賊・鰹節・素麺・久年母(29)・蜜柑、中にも柑子(30)は冬至に先廟に備えられ、次には主君膳部に用いこれあり候(31)。この外風味宜しき菓子これあり候らえども、何れも白砂糖の味御座候。然れども氷砂糖・五花糖(32)は別品に候。葛粉(33)は病人の食に好み、我が国薏苡(34)同様の品に候。鰹節は結構の品、魚肉第一に候。我が国にても女人産後には、鰹節・古和布(35)を以て貴賤共に補養致し候。朝鮮魚は何にても干物を生にて食し候故、干烏賊宜しくこれあり候。我が国の産物、何品口合いに宜しく候や。

通答る　第一は牛肉・猪肉・獐等(36)の肉宜しく候らえども、山猪・鹿肉等はここもとに少なく候らえども、海獺(37)の肉は女中の血気に宜しきとの話にて味わいこれなし。この外に鶴・鴨・雁・鶏・雉同じ味に候らえども、鶚(38)は余慶にこれあり、風味宜しく候。鱈・青魚(39)宜しく覚え候。当所にこれある鯛・鰤の事、御誉めなされ候らえども、味違い候様存ぜず候。尤も鰤は魴魚(40)と言い、鰤に似候処、多数これなく、その上味の違いこれあり。白蛤・紅蛤(41)・海参等、結構に候。

訳答る　白蛤は腎を補い、紅蛤は気力を増し候。焼き紅蛤を道中に用い候故、絶えず所持候。病後にはこの上なく、常に時々給われ候様致されたく候。近日一斗ばかり調え、進ずべく候。道味(42)の事誉め過ぎ候様聞かれ候らえども、我が国の魚類泥海に生じ候故、肉にしまりこれなき物体の魚、肉同様に候。蠣・鯇魚(43)・蟹類日本にもこれあり候や。鰒は時節により魚毒これあり候に付き、公等に進めがたくわざと遠慮致し候。

通答る　いか様鰒は結構の味と聞き候らえども、日本にては主君并び両親に事え候人一切給わざる事に候。法度(はっと)これなく候らえども、下賤の内心なき者賞味致し候。塩辛はかれこれ品々これある内に、京畿漢江の蠏名物と聞き候。都表より絶えず御取り寄せなされ候らえども、拙者好み申さず、紅蛤の乾物は験効(44)これあり。拙者若年のころ大病煩い候処、東萊の書手李(イ)哨官(45)と言う人より、巨済にて生蛤を青松葉にて焼き乾かし、堅め候品送りくれられ、復病早く力付き、現効よく覚え候。公この品日々御用いこれあり、精力御盛んに相見え候。朝鮮の海辺泥海と仰せられ候らえども、日本北国の方は泥海の所これあり。鮟鱇・鱈・海獺もありと聞こえ、朝鮮の海辺に近寄り候海もこれあると聞こえ候。海蝿(くらげ)(46)などもここもとの海に漂(ただよ)いおり候らえども、製法を知らず候故好む人これなし。鰊鯑(かど)(47)の子を青魚の子と論じられ、これは大体似寄り候小魚故、青魚の子も鰊の子も同じもの、魚の名違い候のみに御座候。又大鯔(ぼら)の子をからすみ(48)と言い、上品なる味にて、日本の暦々方(49)御好みこれあり。丁度鱈の子乾し候形(な)(50)りのものにて、味も同様に候。鯔の小さきものは、この海辺に多く候。

訳答る

公は牛肉第一と称され候らえども、日本人の内給わざる人これあり。鳥獣の肉何れも同様に候処、この地の品宜しきとは不■■■（一行欠）■■■■■■■■■■■■■■鰒汁の事委(くわ)しく聞き候処、義気の正しきより給う人少なしと聞き候。これ日本人の生質(51)に候。牛肉は人により禁(いま)しめこれあると言う。公、いかがにて給われ候や。狗(いぬ)肉は給われず候や。

通曰く　牛肉喰わざる人は、正直なる人に候。日本、元祖皇帝の御禁めこれあり。農業に牛程働き強きものこれなく、その肉を賞し国民残らず喰い候ては、終に喰い尽し候て、農業の妨げに相なり候間、末世末代給わざる様御遺言を忘れざる人に候。下拙給い候は、一己の締めこれあり。数十か年在館致し候に付き、朝鮮の脾胃になり喰いたき故独り悟り候は、日本米には油多き故肉食に及ばず。朝鮮米は油少なく候に付き、牛猪の肉、胡麻油朝夕給い候ても強き害に相なるまじく、牛は余計に生まれ候国の事、気向き[52]違い候故、その国に入りてはその土地に応ずべき事と悟り、喰い覚え候処、各にも喰い負けず一度に二、三斤も給べ、この上なき味わいと覚え候。これに加え、精力を増し候。貴国の男女元気よく、声高にこれある筈と考え候。

訳曰く　我が国の内、柑類何品宜しく候や。梨子・柿・栗多く候らえども、第一結構の柑子・蜜柑已前より色々手を尽しても育ち申さず、適萌え出候時、実は楊子に化し候。胡桃子・栢子[53]日本にこれあり候や。

通答る　梨子・柿・桃日本に多く候らえども、栗朝鮮のごとく嗜み届かず[54]、胡桃子・松実これあり候ても栢子に及ばず。去る信使の節聘使(へいし)[55]帰鮮の砌(みぎり)、柑子蜜漬けにして穴を去り、一升余り送り下され、その後大坂へ登り候に付き、少々持ち越し候処、かの地の人珍しく賞味の上無心に預かる。栢子の種、萌え候ても生育致さず。柑子と同様、その地に応じ候物故、日本・朝鮮一体に候らえども、その国内にも冷暖の違いこれあり。貴国の果子には薬果(やっか)[56]第一、その外の餅類何品も蜜の味を持つ。日本の餅は砂糖の味を持ち、大同小異これらの事と考え候内、酒を用いざる口には貴国の米飯各別に候。色々の果物交わり候らえども、焚(た)き様仕法(しほう)聞きたく候。

訳答る

米飯は老母の手業(わざ)故、扱いを見候処、凡そ餅米(もちごめ)一升に小豆(あずき)一合、黄栗[57]・乾柿[58]・大棗(なつめ)・粟焚(あわた)き込み、蜜水にて草の根葉を以てなろなろ[59]焚き候に付き、和(やわ)らかに出来、下戸の口、老人の薬に相なり、気力を増し候。神仙[60]は、柑類を以て長寿に候と聞こえ、柑類何れも一切ずつこれあると聞き候。中に桃は長寿の長(おさ)と言い候。然れども朝鮮には桃実少なく候らえども、常々多葉粉(たばこ)を好み候人は、一年に一つ二つずつは屹度[61]喰べ候らえと、我が国の名医申し置き候と聞く。公も多葉粉好み、必ず桃肉給われたく御座候。

通曰く

日本向き[62]御送使[63]へ馳走事、表向きの手数は御双方共曲彔(きょくろく)[64]にての御接待、五味七酒[65]の手数朝夕見及びおり候らえども、北京より勅使下来の節、馳走向き酒礼の手数事等日本向きと違い候事これなく候や。殿下(66)御応対これあり候や。

訳答る 殿下勅命を聞かれ、早速大明殿(67)を退かれ、跡にて宗親(68)の御方一員、議政(69)の内一員接待これあり。曲彔・掛かり膳部の盛り物、御送使向きに大体似寄り候。中度(70)礼曹(71)の判書(72)一員、承文院(73)の首官一員饗応致され、この時勅使へ聘物等品々遣わさる。承文院は大清(74)より申し来り候勅宣(75)の返答向き、掛け合いこれある院に候。勅使初め次官の人々、相替わり候扱い等これなく、牛脚・猪脚その侭に備え、その余りの品御送使へ馳走同様に候。酒、国中相用い候濁酒にてこれあり、席中敷物これ又同様の事に候。女楽(76)一向これなく候。

通曰く 勅使の一行、人数いか程これあり候や。女楽は旅館の伽にこれあるべしと考え候らえども、これなしとの事、逗留幾日ばかりに候や。

訳答る 勅使の一行三百人迄もこれなく、多人数遣わし候時は貴国の弊え(77)に相なるとの意にて、纔かの人数に候。女楽これなく、音楽ばかり進めこれあり。日外(78)も咄し候通り、北京向きには女性の姿見せざる様に国内禁じこれあり候故、わざとその儀なく、勅使旅館に数日泊まらざる様にと北京より言い付けこれあると聞き候。この方よりは、今一両日と挨拶時々これある儀に候。外国への勅使も同様と聞こえ、大清の代、外国を懐けたき意と聞き候。去りながら付官[79]の人へ別段手入れ生じ、人情[80]これある不慮の弊えこれあり候。

通曰く　朝鮮国中祝い事、幾度これあり候や。五節句は勿論(もちろん)、冠婚薨(こう)祭外、家別餅を突き祝い候日柄これあり候や。一時の祝い、酒事の馳走見及び候らえども、先達て客舎[81]大修理の節、殿牌[82]の挙動[83]これあり候らえども、成就の上御安置の御祝い聞かず、惣じて鎖細の祝い事聞かず候。人間一生の祝いは誕生日に候間、日本にては貴賤共に身分に応じ、親類中を招請致し候。朝鮮人誕生日とは言え共、下賤に至りその日馳走の咄聞かず候。

訳答る　客舎大家に付き祝いこれあるべき筈に候処、官家の事は大体にこれあり。併(しか)しながら親族の両班下り合い候らわば、その侭に相済まし申すまじき事に候。惣体家を新らしく建て候時は落城宴[84]と言い祝い候て、建て日を家の誕生日と定め、小豆飯を柱に備え候事これあり候。

通曰く　冠婚薨祭の祝いは、あらん限りに賄い候と聞き及び候らえども、貴国の風、年個(ねんかい)の吊事(ちょうじ)[85]時々これあると聞かず、立身祝い仰山(ぎょうさん)なるを聞かず候。祝詞に肴(さかな)遣わされ候体見掛けず、吊事に果子遣わされ候事も聞かず、これ等の通礼、沙汰なきは御倹約の至りに候。日本にては、婚姻には絹・反物・肴添え遣わし、吊事には野菜等相応にと送り候事に御座候。中以下は朔(さく)望(ぼう)[86]の祝詞も申し述べず、御国中その通りに候や。

訳答る　冠婚薨祭共に礼物これなく候らえども、宰相方の祝い事には日本の絹・反物・その外見合わせ、懇意の御方のみに進上候。薨事には吊詞を申し述べ、香を進ぜ候のみに候。朔望には朝廷に祝詞申し上げ、中以下通礼の挨拶これなく候。冠婚の祝いその家ばかり用意し、来客五人、十人の中に膳部一膳に肴を盛り、濁酒二、三合入れ候砂鉢(87)にて自由に呑ませ、焼酒は大猪口にて注ぎ廻し、無造作の振る舞いに候。館中にては拙者共へ毎々馳走に預かり候らえども、公、外出の時珍らしく点心(88)を差し出し候時、新たに飯を焚かせ、汁もこれなく、皿に鶏卵・明太(89)の干し魚にて、別に焼鶏炙り出し進じ候。適の馳走には、牛肉の煎焼(90)のみに候。外向き(91)にて面々膳を以て賄い候事これなく、沈菜(92)は汁代わり、下地(93)これあり候。日本の漬物味好く候らえども、汁これなく懇望致さず、その内、芭蕉漬(94)各別宜しく覚え候。仏事年回は一周忌を小祥と言い、三回忌を大祥と言い候。この日より喪服を改め候。

通曰く　朝廷の御祝い、御降誕・御代替わり・還甲(95)の御祝いの節、大赦(96)行われ候事御座候や。

訳答る　祝い事の時は、闕内(97)に堂上・堂下の両班一統入侍(98)これあり。朝礼相済まし候上、主君より一行一連ずつに膳部を下され、白酒四、五瓶添え贈り候。この祝い百姓に至る迄、六旬(99)を越え候者共へ、その郡監(100)にて白酒贈り、遠流多年に至り候人のみ赦しこれあり候。

通曰く　御国中、冬至には残りなく祝いこれあると聞き候らえども、中分の人祝詞廻り見掛けず、五節句も同様に候や。冬至の朝、小豆粥を新米を以て焚き、米の正体これなき様にして清蜜を猪口に入れ、匙（さじ）を以て蜜を掛け給い候に、腹中和らぎ各別に覚え候。この粥を門戸に灌ぎ候(101)と見え、毎歳拙者共任所(102)へ呼ばれ候らえども、例の沈菜・製鱈(103)のみにて相済まし、御倹約御尤もの儀、都辺（あた）りにても御懇意の御方御招請これあるべし。御別懇の宰相、折節御入来これあり候や。

訳答る　同職の人、遠方へ宰相参られ候事これなく、然しながら原任(104)の宰相別懇の人、病気見舞いに参られ候事これあり。時任(105)の宰相病の時は、主君駕を枉げられ(106)候事稀（まれ）にこれあり候。冬至の祝いは、日本向きにもこれあると聞く。我が国にて申し伝え候は、この日の粥を七所にて給い候らえば、難を逃れ候と言い候。

原任とは前の宰相の事、時任とは当時の宰相の事。

通曰く　日本にも冬至祝い家別これあり、諸稽古（けいこ）師範の人より弟子中へ膳部を以て振る廻いこれあり。終日我が侭（まま）遊びを免（ゆる）し候。小豆粥は似たる祝いこれあり。正月十五日(107)の朝、家々小豆粥を焚き懇意の衆へ振る舞い候。この粥七所にて給い候らえば、災いを免がれ候と言い伝え候。

訳答る

一か年中、朔日・十五日祝日と定めこれあり。中にも正月十五日夜蹈橋（やとうきょう）(108)と言い、都表にては貴賤老若橋の上に席を設け、酒肴（しゅこう）持ち出し、飲食致し楽しみ遊び候。八月十五日は先祖の墓前に蔬床(109)・肉床を持ち越し、備えの肉は人に進め候ために持ち行き、仏には新米飯、秋の菓物残らず初（はつ）を備え候。肉膳を持ち越し候ても仏に備えず、喪中の人に他人より肉を進め候時は、やむを得ざる事と給い候。表立ち申し候らえば、三年の喪中精進致すべし。女人の交わり致さざる筈に候らえども、膳喪(110)迄慎しみ候人これあるまじく、他国人の手前には喪中重く言い候らえども、人の行い口程これなきは、公、我が国の風俗よくよく察しの所故、委しく語らず候。

通曰く

捴（そう）じて貴国の馳走向き、あり合わせの品を以て取り扱われ、補いなく宜しく候らえども、倹約過ぎ却って御廉恥（れんち）に至り候。去るころも国元より渡り候人初めて同道の時、点心御振る廻いこれあり候処、器（うつわ）不足と見え、宅の従者の飯汁碗にて差し出されり。中酒に焼酒小久利（くり）(111)一つ御用意候処、あらん限り注ぎ切り候時(112)は客人の手前遠慮なく、今一瓶調え来り候様御差図これあり、客並の拙者赤面致し候。日本向き功者の各、これ等の振る廻い始終御悟りこれなく候や。已来は少々ずつ過分に御用意置かれたく御座候。日本向きにては、客人の手前酒肴の有無沙汰致し候は、義理却含（はず）(113)みの薄手にて恥ずかしく候。貴国の習わし察し候処、大丈夫(114)

は小恥を顧みずと言う心にて、酒は酒屋にいか程もこれあり候らえども、当地の事不馴れの衆は客の心中その席気の毒致され候[115]。日本向きいか程困窮の体にても、客人に振る廻い候品の有無、客の目前に申し出候事これなく候。かねて御見聞の公故、御勘弁なされたく御座候。差し当たりこの七りん[116]に土瓶掛けられ、茶の御用意これあり。我が向き同心の衆へ対し、拙者の規模に相なり忝く御座候。

訳答る

主客の取り扱い方御嘲り下され、判事の勤め日本向きを見習い、なるたけ諸事小奇麗にいたしたく候らえども、面(まのあた)[117]り小童等仕(し)覚え申さず、中々一年や二年にて形り直り候事に至りかね候。先(ま)ず不揃いの初めは多葉粉(たばこ)盆これなく、煙器(きせる)人々持ち来り、小童使わざる人は自身に長煙器を手に持ち、又は襟(えり)に指し、上下共にかくのごとき風俗。火鉢一つにて相済まし、炭盤[118]この席に据(す)え置き、吸い穴擲(か)[119]き捨て、唾は外に吐き散らし、灰吹[120]等銘々に備えず、中以上は御見掛け通り鎮鑰(しんちゅう)の蓋これある砂鉢に吐き候。日本体は御丁寧なる仕習わせ、何家にても着座し、早速茶たばこ盆差図なしに小童持ち出し、席により刻多葉粉箱入り[121]にしてこれあり、茶碗迄も茶台に載せ差し出し候。これにつき都表より館見物のため両班下来の節、席に着かれる多人数一様の御扱い故、拙者共公の意に違わざる規模に存じ候。国の仕馴れ、善悪は分かり候らえども、世人知る不行事多く候。何国の人も、悪には早馴れ致す。常の語に、墨に近づけば黒く、朱に近づけば赤しと言う語、交友の第一に候。

（通曰く）朝鮮の風、生花取り扱いもこれなき処、去る年明遠(ミョンウォン)公[122]別差勤めの時、小さき瓶に花を生け、技形り取り繕いこれあり。日本体に馴れられ、御殊常(ごしゅじょう)[123]の至りに候と誉め候事これあり候。人、久しく交わりて知る人心か、との語これ等の事かと考え候。公も日本向き御好みこれあり候ても、ここに尿瓶(しびん)[124]これあり、穢(きたな)き席に候。都表にて客人の出会いに、これ等の品除きこれなき事に候や。

（訳答る）老人・上輩(じょうはい)[125]の前にては、たばこ給わず。宰相方の席これを除き候らえども、公庁の外強いて遠慮これなく、親疎の出会いには規定これなく候。生花扱い、無法ながら拙者も好み候処、世事に事多く、取り扱いに至らず。それよりも今日の給い物、扱い面白く候。我が国は給い物の扱い迄残し別(わ)[126]けにこれあり、鮮(あざ)やかに扱い候。喰わざる風俗に候。

通答る　否(いや)、左様にもこれなく、御暦々へ差し上げられ候喰物の扱いは御念入れられ、執手(じゅくしゅ)[127]共手をそゝぎ、口に手拭(てぬぐい)を以て覆(おお)い扱われ候。喰物には残し別けなしと仰せられ、その通りにこれあり。食事の時迷惑致すは、傍(かたわ)らに立ち並び椀の内を見込み、下郎とは言いながら無躾の仕癖[128]に候。中以上はか様の振れ合い見掛けず候らえども、食事のこれある席、屹度追い払われたく候。已前士正の語を聞き覚えおり候は、晩食は肉に当たり、緩歩は車に当たる[129]とこれあり。当前の理、朝夕思い当たり忝き金言に候。

訳曰く　公の馳走のみ相なれり。今朝、釜山の朝市に従女[130]遣わし候処、大鯛一尾調え来り候に付き、鶏卵、野菜は大根・芹・ねぎ・春菊・ひじき・穂藻[131]・若和布、取り揃え置き候。

とて七りんに小鍋を載せ、胡麻油を少し入れ、醤油差し加え、野菜残らず入れ、玉子五つ六つ打ち込み、杓にて交ぜ、生体これなき様いたし候故、問い候処、

（訳曰く）　我が国の鍋料理、かくのごとくにしてこそ味付き候。

と答え候に付き、給い掛り、

（通曰く）　下地迄味克く候。

と誉め候時、焼酒出し候様言い付け候故、断りに及び候らえば、

（訳曰く）　酒は用いざる人故、春に相なり候らわば、別段の馳走に花箋[132]を馳走致すべく候。この外の品貴国の料理に及ばず。差し当たり初献の吸い物、塩煮と見え候らえども、汁の味軽く何方にても好き塩梅に候。

通答る　我が国の料理には、鰹節余計に遣い候故味違い候。貴国の人は何に多く用い候や。

（訳曰く）　頃日約束の花箋用意候に付き、後遠に行き楽しむべし。とて敷物を設け、席中に胡麻油ばかり仕掛けこれあり。頓て粉と餅を小皿程ずつに薄く拵え、その鍋にて揚げ、躑躅の花一輪ずつ付け、揚げ出しに清蜜を掛け、勝手に給い候様取り持つ。朝鮮の客接待には、これより結構の振る廻いこれなく候らえども、膳部出さず、例の沈菜にて済まし、後段には[133]焼鶏・焼酒にて納める。跡にて召し連れ参り候草り取りの子供へ、懇ろに振る舞い候事。

通曰く　公幹[134]に付き時々誠信堂[135]にまかり出で候処、召し連れ候小童へ御嗜みの飴類の品下され忝く候らえども、御用に付き参り候節は、已後御無用になされたく下さるべく候。これ等の事鎖細の挨拶、朝鮮向きに応ぜざる時誼[136]に候。

訳答る　公の小童は日々のごとく世話預り候故、寸志の至りに候らえども、拙者入館の時は小童・使令[137]・陪通事[138]召し連れ候故、大いなる雑費に至り候。併しながらこれ迄一言の謝辞申し述べず候に付き、逆情[139]を以て痛まれ候かと拙者も逆情致し候。この辞こそ鎖細の論、日本向きに応ぜざる返答気の毒致し候。これはこれ、子供へ食物の事強いて禁じ申されまじく候。子供と言うものは喰物外他念なきもの故、久しく見せ置き候時は疳気[140]起こり候に違いこれなく、その例童児に多くこれあり候。童児に付き噺（はなし）これあり候。幻法を行い候者その術を得候法には、美食盛り並べ、七つころより十歳ばかりの子供十人ばかり集め、終日・終夜見せ置く。その品を喰い候らえば身元自由に相なり、軽く飛び廻り候術これあり。その法邪法に近きとて、厳しく禁（いまし）めこれあり。近年この術全く絶え果て候。これにより、童児へ美食は先に与え候事に御座候。

通曰く

童児は素より客人に馳走致し、見聞候従者へ残らず振る廻い候は日本人の情に候処、無用の者立ち交じり、折節には盗み喰いいたし見咎（とが）められ、拙者共気の毒致し候らえども、公等強く御叱りこれなくは喰物の事故と察し候らえども、今の御咄これあり、人の魂入り候食物施され候意もこれあるやに察し候。

訳答る

国民食物を貪り候は困窮より起こり、中以上は諸向豊かにこれあり候に付きこの心少なく、専ら質朴・倹約これあり候。これにより日本の重器（ちょうき）[141]目に付き候品多く候ても好み申さず候らえども、久年母は年々多数に至り候処、近年は時勢衰え東萊府使・釜山僉使（せんし）[142]・水営水使[143]・多太僉使[144]・訓導・別差、日本掛け合いの勤め所より毎歳先を争い都表へ差し登り候処、自然と多少これあり候。柑子は御隣交の初めより用いられ、太祖大王[145]より数代の廟所、冬至の膳部に備えられる。その膳部、宰相方・有功の人々へ下され候に付き、主君快く召し上げられ候は、他国の品にてもその木の性を以て雨露の恵みにより味を生じ、人力を借りざる品。日本の土地・気候宜しき国より渡り来り候上、肉勝ちの脾胃にはこの上なく、拙者五十、三十、一時に給（た）べ、あらん限り飽きこれなく候。

通曰く　草木は雨露の恵み、柑子の事頻りに御誉めなされ候らえども、日本向き各々へ御丁寧御馳走これあり、何事も人力を以て御尽しこれあり。客舎その外船中・道中御丁寧の御扱い、所々風景の勝地には寺庵これあり候らえども終に御誉めなされず、文士の筆舌のみ聞き伝えおり候。日本にてはこれ等の事迄も美麗を尽され候処、朝鮮人の風儀人力を以て飾り候事、我が国にも多き事也と心中に嘲りこれあるやと下墨候。[146] 眼の前に見え候丁寧は口気に顕れ候事、人の情合いに候らえども、貴国の風情堅き事に候。

訳答る　日本向き御丁寧の御扱いを、心中に嘲りと下墨され候らえども、いまだ公、我が国の事情委しからず。人を見て左様の咄致さるべく候。

通答る　貴国の事情、委しからずとこれあり、その事情を聞き詰めたく御座候。

訳答る　その事情の咄、甚だ迷惑致し候。我が国の人々、元（もともと）不精にこれあり。常々身動かしを致さざる風習故、いながら唾を吐き散らし、若き人もいながら私用を便じ候事これあり。美麗の席その外丁寧の扱いに気付かず、元は不精より起こり候事に候。この事情、公、悟りこれなしと察し候。

通曰く　信使江戸表へ御通行の時、大坂にて御丁寧の川船にて御登りなされ、その采船(さいせん)(147)、奇麗なる事限りなく聞き候らえども、鄭重のごとき船に唾を吐き散らし候由聞き伝えおり候。いかに身不精にしても結構の船を知らざる者、我が国にはかくのごとき船数艘あるとの意に相応し候。この後采船にて御往還候らわば、御心持ちなされたく候。貴国の人は勿論、対州の面目に係わり候。これ等の儀、かねて御咄し置かれたく御座候。

訳答る　日本の御丁寧限りなし。肉類多くこれある中に、珍しきは山猪(いのしし)(148)の肉に候。公ここもとにて牛・猪の肉好まれ候らえども、何肉宜しく覚られ候や。その味一々聞きたく候。

通答る　牛肉は別味、獐・海獺(かいだつ)・鹿肉の味に同然。鳥類は鶴・鴨・雁・鶉(149)・雉(きじ)・鴫(しぎ)に候処、公等の口味に鶴・鴨は何とこれあり候や。

訳曰く　鶴は鳥類の頭(かしら)故、我が国の人立身(りっしん)に障り候と言い給わず。鴨は追い風(150)、鶏は引き風と言い伝え候。凪には鳧(かも)宜しく、鶏は凪に宜しからずと聞き候。公は肉食品々給われ候との咄内に、虎の生肉給い候とは落着せず、我が国の人思い寄らざる品に候。その味委しく聞きたく候。

左程肉食好みに候らわば、狗肉(いぬ)はなぜ給われず候や。

通答る　虎の生肉給い候事、御不審尤もに候。拙者二十歳の時[151]、則ちこの通詞家[152]山手に追い廻し来り、一日に二疋狩り取り、一疋は館守家にて御取り捌きなされ、その肉館中勝手に給い候故、拙者も一切れ二切れ給べ(た)候処、味わい老牛の肉に同じ油気これなく候。何れも功効知らず[153]、力強く相なり候とのみ申しおり候。その日は訓導聖欽(ソンフム)[154]入館にて、互いに桜の木に登り見物致し候。生肉差し当たり功効これなきものと申され候。歳月流れるごとし、最早五十五か年に相なり候。狗肉給わざるは、一己の寸孝に候。父親甲戌の生まれ[155]にて、戌は狗と心得、一口も味わい致さず候。

訳曰く　狗肉は油勝ちにこれある結構の味、第一内を暖め、暑中には腹中冷やし候故養生に用い候。獣類の中、人に近きものは犬馬の労と言い候らえども、韓信[156]後悔の語に、狡兎死して老狗烹(に)らる[157]とこれあり。公、狗を給われざるは、過ぎし労を忘れずとの意に当たり候。

通答る　諺に、犬骨折りて鷹に執られる、と言い候。最前の苦労は沙汰に及ばざるに、今一時の功、却て用立ち候。気候、廻り来り候人の仕合わせに候。犬の辛苦御誉め下され候らえども、丑年の親に候らわば牛肉給いまじく、一時の咄にも笑うべき事これあり候。

訳曰く　それにつき前訓導聖欽李同知、その身の親、[158]訳官の節溺死致し候故一生鯨を給われず。拙者共は、味宜しき品と覚え候。

通答る　聖欽公、鯨を給われざる事存じおり候。この人判事の勤め功者にて、日本詞（ことば）は素より、仮名（かな）字大上手にて、その手跡日本国に多く渡りおり候。業務の身分、後世に名を残したく御座候。

訳曰く　鯨は大魚にて肉の味宜しき内、尾早焼きは真白にこれあり、喰べ心地歯切れ好く候。然れども我が国の人、則ち好み申さず。人の性により眉毛抜け、或いは渋瘡（しぶかさ）[159]出来候故、赤身は給わざる人勝ちに候。

通答る　鯨肉常に給わざる人増さり候て、左もこれあるべし。我が国の人常に給わず候故、牛肉給い候時、眉抜け、渋病[160]起こり候人も折節これあり候。狗肉は家に飼い候獣にて、家の穢れを食し候故気味悪しく候て、一つは給べ得ず候。

訳答る　公、狗肉給われざるは信士の志、鶏だけは人を頼み候生類なるを、朝夕鶏を喰べ候は慈悲なし。殊に鶏には五徳[161]あるとの儀、公も聞き及びこれあり。去りながら諸事慎み過ぎては食物も不足に至り、人間は人間を頼み、分けて鶏は人を頼み候。生類を早く喰うてくれ候らえば、その鶏の仕合わせになるとの便を設け、野菜同様に飼い育て置き、我が国の者殺すに憐みこれなくは人間の至慾、御察しなさるべく候。

通訳酬酢　十　終

註

（1）伝語官庁　原文註に「通詞家之事」とあり、和館の朝鮮語通詞家。
（2）訓導（くんとう）・別差（べっさ）　和館に勤務する日本語通事（序註4）。
（3）館守　和館の統括者。二年交代で対馬藩馬廻（上士）から選ばれる。
（4）差備官　館守等和館役員や使節を応接する接慰官に配属される「差備訳官」のこと。
（5）監董官（かんとうかん）　和館の改築・修理の交渉を担当する訳官。和館は二十五年ごとの東西館全体の大工事（大監董）と部分修理（小監董）がある。
（6）堂上　国王に拝謁できる官僚。『象胥紀聞』に「堂上官名　知事　同知　僉知ヲ云、文武トモ同」とある。
（7）堂下　堂上以下の官僚。『象胥紀聞』に「堂下官名　文正　僉正　判官　主簿　直長　奉事　参奉」とある。
（8）大差使　臨時使節「大差倭（さわ）」の「倭」字を避けた名称。外交書簡の宛先が礼曹（れいそう）（註71）参判（さんぱん）（次官）であることから、日本側では「参判使（さんぱんし）」という。
（9）判事（はんす）　日本語通事の総称。
（10）杉焼（すぎやき）　杉焼料理。鯛・アワビ・卵など十種以上の素材を、味噌をといた杉箱に入れて出す和館饗応料理のひとつ。

(11) 鮟鱇（あんこう）　鮟鱇汁。鮟鱇の肉・皮・臓物を入れた味噌汁。

(12) 濱焼（はまやき）　魚介類の焼料理。

(13) 未煉酒・方名酒　焼酎の類。

(14) 上酒　京・大坂など上方で醸造された清酒。

(15) 夷狄（いてき）　野蛮国。

(16) 梨花酒・方紋酒　『象胥紀聞拾遺』下に、「酒ノ極上ハ一年酒ト云、其外梨花酒・方文酒ノ類有之ト云」とある。

(17) 仮初（かりそめ）の噺（はなし）　ちょっとした会話。

(18) 尖（とが）りて　原文振り仮名に「トガリ」とある。

(19) 両班（ヤンバン）　貴族階級。

(20) 紅（くれない）の裳（も）　赤い袴（はかま）。裳は朝鮮語「チマ」のこと。後の原文振り仮名に「マヱダレ」（前垂れ）とある。『象胥紀聞』に「女少キ者紅裳、老女藍裳」とあり、紅色は若い女性の象徴。

(21) 花堂の賓客…と謡う類歌　酒宴の席で女性に既婚か未婚かを問いかける謎歌。

(22) 縮緬（ちりめん）　絹織物の一種。緯（よこいと）によりの強い生糸を用い、細かな縮みを織り出す。

(23) 水花紬（すいかちゅう）　原文振り仮名の「スハチウ」は、「水禾紬」または「水花紬」の朝鮮読み。略して「水紬」ともいう質の良い紬（つむぎ）。

(24) 東萊府使（とうらいふし）　東萊府の長官（巻一註74）。

(25) 戊辰年　文化五年（一八〇八）。朴俊漢（パクジュナン）（註26）の渡海訳官使（巻三註2）来日は寛政八年（一七九六）で

「丙辰年」の間違い。

(26) 訳官士正朴僉知（サジョンバクせんち）　朴俊漢。字、士正（序註11）。

(27) 宰相（さいしょう）　朝鮮王朝の重臣。『象胥紀聞』に「宰相ト申ハ三議政ハ勿論、領事・都提調迄ヲ云、又無職ニテモ宰相ノ称有之、タトヘ無職ト申テモ国ノ大事ニハ出朝有之ト云」とある。

(28) 保命酒　安芸国鞆の銘酒。味醂に地黄・桂皮・甘草など芳香性ある薬草を入れた薬酒。白酒と焼酎の二種類がある。

(29) 久年母（くねんぼ）　朝鮮では「大柑子」。蜜柑（小柑子）よりも大きく皮が厚い果実。

(30) 柑子（かんし）　原文註に「九年母」とある。蜜柑の漢名。

(31) 冬至に…用いこれあり候　王室では冬至の日、蜜柑を宗廟へ供えた後、宮中の重臣たちに頒賜する慣わしがある。蜜柑や九年母は済州島からの進上品とされるが、内実はほとんどが日本から輸入される。

(32) 五花糖（ごかとう）　金平糖。『交隣須知』に「五花糖は雪糖（シロサトウ）でこしらえる」とある。砂糖類は朝鮮に産せず総て日本からの輸入品。

(33) 葛粉（くずこ）　葛の根をくだいて澱粉にする。奈良の吉野葛が有名。

(34) 薏苡（よくい）　薬種。日本名「鳩麦」。

(35) 古和布　「和布」は「若布」（ワカメ）の異名。

(36) 獐（のろ）　「のろじか」のこと。朝鮮半島から中国にかけて生息する。

(37) 海獺（かいだつ）　原文「獱」は「獺」の異体字。後の原文振り仮名に「オットセイ」（膃肭臍）とあるが、海獺は「あしか」のこと。朝鮮近海には「海豹」（あざらし）が多く生息しており、あるいは「豹」の誤字とも考えられる。

（38）鶉(うずら)　原文「郭」は誤字。
（39）青魚(せいぎよ)　「にしん」のこと。『倭語類解』に「鯖魚　せがい」（鯡鰊(にしん)の異名）とあり、『象胥紀聞拾遺』に「青魚　イワシニ似テ、セビレアリ」とある。
（40）魴魚(ぼうぎよ)　原文振り仮名に「ヒラス」とある。『象胥紀聞拾遺』に「防魚(ヒラス)」、『倭語類解』に「魴魚　ぶり」とある。
（41）紅蛤(いがい)　「貽貝(いがい)」のこと。原文振り仮名に「イノカイ」とある。「赤貝」「からす貝」などと称し、赤味をおびた二枚貝。
（42）道味(たい)　原文振り仮名に「タイ」（鯛）とある。「鯛」の朝鮮語「トミ」を漢字表記して「道味」と書く。
（43）鯇魚(かんぎよ)　原文振り仮名に「アメ」とあり、日本名「やまめ」のこと。
（44）験効(げんこう)　（薬の）ききめ。
（45）李(イ)哨官　不明。「哨官」は武官の官名。『象胥紀聞』に哨官について「軍夫百人ノ頭ト云、常禄無之、此内ヨリ軍官ヲ助ケ等ヲイタシ候由」とある。
（46）海蝿(くらげ)　原文振り仮名に「クラゲ」（海月）とある。
（47）鰊鯑(かど)　原文振り仮名の「カド」は「鰊(にしん)」の異名。「鯑(かずのこ)」はその卵「かどのこ」「数の子」のこと。
（48）からすみ　鯔(ぼら)の卵巣を塩づけにしたもの。
（49）暦々　「歴々」に同じ。お偉方。
（50）形(な)り　すがた。
（51）生質(せいしつ)　原文振り仮名に「ウミツキ」（生み付き）とある。生まれ付き備わった性格（巻一註4）。
（52）気向(きむ)き　好みの傾向。

(53) 栢子（びゃくし） 原文振り仮名に「松ノミ」（松の実）とある。
(54) 嗜み（たしな）届かず おいしくない。
(55) 去る信使の節 文化八年（一八一一）対馬易地聘礼の時の通信使。
(56) 薬果（やっか） 『象胥紀聞拾遺』に「菓子色々アリ、薬果小麦ニ密ヲ和シ油ニテアケ、又ハ肉桂ヲ小麦ニ和シ蜜ヲ加ヱ蒸シタルモアル」とあり、菓子の一種。
(57) 黄栗 原文振り仮名に「ムキグリ」（剥き栗）とある。『倭語類解』に「黄栗 かちぐり」（搗栗）とある。栗の殻と渋皮をとったもの。
(58) 乾柿 原文振り仮名に「クシカキ」（串柿）とあり、干し柿を串刺しにしたもの。
(59) なろなろ 原文振り仮名に「ソロソロ」とあり、弱火でゆっくり焚くこと。
(60) 神仙 原文註に「仙人」とある。
(61) 屹度（きっと） 必らず。
(62) 日本向き 日本側。
(63) 御送使 対馬の使節（巻十一註64・66）。
(64) 曲彔（きょくろく）（僧侶が法会で用いるような）椅子（いす）。宴会で用いる。
(65) 五味七酒 肴五種酒七献。
(66) 殿下 朝鮮国王。
(67) 大明殿（たいめいでん） 太平館（清国勅使を応接する慕華館）の大殿のことか？
(68) 宗親 宗親府のこと。王族を統轄する。
(69) 議政 最高行政を司る議政府。領議政（正一品）、左・右議政（正一品）、左・右参賛（正二品）、左・右参成（従一品）からなる。
(70) 中度　原文註に「中宴之意」とある。使者滞在中の饗宴。
(71) 礼曹　六曹（巻一註71）の一つで、外交などを司る（巻五註6）。
(72) 判書　六曹の最高位（巻一註72）。
(73) 承文院　外交文書の作成を司る。
(74) 大清　原文註に「北京之事」とある。
(75) 勅宣　中国皇帝の命令。
(76) 女楽　饗宴の場で官女（妓生）が歌舞を演じること。和館では女楽が演じられるが、清国勅使にはない。
(77) 弊え　費用がかかること。
(78) 日外　かつて。
(79) 付官　勅使の随行員。
(80) 人情　原文振り仮名に「マイナイ」（賄）とあり賄賂のこと。
(81) 客舎　和館（序注3）近くの客舎。対馬からの使節が国王への粛拝式を行う。
(82) 殿牌　国王を象徴する木牌。
(83) 挙動　国王の行幸（巻二註61）。
(84) 落城宴　原文振り仮名に「ムネアゲ」（棟上）とあり、柱・梁を組んだ上に棟木をあげたことを祝う儀式。
(85) 年個の弔事　回忌を定めて死者を弔うこと。
(86) 朔望　旧暦の朔日と十五日、朝謁の儀のため王城へ参内すること。
(87) 砂鉢　浅くて大きな磁器の鉢。

(88) 点心　原文振り仮名に「ヒルメシ」（昼飯）とあり、昼食時の軽食。
(89) 明太（めんたい）　原文振り仮名に「ソクイ」とあり、介党鱈（すけとうだら）のこと。
(90) 煎焼（いりやき）　鍋料理。
(91) 外向き　朝鮮側。
(92) 沈菜（きみすい）　漬け物。原文振り仮名に「キミスイ」と「ツケモノ」（漬け物）の二種ある。朝鮮語「チンジュ」が訛って和館で「キミスイ」と呼ばれ、これが「キムチ」に転化する。
(93) 下地（したじ）　だし汁。
(94) 芭蕉漬（ばしょうづけ）　芭蕉菜（別名、芥子菜（からしな））の漬け物。葉に辛味がある。
(95) 還甲（かんこう）　還暦（数え六十一歳）の異称。生年と同じ干支にもどる。
(96) 大赦（たいしゃ）　国家の吉凶に従い罪人を恩赦すること。常赦よりも範囲が広い。
(97) 闕内（けつ）　王城内。「闕」は宮城門。
(98) 入侍　原文振り仮名に「ツトメ」（勤め）とある。国王に謁見すること（『朝鮮語辞典』）。
(99) 六旬　原文注に「六十」とある。還暦を迎える六十歳のこと。
(100) 郡監　地方官の「郡守」（正四品～六品）のことか?。一道に二～三人派遣される。
(101) 灌ぎ（そそ）　水を流しこむこと。
(102) 任所　日本語通事の詰め所。「誠信堂」ともいう（註135）。
(103) 製鱈　原文振り仮名に「サキタラ」（裂き鱈）とある。干鱈を細く切りそろえたもの。
(104) 原任　前任者。
(105) 時任　現役。

(106) 主君駕を枉げられ　「枉駕」（乗り物の行き先をまげてわざわざ立ち寄る）のこと。
(107) 正月十五日　小正月と称し、祝いに小豆粥を食べる。
(108) 夜蹈橋　夜に橋を十二回渡れば十二か月厄除けになるという言い伝えがある（『洌陽歳時記』）。
(109) 蔬床　原文註に「蔬床ハ精進膳也」とあり、野菜を高盛にした膳。
(110) 膳喪　原文註に「忌明」とあり、精進していた喪中期間の終わり。
(111) 小久利　「くり」は「茶ぐり」（茶壺）のこと。陶器の茶入れ。
(112) あらん限り注ぎ切り候時　（買い置き酒を）総て飲み干した時。
(113) 却含み　原文振り仮名に「ハヅミ」（弾み）とあり、気前よく奮発すること（巻一註62）。
(114) 大丈夫　立派な男子。
(115) 当地の事…致され候　朝鮮に不馴れな者たちは、客の心中で恐縮する。
(116) 七りん　土製のこんろ。
(117) 面り　現に。
(118) 炭盤　「火入れ」（炭火を入れる道具）。原文註に「灰扣キ板之事」とあるが、これは「灰吹」（註120）の説明。
(119) 吸い穴　吸い口。
(120) 灰吹　灰落し。煙や火の用心のため蓋を添える。
(121) 刻多葉粉　たばこ用包丁で葉を細く刻んだもの。
(122) 明遠公　崔昔。字、明遠（巻六註113）。
(123) 御殊常　並みはずれていること。
(124) 尿瓶　原文振り仮名に「シビン」とあり、部屋で小用に使う瓶。

(125) 上輩　位の高い者。
(126) 残し別け　（持ち帰らずに）配ること。
(127) 執手　原文註に「料理人」とある。
(128) 無躾の仕癖　無作法な習慣。
(129) 晩食は…車に当たる　遅く食事をすれば肉のようにうまく、ゆっくりと歩いても車と同じになる、の意味（巻二註112）。『象胥紀聞拾遺』に同じ格言を「ヒモシキ時アシキモノナシ」（空腹時に食せないものはない）とするが、ここでは「晩食」（ゆっくりと食事をすること）をとりあげている。
(130) 従女　原文註に「下女」とある。
(131) 穂藻　海草の一種。
(132) 花箋　五色の花形にして油であげた餅菓子。
(133) 後段　正餐後に出す軽い食事。
(134) 公幹　公務。職務。
(135) 誠信堂　日本語通事の詰め所（註102、巻六註2）。
(136) 時誼　「時宜」の当て字。挨拶の仕方。
(137) 使令　軍官（巻二註35、巻七註94）。
(138) 陪通事　訓導・別差（序註4）配下の通事。
(139) 逆情　原文振り仮名に「サカバラ」（逆腹）とあり、不満の心情。
(140) 疳気　「疳」は脾疳（身体が痩せ、腹がふくれる小児病）のこと。原文振り仮名に「ムシケ」（虫気）とあるが、これは寄生虫が引き起こす病。

(141) 重器（ちょうき）　大切な宝物。
(142) 釜山僉使（せんし）　釜山浦の水軍軍官（巻四註59）。
(143) 水営水使　各道水軍営所に配備された長官（巻三註25、巻七註31）。
(144) 多太僉使　多太浦の僉使。
(145) 太祖大王　朝鮮国を建国した李成桂（一三三五～一四〇八年）。
(146) 下墨　「下筆」（書き述べること）か？
(147) 采船（さいせん）　飾りつけた川船。『象胥紀聞拾遺』に「綵舩　カサリフ子」とあり、巻十二に「カワフネ」（川船）とある（巻十二註42）。通信使の淀川往来のため用意された豪華絢爛な楼船や川御座船のこと。
(148) 山猪（いのしし）　原文振り仮名に「イノシシ」とある。
(149) 鶉（うずら）　原文「郭」は誤字（註38）。
(150) 追い風　風邪を追い払う（治す）こと。
(151) 拙者二十歳の時　和館で虎退治があったのは明和八年（一七七一）三月二十三日。小田幾五郎は十七歳である。
(152) 通詞家　和館東館の朝鮮語通詞家（註1）。
(153) 功効（こうこう）　ききめ。「験効」（註44）に同じ。
(154) 聖欽（ソンフム）　李命和（イミョンファ）。字、聖欽（序註10）。
(155) 父親甲戌の生まれ　「甲戌」は宝暦四年（一七五四）で、幾五郎が生まれる前年に当たる。父（藤八郎）の生年は享保十年（一七二五）「乙巳」。
(156) 韓信　中国前漢の武将（巻六註87）。

(157) 狡兎…烹らる　功臣は用がなくなれば殺される、の意味（巻六註89）。
(158) 前訓導…親　日本語通事の李樟（イジャン）。字、濟卿（チェギヨン）。一六八五年生まれ。
(159) 渋瘡（しぶかさ）「渋」は赤茶色。「瘡」は腫れ物。
(160) 渋病　「渋瘡」に同じか？
(161) 五徳　儒教にいう温・良・恭・倹・譲の五つの徳目。

通訳酬酢　十一、酒礼の部

春二月、両訳[1]入館申し聞かせ候は、一両日東萊府[2]に登りおり候処、都表より両班[3]の衆五、七人、日本人見物のため下来これあり。夜前は府使の別業にて待接[4]これあり候に付き、拙者も取り持ちにまかり出で疲れおり候らえども、府使の子息その外宰相[5]の子息下来故、館見物致させくれ候様頼まれ、今日内裨将[6]一人差し添えられ、頓て入館これあるべく候。咄の内一人長手綱を曳かせ先に騎り来り、引き続き馬一疋ずつに山輿[7]を据え、五、六員相見え候。静かなる体にて、従者四、五十人相添え来るを見掛けり。訳、守門[8]迄出迎え誘引して先に入り、通が旅宿[9]に着座定まり、その体訳等同様の挨拶向きに付き、通もそれに応じ当話相済ます。饗応始まり三盃を出し候処、臺盞[10]を挨拶なくその内の年輩に与え候故、通、心得、上の盞に酒を受け高座の員に進め候内、中の盞を思い思い差し寄せ給われ、片端よりは肴箸[11]を執り直に喰らう。段々譲り遠慮なく候ても箸これなく、粧刀[12]の笄[13]を抜き、争い給われ候に付き、

訳教えて曰く　日本の礼には、直箸致さず。酒礼始め候時は、客人と辞誼合い[14]これあり。毒見のため主人[15]より盞を始め、客人の座列段々に通礼致し候。双方共に一献ずつに肴を進め候事に御座候。

日本体の咄これある内、濱焼[16]・素麺中平[17]に盛り、木具銘々[18]に差し出し候に付き、

訳より　大都[19]御口味好く候らわば、幾度も御用なさるべく候。日本の仕習わせ幾度も新たに盛り替え差し出し候間、節々差し出し候事を主人歓び候。我が国の風習に候らわば、大鉢に盛り立て出すべく候らえども、手間入りに構わず各様御一人に一膳ずつ備え、品物少なき様にこれあり候ても厨[20]には沢山に用意これあり候に付き、必ず御遠慮なく御用なさるべく候。我々自分の出会い[21]にはこれ等の待接不意の事故、この座中に風炉[22]を置き、鍋を掛け、種々野菜を取り揃え、面々給いたき品を勝手次第煮て給べ候。格式の酒礼[23]は新しき木具に土器据わり、この間鍋に長き柄を付け給仕人手元遠く置き、女蝶・男蝶の振れ合いして注ぎ廻りこれあり候。肴の数は例の通り五味・三味・七味の数[24]に相なり、手数済まざる内は畢盞[25]これなし。常体一通りの馳走・酒礼の法は、最初この膳に鰭の吸い物その外追々種々の品持ち来り、膳の向こうに小盞を一つずつ添えこれあり。肴改まり候たびたび銚子を注ぎ廻し候故、数に応じ一盃ずつ受け候らえども、上戸は迷惑にこれあり候間、献数の手数相済まし候上、結構の酒饌[26]大鉢に盛り並べ、望み次第給べ候様用意これあり。畢盞の上、茶果子これあり。本膳の馳走は向こうにも膳、左右に膳、この膳には作り花等これあり、我が国の膳部飾りに似なる事、大同小異これ等の事に御座候。皆様御下りの事かねて相知り候らわば、館守[27]・裁判[28]の御方へ相頼み、日本の料理御目に掛けるべきものを、不意の御なりに付き残り多く御座候。

両班四、五員片脇に寄り、私語少しして訳に向かい、

（両班曰く）公等常体出会いの料理、給いて見たく候。主人御用意下さるべく候。

と如才なく所望(29)これあり候を、
訳曰く　毎度雑作(ぞうさ)(30)に候らえども、都表にて懇意の御方故鍋料理御用意下さるべし。

と小声に申し聞かせ候に付き、
通曰く　易き事に候。去りながら少し隙入り候故、館中の神堂(31)・東向寺(32)両所の御見物候らわばその間に用意候様。

と直に差図致し候処、程なく一統立ち寄られ、用意の品々を見廻り、何(いず)れも大いに歓び、

（両班曰く）これこそ、誠の馳走に候。

とて遠慮なく各箸を持ち鍋に仕掛かり、両班らしき振り形(な)り少しもこれなし。

（両班曰く）さてさて、珍しき侍接に預かり候。この上残り物、連れ来りの下人共へ味あわせ見たし。

とこれあり。陪従の人々には別段に申し付け置き候間、厨にて振る廻い致すべく候。召し連れの者共給い候内、

（両班曰く）　貴殿の居所に、休息致すべし。

とて両三員立ち入られ、庁[33]に匍匐、[34]候員もこれあり。

外を立ち廻り候人もこれある内、住み所に小童迄も入り来り、狭き所に彼方の主従・給仕の子供、

多人数混乱の中、根付に用い候矢立[35]を見当たり、

（両班曰く）　これは重宝の品。

と取り扱われ候に付き、

（通曰く）　御目に泊まり候らわば、御用いなさるべし。

と申し候処、又一員、手細の傘を見て、

（両班曰く）　か様の珍しき物これあり。皆々一覧致さるべし。

と申され候に付き、訳引き請け、

（訳曰く）　御望み候らわば、御取り帰りなさるべく候。

両班、辞誼なく小童に、

（両班曰く）　持ち候らえ。

と相渡されり。

又大庁に出て、後ろ[36]にこれある風炉鍋を見、

（両班曰く）　たまたまの馳走にこれも貰いたし。

とあり。

訳、幸いと心得候や。

（訳曰く）　この品は売り用多く候故、拙者より進ずべく候間、御上京の上、土産になさるべく候。御帰府の上、任所[37]より差し登すべく候。

両班達帰りの節、

（両班曰く）　今日は、軽からざる弊（ついえ）[38]に相なり候。

と挨拶ばかり一通り申し述べられる。

後にて、

通曰く　かねて存じの事に候らえども、朝鮮の両班権柄がましく候処、先刻のごとき放埒（ほうらつ）なる客振り、両班と相見えず。併（しか）しながら、公、都表にて別懇の暦々にてはこれなきや。左候時は申すに及ばず候らえども、右体の両班、信使の節は内裨将に紛れ来られ候と聞き候。日本人と出会

いの席、右様放埒、我が侭致され、不慮の儀生ずべくも計りがたし。両班の衆御寄り合いの折節、日本体御咄なされたく、他国の出会いには少々御心持ちこれある様、御物語り置かれたく御座候。併しながら拙者事、大通官と御披露これあり候に付き、両国間に御如才なく思し召され、日本料理遠慮なく御支度これあり、忝く御座候。これに加え何国も両班は障てなき言葉(39)、同輩同様にこれあり気の毒致し候。

訳答る　右様の会、仮初ならざる義(40)に候。かの人達も大通官と聞かれ、賤しき官にてこれなき故、諸事如才なく馳走を請われり。これ等御要職に付き、先々勤めの力に相なり候。毎度御雑作、弊え重なり候らえども、公の扱い御主君の御ために相なり候。今日は多人数の賄い、忝く候。

通曰く　右様の弊えは公等に対し候事故、新たに御挨拶に及ばず候らえども、先刻の両班達、拙者を眼下に御覧候故、惰弱(41)なる御参会と察し、却て心中恥入りまかりあり候。いかがの御人物に御座候や。

訳答る　従三品の人、多くこれあり候。あの内年のころ三十ばかりの衆は、当府使の嫡子にて承旨(42)を勤めおられ候処、一昨年議政(43)の内と承旨三、四人振れ合い悪しく、いずれも病気に託し持ち職休息これあり。殿下(44)へ暇を乞い、一春養生のため所々見物致され、序でに親父見舞いのため東萊に立ち寄られ、館見物に下来これあり候。

承旨と言う勤めは至って重き勤め、三議政(45)この人達を懇ろに致され、表立ち候御用の取り次ぎ、この人達の勤めにこれあり、御用人(46)と言う姿に候。この下小姓の勤めは宦者(47)数多これあり、宮女と打ち交わり勤め候者に候。委しくは象胥紀聞(48)に顕わし置き候。

翌日東萊府使の次男、宴享見物(49)のため二十歳ばかりの人、府使の後ろに立ち見物これあり。宴後大庁に出で、通に向かい一通りの対話相済まし候上、

(次男曰く)　昨日は兄貴公の旅宿にて待接に預かり忝し、との伝語これあり。小弟も後程貴宿へ参りたく候。兄より少しの送り物これあり候。

とて、別に壮紙(50)一束、胡桃子・栢子(51)一袋ずつ差し出され、その身の小童膝本に呼び持たせこれあり。日本拵えの果子、箪笥より蜜漬けの松の実・乾し栗・柿・乾し紅蛤(52)等の品取り出し、

(次男曰く)　この品道中給い、余りこれあり持ち来り候間、味わい下さるべく候。この席より公の旅宿へ同道致すべし。

と手を曳き立たれ、宿に帰り候処、疲れ候とて住み所に匍匐し、緩話に及び候らえども、食物に及ばずと申され、五花糖(53)・氷砂糖差し出し候処、従者共へ少しずつくれ給われ候上、

（次男曰く） 御蔭にて皆共始めて珍しき品を給い候。

と物語り聞く。

訳曰く 当府使の次男、同姓李宰相の養子に相済まし候由。及第(54)致され候らわば、東莱府使も相勤めらるべし。嫡子は承旨勤め全(まっと)う致され候時は、議政も相勤められるべき昇官の人に候らえども、兄弟共丸遊びにても食邑(しょくゆう)(55)多く調えこれあり候間、五、七年は豊かにこれあるべく候。公の論中、我が国の両班惰弱の振る舞い多く、公を蔑(ないがし)ろに見込まれ候との意これあり候らえども、一面の出会いにても公の挙動(56)、言語を聞き、同輩の参会に斉(ひと)しく、隔意(かくい)(57)なき所より惰弱致され候に付き、御如才下されまじく候(58)。その席にて公も平座(59)進めたく存じ候らえども、日本向きの座体(ざてい)(60)食事の取り扱い、なにかに付き正しき体を見させ置きたくわざと控えおり候処、礑(はた)して(61)この程府使の咄に、館中に子供遣い候処日本人は諸般正しき事、と聞き候。その方、拙者子供の振れ合い何と見請け候やと問われ、拙者取り合い候は、あの大通官、宴庁にて時々御見請けなさるべき賤しからざる生質(62)に候。府使の咄に人に待接の意、丁寧の心得と聞こえ、我が国の風は表向きの振る舞い仰山(ぎょうさん)(63)のみにこれあり。美麗の仕立て日本体と違い、気の毒に候。已来送使(64)衆へ私宴(65)の膳部、丁寧に取り補わせたく候とこれあり。寸志を以て大懇に預かると言い伝えを聞き、常に知恩報恩の意に移り候。

（通曰く）　日本向き諸般丁寧にこれあるとの御噺、日本馴れ候御方左も思し召さるべし。殊更府使は八送使接待のたび、鄭重にての酒礼御存じ故、御誉めなられ候も御実話に候らえども、酒事を好まざる拙者、朝鮮の酒礼表向きの席は盞臺に注ぎ御銘々に進ぜらる。当時の出会いには、大盞を以て呑む人は遠慮なく四、五盃給われ、呑む人ばかり挨拶致され、呑まざる人には見物させ置き相済まし候。惣体、酒のあらん限りと見え候。呑む人は肴類少し味わいこれあり、呑みぶり気味よく速やかにこれあり。かくのごとき呑み様、大坂辺りにては多しとの咄聞こえ、酒事に隙入り、弊えこれなく無雑作の仕方に候。

（訳答る）　我が国の人、中以下は幼少より男女濁り酒を呑み習い、一時の飢えを凌ぎ候故、成長に至り大器を以て腹を太め、遠路にも腰飯持たず、行き所にて濁り酒を呑み候。酒性日本の上酒と違い候を知らず、我が国の酒を呑むごとく十人は十人給い過ごし、酔い忘れ候もの多く、恥入り候事時々これあり候。日本の酒礼に付き、呑む人を海量と言えども、小盞を以て往復これあり。好まざる身にても少々ずつ給べ、色々出し候時分に至り、段々盞太り、かれこれに付き酒宴長引き、客人迷惑の様子顕れ、折節は公より異見に預かり候事もこれあり候らえども、呑まざる身分は中にも長膝迷惑致し候。去りながら繁用の時は伝語官中の執りなしにて五献、七献、引き盞にて酒礼相済まし、これ等の手数古風と聞こえ、我が国も格立ち候酒宴、これに同じ事これあり。大同小異、酒礼の大法迄も同様に聞き候。

通曰く 両国の事大同小異と言いながら、小さき事に大いなる違いこれあり候。朝夕出会いの席にて気の毒致し候は、種々珍味盛り備えこれあり、ある毎に白箸一膳ずつ添えこれあるを、遠慮なく直箸致され直喰いこれあり。その箸用いがたくその侭に捨さり候。か様の小事、日本体知らざる人は左もこれあるべく候らえども、御同官内にも合点せざる人物これあり候間、御同官御寄り合いの時これ等の事若き衆中へ御示教なされ、日本判事（はんす）(71)の勧め詞（ことば）よりも先達ち、割膝（わりひざ）(72)の躾（しつけ）御示教なされたく御座候。

訳答る 公は誠の信士、両国のためを思われ、判事仕立て方御咄これあり。伝語官仕立ては公の心得にこれあり候らえども、近来はかれこれ共に酒好き多く、その上自称(73)の輩（やから）見請け、酔狂・奸曲怖ろしく候。

通曰く 酔狂は酒の科（とが）、奸曲は我慾より起こり候事共かと考え候。酔狂品々これあると聞こえ、我慾は自称に誇り笑うべき事に候。

訳答る 酒情(74)・酒戦(75)・使酒(76)の類これあり候らえども、歎き酒・酒笑いの品々これ等は怖れこれなし。酒情は情らしく繰り言を言い、酒戦は人を打擲（ちょうちゃく）し、使酒は高慢を言う。この三つの酒、常に慎しみ候体これあり。音無しき人と言われ慎しみの緒切れ候に付き、刃取り扱い候仕立ての人慎しむべきは酒の事に候。

通曰く　いか様酔狂には品々多く候。去々武卿、玄(ヒョン)判事[77]別差(べっさ)[78]勤め、西館[79]にて酒に酔い、西より東館[80]迄泣き来り、守門より任所迄絶えず泣き戻られ候。その外酔い忘れいたす人は多く候らえども、科は酒請け持ち候。酒礼は軍令より厳しとこれあり候らえば、慎しむべきの第一、若年の判事衆へ御示しなされたく御座候。

訳答る　上戸の辞に、酔中に天子なしとの語を以て、泥酔(でいすい)[81]になりても奢り候もの多くこれあり。酔中にも杖罪[82]に行われ候者これあり候ても、翌日は何の事これなく、拙者共も品により呵(とが)を受け杖罪に逢い候形もこれあり候らえども、頬(ほお)[83]を押し拭い即日より相勤め候。国法故下賤の者誤りは一時の事のみ、と御心得下さるべく候。

通曰く　酒礼外酒事を同盃酒と仰せられ、尤(もっと)もの辞に候。これに付き手近く申し候らえば、親疎の隔てなく睦まじき出会いの心に候。戯(ざ)れ詞に含還酒[84]とこれあり、興に乗じ呑み掛けの酒を勧め候席これあり。これ等情合の重畳(ちょうじょう)に候。貴国の人々花の下にて男女打ち交り、村鄙にて五、七人寄り合う酒盛りの遊び終(つい)に見掛けず候処、辺鄙往来の人稀に見掛け候に、酒に酔い候を連れ合い通り候折これあり。御国中遊楽に候日柄これあり候や。

訳答る　一国中の者、遊楽に候日柄は秋夕外[85]にこれなし。これとても山所[86]に詣で、家内・親類外の交わりこれなし。五、七人寄り合い、酒宴致さざる訳これあり。呑みたき者は大器にて勝手に呑み、口を押し拭い、相手求め候事これなし。呑み掛け候所に知音の人来り候らえば、器に一盃注ぎ与え候のみに御座候。疎遠の人見え候時は、席中口を拭き、正しく居(すわ)り酒を勧め候事これなき風儀故、下賤の出会いこれ等の意にて酒の友と言う事少なく、野山の遊びこれなく候。

万民一生一度の祝い冠婚喪祭(こうさい)のみにて、身上に応じ村中多人数呼び集め、土上に蓙(ござ)を敷き、干鱈・沈菜(きみすい)膳[87]に据え、中間に置き賄い候事にて、隣家より寸志の品も遣わさず、酒を用いざる人には粉の餅等を出し、少々取り扱い候人には清蜜を添え相進め候のみに聞き候。

通曰く　御国中自然と御倹約の姿、万民迄も逼迫の至りに候。一か年中遊日秋夕に限り、百姓の働きに弊えざる[88]御政事に候。朝廷方の御祝年に幾度これあり候や。

訳答る　国の慶事、即位・世子誕生・還甲[89]の寿にて候。

通曰く　御慶賀の御祝い、闕内(けつ)[90]さぞ賑わい申すべし。宰相方始めその外大臣衆へ、御酒宴等の儀御座候や。

訳答る　京中これと言う賑々しき事これなく、一通りの宴宰相達より下に至り朝拝の式相済まし、八道州府郡県の百姓迄宴を給わり候例に候。主君の御慶事、士・庶人に至る迄同様の姿に候。

通曰く　冠者[91]、垂れ髪[92]を上げ、男丁[93]の部に相なり、婚の礼近村にて見及び候。婿は馬上にて冠を着し、朝服の上張(うわっぱり)を着す。先に雁(がん)[94]を抱き、同心後ろより馬上にて参り候。貧村の者官服の様子不審故咄を聞き候処、その村の地方より婚姻の日は借り渡し候儀に相聞こえ候。木雁は暦々も備えこれあると聞き候。拙者若き時故婚家の戸口迄忍び行き候処、聟は地上より舅に四拝して内に入り、花嫁は房内におり候と見え、婚献の咄その所にて聞き候らえば、盞に糸を付け花聟・花嫁房内にて取り引きいたし、これを牽綣(けんかん)[95]と唱え候由。両班の婚礼手数、同様の事に候や。

訳答る　冠婚の手数、上下共に同様に候。牽綣と言うは新婦夫縁切らざる様糸を引き通礼致す。雁は雌雄相分かりかね候らえども、番(つが)い外の鳥に番(つる)まず、信ありて気候を知り候故婚事に奠(そな)え尊び候。新婦夫前に立ち、これに四拝いたし、誓いをなし候。

通曰く　薨送の日、魚肉持ち越し候を見掛け候。山所にて霊前に備え候手数これあり候や。薨（みまか）りの時、僧にても死軀（しく）[96]引き合わせ候事これあり候や。

訳答る　僧徒、死軀に立ち交り候事これなし。肉類持ち越し候は、輿扱いかれこれ預かり、世話候人々へ振る廻い用に候。薨りの時、身近き親類より段々土を着物の裾に包み行き、埋み候柩の中に銘文を添え候。この書き付け、何道・何村・何氏・何某、一生何の業とこれあり。天蓋を以て送り候は、陰に帰るとの心にて、天日を覆（おお）い候。

通曰く　貴国中喪事重く取り扱われ、祖父母・両親・兄弟・叔父母の分かち衣類に顕しこれあり候らえども、大祥[97]迄にて祭りこれなき様見掛け、惣体神祭りと言う事これなく候や。

訳答る　喪服の事御咄し下され、御心附き忝く候らえども、これにて万民迄も困窮致し候。何事にても我が国の風俗、呑み崩れ、食い崩れ多く候。神祭り国中に日柄これなく候らえども、一家一家に上より下迄これあり候。家一軒に、神主[98]を高棚に居（す）え置き候。この神主、元祖より段々書き続き、その祖一代の業、善悪を記しこれあり候。下賤の業、家にても死後に至り、村中取り寄りこれを記し、その家に伝え候。則ちこれを神と唱え候。日本には、神社多くこれあると聞こえ、元祖を貴ばれ候事と考え候。その上旧霊を尊ばれ、旧親を敬い、先祖の墓詣で春秋欠かさず、信義全うするとの論朝廷に聞こえ、日本国にてはさぞ厚く先祖を重く取り扱いこれあるべしとの評議に至り候。

（通曰く）それ式の小事、都表に貫通致し候とは公の飾言に候。これ等の小説、何れの口より都表迄聞こえ候や。

訳答る

古館[99]墓詣で社日[100]相満ち候らえば、その節々啓聞[101]に及び候故、日本人往還穏かに相済まし候上は任官の規模に相なり候。外向き[102]行規の小役人は東萊・釜山の計らいにて、不時の手入れこれあり候節は、別啓聞相添え候。尤も都表より隠し目付[103]差し越され候事もこれあり候らえども、表向きの往還にて村家外にては呑み喰い等これあり候ても、左のみ苦しからざる時もこれあり候。余り実過ぎ飾言いたし候と申され候らえども、公はいまだ毒気これあり。笑裡に刀を蔵す[104]の意、これあり候。

（通曰く）仮初の咄にも実意を吐き候故、公の気当たりに相なり、却って拙者の事を人柄悪しく思し召し候やに考え候らえども、戯言も念より出るとこれあり。御気当たり、憚りながら御尤もに御座候。

通訳酬酢　十一　終

註

（1）両訳　和館勤務の訓導（くんとう）・別差（べっさ）（序註4）のこと。「訓別」ともいう。
（2）東莱府（とうらいふ）　東莱に置かれた行政機関（巻二註6）。長官を府使（巻一註74）。
（3）両班　原文振り仮名に「レキ（レキ）」（歴々）とあり、お偉方のこと。
（4）待接　「接待」に同じ。原文振り仮名に「チソウ」（馳走）とあるのは、接待時に饗応料理が出されるため。
（5）宰相（さいしょう）　朝鮮王朝の重臣（巻十註27）。
（6）内裨将（ないひしょう）　東莱府使配下の役人（巻四註37）
（7）山輿（さんよ）　山登り用の輿。
（8）守門　和館東館側の通用門。
（9）通が旅宿　和館東館の朝鮮語通詞家。
（10）臺盞（だいさん）　盞（さかずき）を置く台。
（11）肴箸（さかなばし）　（肴などの）取り箸。
（12）粧刀　原文振り仮名に「サゲ小刀」とあり、紐で下げる「提鞘（さげさや）」のこと。
（13）笄（こうがい）　刀の鞘（さや）の部分。髪をなでつけたり、二本に割ったものは箸の代用とする。
（14）辞誼（じぎ）合い　挨拶を交わすこと。
（15）主人　原文註に「丁主」（亭主）とあり、客を接待する人。
（16）濱焼（はまやき）　魚介類の焼料理。

(17) 中平(なかひら)　中くらいの平皿。
(18) 木具(きぐ)　檜(ひのき)の白木で作った容器。
(19) 大都　原文振り仮名に「ミナサマ」（皆様）とあり、客への呼びかけ。
(20) 厨(くりや)　台所。
(21) 自分の出会い　自分（訳官）たちの会合。
(22) 風炉(ふうろ)　原文振り仮名に「七里ん」（七輪）とあり、小さな土製のコンロ。
(23) 格式の酒礼　祝日・儀式・饗宴などで出される正式膳。
(24) 五味…七味の数　七五三の吉数に合わせて配膳される「七五三膳」。
(25) 畢盞(かさん)　酒食を終えること。
(26) 酒饌(しゆせん)　原文に「饌(サカナ)」とあり、酒肴(しゆこう)に同じ。
(27) 館守　和館の統括者（巻十註3）。
(28) 裁判　外交交渉官。
(29) 如才(じよさい)なく　抜け目なく。
(30) 雑作(ぞうさ)　手間がかかること。
(31) 神堂　原文振り仮名に「ヤシロ」（社）とあり、註に「弁才天之社を云」とあり、和館東館に祀られている弁才天（財宝の神）の社。
(32) 東向寺　和館東館にある臨済宗の寺。
(33) 庁　通詞家の建物。原文振り仮名に「ザシキ」（座敷）とある。
(34) 匍匐(ほふく)　原文振り仮名に「子ハラビ」（寝腹這）とあり、腹這いでごろ寝すること。

(35) 矢立（やたて） 腰にさす筆記具。
(36) 後ろ（うし） 原文「跡」は当て字。
(37) 任所 訳官の詰め所。
(38) 弊え（つい） （余計な）金をかけること。
(39) 障てなき言葉（へだ） 相手を憚ることなく言葉を交わすこと。原文振り仮名に「ヘダテ」とあり、「隔」の当て字。
(40) 仮初（かりそめ）ならざる義 疎かにしてはいけないこと。
(41) 惰弱（だじゃく） 勢力がないこと。
(42) 承旨 王命を掌る承政院の官僚。『象胥紀聞』に「承政院上意伝教ノ役所、都承旨以下略ス」とある。
(43) 議政 最高行政を掌る議政府（巻十註69）。
(44) 殿下 朝鮮国王。
(45) 三議政 議政府（註43）の中枢をなす領議政・左議政・右議政のこと。「三公」ともいう（巻八註3）
(46) 御用人 藩主と家臣の取次役。「側用人」ともいい秘書官を兼ねる。
(47) 宦者（かんじゃ） 宮殿の奥向きに仕える宦官。
(48) 象胥紀聞（しょうしょきぶん） 小田幾五郎著。寛政六年（一七九四）完成。朝鮮国の歴史・儀礼・法律・官職・文芸・武備・産物等、国情全般にかかわる内容が解説されている。
(49) 宴享 原文振り仮名「イハチ」は、宴会・接待を意味する朝鮮語「イバジハダ」が訛ったもの。
(50) 壮紙（そうし） 厚く強い大形紙。『象胥紀聞拾遺』に「壮紙ノ上品ヲ設雲紙・雲晴紙・桃花紙・菊紙・霜白紙ナト、染色ヲ以名ヲ成ス」とある。

(51) 栢子（びゃくし）　原文振り仮名に「マツノミ」（松の実）とある。
(52) 紅蛤（いがい）　原文振り仮名に「イノカイ」（貽貝）とある（巻十註41）。
(53) 五花糖（ごかとう）　砂糖菓子（巻十註32）。
(54) 及第（きゅうだい）　科挙に受かること。
(55) 食邑（しょくゆう）　領地。
(56) 挙動（きょどう）　原文振り仮名に「タチイフルマイ」（立ち居振る舞い）とある。この他「挙動」には「国王の行幸（ぎょうこう）」の意味もある（巻二註61）。
(57) 隔意（かくい）なき　心を打ち解くこと。
(58) 御如才下されまじく候　敏感に察して欲しい。
(59) 平座　楽に座ること。
(60) 日本向きの座体（ざてい）　日本式の（客間での）作法。
(61) 礑（はた）して　「果たして」の当て字。
(62) 生質（せいしつ）　生まれつ付き備わった性格（巻一註4）。
(63) 仰山（ぎょうさん）のみ　大げさなだけ。
(64) 送使　対馬から朝鮮へ派遣する使節の総称。船を「使船」と称すが実態は貿易船。
(65) 私宴　原文振り仮名に「イザカモリ」（居酒盛り）とある。正式な饗応宴に対する個人的な宴会。
(66) 八送使（はっそうし）　定例使節のこと。寛永十二年（一六三五）「兼帯の制」成立により、公文書持参の使者が乗る船が年八回になったことからこの名称がある。
(67) 海量（かいりょう）　原文註に「上戸」とある。大酒飲み。

(68) 長膝　「長尻（ながじり）」（長居（ながい）して迷惑をかけること）の誤字か?
(69) 伝語官　対馬藩の朝鮮語通詞。
(70) 引き盞（さかずき）　膳の間を引き回す酒。
(71) 日本判事（はんす）　日本語通事の総称。
(72) 割膝（わりひざ）　両方の膝頭を離して座ること。男子の礼儀正しい座り方。
(73) 自称　後の原文振り仮名に「ジマン」（自慢）とあり、自身を殊更誇示すること。
(74) 酒情　「酒性」（酒後の性情）の誤字か?
(75) 酒戦　酒の飲み比べ。
(76) 使酒　酔いに乗じて気勢を張ること。
(77) 武卿（ムキョン）玄（ヒョン）判事　正しくは「崔（チェ）判事」。崔國桓（チェグクワン）。字、武卿。一七六三年生まれ。
(78) 別差（べつさ）　訓導（くんとう）配下の日本語通事（序註4）。
(79) 西館　和館西側一帯。客館が建ち並ぶ。
(80) 東館　和館東側一帯。館守屋以下多くの建物群からなり、海側に倉庫や船滄が設けられている。
(81) 泥酔（でいすい）　原文振り仮名の「ドロボウ」（泥棒）は、酔っ払いの意味。
(82) 杖罪　杖や棍棒で尻をたたく処罰。
(83) 頬（ほお）　原文振り仮名の「ツラ」が正しければ「面」の誤字。
(84) 含還酒　原文振り仮名に「ツケザシ」（付け差し）とあり、飲みさしの酒杯を相手に差し出すこと。
(85) 秋夕　原文註に「八月十五日之事」とある。
(86) 山所　原文振り仮名に「ハカショ」（墓所）とある。

(87) 沈菜　漬け物（巻十註92）。
(88) 弊えざる　弊害のないこと。
(89) 還甲　原文註に「六十之賀」とある。
(90) 闕内　王城内。
(91) 冠者　成人した若者。
(92) 垂れ髪　髪を後ろに垂らした童児の髪形。
(93) 男丁　「丁男」（成人した男子）に同じ。
(94) 雁　ガンカモ科の大形の鳥。小形のものを鴨というが、日本以外では両者は区別しない。
(95) 牽綣　『象胥紀聞』に「瓢盃ニ紅青ノ糸ヲツケ新婦ヨリ新郎へ遣ス」とある。
(96) 死軀　死体。
(97) 大祥　原文註に「三年」とあり、三回忌（大祥忌）のこと。「祥」は凶服から吉服に着がえること。
(98) 神主　死者の位牌。「祠版」ともいう（『朝鮮語辞典』）。原文に「神主」とある。
(99) 古館　草梁和館（序註3）移転以前、豆毛浦にあった旧館。近くに日本人墓地があるため、春秋の彼岸の時期に墓詣りが公認されていた。
(100) 社日　立春・立秋の祭り日。
(101) 啓聞　上奏文。
(102) 外向き　朝鮮側。
(103) 隠し目付　地方民情を探索する暗行御史のこと。
(104) 笑裡に刀を蔵す　表面に温和を装い、内心は陰険な人のこと（巻六註66）。

通訳酬酢　十二　礼儀の部

通曰く　朝鮮は文国、(1)礼儀正しき国と申し伝えこれあり候らえども、東萊府使(2)・釜山僉使宴享(3)に付き御往還の節、印信・官符鉄金具の箱入りにして、(4)鍵は府使・僉使御所持これあるべく候らえども、小童頭守護致す馬一疋の両方に負わせ、その中背には古き草履掴り付け(5)これあり。軽き者の所為(6)と察し候らえども、これ等の儀(7)屹度御咎めこれあるべき義に候を、数十か年の間見及び候らえども、何れの府使も御咎めこれなきは不審の至りに御座候。面り(8)公等の下人共、主人の口に用いこれある煙器を足にて跪り廻し、不敬・無礼か程の儀これなく候を御咎めなされず、見ざる振りのみにて多く相済まされり。右様の事、礼譲(9)に拘わらず候や。

訳答る　印信・官符は官員の京品(10)に候らえども、その席に備えざる内はその身達の重物、国滅に拘わらずと心得おられ候。御送使(11)接待の時は国よりの接慰故、府使・僉使出入りの時先に立たれ、席の正面に高き台を置き、その上に備えこれあり候らえども、府使自身持ち出され候同様の儀に当たり候。礼譲の別ちこの体の心得にて、鎖細の礼譲行き届かざる国風、御察し下さるべく候。

通曰く

礼譲の大法、細々に行き届かざるとの御咄これあり。貴国の風、公を初め礼儀を鼻に出し、人々自称[12]これあり候らえども、我が国の人々礼節を細々致さず候ては信義を失い候に当たり、表向き礼を飾ると言う意に移り、かくのごとく咄し候事も公を同前にて敬し、諸向御尤ものの御咄に御座候と相答え置き候らわば、公も拙者を善者などと蔭にて御噂なさるべく候らえども、それにては双方信義を失い、表向きばかり美しくして相済ますべく候らえども、左候時は諸判表裏[13]致し、誠信は詞ばかりに相なり、実意なき交わり公私の出会い、言を巧みにして礼譲も飾りもの、不同意の御咄に御座候。併しながら朝鮮国中にも人々生質[14]これあり、鎖細の礼譲御糺しなされ候両班もこれあり、一体には心得がたく候。今の御咄全く実意に当たらず候故、委しく咄申すべく候。三十年前ごろ、崔府使[15]と言う御方腕に大いなる腫れ物出来、御痛中ながら御送使御応対の時、小童等片腕を抱え対礼相済まし、御送使接待の体御覧これあり。年久しく仕来り候給仕の軍官等心得違いこれあり候、とて宴後呼び出され、軽き杖罪の上達しこれあり候は、主客の別ちを知らず、往事咎めるに及ばず。この先は送使の前に酒肴、曲彔[16]の脇に持ち出し、これ迄の通り俯伏[17]し、送使の前より先に立ち、その後ろに引き添い、拙者及び僉使の給仕追々立ち候様申し付けらる。その外何事もこの心得を以て、他国の使臣軽々しく心得ざる様厳重に申し渡され候。その後、宴享に下来これあり。先例の通り白酒を以て盃の通礼に至り、この府使酒を受けられ、一盞残らず呑み乾して味わい、宴後酒預かりの老女呼び出し、その方年久しく相勤め、多年の間右の通り無味なる酒を以て他国の使者に出し候や。不埒なる仕方。酒の造り方、入れ目[18]は定法に違いこれなしと聞こえ候らえども、第一恥ずべき事は、素より他国の使者扱い方不心得より起こり、気の毒なる事始めて曉(さと)り候。これ迄の事は往事咎めず。この先不埒なる義、致さざる様杖罪致され候。その老女、使令[19]一人前に立ち、両手を抱き、一人の使令は杖元を以て股をしばき、哀れなる体。拙者始め館中の人々、府使厳重の御計(はから)い感伏致し、御在職中少しも失礼致さず、腕折れ府使とそのころ申し触らし、内外共に敬い申し候。公の咄に、細々の礼儀行き届かざる国風仰せられ候処、猪口(ちょこ)一つの酒を以て老母を杖罪これあり、給仕の軍官十余人杖罪これあり。畢竟(ひっきょう)[20]細かき事より大いなる信義顕(あらわ)れ、館中の人々爾今(じこん)これを敬い候。委しくはその時の訓導、年老いの小通事共より御聞きなさるべく候。その余徳、両国間にこれあり候。その身正しくば、則ち令せずして行う。この意に移り、内外の下々自然と静謐にこれあり、人情御察しなされたく候。礼儀の大慶を飾り、小事行き届かざるとは落着せずに候。印信・官符席上に備えざる内は礼に拘わらずとの論、御国内の儀募(つの)り[21]て論ずべき様これなく候らえども、朝鮮人上下共に足を以て扱われ候品多く、これに過ぎたる失礼これなし。礼義正しき国とは言いがたく、拙者共は存じの所故品により見ざる体に相済まし候場所これあり候らえども、信使・訳使[22]渡海の一行、足にて蹴り廻され候場これあり、日本人の手前甚だ気の毒[23]致し候。勿論以前より信使の砌（みぎり）、堅く御示し合い等もこれあるやに聞き候らえども、面り朝夕召し使わるの下人等に御示しこれなしと察し、時々この憂（うれ）い出来候。外の小過時誼（じぎ）に応じ(24)、速やかに御紏しこれあり、品々論じるに及ばず。信使・訳官の沙汰これある節より、下人共へ御示教置かれたく御座候。

訳答く　我が国の者共足にて物を蹴り廻し候は、国内の仕癖故容易に改まらず候らえども、拙者共見当て候たび叱り聞かせ候。中にも召し使いの下人へは朝夕咜り禁じ候に付き、折節は勘弁致し候らえども、信使・訳官の節は初めて日本に渡り候者多く候故、右様全く示教相届かず、公の異見忝く心に及び、かねて示教致すべく候。

通曰く　小節の礼事、苦しからざる御底意と相察し実論に及び候処、御納得の体相聞こえ候。已後に至り日本人と御出会いこれあり、御銘々上下共に足にて物を扱い候事聊（いささ）かも御無用候らわば、貴国の美名対州の光に候。卒（あわただし）(25)き事ながら、この事においては堅く御示教示されたく候。

訳答る　足にて物を扱い候は、賤しき事と人々存じおり候らえども、国風故急に躾（しつけ）直りかね候は、幼少の時分より居住舞（いずま）い(26)の躾これなく、拙者始め自分の煙器・多葉粉入れ、帰り際（ぎわ）には居合わせの小童へ蹴りて渡し候事これあり。他人はこれ等の所作多く候。増して下人共に至り、陰にては主人の品鬧がしき(27)時には蹴り廻し候事多かるべく候。日本人の躾と違い、恥入り候事に御座候。

通曰く

日本人食物を掌に受け、舌にて掌を舐めるとの咄これあり。その事日本人よくよく存じおり候に付き、掌の穢れ候たびたび白紙を以て都度都度拭き候。これはこれ、足の賤きを公初め御存じこれなし。直箸は一座の事、朝鮮を文国と言い候に付き、手よりも足貴く候や。文国の礼儀聞き置きたく候。足貴く候らわば、公等の冠服足にて蹴りて見たく候。

訳答る

互いに実話故、足の一通り目前の事を論じ候処、御気当たりと察し候。実話の実は我が国内にての論、惣て身の内、他に害をなさざるは足ばかりと諦めおり候。口の災いは太く、手は勿論、耳目口鼻の実論に及ばず。足の舞い、かねて申し諭し置きたく候らえども、幼少より行習(28)これなく候ては全く相ならざる儀に候。日本の童児育て方を考え候処、幼少より平座致(29)さず、人の前に足投げ出さず、畢竟育ち方宜しき故足の賤きを自然と悟り候と聞き候。我が国の児、親の懐を出で候らえば平座いたし、成長の上漸々足の賤を暁り、両班の前には素足致さざる事と心得候。幼少よりの躾かくのごとき故、思わず失敬候事これあり。公の咄尤もと存じ候らえども、万民に至り子供育て方より仕馴れこれなくては、人則ち全き(30)事相届かず候。この言候らえば、公の心に逆い候様これあり候らえども、諸人の心得故見当てるその時厳重に糺し、信使・訳使の時は一行中へ相達し候様、同官中へも談じ申すべく候。

通曰く 礼儀正しき国と見聞致しおり候処、先頃御同官を伴い客席に同前まかりあり候節、屁を放され、気の毒なる振り形(31)も致されず、これとても幼年よりの躾に候や。

訳答る 放屁の事、座体は勿論、同席の人これある所にて屹度慎しむべき儀に候処、これこそ意外の失礼に候。幼弱の童の躾に増さり候らえども、熟懇の出会いには放屁候事これあり。同席の人扇風を以て打ち払い、これも中年より癖に相なり、与風(32)麁相致し候事これあり。恥入り、身動かし致さず慎しみおり候。躾とは存じ寄らざる咄に候。

通曰く か様に久しく酬酢致し候らえども、片隅にこれある尿瓶に小便通されず、御遠慮これなく候や。拙者如才なくこの蓋の裏に唾を吐き、見合いおり候。朝鮮の仕癖、房内に尿瓶居え置かれ、人の前に出しこれあり候ても相済むべく候らえども、宰相(33)方も公等と御咄申すその席に据え置かれ候や。それは御国内の事、他国に使臣御渡りの節行列に持たせ、客殿の隅に小童付き添いまかりあり。尿瓶は鎮鍮磨き立てこれあり、見苦しくこれなく候らえども、客殿に持ち入られ候事は不敬の至りと存じ候。小便は自用不便しては相なりがたく、これにより日本にては客殿の片脇に手水場(34)仕度出来これあり、拙者共宅にも継きにして設けこれあり候。

礼儀正しき文国と日本にて申し触らしおり候間、これ等の品鎖細の咄に候らえども、御心持ちなられたき儀に御座候。

訳答る

尿瓶目前にこれあり、御咄御尤もに候。宰相達自分寄り合いの席持たせられ、拙者共同官同様の事に候処、一段上の出会い席には持たせこれなく、殿中持ち入れず候らえども、一間を隔て次の間に蔵(かく)しこれあり。宰相始めその席にて便じられ候事これなし。闕(けつ)内(35)にも少しずつの空き地これあり候ても、その所を穢(けが)し候に当たり、都度(つど)々尿瓶に便じ早速捨てさせ候。重き席、次の間と言えども向こうに下人居(すわ)らせ、竊かに(36)便じ候事に御座候。これにより、強いて失敬に至らずと心得候。この品所持致さずと存じ候らえば、節々私用にまかりあり、却て不敬に当たり候。公示すごとく、持ち越さざるには如(し)かず(37)候らえども、その時の廻(めぐ)り故、若し道中にても便じたき事生ずべくや。この事においては、返答当惑致し候。

通曰く

私用は時の見計らいにこれあり、貴国の人何品にても遠慮なく唾を吐き散らされ、所柄により近辺の人に迸り(38)掛かり、放埓(ほうらつ)の仕方、これとても幼少よりの躾と相察し候らえども、子供の躾は年長(39)より慎しまず候ては届かざる事。面り親は大酒して了には酒呑まざる様切諫(40)致す人多くこれあり。これ等釈迦に説法ながら唾吐き散らされ、朝鮮人は北狄(ほくてき)(41)の類(たぐい)、結構の所も弁えず、道中・船中御丁寧の御扱いも知らず、己(おのれ)が国風自慢顔して放埓を働き候と言う族(やから)

もこれあり。対州の我々聞くに返答これなく、その席面目を失い候。その起こりは、伏見より大いなる采船（さいせん）(42)御用にはこれあり。関白(43)より御馳走の御扱いにて、御存じの通り双妓所里（サゲスリ）(44)のごとく美を尽くしたる船往古より差し出され、この船信使より信使迄大坂へ御構い候これあり。御交隣の厚き御扱い、かくのごとくこれあり、面前の御馳走のみにこれなし。然るをその船内（ふなうち）(45)へ唾を吐き、無我無心（むがむしん）(46)の人達少し延び出し候らえば河水に届き候を、身働きを厭（いと）われ放埒を致され候や。又は尊大なる我慢の心得(47)にて、我が国にはこれより広大美麗の物多きなどと思わせ振りに放埒致し候や。甚だ以て不埒の至りに候。これ等の行作、貴国両班その外にも委しく仰せ談じられたく候。一行多人数と言い候らえども、これ等の非法一両人これあり候らえば、朝鮮国の恥辱に相なり候のみにこれなく、文国の名折れに相なり、対州の拙者共迄も大坂辺りの人々に朝鮮国の咄致しがたく候。当世公と拙者当話に候処、後世に至りか様の惰弱(48)なる御挙動(49)これなくば、かれこれの幸いに至り候。

訳答る

唾の穢きは下賤の者も存じおり候らえども、口より出し候時は誠に穢く候。それを知りつつ我が国の人、身不精惰弱にこれあり。乾き刻粉給いし(50)時唾を吹き湿し(51)、たばこを吹き候。日本体に見馴れ候拙者などは、公の手前にも一時恥じ入り候。

通曰く

貴国人、上下共に惰弱の行跡と仰せ聞かされ候らえども、その人々に下賤にても礼情行き届き候者その内に御座候。御見及びこれあり候や。

（訳答る）下賤の者にも礼情これあると申し聞かせられ、拙者見及び候者昨今これなし。併しその情これあり候者無理なる叱りを加え候時、多言に返答致し候者、理非を言い諭しても終に納得致さず候故、厳しく叱り杖罪致し候上、漸く納得に至り、これ共外には礼情の行き届き候事これなく候。

通曰く　貴国の人礼譲これあり候は、日本人と喧嘩いたし互いに打つ擲たれつ、難儀に迫り候ても日本人に疵付けず、その身は疵を蒙りてもその場を済まして後にて公訴に及び、最初の起こり、その身の誤りは捨てさり、この疵付けを言い立て、己が理に相なり候事を見込み、終には勝ちたる喧嘩に相なり候。惣体、喧嘩の振り形を見候処、朋輩同士の争いにも棒を先に取り候者に仕掛かり、その棒にて今打ち殺せとその身の頭か胸を擲りて時移る迄争い候。これ等、礼情の至りと誉め候事に御座候。弱きは強きに勝つの理、常に心得おり候と考え候。

訳答る　御咄通り、日本の人と争いの上疵を受け候事折節これあり候らえども、この方の者は亭主、日本人は客向き故、これ等の意時々申し聞かせ候事にこれあり候。

通曰く

右様の御心得、追々相務められ候らわば、両国間小事の手入れこれなく候て、出使庁[52]・伝語官庁[53]の多幸に御座候。これに付き五、七年前議聘[54]御用都表に貫通致さず、多年相滞り候に付き、東萊府使に議聘都船主[55]・封進[56]御直論なさるべしとの意にて、上下百人足らず館中より繰り出しこれあり候処[57]、早速設門[58]を閉じ候故、軍官に掛け合い候ても開門致さず候らえども、日本人一人も塀を越せず、設門に仕掛かり、常々開きこれある門を閉じ候は外向きの所為[59]、合点行かず公幹[60]に付き押し破り通り候段、訓導[61]玄知事[62]へ申し聞かせ候上、門の扉を押し倒し、設門外に多人数まかり通り候処、竹鑓を押し立て数千の者共立ち並びおり候故、怪我人出来候と心得、拙者父子[63]その中に行き掛かり候時左右に別れ、無手にて前に立ち塞がり、組手をして凡そ万人追々集まり道先に立ち候らえば、手向かい致さず掌の甲を以て漳え[64]、突いても突いても又後に継ぎ、この方の下人は各主人の供故乱争に及ばず。坂の下村[65]離れに休息候内、府使より御使いこれあり、御振り合いの品[66]追々委しく承るべしとの事にて、誠信堂[67]に四、五日滞りまかりあり候内、外向きは毎夜毎夜多人数松明[68]を灯し、驚き候らえどもこの方へ釣り合いこれなし。内外の下人一方に余り、揉み合い候処、かれこれの間怪我人これなきは、貴国の下人礼情を知り道を遮り、我が国の下人は主を守護し候心得何所迄も通り、自分の仇を弁えざる事、太平の至忠に候。

この記録、御用繁の中別冊[69]にして委しく認め置き候らえども、幾五郎御叱り[70]これあり、大御目付[71]三浦大蔵殿(72)その外御用書物残らず小箱入りの分御取り上げなされ、何方(いずかた)にこれあり候や。後鑑(こうかん)(73)に相なさずしても、この形朝鮮方(かた)(74)に残らざる事、爾今気掛かりこれあり。

(訳答る) 日本人は信義強くこれあり、一度納得の上はたとえその身に害及び候ても、その場を去らざる生質。我が国の人、礼譲これあると称(たた)えられ候らえども、信義は生質至誠の本(もと)、礼譲は上わ壁か誠信の郭(くるわ)(75)に候。人情の論あり、その人押し極め論じがたく候。

通曰く 下人等礼情の咄、昨今現在にこれあるを咄し候処、公は日本人信義強きと申し聞かされ、却て拙者へ追従に聞こえ候。現在の理を以て、白地に御答え下さるべく候。

訳答る 日本人の信義強きを知り候は、その裡(うち)(76)に慈悲これあり。上下(かみしも)(77)欠乗(かけのり)(78)外向き通行(79)の時、我が国の童子取り廻し鼻紙等を乞い、長(おせ)(80)はたばこを貪り、各々争い以て乞い候らえども、少しずつにても与え、荒き水夫迄哀れみこれあり。かくのごとき者共、無体に打ち擲り致さざるは信義より起こり、我が国内の者無理なる杖罪に逢い候体を見掛け、その官員を憎み候振れ合いこれあり。気強き体の者には白紙一枚与えず、時としては闘争に及び候らえども、心ある日本人は所の官員へ早速諭し候に付き、理を糺し杖罪に及び、一ッ二つにて最早御済まし下さるべしと挨拶候事時々これあり。手前の筋御聞き分け下され、忝しと一礼申し入れらる。これ等則ち信義立ち候理、察せられたく候。

通曰く 右等の儀、朝夕にこれある信義の論には不足に候。信義の信相立ち候理、委しく御答え下されたく御座候。

訳答る これは、事新しき責め害に候。信義、この礼刀(81)に顕しこれあり候。公儀の勤め致され候時、席に一刀帯し相勤められ、朝夕出会い候らえども、終に忘れ置かれ候事これなし。信義ここにあり候。公幹に用いこれある礼刀は、鍛治にこれあり。上段より段々下り、詰まる所は伝語官と拙者共の振れ合い、かれこれの働き、貫通致さず候ては両国間に鋳付き候。

通曰く 両国間に鋳付き候とは不吉の御咄、近年の仕立てを見候処、少し勤めの体見習い候らえば、己が業を自称して内身に鋳入り候事を知らず。目前の私慾に誇り、他(ひと)に愚を譲り候仕立て、内外共に相見え候らえども、この内地金宜しき仕立て見え候。御互いに仕立て、御隣交ますます篤(あつ)きの上、時勢覆旧に至り候様祝手奉り候。

通訳酬酢　十二冊　全　終

右通訳酬酢、大通詞小田幾五郎前後五十六年相勤め候内、十二か年の間一か年ずつの咄、前書に記し置き候分、漸く今七旬に余り編集し、自筆を以て書き記し候らえども、朝鮮の事情御心掛けなされ候御方これなく、この年に至り一言問い聞き候人もこれなく、事勢故この十二冊別段に残し置き候。前方仕立て候書物数々これあり。この品、外に出さず候事。

象胥紀聞(82)　大冊

草梁話集(83)　一冊　この外朝鮮詞本数冊これあり。

北京路程記(84)　一冊　絵図一巻

通訳酬酢　十二　終　前大通詞小田幾五郎七十六歳の秋、これを書し奉る。印

註

(1) 文国（ふみのくに）　学問、特に中国の文学・漢学に通じた国。
(2) 東萊府使（とうらいふし）　東萊府の長官（巻一註74）。
(3) 釜山僉使（せんし）　釜山浦の水軍軍官（巻四註59）。
(4) 印信・官符　公文書に捺す印鑑。『象胥紀聞』に「印信・兵符常ニ錠ヲ卸シ箱入ニソ側ヲ不放、新古交代之時印信・兵符ヲ印床ノ上ニヲキ對禮相済引渡シ候由、是ヲ交亀ト云、印箱ノ形亀ノカタチニ似候ヲ以云由」とある。

（5）掴り　原文「摑り」は誤字。
（6）所為　しわざ。
（7）屹度　必ず。
（8）面り　現に。
（9）礼譲　礼儀あつく、人にへりくだること。
（10）京品　政府の公用品。
（11）送使　対馬の使節（巻十一註64）。
（12）自称　自身を殊更誇示すること（巻十一註73）。
（13）表裏　態度と内心が相違すること。
（14）生質　生まれ付き備わった性格（巻一註4）。
（15）崔府使　不明。
（16）曲彔（接待用の）椅子。
（17）俯伏　ひれ伏すこと。
（18）入れ目　手数料。
（19）使令　軍官（巻二註35）。
（20）畢竟　結局。
（21）募りて　殊更。
（22）信使・訳使　通信使と渡海訳官使（巻三註2）。

(23) 気の毒　腹立たしい思いをする。
(24) 外の小過時誼に応じ　その外小さな過失は頃合いをみて対応する。
(25) 卒き（あわただしき）　「慌ただしい」に同じ。
(26) 居住舞い（いずまい）　すわる姿勢。
(27) 閙がしき（さわがしき）　「騒がしき」に同じ。
(28) 行習　慣習。原文振り仮名に「シナライ」（仕習い）とある。
(29) 平座（ひらざ）　平敷（ひらしき）の座にすわること。
(30) 全き事（まったきこと）　完全なこと。
(31) 気の毒なる振り形（かた）　すまないというそぶり。
(32) 与風（よふう）　たいそう。
(33) 宰相（さいしょう）　朝鮮王朝の重臣（巻十註27）。
(34) 手水場（ちょうずば）　便所。
(35) 闕内（けつない）　王城内。
(36) 竊かに（ひそかに）　人知れずそっと。
(37) 如かず（しかず）　及ばない。
(38) 迸り（とばしり）　飛沫。原文「澮り（トバシリ）」は誤字。
(39) 年長　原文振り仮名に「ヲヤ」（親）とある。
(40) 切諫（せっかん）　強く諫めること。
(41) 北狄（ほくてき）　北方の野蛮人。原文振り仮名に「エビス」（夷）とある。

(42) 采船（さいせん）　飾りつけた川船。原文振り仮名に「カワフネ」（川舟）とある（巻十註147）。
(43) 関白　徳川将軍。
(44) 双妓所里（サゲスリ）　提げ簁（さすり）（携帯用の重箱（じゅうばこ））の朝鮮漢字音転化。「簁」は竹で編んだ小箱。『象胥紀聞拾遺』に「双其所里　提重」とある。
(45) 船内（ふなうち）　船中。
(46) 無我無心（むがむしん）　よこしまな心がないこと。
(47) 尊大なる…心得　偉ぶった態度で（無理を承知の）自己主張を貫こうとする覚悟。
(48) 惰弱（だじゃく）なる　情けない。
(49) 挙動（きょどう）　原文振り仮名に「フルマイ」（振る舞い）とある（巻十一註56）。
(50) 刻粉　刻（きざみ）多葉粉。
(51) 湿し　原文に「渋」とあるが振り仮名に「シメシ」（湿し）とあり誤字。唾を吹きかけて湿らすこと。
(52) 出使庁　原文註に「判事間之下り合會所」とある。通称坂の下（註65）にある日本語通事の詰め所。
(53) 伝語官庁　原文振り仮名に「ツウジ」（通詞）とある。和館の朝鮮語通詞家（巻十註1）。
(54) 議聘（ぎへい）御用　通信使の対馬易地聘礼交渉。ここでは文化二年（一八〇五）和館へ派遣された通信使請来大差使（正官・古川図書）を指す。
(55) 議聘都船主（とせんしゅ）　議聘御用（註54）の使節の一員（加納郷左衛門）。都船主は対馬側でいう「船大将」。
(56) 封進（ふうしん）　議聘御用（註54）の封進物（朝鮮国王への献上品）担当官（八木久左衛門）。
(57) 上下百人足らず…これあり候　易地聘礼交渉の難航により、東萊府使へ直訴するため文化四年（一八〇七）七月二十三日対馬人九十余名が起こした和館欄出（無断外出）事件。

(58) 設門　和館への出入り取り締まりのため、宝永六年（一七〇九）坂の下日本語通事の詰め所（註52）近くに建立された境界門。
(59) 外向き所為　朝鮮側のしわざ。
(60) 公幹　公務。職務。
(61) 訓導（くんとう）　和館担当の日本語通事（序註4）。
(62) 玄知事（ヒョン）　玄義洵（ヒョンウィスン）。字、敬天（キョンチョン）（序註12）。
(63) 拙者父子　小田幾五郎と息子の勝吉（後の管作。当時は五人通詞として和館勤務）。
(64) 滰え（ささ）　防ぐこと。原文「障江（サヽ）」は誤字。
(65) 坂の下　日本語通事の詰め所（註52）のある通称名。
(66) 御振り合いの品　（対馬藩側が）交渉したい案件。
(67) 誠信堂　日本語通事の詰め所（註52）の通称名（巻六註2）。
(68) 松明（しょうめい）　たいまつ。
(69) 別冊『御用書物扣覚』（寛政七年～同十一年）、『御内密真文扣』（享和二年）、『口陳并口写』（文化三年）、『追々口写扣』（文化三年）など。現在、長崎県立対馬歴史民俗資料館に保管されている。
(70) 幾五郎御叱り　文化四年（一八〇七）十一月、小田幾五郎は和館において通詞牛田善兵衛・吉松右助と共に禁足措置（職務停止処分）を命じられる。「禁足御免」は文化八年（一八一一）五月、これより大通詞として対馬易地聘礼に当たる。
(71) 大目付　藩政の観察と藩士の行動を監視する役。
(72) 三浦大蔵　実名・橘直規。大目付役は文化四年（一八〇七）より。

(73) 後鑑(こうかん) 後生の手本。

(74) 朝鮮方(かた) 朝鮮関係の諸事を担当する専門部局。

(75) 郭(くるわ) 外囲い。

(76) 裡(うち) 「裏」の俗字。原文振り仮名に「ウチ」(内)とある。

(77) 上下(かみしも) 慶尚道左道(上)と右道(下)(巻三註77)。

(78) 欠乗(かけのり) 日本船が釜山浦以外の浦口へ乗り入れること(巻三註78)。漂流船扱いになる。

(79) 外向き通行 (欠乗した船を迎えるため対馬藩の船が)朝鮮沿岸を航行すること。

(80) 長(おせ) 原文振り仮名に「オセ」とあり年長者のこと。

(81) 礼刀 原文註に「脇差を環刀と云、刀を長釼と云」とある。また『象胥紀聞』に「環刀 但(鈍き)作リ或ハ金銀ニテハナヤカナルヲ好ミ常人ハシンチウ(真鍮)作リヲ用ユト云」とある。

(82) 象胥紀聞(しょうしょきぶん) 寛政六年(一七九四)完成。朝鮮国の歴史・官職等々、国情全般にかかわる解説書(巻十一註48)。

(83) 草梁話集 文政八年(一八二五)完成。草梁和館近辺の地理、和館の規則、朝鮮側の警固役人、通訳官等に関する覚書(巻五註30)。

(84) 北京路程記 文化元年(一八〇四)完成。和館を起点に、東莱から京城(都)への上京路、および京城から義州を経て北京皇城に至るまでの旅程、距離、地理等の記録。

小田幾五郎著

通訳酬酢

（原文編）

通訳酬酢　序書

明和四丁亥年私前髪尓して朝鮮草梁和館ニ渡り及壮年訳官之輩と交る事殆五拾餘ヶ年大小之公幹通詞と訳官之議論尓止流日本判事雖多就中聖欽李同知士正朴僉知敬天玄知事等如唇歯（歯）交る事久し彼國之人情先学能教へ多故可考事な可ら私現在見聞随時之論一ヶ年中之手覚集之愚案之侭後生為通詞通訳酬酢与題目し文化四丁夘年為始同拾四年戊寅年ニ至り十二編尓顕し袖中尓納置候処及老年枚拾ヶ年奉蒙　御恵候験　御役方江差上置候彼人へ旦夕之交り実直を不失時者彼方奸を施共終ニ直尓伏春奸を責れバ柔を以和尓移春和尓應春れバ理尓随ひ慾尓便流理慾越正せハ欺き歎く人情朝夕辨之事第一也

通詞私之心得

通弁盤秋能港の渡し守り往き来能

人の古ゝ路漕き知連

天保二辛夘　清月

前大通詞　小田幾五郎

齢七拾七歳自書　謹識

夘年　通訳酬酢　壱　風儀之部
辰年　通訳酬酢　弐　風楽之部
巳年　通訳酬酢　參　船上之部
午　通訳酬酢　肆　外国之部
未　通訳酬酢　伍　乾坤之部
申　通訳酬酢　陸　浮説之部
酉　通訳酬酢　染（柒）　武備之部
戌　通訳酬酢　捌　官品之部
亥　通訳酬酢　玖　女性之部
子年　通訳酬酢　拾　飲食之部
通訳酬酢　拾壱　酒禮之部
通訳酬酢　拾貮　禮儀之部

通訳酬酢　壱　風儀之部

夘能春都表より四品以上之官人衆日本人見物として下来有之訳官共尓拾餘員同席之所一人之曰く日本人者顔之長を好ミ候哉何連茂面を長メ堂ると語累通不聞体尓居候所

訳　答　此髪を剃る事養生之才一ニ候日本人達を御覧候へ眼病氣無之氣運能候故精力強候被り物越用候得者皆々器量骨柄相應之賢(ウミツキ)(生質)尓候故人品可好カル越惜しき事ニ候髪を述(延)者喪ニ逢候人之験尓候惣体月代を述(延)須ハ失禮之儀ニ御座候

一人なぜ被り物を不用哉と語累

訳　答　頂尓物を置事日本之風儀ニ而者無禮之儀ニ候寒中我々出會ニ茂都度々々頭巾を抜き取り正き風習ニ御座候傍之従者可曰く日本人者半僧ニ而御座候と謐(ツブヤク)く

通聞て　汝者事を不弁下人他国之人物を識る不埒之至咎る沾茂無之唐人者天窓を丸与(く)剃り南京能印し少し有之是等者全僧尓候哉北京人茂同様ニ可有之無識之小人麁忽之言不吐事也日本人者其方如きものを毛唐人与云傳ふ是皆下部之雑説論尓不足日本之下人他国之人物を敬ふ意有て軽々敷此等之語不云毛唐人与唱候者口髯け長く食物不残髯尓着穢く見へ候与即席和尓識り返須

訳　曰　日本大通官之弁才御聞可被成候北京之通官与(者)如何ニ候哉一統口を揃へ北京之通官妄説多拙者共

尓是を喰へ又者下人共へ是を被召よと能類時々有之此大通官之語下人江之言始終相揃拙者共江之當話年輩ニ應し相當の挨拶ニ候壱人之曰日本人之風を見るニ帯刀之人無刀之人有之一体尓無之者不審之儀ニ候其内尓究（尻）を挑げ大胶を差出し暦々能前を通りても咎メ人無之失禮尓不當候哉

訳答　帯釼之人者有録（禄）無刀之人者無録（禄）ニ候無録（禄）ニ而茂勤をい多し（候）節者短釼一柄ツ、帯候日本之法者主人持不残一柄ツ、帯候其中ニ茂重立候道具預り候者両刀を帯し候長釼短釼常尓帯候者有官之人ニ而林佳与云ふ武士尓候究（尻）を挑け候者主人持之下人又者ニ而茂己可主人を懇尓取扱候一統より然らハ下人共ニ茂闘争せよとの云付尓候哉

訳答　日本之法無覚悟き喧嘩猥り尓不致様との示しと聞及居候論中年齡（齡）相應之両班（レキ々）壱人通尓近寄り釼を見せ候へと無体尓柄能半を握る所を訳差留メ無用々々と制す側成る一負之曰く一釼ニ而可濟ものを両釼を用金銀を以飾り有之ハ奢りと見候長釼有之者如何之儀尓候哉

通答　両刀之内長釼者主君之為尓佩（佩）候短釼者私之用ニ候其間尓年若き官人釼之刃見度とて鯉口二三寸曳抜き候を通其手を睨与握り是者御無用ニ候御存し無之筈尓候得共我国之法他（ヒト）之釼尓手を當候者至而失敬之儀我国之人なれバ上下茂不論親友多り共不差置儀ニ候又壱人曰釼を大事尓被致候者利之筋尓候得共金銀之飾り多きハ公之奢りと察候公之身上他目を被飾徒ら事と見請候

通答　此飾り無用と見へ奢りと御覧御尤尓候得共実者主君之用ニ候萬々一不慮之儀有之救日を経兵粮尓事欠候時者用心物尓して此内要（用）尓不成品ゟ段々取外し賣用候為ニ而斯飾り置き候者身本（元）之要害

故肌尓付罷在候兼々倹約をい多し録(禄)之有餘を以帯釼を飾り候者主用ニ候大(太)平之御代利釼粧刀木釼茂同様御互尓難在御代尓候壱人通可側尓躍(躪)《ニジリ》り寄り袖を探り見絹物を被重此綿を一ツ尓厚々と入連可然ものを弊成衣服之仕様哉と誉立印籠巾着之口者不明外廻りを得と見て此内尓何様之品入連被用候哉

通答　巾着ニハ印判を入連小玉之銀等を入連用候是ハ薬り入連ニ而急用之為氣付等之仕分尓入子有之御覧之通ニ候蒔絵等之飾り者簾略尓不成為ニ候扨て各様之巾着種々之品壱ツ尓被入混雑い多し急用之時間尓合候者不審ニ候日本之風儀軽き品ニも仕分ケ有之書付等者此紙入之内尓預り候貴国之風儀巾着而已ニ而御済被成若き御方者太く成ても苦しカル間敷候得共御老人者遠路御迷惑可被成と察候何連茂同し答候国之風儀幼少より提習ひ不苦御座候日本向衣服尓制度無之候哉与訳官尓問ふ

訳答　日本之服制委不存我国迚茂品々有之儀不詳候得共日本之制度大躰を考候処両班《レキレキ》達者真綿を被用中分者真綿と綿當(等)分を用下之部者全綿斗り相用候ニ付軽き人ニ而も寒氣尓弐ツ參ツ重着い多し候惣躰綿厚着候者失禮と見へ候日本之制度奢り外表尓不出此等之法下々ニ至り致真用寄(奇)特之義ニ御座候都より付添来候従者迠日本人弥敷覚へ通尓取り廻り候ニ付通心得其中巾着尓縫ひ有を弥敷巾着と誉メ曳き寄せ内之品々不残打明け見候処火打を初書付類銭百文斗り干鱈之身少し菓《クタ》物等入連有之候ニ付

通曰(ママ)　其方達ハ遠路ニ而茂苦尓成間敷候得共上典《ヲヤカタ》方茂巾着ニ此等之品入連有り候哉官人達被致氣毒従者共を呵り退ケ壱人能曰公之衣服を見候ニ地白き絹物と見候得共染有之其外茂同

様尓見へ誠尓質朴成る御国風白きものを染被用我国之眼ニハ惜しき事ニ候

通答

朝鮮社質朴成る御制度無之白き物を其侭ニ被用中以上紬類迠ニ而縮緬之服不見掛真綿沢山ニ御用有り共見へず中以下者木綿手操（繰）り袴（バッチ）（袴）尓綿厚々と入連上ハ着尓袖無之浅黄染而已ニ而纔之染代女中前垂（垂）尓浅黄染在之男子帯鈒之餝尓不及頭尓髪附油之弊無之上中下共尓絅（マユキヌ）（網）巾尓て相済鼻紙懐中無之大袖之上ハ着之袂尓折節手拭之所持有之是を以鼻汁を拭き手も拭き被致通用候得共中以下手拭所持不致手鼻を拭き諸般質朴之御国風朝夕多候得共不目立様ニ有之往古之姿ニ而済ゾ被通堅き国風日本器物之内御重寶有候得共高直之品者御好ミ少く皆人能々御堪へ被成面々差傘（傘）抔者人別用立候へ共一国中纔之御入用と聞候此等之儀訳官達へ致称讃義ニ御座候彼此之間何連可質朴尓候哉御一統之前乍憚御尤之御国習ニ候

訳答

帯鈒之飾り人々屡尓被致奢之様見候得共追々考候処子孫迠相傳り我国之風儀弱尓有之頭上尓弊へ多候笠を用候付損し早く全用候時三年尓一度者新仕替其外揮（項）杭（フヤグ）類ニ至迠中以上者毎歳仕替候白き衣服面り者弁利之様尓見候得共才一垢付早く少之穢茂目尓立洗濯之度々成丈ヶ白メ候故釜尓灰汁（アクシル）を入連炙（煮）突き河邊尓持行石之上ニ而打槌を以擲候間木綿之地弱り破連多却（カヘツ）而弊ニ相成候日本社質朴成仕習ニ而白きものを染被用質朴才一之儀ニ御座候論中壱人通可羽織之袖を返し見表より裏之絹宜を裏表尓拵へ堂るハ不審なりと一統へ評須訳押停（トメ）メ御無用々々日本之風儀衣類尓手を當候事ハ失禮是ニ不過他人尓候ハヽ公之手を捕へ可及闘争（ケンクワ）尓右様之事日本人与出會之刻御遠

慮可被成与示す壱人羽織の紋所を見是却啥（ハヅミ）尓候哉

通答

此紋者予可家之楔（シルシ）尓候人々之家尓依紋所尓遠有之候予可同性（姓）之親類同し紋を用子々孫々ニ至り他生（姓）尓不紛様代々用来候衣類之裏を却啥候者羽織尓不限表向を不飾有任之身分心中を却啥候へとの禁メ尓候為人表越不却啥心中を却啥ミ心を磨可才一之奉公尓御座候処人々之志し可同カル様無之貴国茂衣類を以御制度有之面前喪尓逢候人者父子ゟ段々寸滅之分チ顕連有之㞢（宜）き教ニ候是ニ付親類之事寸を以定有之と聞候父親者壱寸母親者弐寸ニ定叔父越三寸叔母者外性（姓）是より従弟を四寸と定段々血筋を以五寸六寸七寸八寸九寸より他人尓至り候由其通尓候哉官人之内老人進寄り公之論忝覚へ候當地へ多年在留と聞へ我国之人与同様之出會ニ候公者父母妻子尓懸念無之候哉

通答

旅勤中上中下之面々留主々々人枚尓應し官家より被為扶持候付飢寒之懸念等無御座此地ニ而者家人尓至迠料米厚く給り候ニ付卋（世）事尓強念慮無御座候

訳曰

料米等之儀委御問ひ被成間敷候兼而聞及居候者我国与遠此人達本州尓男女之家頼有之哉ニ聞候此元ニ而下人両三人ツヽ被召遣候処官家ゟ下人迠不残扶持被與其外有官之両班（レキ々）下人枚多ニ候得共人枚ニ應官家より扶持有之候我国者惣体薄録（禄）故致赤面候日本之風儀上ゟ下迠主人を貴候面り此大通官之小童漸拾歳餘ニ相成り此子父母能膝下を離連主を頼尓して側尓付添居候体御覧候へ可愛事ニ御座候我国之童児与遠致屈膝居候幼少之時より如斯仕立候一統口を揃へ初而日本人ニ逢候處幸能人尓出會風儀之荒増を聞致昆悦候兼而之噂尓増り日本向之御政道誠尓感心之儀と密々評儀之上

他館尓敉拾ケ年在留有之父母妻子氣尓不掛忠精(誠)を被尽候趣論中尓是を察候暫有て四五貟竊々私語候処訳ゟ通尓向適々之事故此両班達へ日本之食物進度公之旅宿尓御用意可被下と語る安き儀直尓御同道可被成候一統席を起立候処武官之人弓箙を諷(佩)ひ釼を帯いざ可柰と立を訳制して曰和館尓武器を帯し(て)入る事失敬之至已前ゟ不相成儀ニ候と差留る如何様旅館之人を驚須尓似可致遠慮事と云弓箙下人ニ渡し脇道より帰路尓待居候様被申付候故通ゟ訳尓私語候者御隣交之厚を被重今之御示し御尤尓候へ共都表より下来之官貟衆殊更三品以上之両班交り有之六曹之判書を茂可勤御方可有之哉と考候処餘り差面ニ被仰向拙者致氣毒候饗纛(應)事者公之為故取繕可申候

訳　答　三品以上之衆故日本向之事情丁寧尓被存込候様ニと態与為云義ニ候都表両班達者素り我国之人日本判事者捴而日本貟(肩)屓い多し候様被心得幸之折ニ付意味有之儀故御氣遣被下間敷御心(親)切忝御座候

通　曰　阿之内東萊府使可相勤官貟をも見掛候公之勤中諸般日本貟(肩)屓与心得有之候ハヽ却而公幹之妨ニ可相成哉与氣掛りニ候惣而拙者共之勤同様之儀日本向ニ而者傳語官中者朝鮮貟(肩)屓尓掛合候与被存込御同然之儀ニ候得共折節ニハ御誠信之本意暦々方へ不申上候而者御誠信茂骨抜ケ尓相成候故不背尓不拘被仰述候趣乍憚御尤ニ御座候

訳　答　阿之衆之内ニ茂段々訳有ル事ニ候拙者共江府使類之勤致度被相頼候官貟茂有之其中府使ゟ経登り重職被致候時者公私ニ付頼事有之候得共前方取入候者奬事其節ニ至り仕道有之儀御氣遣被下間敷

候

通　曰　朝鮮之風儀時之主官権柄有ル人而已被敬常ニ無其意濟被置其節尓行當り危(厄)ワザワヒ可生諸向現色勝負与申姿ニ候先刻武器之事御尤ニ候得共信使訳官之節ニ茂客殿之門内尓入り鉄炮を被放候者失敬之重ニ相當り候此等之意味御分り不被成館中ニ武器訊(佩)入候事と御心得大尓遠候乍去他国尓御入来被成候付専ら武威を被張候義共ニ而者無之候哉首尾不相揃義と察し候

訳　答　信使訳官之節放炮い堂し候へ共阿れハ武器ニ無之紙を仕込ミ炮之響きを取候而已ニ而旅館ニ残居候者共ニ路中無恙との為知ニ候鉄炮と被存候者我可論ニ不當候字意を以論候へハ紙炮辟事ニ候公者枚拾ヶ年在館有之見聞之通り毎年番船館中之前を通り釜山之城を見掛候得者往来共ニ炮を放チ通行を為知候義有之而已武器之釣合を以被論候へ共国内ニ而も城郭を見掛炮を放候事武備尓不拘意察し可被下候才一謹候者行粧船之出入致放炮者彼此之間邪魔悪氣を拂候主意専一ニ候

通　曰　朝鮮之事情見馴居候拙者ニ而茂鎖細之意味不委客殿之門内尓入炮を被放候事不敬と存候増や日本之諸臣諸人見聞有之時者猶更不審之沙汰有之筈尓候其上對刄之地ニ而者朝鮮人勝手次才尓斗候との噂可有之哉御隣交厚中軽事ニ而両国之意地可生哉と後先考候朝鮮貝屓(屓)之拙者才一氣毒ニ存候者日本之武威盛成事を不知朝鮮人武を餝り候与日本向ニ而嘲り可笑与對州之諸官人衆沾茂手尓汗を握り氣毒被致候

訳　答　聊茂武を張り候意無之公被見掛候通り海上ニ而類船を見失候時者節々炮を放チ類船よりも致應炮

通曰

炮之音繁く有之候此等之儀御隣交永續諸向無怨才相斗候義ニ御座候申サハ他国尓乗り掛ケ炮を放候意味可憚事ニ候へ共御双方大（太）平之御代武威武備共尓無遠慮所より起り殊更三穴（穴）炮響を取候為故其證し紙玉飛散り皆人見分之前（所）ニ候事長き論尓不及鳴り物と締（諦）メ可被下候

炮類之品鳴り物与ハ得手勝手之論尓移り候日本向軍器之内鳴り物者別尓備へ有之常尓御用ヒ無之御見聞通船之出入太鞁を打為知有之漕船之差圖等者采を振り聲高尓騒き無之出入り之度一二三番之太鞁ニ而陸尓揚り居候小者共壱人も不残乗組ミ類船見失候時者太鞁を打夜分ハ火を以為知合候炮を放事如貴国乱成義無之三穴（穴）炮手尓取り見候得者全武器と不見候へ共炮之音者鉄炮之音ニ候故已来者場所柄御勘弁被成度儀ニ候此趣兼而使臣之御方へ委敷御申入連被置度義ニ御座候

通訳酬酢　二　風楽之部

通　曰　貴国女楽を見候處　曲調（フシヒヤウシ）　尓慈味有之舞之体花尓蝶戯連遊候と見候楽器何々有之女之歌舞伎官女尓限り候哉

訳　答　八道尓官女有之候へ共東萊府之官女幼少より踊（踊）を仕込他所之官女小唄等を嗜候楽器者　琴　嵇琴（コキウ）　笛　鼓　長鞁（ツヾミ）　洞簫（ヨコフヱ）　大（太）平簫（コシウライ）　七音尓候へ共鼓切連間々ニ打曲調改り琴者音静尓候故耳尓不立候笛者尺八同様ニて一調獨吟ニ相成り両班達（レキ々）自身楽尓被扱候餘之楽器一調ニ不應琴者女人之弄ひ取扱候者稀尓有之候

通　曰　別曲者踊（踊）之品遠候哉一切り四人ツヽ出替り舞候其間ニ小乙女両人ツヽ手替りニ出其度々栢越打為知候　栢（ホトギ）　者木札拾枚程一ツメ結候品と見及候

訳　答　別曲音楽共尓遠候事無之始者蝶花を尋候体故踊（踊）緩尓見へ候へ共半ハ過き花を見當候故蝶戯連女男もつ連合楽も是尓乗り喧有之踊（踊）之品遠無之胡蝶能舞尓候

〃（ママ）　軍楽と云者喇叭一聲を以進退を示し候得共我国之者共之心得急成時者烈（ハケシク）く吹緩成る時ハ緩尓吹と心得喇叭者天鵝聲故風楽之才一悪魔を拂ふと云傳候開閉門者素り海陸之出入ニ用之是尓添楽有之

喇叭を（シウライト云ふ者誤り也）　吹螺（シウラ）（ホラノ貝之事）　螺角（タケノツヽ）　銅鈸（ドラ）　笛
鈸　長鈸　鉾（ハチガ子）　太平簫（コシウライ）　嵆琴（コキウ）等を路次楽と云候
此外　笙　胡笳之類座楽有之笙者一穴（穴）を吹候へバ十二穴（穴）より音出一音ツヽ遠候笳者人之口真似い堂し女真之楽物ニ候此等之品大（太）平之代ニ至り遊器尓候我国之鳴物ニ而者喇叭才一故他国江之使臣重く用之日本向より客館へ御使者出入之節此一品を用候軍楽尓辟り候品ニ無之候

通　曰　開閉楽之時多人枚鯨波（トキノコヱ）を揚候者軍令尓候哉仰山成聲尓候

訳　答　開閉門尓至り軍官頭より使令羅杖（ツヱモチ）楽人中江致號令候付朝夕共尓暇を給り其節一統同音ニ應候而已ニ御座候

通　曰　門戸無之舩中ニ而茂被取行調有り候哉

訳　答　何之謂不知国之風流ニて主官有之邑ニハ取行諸官寄合之時者上之官被掌餘者遠慮有り候謂者昔シ周之武王呂望越被用候処陣中之密斗順風耳之悪魔聞取妨を成候付不被覚様ニと始り堂流と聞大（太）平能代尓至りてハ陰陽之離々悪魔を拂候為之事と考候

通　曰　順風耳之事武王軍談ニ有之公之論是ニ當り候得共握（旌）旗者枚々御用有之新ニ軍備を被餝候儀共ニハ無之候哉

訳　答　是又右同様千里眼之悪魔陣中越見透し候故握（旌）旗を以遮（遮）之止られ候謂と聞候へ共大（太）平相續古来之旗清道巡視令旛等之外色々之旛を用國内ニ而者品々有之大旛ニハ龍之縫有之是者国王之被用候重

籏尓御座候此内之令籏者国王より臣下尓免し有之使臣を初其外ニ茂免し有之候付枚本有之候一道
之監司巡見之時者諸郡縣（縣）より種々之籏持出呉様之籏多有之往昔周之代之楽器軍備之品少々ツ、
當丗（世）尓残り居候得共此等之儀ニ付大臣衆美麗を被好下モ是尓應し候茂大（太）平の徳風と考候得共我
国之両班（レキ々）者不畏（怖）しき事多候

通曰

朝鮮之両班道春ゟ音楽を聞き握（旌）籏を持列子下人共子（仰）々（ギよく）敷取扱高輿尓乗り加へ煙器して被居
下々よりハ我連不劣頭追従彼是晴連成る行粧尓御座候従者多ても氣尓不被掛叱り事者棍ニ而被濟
候故供先きニ而者昼寐して帰りを待居候得者一番喇叭を吹二番を吹き緩尓起立忘連物無之剰へ取
添物等い堂しても主人之耳尓不入様中間ニ而取濟誠尓安躰（泰）成様子成て見度者朝鮮之両班ニ候我
身之不明朖ゟ一言聞尓不入自懣（慢）児ニ而権柄を取り諸般之斗ひ善悪之調べ尓不及棍を取出候得者
相濟事有之哉尓聞候不畏（怖）しき事無之候へ共側之従者い可め可しく候日本之御暦々御供廻之衆長
之道中物語りもせず御供先尓隙入り候而も終日終夜慎被居昼寐等之儀者存恥被致片時も氣楽無之
主君茂御憐有之候ニ付御安躰（泰）成る御様子も不見候上より下迠退屈之儀ニ御座候

訳答

日本之暦々社誠之大人尓候鳴り物等御用無之候得共御供廻り之〆り方歩行尓遅速無之一行物静ニ
有之鳴り物之上を行き御供之衆中一刻之油断無之相見候不時之事出来候而茂間後連ニ不相成去比
　東照宮拝禮相濟萬松院より大（太）守公御帰之行烈拝見被仰付候処御乗物之前後者云尓不及御一行
之〆り能々堅メ堂る事ニ而誠尓勿体有之我国ニ而者挙働（ミユキ）（動）尓不呉候

通　曰　挙働(動)尓不呉と有之者実論ニ不至候日外之論ニ日本大樹之行列王厌之挙働(動)同然枚を含多る様ニ有之との論相當之義ニ候へ共今之論大ニ逺監司之釣合可然候去比より東萊府使之行列見候処子々(仰)敷天之如き府使を雲之如く御せよと輿添之者共滅(威)勢を取候事ハ彼晏平仲御史(吏)を真似候哉と覚候府使是を聞き被観(歓)候義ニ御座候哉

訳　答　公者我国之両班を羕(羨)ウラヤマら連挙働(動)之論過き候様可聞カル候へ共監司之行烈与釣合茂不出来府使之釣合を以可論所是迚茂委き釣合無之両国之釣合相當之事不存行粧之引合実論尓不相成候

通　曰　一郡之府使与一國之　大樹与釣合見候ハヽ凡之引合可相成哉と存候公之心得聞詰度御座候

訳　答　大樹与監司与之釣合相當之論ニ候

通　曰　是茂日本を被敬候論ニ而実論ニ不至拙者我国を被貴観(歓)候者与思召候哉実論社頼母敷御座候對㕘小国故心挽尓八道之監司尓相當ると被論候哉

訳　答　拙者餘り実を吐き候故公者却而逆情被致候朝鮮国ニ而引合考候処監司之重職と日本國六拾餘州之大樹之重職与凡釣合對州之大(太)守を初何連茂一國之王ニ當り候各人命越被司天下政之重者此事ニ候行粧之論斗ニ無之政之重を含居候より意味逺ニ相成候

通　曰　行粧之論より起り政事之論ニ移り重職之論能々相察候然処府使之輩下々ゟ凄スサしく用候事を何連茂御同意有之候哉

訳　答　府使之心得者其人身持之敬疎ニ有之天之如き使道府使を雲之如くい多せとの謟(諂)言公耳立候与聞へ候

通曰　へ共輿尓乗候官貟江之風（諷）諫ニ而八道何地茂同様下史（吏）共此語を唱候
風（諷）諫与者如何之意味候哉

訳答　上者正直明成義ニ候得共中間ニ而佞奸之雲起り氣向尓随ひ浮ミ出明成上を覆ひ掠メ候事勢ニ應明成光を下尓照さず時之勢有之故上ゟ見通し明カニ有之候様与之風（諷）諫ニ候此語國之秘密公ニハ実論を顕し候得共拙者噺候事を聞捨ニ可被下候如天者府使尓差當丁寧ニ敬候意如雲者中間之官史（吏）尓突當候意ニ有之此雲と云者書手之者共来る官貟古と身元近く被召遣氣尓入候者時々有之此等之佞雲起候事不知府使有之常々諫メ候得者　却て曖昧尓落候故輿尓被乗候上ニ而致風（諷）諫候様との意ニ有之候昔名有ル監司此風（諷）諫八道之郡府へ被赦末葉（世）ニ至り人賢く相成候故此風（諷）諫常之心得ニ相成日本之御暦々ニ如斯風（諷）諫無之候哉

通答　日本向専ら此等之風（諷）諫有之謡囃等迠慈味有之其品多昔之天子國主酒色尓被沈不仁之政不道之所作或者物好之戯連事抔を御目前ニ顕し間々ニハ狂言与名付頓智成事之真似越して入御覧御慰ニ被致候得共如貴国大道ニ而萬民之耳目ニ觸連候様ニ無之上輿下輿之折化々敷言令無之候へ共却而行烈之〆り堅整り（へ）候貴国行烈立を見候処所々透間有之一所尓多人数寄合候も在之日本行烈之立法と大ニ遠候日本ニ而重き法ハ行烈之中を切り通る事至而重き儀ニ付仮令他国之人ニ而茂致殺害不苦法故行烈混し候時之為御聞被置度候貴国者行烈之中横尓通るを咎メ無之候哉

訳答　朝鮮之法同様ニ候国法其場ニ而重杖罪い多し候行烈を切り通る㕝児女子ニ而茂決而不相成既ニ去

ル未年聘使通行之時八幡宮之前ニ而七ツ八ツ之童児走り通り候処使令見當り跡尓引戻し置き帰館之上公之同官内江此趣論し不事立様相濟候事有之候

通曰　行列之中を切ル事一天下同様之儀与察候十歳以下之童児之斗方御尤ニ御座候有法義ニ候得共十歳未満之童見咎候人之斗一行尓不知様被引戻候事有之与聞其節者行烈ゟ先き客殿尓衆勤い多し居全体不存候へ共論之端故論見候処何国も有法事と聞候貴国之行烈餘り大体ニ有之中を切りても不差支行烈哉と論し候義ニ御座候行烈之中を切る事御法有之候ハヽ日本之大人方行烈之建様御聞被置度候及敉百人ニ候行烈者諸人急用急病等之節迷惑不致様所々切連間を拵へ其後先押へ之禁徒守護有之主用病用等不滞様与之儀哉と考候貴国行烈之立法を見候処引續き行ても可然所を長々と曳明ケ有之候ニ付行烈之中越切りても不苦哉と拙者始存居候処日本向与同様ニ聞候然る上者行烈之立法已来御心得被成度御座候乍併少人敉を多人敉之如く被成度事ニ而者無之候哉其内ニハ行烈之人敉一所尓集り候義も有之旁ニ付行烈之〆り方兼而御示し被置度存候

訳答　此等其時々行烈奉行之軍官へ申渡候様可致候へ共元人夫共不心得ニ付際（キハ）立〆り速尓整（へ）り間敷其時ニ臨ミ可斗外無之候

通曰　犯馬（ノリウチ）之事日本向ニ而者失敬尓候得共朝鮮者強く失敬之体無之日本之事情御心得被置度御座候

訳答　騎打失敬之事人々存居候日本向ニ而茂御役人衆と見候所者致御挨拶御関番所之前者勿論之儀ニ御座候

通曰　人々存之前（所）与被論候へ共朝鮮表ニ而和館往来之節軍官遅速ニ下馬無之騎り被通候事有之拙者ハ此方より御通り可被成与傳へ候得共挨拶無之人ニハ供之下人馬ゟ挽卸し候事時々有之同心有之時者彼此振合致氣毒候惣体貴国之人自尊之意有之失敬与乍存茂不知体ニ而成丈騎打可致所為と相察候右様之心得有之候而者日本之輪内ニ而馬上より挽卸連候得ハ双方之手入ニ相成候兼々日本国ニ而朝鮮者文国与申觸し有之候處禮儀を被失對州之人ニ被行合下馬之会釈も無之萬一日本内ニ而茂此意不捨候而者朝鮮國者對州之恥辱ニ相成候

訳答　犯馬者 騎打之事 失敬ニ候得共不知人ニハ道之片胶を騎り通り一面有之人ニハ一通り致挨拶上中間之人ニ逢候時者致下馬国内ニ而茂上中之間一面無之人ニハ扇を以面を覆ひ騎り通り候誰人尓逢ても下馬者仕内之儀ニ候得共我国之馬具日本与遠馬尓騎り候而鐙尓足首を𨂻と結ひくゝ里其上を野袴（ハカマ）之如きものニて包ミ上ハ紐者腰尓引廻し候日本之馬尓騎り候者共之咄を聞候処恰好緩尓有之騎り下り宜きものと申候我国之騎馬仮初尓下馬不相成中以下之人者腰袴不相成以上者右之通故致落馬候時者馬ニ被曳摺快瘀（怪我）太く候

通曰　京城之内公等之輩馬上ニ而往来有之候哉

訳答　馬上者辞誼尓手間取り多候故馬尓可騎人徘徊勝ニ有之京外尓出候時者公私馬上之往来多候是ニ付緩歩ハ不レ如（シカ）二車一ニ晩食ハ不レ勝（カタ）二肉一ニと云田（宜）キ（ヨロシキ）教尓候故為保養公尓傳候

通曰　緩カ尓歩ミ候事車茂不及晩（オソ）く食春る者飯之味好く美饌ニ勝チ如何様宜き御論ニ候扨京城内道幅廣

く可有之馬上之往来少き様ニ相聞候道幅廣候ハヽ馬上之往来遠慮有之間敷事と考候其外輿車駄馬等之往来少く候哉

訳答　道幅凡六七間ツヽ有之横道者弐参間茂可在之候輿之往来宰相外之人無之車者往来少候得共冨人之方往来勝尓候

通曰　京城之本道幾筋横道幾筋有之候哉

訳答　本道之大道四通有之京城之内半分者道ニ積り洞（マチ）分ケ志多るものと聞傳候四通り者東西南北大門之通路横道者大道之左右凡十条程有之候得共長き通り無之大道十字与考可被申候

通曰　前方より何洞（マチ）之住居与論有之洞（マチ）とハ谷合之事ニ候哉家数何軒宛之極尓候哉東莱府ニ茂洞分け有之と聞他郡茂同様ニ可有之京城茂洞分有之由論聞候洞之事今以不委悟り好キ様御論可被下候

訳答　京城ニ而者一洞家数百軒を云州府ニ而者一洞五拾軒斗を云郡縣ニ而者弐拾軒程を一洞と云候洞（マチ）者町之事ニ而官人之家民家共尓一洞尓有之百軒と云ても其上有之洞も有り其内尓減し居候洞も有之実数年々遠候故何洞之住人与斗り御心得可有之候乍去変宅有る内之事ニ候家数人数之事実論難致候委論度候而茂急ニハ不相知事ニ候

通曰　公等之居宅より闕内迠何町斗有之候哉何洞尓各之同官住居多候哉書通之上ハ書何と顕し候得者通用囲（宜）く候哉

訳答　同官中者南門内尓住居多候得共西門内ニ茂有之闕内迠者凡風楽不聞程間ニ有之居宅ニ而音楽能遊

奐無遠慮殊更宰相達之宅東地尓多く候故朝夕行逢候事無之惣体威儀敷無之候拙者方江書通之時者南門之内倭学何判事之宅犾事と被成度候乍去開封ケ間敷風俗故後ト先キ御考被成御書載可被下候

通曰　宰相達者素り高官之衆無禮咎メ者無之候哉

訳答　京中商人道之傍尓立居候而已ニ而左而已無禮尓不至有官之人者一揖斗ニ而相濟候才一重立候無礼者咥(クワヱ)へ煙器扇遣腰掛候事越三失禮と唱へ軽き役人ニ而茂呟(屹)度咎メ候

通曰　朝鮮之禮法を見候処両班之會席中陪徒(従)之者共頭之上尓立蹈並ひ狭き間尓せり込候ニ付双方ニ對し追退ケ度候へ共貴国之禮者立候事可宜候哉居る事可宜候哉禮節之儀故慥尓聞置度御座候扨又伸欠(アクビ)(欠伸)者瑣細之儀な可ら暦々之前不苦候哉

〃(ママ)　公等初長座ニ至り候へバ口を開き伸欠被致若年之御同官失敬之段御不教被成度御座候

訳答　陪徒(従)之者暦々之席尓据り居候へバ同席尓混じ紛連候ニ付蹈立居候へバ見分ケ克狭き所者頭之上ニ茂成り候ニ付而者下人共主人之上ニ立候事不審被致候筈ニ候へ共両班之前後尓立添候時者呟(屹)度両手を組ミ並候事ニ御座候

通曰　陪従之者暦々之席尓蹈立両手を組並候事者日本向ニ而彼此之間失禮之事ニ候組手者尚更之事日本之禮儀両手を下尓突き屈居して謹罷在候体ハ則御見及之通りニ候然を貴国之禮両手を組席中ニ而茂無遠慮者貴国内之風儀ニ御座候日本向ニハ不應儀故已来一行内之従者共ニ貴国内与不心得様御干(諫)諭有之度義ニ御座候

訳　答　両班之前両手を組立並候者為慎体ニ候主用外者手を不働堅慎候義ニ御座候立と居との論立事禮ニ候公席尓居候者従者共決而不相成儀ニ候上典（ダンナ）被立居候時者皆共立添候ニ付従者小童ニ至る迠寒暑共ニ足袋を者起候席中尓立廻り候勤候者何連茂素足不致義ニ候伸欠（欠伸）者公体を憚り私席ニ而者強失禮尓不相成双方平座之交り故禮譲之親より起り候へ者態与伸欠（欠伸）仕出し候事無之根氣草臥候より不意尓發し候間被咎候時者誤りニ成候氣之不付振りニ而相濟事此等之事者小節之禮儀ニ候小節之内重キ者何様之儀ニ候哉

通　曰　足之蹈所を不弁是をオ一之無躾（ブシツケ）与定有之狼狽候時他之履（ハキモノ）尓障（触）り候而茂憚り候段託（詫）ひ置候事ニ御座候為人手足之舞を不知を夷（エビス）尓譬候日本人之躾童児之時より煙器壱本も不蹈越手を以是を除ケ候様這廻り候児尓教へ候故人立候上足ニ而跪（ケ）廻り候事無之朝鮮人之禮儀正敷事多候へ共人々足ニ而何品を茂跪（ケ）廻し手ニ而春べき事を足を働し両班之小童等府使尓付添候者府使之煙器を足ニ而扱候下賤之者共者取分ケ足之所作勝尓有之候公等茂日本之事情御存有之ても先日狼狽御立被成候節公之多葉粉入を足ニ而跪遣ら連持来候様被仰付仕癖之悪き事能々御心得被置度御座候猶又信使訳官之節一行之銘々江堅く被申付度御座候

訳　答　足癖悪きとの事拙者初恥入候信使之砌り對刕より御示し被下候得共多人数ニ付全不行届聘使之耳尓入連候へバ如何様と被存候体ニ見へ候へ共貴国と遠幼少より躾無之義ニ付氣毒成事ニ候我国之者足之賤を不知茂無之乍去耳目口鼻之内他尓殃（ワザハヒ）を不成ハ足斗ニ候我国之下々食物を蹲（マタカリ）（跨）越候

者無躾与咎メ候へ共日本之如く幼少より懇尓躾無之故年長候上合点しても仕癖急尓直り兼実以致迷惑義ニ御座候

通　曰　足之働き両班之御方者稀ニ有之候得共下々者十人可十人共足を利せ候ニ付拙者見當り次才朝鮮人𠮷と尓申聞せ候へ共仕癖故一度や二度尓不改氣毒ニ御座候公茂殊更足貝肩（肩）と聞足者殃無キものと論有之候へ共日本向ニ而詞不通人与出會之席ニ而者闘争尓可相成哉小事之大事者此等之儀兼々此段御心得被置日本体ニ御馴連被成度御座候

通訳酬酢　參　船上之部

通　曰　辰年訳使上船近寄り候ニ付釜山之浦半ニ訳駕船弐艘掛浮為點船(フナケンブン)御役々被差越予朝鮮船之全体委見廻り候処船瓦(カハラ)太き丸木三四本並べ夫より段々棚を仕上ケ有之棚壱枚丸木之侭と見へ厚サ壱尺餘り各太丸木ニ而高サ棚枚八九枚在之棚より棚尓船張を貫候故船底尓仕切り多有之上尓太き船張を以棚之〆りを志多るものと見へ艫(トモ)(艫)表之所者棚板翌(翼)尓遣有之棚板之両端ニ厚板を以床尓して梶穴(穴)身木之通り候程尓造り立有之上ハ廻り見掛通り不取繕有之如斯尓して信使訳官船壱艘之入料如何程尓候哉

訳　答　入料銀国より使臣へ被與候付拙者共ゟ船將へ大銭百貫文定式尓して相渡し候船造り之雑費不委船將等尓可問ハルとて船將呼出船將答番船壱艘造立諸船具相揃候沽積りニ相成候へ共官家(コウギ)より諸郡縣(縣)尓差圖有之造所より乗出候故雑費入料難積候

但點船之事者彼方首途之心ニ當候怿(ワケ)(解)船見分之事ニ候已前此意味違ひ大成御手入と聞此年幾五郎委敷是を聞通詞内へ相傳へ置候事

通　曰　駕船壱艘尓松材木何本斗ニ而出来候哉

訳　答　凡三四尺廻り之松木百本ニ相成候我国船之造り方生木(ナマ)より取掛り堅タ木を以栓(セン)を指し湖(潮)染込候

様造り候ものと聞へ候上ハ廻り諸船具綱碇り帆筵沾茂景尚七拾一官公役不拘所無之大造之儀ニ御座候

通曰　如此公与同席して予茂高檻尓座居候処釜山近邊之萬戸達小船ニ乗り来り下より揖有之を公等應揖無之失敬尓不當候哉

訳答　拙者共使命を受候身分應揖尓不及是則御和交之威勢ニ候乍併御苦労之段側付を以申遣相濟ソ候

通曰　一行之下人捴而公等之雇人尓候哉

訳答　上中下官段々訳有之水夫者海上尓馴連候者多候其中船を造り候者拾人斗ッ、其船尓乗せ置候事例ニ候所統営より功者之水夫五六人水営より四五人釜山ゟ同く上官弐參人大丘より上官一両人被召遣候例有之此餘ハ拙者共之心得ニ而連連渡候ニ付此時分頼人多致迷惑候東莱より楽人一行被相添旗等者東莱府之品ニ候翌日順風と見へ候時者釜山より水主弐參拾人来り二ツ帆を引揚候処夜白碇り一房ニ而釜山浦を被吹廻候へ共風強候時者帆を横尓引廻し候故碇猥尓不當筵帆故風之抜ケ方尖尓有之翌朝順風發船尓至り二枚帆を両方尓引分ケ一ツ帆尓して風を受強く吹候時者二枚帆を打遠へ風を抜し渡海之時山見掛候而茂真向キニ不走四拾八里之渡千島尓乗り渡り大小船共ニ走り方同断朝鮮より小船四五艘拾里餘り付キ来其内小船弐艘ニ高札之如き木札相渡し釜山へ無事渡海之為知与聞候渡中ニ而白米壱俵生猪（ブタ）壱疋海中ニ入る船將司之手を揉ミ龍神を祭流船之乗様働方統営之者達者と見へ日本大船尓強不晩同日同時佐須奈浦ニ渡着之処十日斗及滞船為順走浦内之高山ニ

船將并上官一両人冠服して上り平言を以者づ連〳〵手揉して順風を祈り膳部を備へ肉食少茂不残山上尓投配る惣而祭之体如斯と聞

訳　曰　日和克候故互ニ高檻尓上り風勢見度候日本之地ニ来日本之鬼神を祭候ニ付（鬼神之事神を云）　明日者順風ニ可相成候公之心地何と有之候哉

順風之事者當浦之者へ可聞合候為御馳走府内より砂工茂乗居船内ニ船將茂居候へ共此地之氣灰ニ而幼少より海邊ニ住馴候老人之云傳茂有之旁ニ而所之者共へ問合候様可致候

訳　答　如何様其心得可致候織ルヿハ當シレ婢ニ耕スヿハ當シレ奴ニ之古語実尓當り候

通　曰　朝鮮人者捴而神霊を指し鬼神と被唱鬼者形チ凶悪成ものニ而人之邪魔を春ると云傳日本者神國故神と斗尊び候　天照皇大神宮を奉始貴キ神々枚多御座被成神霊之寄（奇）特時々在之候

訳　答　我国ニ茂神を敬其験し有之面り漁祭も節々い多し候事御見及之事ニ候扨渡海後心氣疲連保養い多し度候間童便才覚出来間敷候哉

通　答　童便之事い登安き義幸童児集り居候而家来ニ申付候處蚫売者小く候故小太き器を遣候様陸より申来候何なりと可被遣と傳候処訳下人尓差圖して朝夕相用候真鍮之飯碗之蓋美しきを持来候ニ付童共迷惑可り及延引候故聞合候処田舎之子供ニ而茂呑用と聞器者寄麗尓有之皆共急尓不便如何様百姓之子供尤之事殊勝之至り際木迠下官を遣し蚫売ニ而運来候様申付候事

通　曰　郷村之童子春ら如此有之府中之童子共ゟハ可求堅（難）カル追々御用被成候哉

訳　答　心氣疲連候砌ニ付相用候得共惣而薬と云ふものハ只管用候而茂利候義無之翌日豊崎之鼻者への刃
通船之時米と猪海中尓入連祭り候ニ付

通　曰　渡海之節龍神之祭り左茂可有之候へ共此所ニ而ハ何之為ニ候哉

訳　答　前年此邊ニ而訳駕船致破船候事有之其霊魂を祭候趣意ニ候

通　曰　御尤之儀此邊雨夜ニハ磯邊ニ妖(妖)火有之夜更候時通船ニ近寄候付拾人餘り妖(妖)船之中尓白キ服を着
候もの口々尓何やら不分言を颯々(ザヽ)めき候故米水を手向候得者消へ失セ追掛見れバ大海を差て迯失
候由朝鮮之海邊如此妖(妖)火之類無之候哉

訳　答　朝鮮之海邊妖(妖)火之噂無之流星之太き火折節海邊ニ落候事有之妖(妖)火と有者如何之光りニ候哉

通　答　俗尓云傳候者海邊ニ而死候者之魂魄と申候通船を見掛小雨降り候夜多有之青き火と聞き候予考候
ニ妖(妖)火(トンボウビ)と云へ共此弐拾年前大風吹候夜半濱崎尓出波鼻(花)を見候処大海より大浪起り浦口瀬之多
き所ニ而浪打込ミ候時青き色尓なり流黄(硫)之火色尓似寄り候妖(妖)火と申を能々考候へバ湖(潮)花(シケ)行合
候ニ付湖(潮)上ニ而揉合流(硫)黄之如き波花立上り妖(妖)火と見へ候事ニ無之哉疑敷存候朝鮮ニ而海邊湖(潮)
之行合候所少く對州者瀬多此豊崎者分而瀬多候故妖(妖)火有之筈ニ候与諦(アキラメ)居候此等之雑話船中ニ
而忌候貴国者何事も大遣ニ有之我国之船之中ニ而小唄等不諷鳴り物者太鞁外之品乗走之時無用ニ
而水主共大ニ嫌(キライ)候

訳　曰　妖(妖)火を見當候ニ米水を以祭る事理ニ應可消去義ニ御座候船中ニ而小唄不謡との事致感心誠ニ可

忌事ニ候舩内之人心緩ニ相成り大寐い多し水主共者心怠り雨風之起立も不弁常之氣姓(性)尓移り朖平も拍子尓乗候故勝手次才為謡候ハ、口々諷立喧く可有之彼是理尓叶候忌事ニ候鳴り物之内太鞁者龍神好候与聞我国ニ而茂舩之上太鞁を主尓い多し小舩ニも用之綱曳舩ニハ太きを用候得共常尓歌ハ謡不申人を働せ候為尓扣候事有之樵り共者小唄往来尓不諷者無之日本向如何ニ候哉

通答　樵夫之唄何国茂同し事身労之氣を養候ニ付遊人野道を行候時氣慰ニ諷候事有之大坂邊者繁華之土地夜行多候故中以下路次往来ニ茂諷候諸人鬧敷晴夜往不當様ニと心得候哉是等之儀大(太)平之験ニ候貴国京中者素り州府郡縣之内賑候土地柄者夜分往来之人諷通り候事有之候哉

訳答　夜分京中州府何連茂往来少く候者虎之恐連有之唄通候人一切無之若き童女猶又怖をなし野路ニ而者白昼中以下之者旅商人杯諷通り候

通曰　両班之内室小唄御嬉(嗜)有之中分之女中常尓諷候事有之候哉

訳答　内室方ニ嬉(嗜)有之と聞候へ共他聞を遠慮被致官女共之内小唄之得手不得手有之人聞を茂不憚聲一盃(杯)尓諷候者巫女(カンナギ)より外無之実者其身之丗(世)業ニ候下々之女田植歌男女打交り賑々敷有之巫女外之女人一人立諷候事無之候舩中気欝ニ候故拙者氣散し可致とて笛吹鞁弓摺り呼出し訳獨吟して曲調(フシ)を合せ候ニ付唱歌聞候ニ

九万里長天之日月を繫ぎ白髪之雙親をナ露〱年行候様い多し度と有ル

通曰　曲調慈味有之咸(感)し候願者和成唱歌之唄聞度候

訳答　公之意両班之内室方之体聞度口氣有之大体唄之意を以察し可有候男女交り遊興奥之席上尓て
唱和花堂ノ屓（賓）客溤（満）坐ノ中彈スルレ琴ヲ紅

（一枚欠）

通曰　四拝して行之上官中官者訳使之後より四五人ツ、行之下官拝禮尓不及屋形之外より小童を以安否
を伺候事望闕臺者高山尓設度候得共御手入故如斯船上ニ而望闕之手枚相濟候与申聞候事有之
先刻御噺有之唄之唱慈味を薝（含）両班之婦人交り之体相察候へ共歌詞之内夫有り哉無し哉品尓依り
同宿せんとの意人柄尓依り遠慮可在歌詞禮情尓不苦候哉貴国者禮義正き国と聞候処品尓依意味遠
時々有之併歌詞を以大体を為御知被下婦人方遊奥之体相察候
扨望闕禮無御手入様御心得御尤ニ御座候併祝日朔望之禮可欠様無之候へ共前方信使之節壱州ニ而
望闕臺御設有之仰山成ル御手入と聞傳候三使臣其外一行之内暦々衆忍（シノビ）尓加り被居候与聞へ候ニ
付國之威勢御張り被成度意可有之候へ共他国之地尓入我国を強被貴候者化々敷（ケバケバ）被成方ニ御座候四
方尓使して君命を不辱メ之語尓辟り所柄之御弁へ無之仰山尓而已被取行候者却而御忠節与難論常
尓御咄過テレ恭非スレ禮ニ之意ニ可移歟船中之斗ひ公私共尓御心得被置度御座候此序て御咄申述候
（太）大守方御通船之時船中ニ而御行合有之御双方帆を下ケ御辞誼有之風勢ニ依り遠方者少し帆をゆ

り御時誼合有之候各之駕船通行此心得有り度類船夜ニ入見失候時火を揚候ハヽ迎へ火を合候様船將へ達被置度候日本船ニハ太鞁有之貴国船ニハ喇叭有之此等之為知論ニ不及船上ニ而時誼合之大体船將等心得居候様ニと存候日本内ニ而喇叭如何程吹き候而茂不用一候貴国内ニ而者肝要ニ候へ共其国尓入而者其国ニ随ひ候へとの語尖き教尓御座候日本ニ而者兼而漕船之御備へ有之駕船一艘尓何拾艘付添候哉御覧之通御手厚き御扱御誠信行届候を公等者素り拙者ニ至り力強く難在御座候其上幾日之滞船ニ而茂枚拾艘之漕船人夫昼夜控居候然処我国之船朝鮮之左右(上ミ下モ)道尓欠乗候節日和克候而茂漕船之出方尖尓無之廻館之上へは日本船態与滞留い多し候様聞へ其上都表ニハ日供(ヲイリ)之費(ツイヱ)と響を取り對州者残弊之土地ニ候得共誠信を重じ昼夜何百人之備へ有之候哉則御覧之通ニ候両国間を相勤候拙者對召向き甚以氣毒ニ候朝鮮之漕船御備方被仰出船手預り之當り所ニ御嚴達被成度御座候其上日本船滞留候時者御國費与申物ニ候才一重き人命尓係(カヽハリ)り候事故御合点被成度候此論等閑尓御聞き被成間敷候

訳答　漕船之備方對州之御厚意御差圖等者御役人之御心得ニ候へ共上より能御誠意相届候故と察し拙者共之身分ニ至り感澂(アリガタク)（激）仕候漕船之夫昼夜ニハ及枚百人ニ候へ共百姓壱人茂迯ケ不去者公役事大切ニ心得居我国之百姓共と遠ひ土民尓至迠各其身丈之忠勤い多し候与見へ不思儀之儀ニ候怠り候へバ重き罪科ニ而茂有之候哉

通答　漕船之百姓共心得方不審之論有之怠り候得者其品ニ依軽重之科有之候天下之萬民人氣一様ニ可有

之哉公役怠り無之者官家之恵ニ有之候漕船之事ハ不時之公役故壱人前毎日之飯米官家ゟ被宛行作り方者妻子無怿（懈）怠相働候幾日不順ニ而茂救百人同様ニ候朝表（鮮）ニ而漕船之体を見候処居浦より繰尓出で来り漕廻之時通行之小船を見掛喇叭ニ而呼付候故不聞振りニ而走り抜ケ候船茂有之付添居候船茂長漕ニ至り候ヘハ迯去り洋中尓大船一艘浮ソ置き人命之重をも不顧候故守護之船漕方鈍き迚船之上尓引伏セ致杖罪候而茂出精不致此方之者ども催促尓及候ヘバ朝之侭故空腹難働と腹を扣候故強く催促不致不便之有様ニ候官家より多少之間公役賃不被下候哉

訳答　日本向御政道難在土民沾忠勤い多し筈（候）ニ候我国百姓之遣方何方茂同様ニ有之飯米等者不存寄上納米之内壱合引候事無之惣而国中百姓之遣方日公役而已ニ而相濟候故各迯去心斗り有之一時之間茂他尓譲り次度了簡い多し公役身尓不付公之咄を聞誠尓恥入り候得共国風故立直り申間敷候何事茂一時之斗ヒ杖罪ニ而相濟候

通曰　船中ニ而龍神を慰メ候音楽別段尓無之候哉

訳答　龍神者太鞁好ミ日本船共ニ同用ニ候一天下龍宮之沙汰有之船中ニ而者忌ミ候故無用ニ候と言ふ側尓船将居候而太鞁者悪魚を退ケ候時之為と聞候悪魚とハ鯨（鯨）鱶之事ニ候

通曰　日本ニ而好き太鞁者一里内外聞ヘ朝鮮ニ而者拾里之救ニ候日本向時之為知ニハ鐘太鞁有之京大坂江戸長崎其外州府之城下同様之儀ニ候貴国州府郡縣時之為知何を以考有之候哉

訳答　一國中尓時之為知無之京中ニ大釣鐘（鐘）一ツ有之先年相咄候通ニ御座候依之刻付之書付ニ間違生し

下吏致迷惑候事時々有之候

通　曰　割（刻）付之為知無之小役人之遅延何を目途尓定勤候哉

訳　答　朝者日の出外之刻日中午能刻暮者酉の刻此三時より起り候夜者初鶏能聲子の刻尓定候へ共所々釣合有之刻付之間遠時々有之而茂下役之不心得尓相成相濟ミ候者少之貽尓有之候

通　曰　下役之咎カ少之賄ニ而濟候との論不落着候上ハ役者下を食ミ其上ハ役者官家より食を被埀（垂）可被召使義ニ候処配下ニ弊へ生而茂官家より糺し尓不成御政道尓候哉

訳　答　此等之事官貟之處置尓依り刻付等之事云分を聞キ被濟候義も有之元来法令不委所より下モ之難儀相生し就是上ハ役之下（シタヤク）史（吏）心中尓間遠事觀（歡）候者茂有之一様尓難論御座候

通　曰　渡海之日拙者梶座尓居終日之間水疾不致公者初而之渡海尓水疾無之宜き事ニ候駕舩者上ハ廻り晴々敷有之候得共朝夕困（コマ）り候者炊きの煙り簀（スイタ）板之下より枚ヶ所焚立住所尓不被居上尓揚り候而茂簀板之透より嗅氣甚敷有之淦（アカ）斗ニも無之下之間ニ住候者共淦之問尓小便を通し米之磨汁魚之洗汁をも流し込嗅氣悪敷候へ共公不苦候哉

訳　答　舩尓不馴者者水疾（ヨワズ）舂と申傳枚拾里之渡海眠り通し左而已難儀尓不覚公者水（ヨ）疾連候体一向不見掛丈夫成る氣持ニ候乗舩前嚀を聞候処一寸下者鯨（鯨）之餌ニ成候与怖しき咄茂聞き又都表ニ而両班達之嚀海邊浪音不聞人水疾不致与被語候事共思ひ當り候依之信使之節枚多之暦々舩尓乗り見度との貟有之其中日本御手厚き御馳走請度下意も有之萬里之滄海大造尓聞候得共左して怖茂無之汗（洋）日和

ニ者快く覚候嗅氣悪との事船將尓申付候処淦かすり捨候節諸品之泎(カス)（滓）溜り候得者淦之入方少く相成り候与水主共申出候ニ付其侭尓相濟置候与申聞候船中之事如何尓乗頭ニ而茂強く難申付依之離宮香を側尓置き時々嗅之候公茂被用度候香氣者脾胃之補薬悪嗅者脾胃氣之毒病を引起し候心得被成度存候

通　曰　悪嗅者人々嫌拙者丁子少し持合居候間強嗅氣有之時焚用候処住所之内暫香氣有之候乍少御用可被成候

訳　答　丁子者致上氣候故我国ニ而一品ハ不相用嗅氣を去り候ニ付離宮香尓加へ候由其外ニも龍柱香之類尓加へ候与聞候へ共一品者不相用候如此頭を暖メ候故冷物を好ミ香類手を不離路中ニ而香悪き所ニ而者鼻尓當て通り過候公茂常尓御所持被成度候神氣を冷しめ囲（宜）敷覚候

通　曰　船之上ハ廻り廣有之通用好候へ共真中之大床両端之上より上尓大網を以捻(子)り有之却而惣棚之弱り尓不相成候哉拙者見分ニハ船底より帯廻し有之候ハヽ船之惣〆りニ可相成事与考候

訳　答　大船張之事船將尓可達迚呼出し大通官之所見如何ニ候哉船頭答船張者棚板壱枚ニ栓木一本ツヽ左右尓通し有之候ニ付棚敉尓應し候故簗（簀）板之下タ八九本ツヽ弐拾尋之間所々ニ有之上ら船底に不入してハ通しが多く候此船張惣〆り者上之大床尓候故大網之苧物を以練(子)り丈夫尓い多し候へ共惣体之船張り引〆免船底より帯廻し候ニ不及大成船之〆り尓候日本船之造り法与遠船釘少く木栓を以造立候ニ付船瓦棚板迠茂大丸太より生木壱本ツヽ故大造尓御座候大通官如何ニ我国之事情功者

尓してもケ様之所者知ら連ざ類筈上ハ廻りより見分と遠候故御氣遣被成間敷候

通　曰　船之事心遣尓存候茂御一行之為ニ候拙者斗尓不限才一氣掛尓相成候者艫(トモ)(艫)板尓梶穴(穴)有之日本船者床を別段尓い多し候ニ付氣遣無之候へ共艫(艫)板尓仕込ミ有之渡海之間始終守り詰居候処替梶之用意有之少し者安心い多し堂流義ニ候已前信使駕船之内梶を損し渡中ニて抜替候由聞及候其梶穴(穴)漸実(ミ)木之通る程有之を穴(穴)より無雑作尓抜き替へ無滞往還相濟候由ニ御座候

訳　答　我国之船祇木(カジ)之置所不丈夫尓有之候故中往日本船之如く釣梶尓仕掛候処過ち在之近年如前仕来り別条無之候船將の曰く船之事決而新ニ不致と一国之老人共申傳候其度々雑費増候様聞候而茂前より慥成事職人之手能内尓有之候此度茂百姓之公役惣体ニハ万人茂越し候

通訳酬酢　肆　外国之部

春日永之時通訳差向出會之席

訳　曰　雨夲東（ウサムドグ）（朝鮮雨夲東五郎公を称名して此唱尊候）之語尓日本之繁芈（華）ハ大坂城日本繁昌之地者長崎嶋と聞傳候公者長崎表尓多年之在任と聞候阿蘭陀（陀）人之躰如何ニ候哉

通　答　阿蘭陀（陀）人ハ惣髪白く鼻高く眼丸く聲濁り不祥惣身之服白き絹物ニ而色遠無之牡丹掛ケ尓して手足膕（胸）背共ニ牡丹一通りツヽ有之候へ共小用を通し候時片足を高く揚ケ犬の欠尿（カケバリ）尓似寄り候阿蘭陀（陀）を朝鮮人多者紅毛と唱へ候得共紅毛人者中路より掉銅一本ツヽニ而雇来り惣身黒く着物不着水練尓達者成るもの共と聞候数万里之路レ（ママ）海故水切候時者海底尓入り清水越汲取来候由ニ候

訳　曰　已前我国へ阿蘭陀（陀）舩致漂流候処浦内江寄セ不附追拂候ニ付夫より阿蘭陀（陀）と数百年不和ニ相成居候長崎表ニ而我国之漂民を見て悪き振舞不致候哉

通　答　朝鮮与阿蘭陀（陀）不和之様子兼而聞及居候其砌りニ而可有之已前日本ニ来り朝鮮国を我々手ニ而掠メ取り進上可致と云候へ共日本之御返答隣交之国故変有候時者救を茂可遣国柄ニ付聊不及其儀尓と公尓被差置候与聞候御隣交之厚事蠻国ニ茂通り居両国之光り尓御座候

訳　曰　阿蘭陀（陀）者怖き者共と聞候如何程之館尓被召置候哉

通答　館御設不被下其身共入料を以出嶋尓旅館設居候船之長さ凡參拾尋茂可有之左右尓石弩(イシユミ)数挺仕掛ケ船之出入数挺之石火箭打放し煙立候間ニ帆之揚卸しい多し候長崎着四五日前より弩之音聞へ拾里近く（朝鮮百里）響き聞候船ナ内尓畠有之上尓て水を遣ひ砂越(漉)ニして船中数日滞り候而茂水之心遣無之様との事ニ見候

訳曰　諸戎多き中ニ而茂阿蘭陀(陀)程怖き者無之候を通船之御免有之日本之御威勢奉感候料米等之品持来候哉

通答　穀物不食小麦類と見候バンと云ものを食ひ是を煉(子り)て一日尓一度給候肉食強不好牛羊一二疋船中より飼来り居候拙者彼等可旅館ニ而牛肉を給見候処爰元之品与遠味無之候

訳曰　長崎ニ而彼者共我国之者を近く見讐を含候体無之候哉阿蘭陀(陀)人寿命長く有之候哉

通答　悟(サト)き者共故御隣交之厚き様子を知一向不相障此方様御屋鋪与阿蘭陀(陀)之旅館川迎尓有之候へ共彼者共一切外尓出候事無之雇来之紅毛人身軽ものと見へ家之上を鳥の如く走り廻り上より瓦を打割り礫尓して双方驚(警)固人之透間を見合投遊候ニ而此方様御屋鋪より　公義之驚(警)固衆方へ掛合有之候故募て猥り成義無之日本向漂民共尓至る迠御厭ヒ被遊候段阿蘭陀(陀)紅毛共能々相察し居候而讐らしき体見不請候或日阿蘭陀(陀)之旅館ニ入り年比四拾才斗之者ニ年越問ひ候處通官答候者此男拾五才ニ候弐拾才迠生候者稀成る事ニ御座候与云予其故を不知委敷問し尓通官阿蘭之暦法一年を春と定メ二年目を夏と定メ三年を秋ニ定四ヶ年目ニ至り一ヶ年尓積り候故(ママ)弐拾才之時八拾才ニ及

候故様子と年と大尓遠候与申聞候

訳曰　阿蘭阤（陀）人江戸尓通候事有之候哉琉球人者比（北）京ニ而見候事在之長崎表尓旅館設有之候哉

通答　阿蘭阤（陀）人三年尓一度ツ、江戸表ニ致叅勤候へ共道中少之御馳走無之自分之雑費ニ而往還相濟其上通官及案内之小役人沾賄い多し信使之拵とハ雲泥之遠ニ候琉球人之館長崎内尓無之廦（僻）州之御支配　公義御代替之節信使跡（後）薩州様被召連関白より之御馳走海路共尓一切無之御隣交ニ付而者我々ニ至る沾蒙御蔭難在事ニ御座候

訳曰　南京人舩之体人相茂能々存候へ共人心者遠内之儀彼地尓多人数来居其中ニハ日本人与争論等不致候哉

通答　南京舩数艘長崎表尓毎歳致往来候ニ付朝鮮江漂流之舩時々有之候尓粮米水木而已被與之由聞候南京人日本人与昼夜之出會争論之沙汰不聞候他国之人故日本之下人少々之事者相堪へ濟候長崎表之事廳司之（御奉行之事）御捌尓在之候其下ニ而者彼地定住之代官有之惣而之扱方年番ニ被仰付候大体南京人之振合考見候処　優（ヤサシキ）ものと見へ朝鮮人を見掛候へバ側近く来り何と屋ら娓氣ニ頭を撫で頻り尓愁傷之体見候上官之人者高驪々と呼り優き心中を察し候へバ実ニ茂哀連尓候頭を撫候事者昔之姿を思出し候与見候是等之旧情御隣交厚き所より其身共之躰と遠全き人尓逢多流振り形り目前ニ見及候漂民共帰国之上右等之咄し御聞不被成候哉朝鮮人日本之内尓来り候上者呉国人尓致出會而茂少し之御氣遣尓不及候乍併外国之内朝鮮国尓仇を構候国無之候哉御実話承り置度候一昨年予

在任之時牧能島上ミ之口龍臺尓呉船壱艘漂着い多し居候處何之御備へ茂無之呉船者無巧(タクミ)者と思召候哉此方様者貴国尓對し其節武官枚拾人館中江差渡し被置候呉船漂着之節御斗方兼而承度御座候

訳(ママ)答　〇(ママ)ニ為問情東萊之内裨將釜山之書手訓導〇(ママ)一其節并小通事両三人近村之老人四五人呉船ニ取乗り問掛候処他之言なくイゲシユ〳〵と斗り答候一向何共不相知其内壱人マツマヱと云候ニ付日本之松前人ニ而茂候哉と考候へ共日本人之体尓無之人枚を揃へ見候處八拾人程乗組居商賣体之品面り尓不置船底尓蔵し居候と考候暫して牛を指し口尓當て味候様子を見せ指を十ウ折り口ニて風を吹き出帆之体をい多し候ニより水木を與へ料米人枚尓應し與へ候上致出船候

通曰　問情人枚之内老人御加へ被成巧ミ有るものニ候盤老人より先尓手を下し可申老人等能き御遣所御尤之儀ニ御座候イケシユ与云候事イギリス之事ニ可有之魚(ヲロシヤ)西亜(魯)の文字ハ聞及居候貴国之音ニ而者魚(ヲセイア)西亜(魯)ニ而御座候外国之内凡當り字候ハヽ為御知可被下候

訳答　外国之當り字一向不委長人国小人国女人国蝦夷西洋国抔之字折節見及候而已ニ而枚多之外国文字不通之国多國名尓應し学者文字使有之當て尓不相成与考候

通曰　朝鮮國者北之方斗り女真尓地續き東南西之向キ海上を受候故呉船之漂着可有之ハ勿論已前より相替り候船来り国を窺候儀無之候哉呉船ニ付別段武備無之様子不審ニ候呉船与申ものハ呉宗を進メ込己可国風尓可致所為ニ而諸国を経(へ)廻り候者と聞候此等之宗旨国之角尓残居候もの無御座候哉

訳答　東南西之方海向ニ候へ共東南者日本之方角呉船不来南西者唐土之方角故呉船不来南京船日本尓通

行之時漂流時々有之候へ共水木相與へ候而已ニ而外尓手入無之北京之方へ出帆後使臣之席(序)及案内候一昨年呉船漂着之節對ゞより武官被差渡御源(深)慮之段都表尓申登有之候處追々被差渡候兆(キザシ)無之哉与被考候様子有之朝廷之稟議一天下漂船者有る内ニ付水木を與へ一日茂早々出帆方取斗候様との事被申付殊更已前全羅道へ呉船漂着い堂し地方官(地頭之事)より道尓急觸を廻し軍兵枚多招き集候付一道不一方騒キ立候處無程致出帆後ニ而其所之地方官流罪被申付全羅道之監司退職尓相成候呉船而已ニ狼狽(ウロタエ)江一道不残騒立セ其船之虚実を不糺軍兵を起し国中乱ニ茂可及沙汰も有之不勘弁之心得一船尓千人ツヽ乗来ても拾艘尓壱万人尓不過と有之其後之心得一国中同様ニ相成唯國内安泰而已専一尓被守候風俗尓御座候呉船漂着之儀者住古ニ茂例可有之候へ共我国之法令他国之船江乗込不申様嚴制し有之候ニ付呉宗之者尓被進込候暇決而無之呉宗之沙汰国中角々ニ茂無御座候

通曰　對州之船者他国船尓無之候哉左右道ニ而本船尓乗込長話い多し(候)人有之候尓無御勘弁御論ニ候呉宗之者子孫も無之事哉与疑慮い多し候

通曰　對州之船呉国船尓類し可申候哉惣体他国人与交り馴々敷長話筆談等い多し候事禁制之品有之潜商筋尓御座候哉委敷聞度候

訳答　我国之人心疑慮多他国之人を語ひ内通之計略ニ而茂不致哉与探りを入連候ニ付人々怖をなし慎ミ候呉宗之者入来候沙汰往古より無之逆賊之止(企)間々有之依之疑之端尓成り外国之人与交り候事聊

人目尓不掛様い多し(候)宗旨之事不委皆人念し候者觀音釈迦阿弥阤(陀)ニ候老人共者寐起尓南無阿弥阤(陀)
佛を唱り候逆賊之疑強吴宗之論無之爰を以宗旨之事卆御詰メ被下間敷候

通曰　吴宗之者北方之立入候儀無之候哉女直邊ゟハ陸地續候故不意之御備へ無御座候哉

訳答　不慮之備へ北狭(狄)之者立入候ニ付吴宗之堅メ茂有之我国才一怖をなし候者北方ニ候往古者日本國
ニ候處壬辰年乱後より御隣交及数百年一天下大(太)平之御代尓相成候付持国之備へ追々堅固尓至り
候へ共國内尓不慮之儀時々相生候故他邦之人と交り乱を起し候事可有之哉との疑有之候ニ付公与
実論他尓漏連候而者以後睦敷難交意御察し可被下候

通曰　北方者白頭山を限り北兵使并ニ虞候之備へ有之との事聞及居候得共北西之方戦船(バンセン)之備へ有之と
不聞西北之詰り都より凡何里斗り有之候哉

訳答　咸鏡道者八道之内官少く二十二官有之景尚道七拾一官之積を以被察度候二十二官之内八九ヶ所僉
使郡守縣(縣)令者五六ヶ所ニ而萬戸弐拾ヶ所武官多人数有之候此外境目之所権官弐拾ヶ所被置候
但僉使者一城之守護萬戸権官者小城之守護文官者纔被召使咸鏡道内者喧啈(嘩)之仕勝尓有之候
間軽官之武官数多被召遣来候

通曰　北西之方詰者義州と聞へ北之方詰者鐘城と聞候白頭山を不越しても山之裾尓廻り道可有之鴨緑江
を御渡被成大造故船渡之所別尓無之候哉

訳答　白頭山之左右西者鴨緑江尓流連北者豆満江尓流連鐘城より女直之渡し一里斗有之由此流連北海近

候故洲少く双方共川渡之舩無之候
北方之者白頭山此方へ立入候との噂有之此邊ニ太キ城郭有ると不聞人蔘之事ニ而来り盗取候由咄
し有之鐘城より北方へ之川纔一里隔候所尓両方ニ渡舩無之とハ不審鴨緑江之渡りも一里内外と聞
候へ共此邊ニ茂常尓舩渡し無之候哉

訳答　鴨緑江豆満江共尓舩ニ而往来此方より制之有り候已前彼方ゟ乗来候ニ付人夫を潜尓遣し川下尓突
流し候事時々有之其後ニ至り筏(イカタ)尓乗来り拾人弐拾人立入候事有之是又潜尓突流し候ニ付白頭山
之裾を廻り五人拾人ツヽ立入候処後ニハ枚百人陸地より立入候ニ付北京江遂案内制し有之候故近
年咸鏡道之内騒働(動)少く候

通曰　女真之北尓夷之国有之候哉此女直凡程(何)之国と御察し被成候哉日本ニ而朝鮮之北者女直と云女真と
云區(マチ)(區)シ々ニ候文字之間遠又国遠候事共ハ無之候哉

訳答　女真者朝鮮之継き女　真(チヨク)(直)は女真之継鴨緑江へ少し之出先キ有之と聞候依之北方惣体を指して女
真と云習し我国ニ而是を北狭(狄)と云候廣太(大)之国と聞女真之北狄国与聞候厂女直より初秋ニ至り出
立候与見江候北京之空厂の往来我国程繁く無之厂南尓赴と有り北之詰り大槩此等之積りを以女真
之体察し可被成候㺚狚(韃靼)者平安道西尓當り候遼東者黄海之西尓當る蝦夷者江原道東北尓當り候此方
角より呉舩之漂着一切無之候全羅道者西南を受候故此道呉国之漂舩時き々有之候

通曰　咸鏡道者呉境之地續尓候所流人を被遣頃日之御論ニ者他国人尓親く交る事謀叛尓被疑レ候与有之

者不審之論ニ候

訳答　欝陵嶋斉(濟)州者嶋数多キ中太き島ニ候得共流人配流無之者竹嶋者元于山國与云斉(濟)州茂元漢羅國与云何連茂別國ニ候処三韓後朝鮮一国尓詰候故此弐嶋我国より百里之波濤隔り候故配所之沙汰尓不及加之両島共尓米穀不出来之土地欝陵島者無人之嶋彼是を以已前より配流人無之斉(濟)州者我国之名嶋ニ候得共土産少く候

通曰　名嶋とハ何を云ハ連候哉斉(濟)州之漂民共已前ハ全羅道内之者与答地名を顕尓不申所近年者江津順天与問情尓答候ニ付訳有ル事与聞候多年探り問候処已前日本船漂着之時船具荷物等不残奪取り候与聞候其身共日本之地尓来り心中尓恐連如此答候と察し居候処近年追々流連来り日本ゟ御丁寧尓御扱被成下候ニ付中往不怖候へ共元人柄悪キ嶋と聞へ候両三年前斉(濟)州旋(旌)義之縣(縣)監内室を連連漂着有之ヨ旅館ニ而懇尓取扱帰鮮之上都表ニ而御丁寧之御扱為消日碁相手被遣候与の噺等為有之と聞き及候

訳答　名嶋与云候者斉(濟)州之漢拏山者高山ニ而白頭山と釣合候山者此山外無之山上より見渡し候へバ三國一覧之嶋ニ候東者日本国を見渡し西者唐土を見渡し北者朝鮮を見渡候ニ付一嶋三国一覧之土地尓候得共嶋中ニ浦津無之候故三國通船不相成四方渡海遠く島之近邊波高き故唐船も不乗掛前比日本之大船乗掛及破船ニ其節者荷物不残取り集メ薩州之漂人送り来り公者問情尓被越存茂可有之此島人之出生少く人氣悪候ニ付近来縣(縣)監ニ達し諭有之候故漸此比人並之者ニ移候

通曰　嶋之程何程ニ候哉定而土産沢山尓可在之猟事者宜き所柄と察候日本之内近く見へ候者何国尓當り候哉

訳答　齊(濟)州之長ガサ凡拾(日本之)餘里と聞候土産少く候得共四方海邊故鮑餘斗ニ有之生海鼠茂少々有之鮑之太者串乾しニして致献上候大竹有之国中笠用ニ遣候間細く割裂き買出し候

通曰　齊(濟)州之内一ヶ年中之鮑朝鮮俵百俵ニも相成候哉煎海鼠之數弐參百俵尓至り候哉

訳答　鮑之出方俵数とハ不存寄日本之塩俵尓少し太く拵へ百俵内尓可相成歟四方海邊故生海鼠有之候而茂纔之儀ニ候大竹茂四五寸周りより太き品無之と聞候我国中丸竹用候所無之割竹外不持来候此嶋南尓向秋比海上穏成日五拾里斗ニして山見へ候由對州与五島一向不見由ニ候此嶋内漁りい多し候へとも鱈青魚靏鴨之類無之候

通曰　往古北京江之通路黄海道之内より船ニ而往来有之今陸地尓相成船之通行公私無之候哉潦(遼)東之海邊見へ渡り可申考候咸鏡平安黄海邊之近夷小船ニ而漂着可致已前海賊船朝鮮ニ来り候咄無御座候哉

訳答　海賊船者乱国中之事惣体我国者先崎荒瀬多候故大小船地方尓乗掛候義無之潦(遼)東邊ゟ小船漂着之儀無之日本往来之唐船全羅道尓漂着有之候へ共買賣体之噺茂他国人尓不致潦(遼)東之前東南尓當り田横嶋有之候へ共我国より西之方山一向不見候絵圖を以考候へバ大國(カラ)ハ可見筈尓候得共向より向之山決而不相見候

通日　呉国船漂着之事不用之論尓候へ共往古蒙古人佐須郷之浦内尓敉艘乗来り日本内所々尓着對州ニ茂来候処揚陸之様子有之候ニ付不残討取り船者焼捨濱邊尓寄り候木佛拾餘り今以其所之寺ニ有之候其後蒙古人敉百万人筑前之国尓来り候處一騎不餘被討果帰船之沙汰無之其後此等之船日本之地尓不来蒙古者無海土地と聞候ニ船ニ乗来候者不審之至ニ候公之論ニ茂西北者小船之通路無之与聞候ニ蒙古船ニ乗来候者不解儀ニ御座候察し候ニ朝鮮国与蒙古者地継と聞候朝鮮之海邊より可乗出外無之潦（遼）東者朝鮮と波路大ニ隔居候由旁以不審之儀ニ候朝鮮之内何道より乗出し日本尓来候哉往古之論不用ニ候得共昔語り聞度御座候

訳答　我国内より日本尓向ひ致發船候所聞不及候彼唐之太宗朝鮮国端より端迠被責（攻）来候得共日本国ハ堅固之国武威盛ニ聞へ手差不相成与諦メ有之候ニ朝鮮国より蒙古日本ニ渡候との疑論不存寄候我国尓敉百万人入来候ハヽ、先き尓我国を可侵怖キ論ニ候

通日　鴨緑江之川裾浅く小船之通行不相成由聞及候夫尓してハ其比蒙古勢強き故其氣尓随ひ此地ゟ船之造費等被償候事無之候哉

訳答　蒙古之論始而聞候我国旧記ニ一切無之獶狚（韃靼）之地廣大与聞候而茂人物他ニ不出日本之方角不知筈尓候処唐之太宗北狄征戝（伐）之時分被追詰潦（遼）東尓迯出潦（遼）東之西南田横島之邊より船を乗出したる故ニ而ハ無之候哉太宗者朝鮮国中被打通既ニ日本を見渡し絶景（影）嶋（牧之島）尓被渡尓今太宗臺と云所此嶋内ニ有之候秦之代方士之語ニ天下尓蓬萊山有ると唐ニ而云傳候ニ付太宗蓬萊山を望被見候事と聞候

通　曰　其(ソノカミ)往唐より白楽天舩尓乗来り日本之漁夫尓逢ひ和国之箏(弄)を聞き歌語之意を聞き感して帰唐有し
との論有之候

訳　答　拙者茂和歌之意致感候事有之去比童子之唄尓餂(鮎)者瀬尓住ミ鳥者木尓止流人者情之ト尓住むとの
歌語慈味深く覚候

通　曰　女真之詞通し候人有り候哉其外㺚狚(韃靼)邊之者往来尓詞をか王し候事無之候哉

訳　答　女真之詞者素り我国之者呉国之詞云ひ不習様ニ制し有之候

通　曰　前方ヲランカイ朝鮮尓攻入候事有之と聞候近年ムスコウビヤ東北を侵し候与聞及候女真之邊越侵
し候沙汰無之候哉

訳　答　ヲランカイ者蒙古之俗類女真之者をもヲランカイト云捴而北狄之事奴漢と言候（奴漢とハトイノムと云我国より悪口ニ唱え候）北方尓何之沙汰も無之外国之當り字為御知可被下候

通　曰　几良哈(カイラハブ)ヲランカイ莫斯歌未亜(マクサカミア)をムスコウビヤ与見及候他の文字不委其内考へ當り可申述候

訳　答　我国物事不委北方之夷を指し奴漢与斗り云觸し居候

通　曰　繪圖を考候尓福州与有之太き國尓て海邊遠有之女真之隣り尓候哉

訳　答　西之方者北京之輪内ニ而福州者平安道之北尓當り候其間尓女真之地入り居候与聞へ此外之北狄無
用之論ニ候御隣交諸戎尓知連通朝廷初頼母敷儀ニ御座候

通　曰　朝鮮者六性(姓)と聞候得共種々性(姓)多有之呉性(姓)之委敷為御知可被下候就是呉宗之者呉(夷)狄より入込無之

候哉

訳答　呉宗とハ何事ニ候哉人々其性(姓)有之呉性(姓)之事ニ而可有之朝鮮之國法八道尓定り候時より何道何州何郡之姓何氏与云ふ事不分明して者何地ニ茂長く住居不相成候得共変村之度々根元引合候事自然与大様ニ相成り種々性(姓)茂変し大唐乱之砌り逊来候人之性(姓)茂有之逐年多性(姓)尓至り性(姓)之多ハ國体可恥義ニ候呉宗之論者先主之事ニ而可有之先主と唱候者位裨(牌)之事ニ而軽き士民茂先祖代々血筋を書継き其人之業を明カ尓記し候を家別棚尓居へ置敬之候系圖無キもの末孫ニ至り名士出来候而茂昇官之障り尓相成候

通曰　天主学(キリシタン)之論聞し事有之昨今其餘族可有之何様之儀を常尓取扱居候哉

訳答　天主学(キリシタン)者別尓学冊為背之との噂而已聞傳居候此書冊已前取扱候者有之嚴敷制度被出其冊類悉(悉)く焼捨尓相成る其比之噂尓天主学ハ日々金降り来り身分自由自在五丁拾丁空を飛廻り候事有りと云觸し近年者巫女(ミコ)之祭も少く詑(託)音(ツケコト)等之事迠中以上者一切用ヒ無之畢竟如此事魔法与被定候ニ付中以下重病住所祟り有之候而も潜々取扱巫女尓詑(託)し候事稀尓在之惣而呉法之取扱國内堅制し嚴重尓有之邪法之沙汰一切無之候

(通訳酬酢　伍　乾坤之部)

(前欠)

訳答　献物ニ紅蔘枚百斤其外皇帝御食用之米我国より献し候処近年道中雑費多候故漸々相減新ニ紙類取揃有之遠路故道中之弊へ厭ヒ被下諸戎之貢粗(租)聞合候處所々之土産仰山之品者北京より減少有之由相聞候我国之■(土)産聊之儀ニ候処帰りニハ緞物を賜り其品禮曹之康(庫)ニ納り居候

通曰　北京之暦御用無之与聞候へ共弐拾四医(気)七十二医時刻間遠候事者勿論北京之方氣向(候)之廻り可■カル閏月大小之違北京之釣合差支へ無之候哉

訳答　暦之大方日本北京朝鮮茂致符合候得共日本之暦ニハ日月之蝕顕し有之と聞候北京我国ハ天変与心得皇帝ゟ王医迠當日膂(齋)有之我国両国間ニ對し重キ御用接待等之儀茂遠慮在之日月蝕之事八道監司ニ主君御膂(齋)之為知有之候

通曰　日月蝕之象左程重御慎有之候ニ貴国之人之諺(コトハザ)ニ日蝕之時槃(盤)(タライ)尓水を入連写し見れバ犬可切て喰と云ふ語を聞主君之御膂(齋)ニ不懸俗話ニ而茂天象を不畏國民之意不都合之至り候猪(猶)亦三公を(両議政 領議政)三台星ニ象ると云語有り是天を不尊王医之國ニハ潜称之意ニ不候哉天象を以御国政之譬

間々相聞候破軍之七星弐拾八宿茂何々之府司ニ當り候哉日本向重職ニ被差下候両班(レキ々)を別星与被唱
日本国ニ被對候別号ニ御座候哉

訳答　破軍之七星ニ象り候者備辨司(此府国之功臣老臣之集り所此府決断之上主意ニ入候事のよし)　六曹ニ而時日之運(ハコビ)ニ随ひ劔先を考國之東西
南北ニ向他国之掛合才一之司ニ候故六拾已上之老臣集り被居若キ人ニ而茂勤之品ニ依り備辨司ニ
被居候其外二十八宿ニ當り官府有之此外不時之勤ニ赴キ候を別星与云候

通曰　貴国之御政度天ニ表し有之との儀日月之廻り順路ニ候得者氣向茂夫ニ應候へ共空中ニ風雲起り
正天之日月越覆ひ蔵(カク)し中間之氣疢ニ依り日之内月之内幾度茂照り曇り有之民之害を成し穏成海
上ニ風波を立テ両国之通路障りニなり或者舩をも損し兎角中間之者程巧ミニして怖きもの無之候

訳答　中間之悪鬼我慾ニ譃(ホコリ)（誇）り候者誠ニ迷惑ニ候就中我国之風俗空中之邪氣不絶照天越掠メ覆ひ下ニ害を
成し漢水(アマノカハ)之隔有ル牽牛織女之楽を妨ケ中間之曲者之邪氣勘弁才一ニ候

通曰　中間之邪氣左而已憂ニ不足下より見通し候得者不時ニ黒雲起り照天越一時之間掠メ候へ共一片之
清風ニ被吹拂乍(タチマチ)チ行所不知消へ失候

訳答　清風何方より起り候哉不知預メ上より明成る目鑑被用度義ニ而者無之候哉

通曰　清風之起り所実直ゟ出邪氣を吹拂候へバ誠信も相立両国間能々見へ渡り候扨又上之目鑑ニ曇り有
之而茂時々摩(ミガキ)キを不用時者下タ之目鑑ニ不及上よりハ中間之雲霧(キリ)ニ被庶(サエキラレ)（遮）見通之光り闇く下よ
り上を見候得者朝夕天氣相見へ雨雲立候時者致雨具用意候爰を以論候得者下より之目鑑田（宜）キ様

ニ覚候

訳答　日月之光り空中之邪氣ニ不拘一天下ニ照り輝キ中間之邪氣永く障(障)りニ不相成自然〳〵と光り通り候乍去晴天ニ暴(ニハカニ)風雨起り其時ニ至候而者下夕よりの目鑑早く見通ニ相成り雨具之備へ尖ニい多し候間面り相凌候へ共中間之邪氣片時茂不由断候

邪氣怖るゝニ不足公等之語ニ妖ハ不レ勝レ徳与有之是者魏之楊修可諌メ大人之徳小人者小人丈之心得有之予枚拾ヶ年在館朝鮮之氣灰ニ馴連邪氣ニ不被浸候者一日之内冷暖両三度ツヽ摸(カハリ)(換)候得共其度々無由(油)断衣服之抜キ着い多し強く邪氣ニ不當候者身不姓(精)ニ不致心掛故ニ候氣向者所々ニより遠候得共朝夕空を詠居候へバ雲之起り相見候公都ニ而朝夕之詠ニ雲立登り候事共御覧不被成候哉

予絶景(影)嶋ゟ雲起り候事を現ニ見候　委草梁話集ニ出し爰ニ略ス

訳答　夏向者水氣強候ニ付都ニ而者北之方三角山南ハ木覔山東ハ峩嵳山西ハ仁王山より雲起り候得共全体之雲枚里ニ及候を不見景尚道之大山其外雲立登り候者山氣強キ山と云候へ共現ニ見候事無之海邊者瘴氣多キ故雲の如キ模様在之候へ共全雲を不見日本之冨士山ハ天下無双之高山昔より我国之人者云ニ不及呉国人も見及候得共北京邊ニ茂見不及殊更雲之背を見卸し候与之話有之其通之事ニ候哉

通曰　冨士山之事御問被成惣而問答と申ものハ問ゟ答へ六ヶ敷殊更予不見山故委難語日本者暖氣国ニ候處極暑中ニ茂山之頂ニ雪積白頭山茂積雪之由高山ニ候大唐之泰山嘸以高く可有之北京之地ゟ見渡

候様可在之北京之道中大山如何程有之候哉日本冨士山雪之解雫大井川ニ流連信使之節御通り御存之前（所）ニ候北京道中ニ大川可有之河より龍之登候噺唐北京之間語無之候哉

訳答　河邊より龍之登候話不聞候得共海邊ゟ龍登り候事我國内ニ有之則釜山浦内龍堂と云村和館之向ニ有之数百年前之事ニ而其後何地ニも無之候得共黄龍青龍卧龍登龍之西有之天下貴之候我国龍之姿大旗ニも用有之日本内ニ茂龍之登多る所有之候哉

通曰　海邊所々ニ有之と聞候晴天ニ而茂俄ニ風雨起り黒雲海上ニ下り来り海水を曳揚ケ候得者四五里之間泡（ウズ）（渦）巻凌敷有之中ニ龍之体見江上を差て登り候与之話時々在之其近邊ニ大船往来い多し候へバ其所ニ曳寄セ空中ニ引上り候事有之舩乗ニ致用心候義ニ御座候是を龍巻キと云去比之咄を聞ニ京都ニ有福成ル人快石（ボンセキ）を翫（モテアソビ）（翫）候ニ或時此快石ゟ龍登多るとの話有之少し水氣有之候得者力ニ相成候ものと聞候日本ニ而者登龍之沙汰時々有之由ニ候

訳答　龍之貴ハ一天下同様之儀ニ候処日本国者登龍時キ々有之与之語目出度國ニ候我国中大厦（ヲヽイエ）の梁（ウツハリ）ニ青龍黄龍を西キ天子を龍ニ表し候得共我国一通之心得を以大旗小旗等ニも縫候へ共龍ハ魔拂与唱候公者龍之徳何と御心得候哉

通曰　龍之事如仰天子を表し候事と聞候処龍之徳御問被下西を以可評候龍頭勢ひ強く尾ニ釼を持者下ニ至り滅（威）光越示し頭者人中之頭故是ニ表し候事共ニハ無之候哉龍之躰者西キ有之愚痴之舌頭ニ評候へ共電之体朝鮮之西柄ニ見多る事無之空中を鳴り候時ハ天働（動）と云地振（震）を地働（動）と云ふハ天地之

訳答　大槩ニ候得共電（電）雷之文字通用有之形チ有ル故西無之候ハ、雷之評聞度候下々之誓を立候時此事間遠候時者天罰を蒙り雷ニ打連可申と云西無之候ハ、俗説之論聞度候

往古より誓言ニ天罰与申傳候者天より火之塊（カタマリ）り来り極悪人打殺候話有之爰を以悪人を指して電（電）ニ可打タル抔と當今沾茂云馴候我国儒道之論聞候ニ様々評有之中ニ天地之間氣を吐キ陰火集りて陽ニ冒（オカサレ）連空中ニ聲を發共云形チ無之ものと云へ共俗説ニ雷光將と云鬼神陰火を司故稲光りを先達テ續て聲を發与云傳候

通曰　雷光將を鬼神与被論其鬼神之形如何体之者ニ候哉電（電）雷之評日本ニ而茂様々有之聖賢之教無之候哉無用之論怪録茂楽故雷光將与名号有之候ニ付雷之姿与覚候故俗話之実論是非共聞度候

訳答　雷光將之姿面荒く連骨節高く凶悪ニして常ニ鉄之棒を持或時者変身して壮年之美男ニなり其身ニ害及候時者乍チ蛇類之虫ニ変し蔵連難を辟ケ候与聞西姿書出候ハ、姿体可調候へ共我国之風邪説を翫（モテアソビ）（翫）候へハ時勢ニ依咎メニ逢候故浮説而已ニ候

通曰　併し雷光將与書候へバ雷之事ニ可當候人ニ罪を當田畑ニ飛廻候話無之候哉変身自在之者ニ候ハ、言語可通夫等之話無之候哉

訳答　昔悪迂（逆）成者候時者天帝より使与称し現ニ其者を打殺候との話国内之草紙ニ顕し有之候近年大（太）平打續キ天地茂是ニ應し天罰も現式報不望緩ニ有之候電（電）田畑人家を破候事終ニ不聞山野ニ落候事五七年之間一度有可無可ニ候日本内如何ニて候哉日本ハ東国故雷落候事可多カル察し候

通答　日本内雷落候事時々有之と聞候對州地ニ茂予覚候ㇳ一両度有之尓今大木ニ爪形之如キ在之獣之姿考候儒之論ニハ其日十二支之内空中ㇳ誤て落候と云共形体見多る人無之人ニ害を成候事稀ニ聞候日本内ニ而茂奥州者廣キ土地州府多候故夥敷鳴り廻り田地之間ニ落候事有之候ニ付領地之官（地頭之事）貟百姓之為電（電）狩（狩）を被致狩法ハ馬上ニ而野原を駈廻り弓箭を以黒雲之内より火之光り出候所ニ弓を放チ候事と聞候へ共射留候話無之乍去其後ニ者田地荒連候事少しと聞候貴国之浮説雷光將抔と有官らしきものと不聞候雷聲者血氣病之女頭ニ徵し候と聞朝鮮之女人是等之儀候哉

訳答　血氣病ニ隨（障）り男子ニ而茂家内中を怖連食中ニ箸を落し積多る柴（シバ）ニ頭を突込土足ニ而他家ニ飛入可笑事多候

通曰　浮説を翫（翫）候事咎可有之との話一時ハ理ニ似寄り候へ共然らバ神仙（センニン）之西専ら御嗜（嗜）在之此等者浮説ニ無之仙人を見候畫師有之候哉

訳答　如何様神仙（仙人之事）見多る人無之筈を往古より色々之神仙有之中ニ茂鶴ニ乗り雲ニ乗り海上ニ釼を浮ソ乗廻る西も有之候を日本北京我国迠も弄び公之咎メ尤ニ候得共何之比より神仙之西書始り候哉も不知近代神仙之沙汰無之中往迠ハ人直ニ有之神仙を好候人食物之用意もなく深山ニ獨居して終ニ獣之灾ニ逢候人も有之近年者神仙之真似与ハ八朔（馬廉の事）事与笑ひ嘲（アザケリ）り適深山巠（幽）谷ニ閑居春る身ニ而茂子孫を見極候上退候故神仙も丗（世）事之心苦不絶丗（世）の中ニ相成候

通曰　否（イヤ）左様ニ茂無之神仙越感し神仙ニ增り候人多く有之と聞候朝夕之働キ利發之品有之現ニ誉メ候

時者神仙与被称面り囲棊之手段見貫候時ハ呼呼神仙志多り〱と称歎有之新キ神仙之寄合ハ今此時ニ候御和交之餘徳を以斯致酬酢候事御互ニ新キ術を不相用古格之通直成手段を施し永く楽度御座候

通訳酬酢　伍　終り

通訳酬酢　陸　浮説之部

中年春長日之折柄誠信堂ニおゐて訳官三四貟与會談之刻

通　曰　公等之噺絶景(影)嶋ニ渡り終日遊度との談不落着話ニ御座候予此近年在館い(候)多し故嶋之事能々存居候処公等我国之名所趑(シ)(咫)尺ニ有之越不知とハ大体之至ニ候壬辰年日本之両將平安道沾被通唐大(太)宗此嶋沾被通候様相聞候予彼島へ渡候節大(太)宗臺を見度春日終日経廻り候へ共見不當残心故舩ゟ粢り絶景(影)道(島)牧島之事三里之廻り漕廻り候へ共臺らしき所見不當南より東ニ廻り候処邪(牧)島小山之出崎ニ壱丈餘り之岩弐ツ有り嶋と岩との間潮之通ニ而岩之上ニ棊盤と見へ一方之岩上ニ壱人之神仙(センニン)盤ニ指ざし壱人ハ頭ニ帽子(ボシ)を被り候体ニ見候誠之神仙囲碁之形ニ相違無之此本之小山越太宗臺与申候由嶋之者懇ニ教へ候此小山より岩沾之間三四間有之下タ者巌屈(ガンクツ)ニ而浪打掛ケ潮之往キ来不絶高サ弐丈餘も可有之中々飛行難成所ニ候処折節丸木橋弐本双(ナラへ)へ有之おず渡りおふせ帰りさま嶋之方を見候得者渡りニ四五間と覚候処七八間餘ニ見へ高サ弐丈餘と見へ候茂三四丈ニ見へ誠ニ致當惑若氣之血氣後悔之至此所ニ而諸事之慎ミ鑑へ當り候此丸木橋を掛置キ候者如何様之者之仕事ニ候哉今以合点不行候如是ニ而も此島へ御渡り被成度候哉

訳　答　夫者宜キ時被行逢候去春東萊府使大(太)宗臺ニ見物ニ被行候由定而府使之差圖ニ而丸木橋掛り其跡

之儀与考候拙者共叅り候迚其所ニ橋を掛候者大造弊不軽候絶景（影）嶋者往古ゟ神仙之住所与申傳候
近比茂釜山浦之者材木為伐此島ニ夜泊りい多し居候内或夜者空中ニ白馬を騎り山上を致往来候事
有之と聞へ山氣強キ嶋ニ候公者拙者共未見所を御覧有之囲碁を被好候ニ付神仙ニ縁有之と察候其
岩之上ニ居り所在之候哉

岩上ニ畳弐枚敷程有之其所ニ三四才之童児と見候石二ツ三ツ居り岩上ニ而神仙之形見不申二ツ者
向同士ニ立十才之餘之童子程ニ有之候下より見候時者実之神仙と見へ人力之所為ニ不相見候絶
景（影）嶋西表者館中往来御覧之通り見所無之邪（牧）馬而已ニ候森之内朝夷奈大明神之祠江有之候貴国内
之事拙者ゟ御聞被成弥敷義ニ候

訳答

左様之難所江原道内ニハ所々有之都表より両班閑士（レキ々）學士之輩態々見物ニ被叅候時橋之両脇ニ綱（ツナ）
を張り下タニハ木綿二重引渡し山輿ニ乗り丸木橋之上を摺り其先キ之見物所岩峙（サビヱ）ヘ千佛之形有之
壱丈斗下タハ岩屈（ガンクツ）立流水を見下し此卋（世）之心地無之と聞候大岩ニ目を溜（ト）メ候ヘバ文字之跡有之由
面り釜山永嘉臺風景之名所東萊府使初都表ゟ暦々達下来之夜遊ニ者濱邊ニ焚火を連子（ツラ子）被慰候我国
名高キ月見所ニ御座候往古日本より入唐有之中ニ有識之官員此所ニ滞留有り欝氣之餘りニ哉月夜
ニ日本之方見渡し帰朝之心起り候哉和人之詩歌有之との昔語り聞居候

通曰

其詩歌之唱歌御存候哉作者之姓名有之候哉

往古之記録不委詩歌と覚しきハ古冊之切端ニ有識之和貟釜山於永嘉臺月夜詠吟と有之

和多路波浪不離槎崎美禮為假数嘉也出於三笠山如月と文字見候

通答　姓名不分候得共拙者な連バ古楚是式ニ而も耳ニ溜置候
往古之記録何国茂同様ニ候日本ニ是ニ應候和歌今ニ傳り居候唐ニ而被詠候歌と聞及候へ共今之咄
ニ而考候得者正敷釜山浦之永嘉臺ニ而之事と悟り候歌之意丁度和韻（イン）ニ符合い多し候讀人殿上人
悉議篁与云御方之詠吟と有り入唐之時

和田の原振りさけ見れハ春日なる三笠能山尓出し月可もと有

歌字之續和音ニ似寄り是御覧候へ仮名之當り引合候

訳曰　和多の和の字日本之事ニ當り三笠山者富士山之㒵名ニ候哉

通答　往古日本之都大和國春日山之下タニ皇都を被居都之内ニ三笠山与云名山有り此山上ニ出候月殿上
之官人月見之遊奥有之事故永嘉臺之月三笠山之月茂同様ニ思召被出御帰り被成度意を被顕候詩歌
与考候往古日本之國号扶椽（桑）國与云ヒ大和國与云候様聞候朝鮮茂時々國号遠何国茂同様ニ候

訳曰　日本國を扶椽（桑）國与云多るとの語始而聞候天地開闢之初日之本ニ桒有りと云傳候誠ニ以て開闢初
生之國貴目出度國柄ニ候日本国高祖皇帝之御名者何与申御方ニ候哉

通答　天神七代地神五代之御始祖天照皇太神宮与申奉り
今上皇帝之御元祖ニ御座候
東照宮越御元祖ニ御立被成候事と存居候處大成心得遠日本國之皇帝敉百歳御血脉御永續大唐之及

所ニ無之誠以て天照皇太神宮萬々歳目出度御座候太宗絶景（影）嶋沾来り力ニ不及国与被申帰唐有之
秦始皇帝日本国を蓬萊國与被存込㺚狚（韃靼）邊之夷ニ命し東ニ當り蓬萊国有り此国ニ至り委く要害見来
候様命令有之其砌ハ時々西方之夷軍勢多との話聞傳候其後様々之学士をも被差渡候へ共帰唐之者
無之日本国者東海之皇帝与唱居候殊更今大清之代四海安隠（穏）ニ而も日本國ハ神霊之国天下ニ可怖
と被称就是我国他邦より懇ニ被扱加之北京之俗習ニ不移者御隣交之徳ニ候

通曰　東照宮越御元祖と御心得左茂可有之御隣交御永續御和交之御元祖故御心得遠被成候筈ニ候得共往
古日本之皇帝へ朝鮮国ゟ貢を被献候処三韓時代ニ至り無其儀候ニ付日本之女帝此地ニ御渡海被遊
三韓越責御憤り之餘り御持弓之筈ニ而岩屈（窟）多キ所之嚴面ニ約条を背候段賑（宸）筆被遊候与古書ニ見
へ候貴国内之岩面ニ文字之形八道内ニ有之との浮説御聞キ不被成候哉

訳答　三韓時代之旧記残り無之今名而已ニ而全文字無之岩面ニハ文字之形所々ニ有之乍去江原道岩窟（クツ）
多キ土地東を受（ウ）け日本国より真向ニ當り候故萬一此邊共ニ文字分明之形可在之哉不委候岩窟者
所々ニ有之太キハ拾人餘り入り其外之五人三人入候冗（穴）三四ケ所有之小さ起窟（イワヤ）ニハ虎住居候故其
近邊ニハ通り候もの無之敉百年之義多埋連岩面ニ佛体之形在之与之浮説有之而已ニ候日本内窟之
有ル所茂候哉

通曰　日本國所々ニ窟有之其内太キハ畳拾枚敷も可有之丹波州ニハ是ゟ茂廣キ窟有之と聞候往古迋（逆）賊
此窟ニ籠り居候与聞予現ニ見候窟も在之壱州滞舩之節態々見物ニ揚り山上を廻候所畳五六枚敷茂

候窟四五ケ所有之太キハ内三間ニして中程ニ明之冗（穴）有之大キ成ル岩を以造り朕者土を以埋ミ入口ニハ石門を構へ有之候人力ニ而茂候哉往古三皇之時分岩窟ニ人住候事与考候古書ニ無蛘（恙）と有り有熊氏家宅越造ら連候与十九史略ニ有之御咄を覚居候昔者何国茂同様朝鮮茂窟ニ人住候事可在之御國中ニ日本之女帝御残し有之文字之跡候べきを皆人国之恥辱と考候哉誰し茂此話不知と答公を見立実談聞度御座候過去し浮説深御慎ニ及間敷候

訳答

内者遠候而も互ニ両国間之勤故我国之恥辱者貴国之恥辱他人者兎茂角茂公与予差向之話三韓時体（代）ゟ国体色々変し馬韓辰韓弁韓夫より新羅百齊（齊）高麗となり都茂数度替り當代之初京畿道之内開城府を都とし今京都ニ相成候依之三韓高麗之廟所ニ至迠跡形無之候

通曰

古話不捨事有之候得共可捨語者是を捨候ニ信此内ニ有之候予廿歳比長崎ニ行候処彼地之人々漂民ニ附廻り高麗々々と口を掛候し可其後三十歳比勤番ニ罷越候時人則朝鮮人と云昨今者日本国中全朝鮮人与云候得共朝鮮人者日本人之事越倭人与云其上ニ茂物貨記杯ニ倭物と書キ問情書ニ倭人与頭ニ用有之貴国之風儀ニ候得共諸事速ニ無之倭之字を以多年来御国内通用有之者誠信之意御懇ニ無之朝鮮之癖（クセ）容易ニ不直風と察候倭之字往古大和之國与唱へ候意ニ應し候文字と聞へ候ニ付我国之辱と不存聞咎メ候も無之候へ共表向ニ御用ヒ無之論ニ不及候得共邊境之者共倭人と云候故拙者答ニハ日本人之外ニ倭人与云人此国ニ来候哉と一通ニ差詰置候得共貴国之人癖不面白候御誠信及敉百年ニ候処日本人之事皆人真直ニ不云折節倭人与嘲り候内心有之不宜意ニ候日本与朝

鮮御隣交一天下ニ通り居候故何与唱へ候而茂強不差支我国遠境之者倭人与不覚唱候意味公御存無之筈ニ候近年分て遠境之者漂流い多し日本之蒙御蔭候者多有之其親類ニ至り日本を貴び今ハ倭人与唱へ候もの少く候倭人与唱し起り者往古乱卋(世)之時分剛勇之倭人舩を乗来り海邊之在々　劫(ヲビヤカ)し米穀等掠メ取候故百姓難儀ニ付キ倭人者怖しきものと云觸し其中ニ分ケて剛勇成者野黨人(ヤトウジ)之組(彼国ニ而者ヤダグノム)と云百餘黨有之大將与見へ候人面皮荒々敷長ケ高く足跡太く白昼ニ其人不見候得共童子ニ至る沾聞傳候其時分甚怖をなし住家を明ケ迯去り候者多有之其比景尚全羅之邊鄙ニ而者子供滅(ヲドシ)(威)し之言葉ニ野黨人(ヤトウジ)可来ル楚〱と云多る由御誠信後此戯言捨り候事と聞候定而日本之落武者ニ而可有之候へ共始終之仕業旧記ニ不委日本ゟ迯来候人之姓無之大明時代唐より我国を頼入来候人多有之我国之性(姓)を以凡御考へ可被成候朝鮮者六性(姓)ニ候処段々増り色々之事生し内乱不絶日本之御政道ニ者可恥義御座候

通　曰　野黨人之事昔咄聞キ夫等之剛勇可有之候當卋(世)貴国内一里坵(塚)を將木と唱へ有之人之面体を彫(ケヅリ)り付柱を建有之日本人之云傳候へ者是を野黨人(ヤトウジ)と云候貴国之音ニ而者野黨人(ヤダクノム)与讀ミ剛盗者与通し候古話之意釣合候唐土之人入来候を御穿鑿(鑿)無之候哉

訳　答　唐より入来候人多者有官之人学才等有之無別意人物と聞候ニ付京城外ニ被差置田地之宛行等茂無之其人一生而已之事ニ候処子孫之内相應之人者高官ニ登候得共元我国之本性(姓)ニ無之故堂上之部ニ昇官不相成候

通曰　日本ゟ剛勇之人来候ハヽ、朝鮮ニ茂剛勇之人可有之国中自由自在ニ働セ可被申様無之熟ツラヽ（熟）案候得者朝鮮内悪黨之者共盗を企候ものニ無之候哉乱帝（世）之砌故日本人ニ出立盗賊之仮セ者共ハ無之候哉朝鮮国ニ百人茂集り野伏等之大盗人之類無之候哉狗盗之類ハ不絶風俗と察候軽キ品ニ而茂下人共盗取候事時々在之致氣毒候是朝鮮之名折對州も不安義多候以後使臣御渡之節者嚴御示し被置度義ニ候

訳答　其時分者乱帝（世）之砌故日本より渡候人追々在之既ニ朝夷奈大明神之如キ剛勇不敵之人渡り来り其外五人三人十人弐拾人江原景尚全羅之海邊ニ来害を成候故對州ニ御頼有之一時平定ニ至り其後御誠信御和交之上前方之憂等追々考候処野黨人之所偽（為）沾（与）相分り頭ニ烏帽子を着顔ニ木面を覆ひ往来之道筋所々ニ太フトキ草鞋ザウリ越捨置多ると聞へ候我国ニ茂百人弐百人剛盗い多し類此（候）五六拾年前沾時々有之今ニ而茂少し此形相生候得共成丈穏便ニ被相濟不及沙汰ニ儀有之候日本人ニ仮セ出立候黨決而無之咸鏡道之者女真之者共を曳入連大盗越企候事時々有之候得共京畿ゟ東南之地此等之憂絶而無之候

通曰　御和交後御国内ニ憂へ無之との論何を以御考當被成候哉乱者何時可起茂難斗候處何を頼ニして朝廷茂御安心被成候哉

訳答　御誠信益篤之儀を以一國中致安堵景尚全羅南道之百姓ニ至日本人之姿ニ移り候様子無之故北方之風と違東南者静謐之儀迕（逆）賊之黨起り候事之心遣無之候

通曰　公之論日本向御安堵之様ニ聞へ候へ共海邊之憂而已ニ候
康煕（熙）年中國姓爺鄭森与云人大唐を働（動）し日本國尾張州水戸大訥（納）言鄉（卿）之幕（幕）下舜水先生江救之兵越
被乞日本人軍立を以大ニ勝利を被附候与之書冊有之候野黨人者如何様之人被制候哉静り方聞度御
座候

訳答　左程ニ聞度バ有様を可話候へ共他言無用ニ候何時も夜中舩を乗来民家之重物穀物を奪帰り候ニ付
民家之者共迯去り跡食物ニ置毒（ドクバイ）して殺候与聞是ら心附壬辰年乱之時此計略ニ習ひ海邊民家毎ニ
飯を焚立迯除キ日本人を枚多損し候与聞へ候

通曰　朝鮮昔者毒殺之計旦夕ニ有之怖キ御国風誠ニ笑裡ニ蔵（カクス）レ刀ヲ之出會今咄を聞公等与出會氣當強申
候ハ、御憎ミ可有之併予ハ両国間ニ死を極居候故朝夕疑無之致出會候毒殺外ニ他之斗略無之候哉

訳答　毒殺外之計略朝暮施し候公者毒氣ニ當られず寄（奇）特ニ候一切毒種之取扱無之同官中茂致沙汰候

通曰　毒氣ニ不當毒種不取扱とハ何事之論ニ候哉

訳答　毒殺毒氣現在ニ有之公毒氣ニ不當と云しハ慾心少キ意を蔵（カクシ）し論候毒種とハ銭両之取扱不被致を白

訳（ママ）答　地ニ不云毒類種々在之公幹ニ而私慾を成し候ハ人ニハ大毒を振舞候依之我国内者押出し賄を人情
与云候乍去公茂勘弁之上少々ハ被取扱度候聖質（賢）之語ニも相聞候者擧テレ石ヲ紅スレ顔（カンバセ）と有り力を
出し重キ物を持候時者面色ニ顕と云傳候天ノ與ヲ不バレ取則反テ受レ其殃（ワザハイ）与云候故可取時者取る事
ニ候

通曰　毒種之事列國時代舌害之論ニ候有様之毒種如何程被施候而茂解毒之品有之賄を人情と被号(ナヅケ)貴国内者可通候へ共日本向ニハ不通候挙名之論左茂可有之日本之俗語ニ塩斗る手を甞(ナム)(嘗)と云少しツヽ胗平ニ捨り我手之分者可甞(ナム)(嘗)外無之候天之與を不取候時者殃を受との事我身之上ニ當候安(シ)(レ)分(ヲ)守(ル)(レ)拙(ヲ)オ一ニ候慾者目前之大毒奢りも同前之大毒美妓之為千金を斃し貧者者日慾之為身を損し候貴国者已前ゟ毒害之計多相聞候外之手段無之候哉

訳答　毒殺之計種々有之表ニ顕連ざる品を以幾度も施し候ニ付前方毒種之取扱方致増長国内少之寃(ウラミ)を茂報候故国中不平近年ニ至り毒種取扱候者嚴重ニ穿鑿(鑿)在之役人之書付無之候而者賣買不相成法令ニ候乍去大平(太)打續候故毒種之上を取扱候言毒近年流行(ハヤリ)有功之人を害し老功之人をも不用剛勇をも折(クジ)キ候故言毒ニハ解毒之薬無之日本ニ茂此毒時行(好)候哉我国ニハ上下是ニ當り苦候者多候

通曰　言毒公茂御所持(予)茂致所持怖キもの朝暮取扱候得共名醫(醫)之匙(サジ)壱本ニ而治し候是迚も左而已怖るヽニ不足候日本国往古時行(好)候時代有之近代者古書之考有之時代之鑑匙(サジ)壱本段々譲り次キ有之候ニ付言毒之當不利藪醫者匙(サジ)之取扱疎(ウトク)候故言毒利候貴国之醫師者匙取扱無之と見へ言毒ニ蘊(ソ)生せざる人有之と聞候棍(ヘラ)よりも匙ニ心を被付候ハヽ言毒可治事と存候

訳答　言毒匙ニ而治流との論如何之意ニ候哉

通答　三略之内　辟(カタヨッテキク)聴則(ハ)暗(クラク)　兼(カ子キク)聴　則(トキハ)　明(アキラカ)　也と去ル年士正朴(僉)知之聞居候処其砌日本人与朝鮮人大成争論起り一方を聞候へハ理有之又一方を聞候上引合セ候処理非致明白表向御捌ニ不及双方

訳答　不事立相濟候事時々有之候扨三國志者真景有之例國呉越漢禁（楚）之内誰人公之貝負（肩）ニ候哉
諸葛免（亮）張子房韓信ハ諸人之知る處ニ候へ共韓信者功を成して亡び孔明者功を不遂して過キ張良
者韓信をも欺キ赤松ニ退哀成ハ韓信之語ニ候狡兎死ソ走狗烹（ニラル）との意現在ニも多候

通答　日本之諺（コトハザ）ニ犬骨折て鷹ニ执（トラ）らるゝと童子も吟（クチヅサミ）候予可貝肩者越国之范蠡ニ候高名冨貴之身
五湖之楽羨（ウラヤマシク）く候
范蠡之事被羨退身之意有之与察候

通答　御察通其意有之今壱人取立此業を委小舩ニ棹し老之楽い多し度御座候

訳曰　日本者録（禄）厚キ故妻子ニ無懸念今ニ而茂思立可被遂候得共我国者薄録（禄）故跡之事を氣遣ヒ勤掛より
田地を緩ニ調置度此工面勤中ニ不絶備を極候上之事故退身之座段ニ不至時節を而已相待居候
妻子之事被掛御氣ニ其慾者御同然之事其上ニも恖（愛）孫之嫁茂見度欲難離者常之情公之論不面白覚
候予平素身元之倹約い多し他之慾を不貪（貪）父母ニ別連候ニ付妻子ハ打忘連孤楽之身分存生居極楽
苴（世）界ニ趣度念願ニ候

訳答　極楽苴（世）界之話ニ移り公茂後生越被願候哉ニ聞へ老年ニ被至候与察候我国之人此等之佛説常ニ不
語拙者初識（モノシリ）り顔して過候得共日本ニ茂右様之浮説有之候哉

通曰　日本者神越奉敬次ニハ佛法を貴び所々在々ニ寺杦多有之候朝鮮ニ而者京畿内南漢北漢之大寺有之
由景尚ニ而者凡（梵）魚寺と聞へ釈迦阿弥陀観音薬師之宗旨と聞及候外ニ御国中寺杦何拾ヶ所有之候

哉

訳答　八道ニ寺数參拾餘ヶ寺有之景尚道斗ニ而茂大寺三ヶ寺有之東萊凡（梵）魚寺景州ニ楉（祇）林寺南海（海南）ニ大等（芚）寺有之候

通曰　朝廷ゟ位階贈り寺領添候寺候哉全羅道ハ往昔より呉国船漂着之土地と聞へ呉国人建立之寺無之候哉平安咸鏡之邊唐僧入来り山を開候寺一國中ニ無之候哉

訳答　全羅道ニハ二大寺金溝ニ金山寺羅州ニ雅（雙）渓寺有之一ヶ寺ニ僧四五百ツヽ有之中ニ朝廷ゟ位階被下候和尚長老抔も有之寺中ニ僧將と云有り（る）僧之武者頭ニ候軍夫ニ被遣候時之為と聞へ候海南之大等（芚）者寺領有之朝廷祝願（キトウ）所ニ候間千佛之供養其外之佛器戸帳之錦等取替被下候惣体僧徒者軍夫之備ものニて常之渡茾（世）紙漉（スキ）大工ニ至迠茂得手々々ニ免し被置候

通曰　寺々山号有り候哉一寺之廣さ何程ニ候哉

通答　大等（芚）内ニ茂僧菴弐參拾ウ有之菴毎ニ山号を唱へ或者楓渓堂と云景色を傪（像）（カタドリ）り候山号ニ候寺中凡拾里（一里ニ當ル）周り茂有之候僧徒叩鉢ニ廻り候事無之農作時分濁酒を造り田野ニ持出賣買を被免候日本向者僧徒越敬々敷被取扱何楚国之力ニ成候事候哉

通答　日本向ニ而僧徒之御扱不賤者僧百人ニして弐參拾人ハ両班之次男三男別腹之徿ニ候故俗人敬之候僧之内ニ茂高下之差別有之先祖之祭を預ケ候故各々先祖ニ對し敬候僧者学道ニ志し昇官い多し候ニ付州府郡之村々ニ一寺を居へ百姓ニ道を教へ候為ニ候へ共京都江戸大坂邊数万之僧輩叩鉢を被

免家々の門ニ立米銭を乞通り候其内ニ茂知識之僧大寺之僧都打交り身持之善悪志しニ應し敬不敬有之一様ニ難論候

訳答

公之論ニ而僧徒相察候人々先祖之祭を預ケ州府郡村ニ一寺を被置との事何国茂百姓者文盲故僧輩を師ニ被定置候者州府郡縣(縣)村々ニ至迠茂御制度行届誠ニ感し入候既ニ中昔(ムカシ)朝會之席國政之大論有之如日本国分懸(縣)ニい多し度との論有之大臣衆同意候処宰相之論分懸(縣)之治世(世)當今ニ宜候得共年久相成候へバ乱之碁(モトヒ)(基)ニ相成候左無之而茂国内悪賊多く黨(掌)を結び乱之機し時々有之国風日本人之生質者我国之生質を不知論國体難改与之論ニ決候我國理非之悟り有之候へ共國体鈍(ユルク)有之候諸論之中此等之意味此席限りニ候

通曰

日本員(員)之公乱世(世)之砌ニ候ハ、日本へ御渡込之道可有之昔し三韓乱後之時分李氏之人對刄ニ迯来候を被召置今李田某と云士官之元祖と聞候此子孫予若キ時此元江使者ニ被渡公等之先官聖欽李同知折節訓導故一日對面有之同姓之親ミ為在之義ニ候御互ニ他国ニ生候而茂人情者不捨もの去ル年相勤候講定官明遠崔知事者有信之人現在ニ昔咄い多し度存居候講定官明遠崔知事大通詞小田幾五郎幅(副)特下行廊ニ住居候処或夜明遠御構之塀忍入来申聞候者公久敷公幹ニ被苦長髪之体須𩭾(クチヒゲ)(鬚)悉く白ミ厭敷候下り合之同官中致評議拙者入来則衣服為持来候間此上ハ着被着今夜出立可被申都表ニ而者公一生豊ニ被暮候様差寄り可致扴(介)抱候道中用大銭弐貫文為持来候早々出立候様ニと存候一日弐百文之當過分ニ候

通答　公幹(御用)不成ニ候ハ、死決と存候処公等深切之段忝御座候公幹不成ニ付御救可被下底意と考候

訳答　公幹(御用)致迠(遅)滞候ニ付公を苦しめ候者拙者共之不働始終不相成ニ無之押詰致順成候間夫迠待届被申間敷公之身一箇(コ)厭り態々忍来り候故唯今出立可被申候

通答　公幹及遅滞蒙呵居候身分國を後ロ向ケ出立人ニ面を可對候哉増而公等之出會茂恥敷生(至)而無禮其上不忠不義無限候公幹一日茂早く順成ニ至候へバ公私之御恩無此上候御呵り中人与出會不相成法ニ候間情懐無窮候得共早々御帰り可被下候一別後久振之對面ニ御帰り被下候様申候事不私残念之至ニ候与述候内明遠涙を催し互ニ袖を絞り一刻茂早々御立去り可被下と氣丈ニ申候処

訳答　公者御呵中ニ候得共同官中幾五郎へ對面不致様与之御達し無之死生を互ニ決し勤候拙者共公之苦を見捨可申哉信友之信義此節故今暫止り候様可致候留守状認被置候ハ、送り可進候

通曰　御情意厚故管(菅)与難云切候得共若道中ニ而朝鮮人見咎可迷惑ス半途ニ而言語不全進退極り可申候

訳答　不日ニして可救候与云捨相別流翌日敬天玄知事訓導勤ニ付旅宿之前を通り目ニ手を當泪越拭キ候体をして行過キ其後又々前を通り従者ニ礫(ツブテ)を打セ扇を遣ひ笑ヒ々通り過キ小通事金又得(ウドク)と云者を以近々對面可致与相傳候事

彼銘々之情會言語之外連ニ氣を付身体ニ目を配し心を不緩(ユルメ)可辨事也

通訳酬酢　陸　終

通訳酬酢　柒　武備之部

通曰　朝鮮ニ而暦々之事越両班と云詔(謂)■(有)り候哉

訳答　國之左右ニ文武立並候より起り両■(班)と云傳候

通曰　文武之別チ常ニ難知官品之尊卑者素り他国之眼ニ者弓箙鈒を被佩(佩)候人而已武官と見及候仮令武官ニ而茂無帯之人者文官与而已存候実論聞度候

文武共ニ鳥獣ニ表し公茂朝夕見及有之通霸を表し武官者虎を像(カタドリ)り候ニ付勇有ても空を翔る鳥ニ不及文官者位階高候而茂地を走流獣ニ不及依之文官者霸を脊背ニ用武官ハ脊背ニ虎を用候得共公服故常ニ不用中以下之武官弓箙茂同様之事勤外常ニ不佩(佩)候故他国人難知与之論尤ニ候常ニ笠を着候人者有官之人与心得出會被下度候其中ニ茂尊卑有之候得共是等之差別公与遠委事情不知人者外向ニ明白不致環子(ミヽガ子)ニ品々別チ有之同し堂上ニ而も金環子玉環子之類色々ニ有之他国人仮初ニ難見分筈ニ候赤キ帯を堂上官と心得有度候細々難論畢竟右等之事瑣細ニ成候事茂大(太)平打續両班達其身之威(威)ニ被誇候ゟ位階之別チ種々細ニ相成各一階ツヽニ而茂官を貪り候様相成り氣毒ニ候我国如是故同官不睦事時々相生候拙者共同官内ニ茂此等之意相含公等之手前恥敷候

通曰　文武共ニ堂上堂下有之三品以上之武官ニ堂下之文官与出會之座席如何相成候哉

訳答　文武私會之時堂下之文官次席被致候表向之席堂下之文官与堂上之武官与組合之勤所無之候

通曰　武官之司兵曹与聞候得共又操扈（扃）府有之此府ニハ六曹之判書ゟ高官之御方頭取り有之と聞候何連可武官之本司ニ當り候哉

訳答　兵曹者國之備へ武官之惣司ニ候操扈（扃）府ハ國王親族之御方頭取有之御旗本之府ニ而智勇之達人集り被居又五軍門軍資監是ニ屬（ゾク）（屬）し有力之人多有之此府ゟ諸道僉使虞（虞）候相勤候人及数百人ニ候国内之兵権他ニ被奪間敷との意ニ而古来より御親族之内頭取有之候故六曹之判書ゟ権柄強候

通曰　貴国者文官ニ重職多有之国内之備而已ニ候哉

訳答　武者國内之備日本向ニ者文を外ニ顕し貴び文者内ニ備へ候と聞へ候得共武を内ニ用ヒ文越外ニ用北京向ニ者武を外ニ顕し文を内ニ用有之依之獐狚（韃靼）建州女真之備ニ者武官多用在之咸鏡道者纔武拾弐官有之候得共北兵使并兵営萬戸之勤所四拾弐ヶ前（所）ニ備へ有之景尚道者七拾壱官有之所ニ萬戸之勤所弐拾四ヶ前（所）有之左右之備へ賊船之為別ニ水使之備而已ニ候

通曰　和館之上ミ下モ越左右道与有之朝鮮ゟ左りハ何地を云候哉右茂地方御咄し可被下候

訳答　景尚道日本ニ對候故上ミを左道ト云機張を限候下モを右道ト云順天を限り候依之左右道之間ニ水使之営二ヶ前（所）有之中程ニ巨済之地方ニ統営之首官有之候

通曰　統営之統制使者外方之勤武官之惣大将重職と聞へ候監使（司）与釣合候品階ニ候哉

訳答　監伺（カンシ）（司）者一道之頭統制使者景尚全羅江原三道海邊之惣大将故外方之職分ニ而者文武共ニ同品之釣合

ニ聞へ同席之沙汰位階之高下不相知候虜候一員ツヽ水使ニ添へ有之凡僉使与同品と聞へ候此衆勤ニ差支へ有之時者統制使ゟ被兼候事有之我国之法上ハ役より下役之勤被兼候儀折節有之候

通曰　當月初旬水使添之虜候館外を通行有之一行之人枚弐參百人茂可在之大旗無之中小之旗五六拾本有之楽器常之通ニ而虜厌(候)初騎馬五六員具束有之旛持之夫迠不残致帯釼日本人腰ニ為指体ニ相見へ行列之嚴重成事巡察使ニ勝り候虜厌(候)附之運(軍)夫常ニ壱釼ツヽ致所持居候哉

訳答　虜厌(候)配下之運(軍)夫迚者百不足有之所々ニ而人枚三五十人ツヽ相加り釜山僉使之運(軍)夫百餘り相添水営ゟ此方所々之運(軍)夫可及弐參百候運(軍)夫一釼ツヽ帯候得共軍用之品官庫ニ有之借し渡し有之候水営ゟ統営ニ被罷越通行之所々人夫相増候ニ付統営ニ着之時分者騎馬并人夫迠壱万ニ可相成候釜山僉使者一段上故虜厌(候)之通行ニ出勤無之運(軍)夫斗被差出頭取者船將弐人騎馬ニ而被相供候巡察使通行之時者東萊府使釜山僉使被致出勤候

通曰　水使通行可有之候所虜厌(候)与唱へ実者水使之通行ニ而可在之候実話閒度候
虜厌(候)之通行訳有之儀ニ候我国代替りニ付運(軍)器之備へ怠り無之哉与諸方點検として水使之代り虜厌(候)統営迠被通右道之虜厌(候)同様之事故両所釣合候事と存候

通曰　巡察使行列ニハ大旛其外常体御用与無之長旛等多有之中ニ肅静之重器相見へ軍中之令物与見候得共是等之軍器統制使ハ素り虜厌(候)之通行ニ可有之品不見請候何之用ニ立大札ニ候哉

訳答　旛枚多者一道之運(軍)夫被致支配候ニ付所々ニ分ヶ用有之品追々出揃相増り候肅静之大札ハ一道之

備へものニて変有ル時者虎之西越表ニ出し大（太）平ニハ粛静と書キ候を表ニ出し通行有之統制使ニハ不用之品ニ候

通曰　軍器官庫ニ有之との儀何地之官庫ニ備へ多候哉

訳答　統営水営各鎮ニ有之候得共敉不委統営ト云共此所ニハ各別之備へ無之水営各鎮ニ集り之（候）運（軍）夫統営ニ被司軍器多備へ有之者各鎮ニ候各鎮ハ僉使萬戸之居所を鎮与唱候

通曰　鎮者民家何程運（軍）夫何程ツヽ釼鉞（鉞）之備一鎮ニ幾程在之候哉

鎮者州府郡之内ニ加り有之候へ共射夫鎮ニ屬（屬）し候故弓一■（張）釼一腰ツヽ乍不束致所持候一鎮ニ射夫十五六人有之常ニ百姓之姿ニ而致農作士之姿無之勤之節斗弓箙帯候民家之敉不委此等茂戸敉之内ニ加り候故州府郡之民家ニ屬（屬）し候運（軍）夫者百姓代ル〳〵召遣候故運（軍）器を所持候人を軍士と唱候常ニ別チ無之釼鉞（鉞）一鎮ニ百柄ツヽ備へ有之候へ共可用立品者半分茂無之依之代替之時備之分致點検され肝要之品及修履候虜灰（候）之行烈珎事官家茂大造ニ被存実者日本向ニ對し武備聲花（サハヤカ）ニ償等も有之候

通曰　射夫者郷士と聞へ先達者御直叅と聞候其外武官之官名多有之千捴百捴把捴之類何連茂面々ニ弓釼之所持有之候哉

訳答　射夫之笈（及）第者州府郡ニ而い多し先達者都ニ而笈（及）第い多し候ニ付八道を經廻り美名を顕し国中先達之先生ニ致見叅候而他郡ニ住居候事無之番所之郡府ニ致永住其身之望ニ依り其所之勤い多し勤

振ニ而先達ニ而萬戸勤候人も有之千捴百捴把捴之武名者州府百姓之小頭ニ而千捴者運(軍)夫千人を預り把捴者射夫拾人を預り荒増之官名文武之間相兼候事茂有之候

通　曰　(鏌鋣)徺皃所持候貟者何品之貟ニ候哉

訳　答　都ニ而所持候者兵曹操扈府之都提調外方ニ而統制使北兵使并水使虞(候)矦僉使萬戸船將迠ハ是非所持有之候常ニ国内ニ而者武官之銘々軍服を相用習陳(練)之時聲花(サハヤカ)成衣服笠をも餝り候得共具束不表立名有者実少く候

通　曰　武(武官之事)弁之大臣衆具束御所持可有之問ニ不及候へ共府使郡守監令者文官ニ而茂御所持可有之と考候得共東萊府使具束之沙汰不聞候処船將之端官是非所持無之而不相濟諝(謂)者如何之儀ニ候哉

訳　答　船將者一船之頭有官之人を預り至而重キ勤ニ候故品ニ依り僉使之代り相勤且船中ニ而之令速ニ届候様常ニ厚取扱有之船具等之支配者別段ニ見人命を預り重キ勤筋ニ対し具束之免し有之候

通　曰　先達射夫一国中ニ幾人程有之候哉船將之撰出し都表ゟ分付(ユイツケ)有之候哉

訳　答　先達官家(公儀)より宛行無之自分持領之田地を以銘々ニ営ミい多し候ニ付身上相應之人者致昇進候得共飛抜候人者稀ニ有之人枚之定無之年々多少有之候射夫茂同様船將者番船之枚ニ應し其所之僉使萬戸ゟ申付ヶ候信使訳官共ニ使臣見出之上申付候先達射夫豊年之砌自然と多人枚ニ相成候拙者共文官ニ候へ共楽ニ弓を引候事も有之先達外ニ克く射候人茂折節有之一様ニハ難論候手前ゟ不望嗜ニい多し達人有之候而も見出之上先達被申付候事茂無之候

通　曰　弓藝剛弓を主ニい多し候哉中りを主ニい多し候哉

訳　答　剛弓者得手不得手有之才一遠矢之當りを主ニい多し候公者此近村ニ而射稽之大法御存之儀ニ候へ共間者百歩餘りニして射人走り行て矢越放チ的ハ弐尋角之木綿幕張り射習候笈（及）第是ニ不替矢枚之當ニ應誉を取り候

通　曰　馬上ニ而射候稽（古）無之候哉朝鮮人ニ騎射之得手茂有之候ニ付騎射之稽古茂可有之終ニ不見掛候曲馬之稽古何地ニ而有之曲馬も笈（及）第在之候哉

訳　答　朝鮮之射法十間斗走り行身を労して射候を主ニ致稽古候騎射者其人之物好ニ嗜笈（及）第無之候曲馬者武官之遊稽（古）馬好之仕業馬も連々ニ仕込候依之大道之中深サ壱間斗り掘り両方ニ土を持立馬横ニ不切様騎り覚候馬上ニ而鑓打合候事も有之候

通　曰　鐙之稽古茂有之と聞候鐙ニ茂笈（及）第有之候哉人々馬之騎り方初心之内稽古有之候哉

訳　答　馬之騎様常ニ稽古不致暗雲ニ乗り覚へ候故時々落馬い多し候夫故馬ニハ口取り始終付添居手綱者用心ものニ掛居候自然与無理乗りニ乗り覚候日本之鐙と遠鐙を不踏（踏）鐙ニ足を者め候様古来より馬具之仕掛有之徒之落馬快痍（怪我）多く候馬之騎り方日本人上手与見請候我国之者ハ馬上を不辨諸事諸具共ニ自然と不姓（精）構へ候事多く候夫故落馬をも不恥候鐙者稽古之法無之弓之外ハ小料（科）之部ニ入座段祗（低）く候

通　曰　小料（科）とハ何々之稽能ニ候哉大料（科）者弓之笈（及）第と考文官之法ニ茂大料（科）小料（科）有之由大料（科）者堂上之部

小料(科)者堂下之部と聞居候武官之法ニ而小料(科)と有之者何之分チニ候哉

訳答　小料(科)者鉄炮鑓釼鉄丸之事ニ候是等武官之部ニ入百姓之公役不致卑キ官を受一州一村之庄屋之体
ニ被貴候

通曰　鑓鉄炮之大体存候へ共鉄丸者運(軍)用ニ相成ものニて候哉

訳答　鉄丸者柑子(久年母)程之ものニて投て當る斗之藝ニ候手近云ハヽ石礫ニ候才一ハ僧徒投覚居候師範迚ハ無
之下賤之者共自分投覚候我国之下々礫(ツブテ)を克い多し山上ニ小石を集置候僧徒ハ軍去ニ備へ有之僧
徒之内ニ先達茂有之候礫を打候事時々有之村地を荒し候人見へ候時拾才餘之童子等投打不知体ニ
相濟候事有之候

通曰　去ル申年之冬帰国い多し候處渡中ニて大雨風ニ逢南方之地方被吹放江原道之内延日之栗浦ニ翌日
漸乗取候処縣(縣)令と見候官員従者枚多召連来り為問情本船ニ被乗移候処壱人具束を帯し聲花ニ出
立拙者側ニ近寄り被居候得共縣(縣)令之下モニ被着朝鮮之具束被着候人物を始而近々与見及鎧之煉
方者不存候得共身ニ付候様克堅メたるものニて皃(兜)之頭上小サき摺鉢をう川むけ志多る様ニて
所々鎮鑰之筋鉄有之日本之皃(兜)茂似寄候と見請候是等之評拙者不用之論ニ候へ共具束為仕人下モ
座ニ被居威(威)勢軽見へ候者如何之訳候哉

訳答　具足越帯し候者縣(縣)令之従者ニ候故下ニ着候則縣(縣)令之具束何地ニ而も具束を帯候官員者従者ニ着
せ廻り候着用之時者尖ニ用立候との心得与聞候腰より下絲脚當等細ニ無之両腕首胴越構候斗之物

ニて左而已便りニ不相成ものニ候

通　曰　若キ時より左右道ニ節々欠乗い多し候へ共所々之縣（縣）令僉使萬戸具束持出無之候ニ延日之縣（縣）令ニ
限り持出有之何楚訳候哉

江原道延日邊者左道之海邊難所多く中ニ茂長鬐（チヤウキ）之出先キ十里餘有之北ゟ西へ之通船年々被吹放
候者公等も察し之前（所）ニ候是ゟ上ミ日本船致欠乗候事稀成故地方官之心得館所ゟ茂都之道法り近
有之候ニ付和漂船と見掛武備を餝り候事哉と考候惣体外方之勤僉使萬戸者素り縣（縣）令迠具束一両
ツヽ持越有之任（ヤク）ニ赴候官負何連も身元之従者ニ道中春可ら具束を着セ持下り候日本人者具足箱
旅勤之節持越有之と聞へ同様之儀ニ御座候

通　曰　八道之軍夫凡幾万人有之候哉

訳　答　軍夫枚不定大抵を以考を被附度候朝鮮國中參百參拾參官ニ定有之内ニ武者所鎮営ニ屬（屬）候先達射
夫等年々増減有之僧徒茂運（軍）夫ニ加り候故一官之運（軍）夫凡一千人ツヽと見參拾參万餘人ニ當り候得
共壱万弐万之増減年向ニ遠百姓之老若男女共ニ四五拾万ニ茂可及哉聊実話ニ不相成候

通　曰　萬戸以上武官之勤所鎮之枚ニ可應候へ共鎮縣（縣）之間ニ勤有之伴ニ難察萬戸者百姓之萬戸被司候事
ニ候哉

訳　答　萬戸之意其理ニ候得共所柄ニ依り百軒餘又者弐參拾軒之村茂有之其證ニハ景尚道七拾一官之内萬
戸之勤所十七八ヶ所有之咸鏡道弐拾弐官ニ萬戸之勤所弐拾ヶ所茂有之文官之勤所他道ニ多故近年

者武官交りニ被差越萬戸者武官之勤所ニ候処文官仕立之貟交りニ被差越候所茂有之時代遠候ニ付大法者定在之候得共少しツヽ之相差(マチガイ)有之候

通曰　萬戸之名目有り候貟枚多有之候者通信使之時別運(軍)官者何連茂萬戸ニ候哉萬戸勤者幾人御座候哉

訳答　萬戸者武官之名目故縣(縣)監勤候文官も時ニ依萬戸与唱へ文武相混し定枚難論候其所々勤之官名故都内官府勤候人茂萬戸与云縣(縣)令勤候人者其人越敬ひ幾年茂縣(縣)令と唱へ府使僉使萬戸一度勤候人者役名幾年も同様ニ敬レ他国ニ釣合無之儀一国中之云馴貟枚難定候此外千捴之類𡨚を以察し可有之候公ハ事情ニ敏(サトク)候へ共如此問有之通信使之節一時之筆談ニ自分寛大ニ出立候人何萬戸杯と書顕し事情不知日本之暦々衆へ出會候与相聞候他国人之耳ニハ萬戸之名色凄(スサマ)しく可有之与心得書見せ候様考候

通曰　貴国之事泥(ナジリ)り候様有之候へ共諸般名号凄しく有之面り館外ニ設有之九尺角不足之番所下番人両人ツヽ有之を伏兵運(軍)と唱へ頭之運(軍)官を伏兵將与云此射夫交代之時見掛候ニ薦(コモ)(薦)包之内ニ古キ釼一腰を差添負来候此伏兵之將日本向ニ拘り勤筋を被咎公等杖罪被致役名凄き將を杖罪候ニ其主官へ釣合無之候而茂不苦儀ニ候哉

我国之云習し難改事上ゟ下迠夥敷有之宰相一日勤候人之終身迠何氏政丞与尊び其外判書ゟ以下萬戸ニ至り其人一生之間唱之候目前館中江馳走ニ入レ候炭柴預り之頭役を営(炭小屋之事)纒(営)(纏)監官と唱へ監令ニ近寄り候役名拙者共若堂(黨)ニ召使候使令之事文字言語ニ而者使者之名色ニ近候日本向若堂(黨)を運(軍)官

と被号武官之御方何連茂禁徒と唱へ大中小瑣細之官名常ニ無之者廉直成儀ニ御座候

通曰　昔より名釼を打出し候仮（鍛）冶無之候哉釼ニ銘を顕し上手之名を得候もの無之候哉

訳答　鍛冶者統営水営各鎮ニ有之武官ニ屬（屬）し候同業之者其得手々々小刀庖丁斧鎌之類此外鎮鑰金具鈔（カナバチ）張錠鍵煙器等之大匠（カジ）ニ至り所々拾餘人ニ可相成候釼ニ銘を出し候事無之者快痍（怪我）人有之時之身之穢を嫌銘を不出候

通曰　釼一振之代料如何程掛り候哉鑓長刀を打用候哉

釼一振之代料凡弐貫（百匁ニ當ル）文ニ候得共官家（コウギ）ニ不訴而ハ承候事不相成鑓之身六七寸ニして壱尋餘之柄を用候我■■■■■行列ニ被見及候通り之品ニ而外ニ類■■■■■旗之上ニ有之左而已用立候共不覚■■■■泊メ候事も有之候朝鮮之風武器■■■■之根ニ至迠煉（キタイ）方堅（固）無之候鍛冶之職人後巷（世）ニ名を残し候氣性無之諸般懇ニ不取扱一時之貪慾而已ニ而業を営候

通曰　左ニ而無之此拾ヶ年前朝鮮内ニ而鉄炮張り覚候との話有之今程者上手ニ張り覚可申近来之業見度候得共館近邊持廻り候猟師之鉄炮皆古物ニ而摺り割之代り筆管之程有之小竹之穴より見通し候由近比新出来之鉄炮壱挺之代料如何程掛り候哉

訳答　鉄炮張り候与聞候得共當り細ニ無之三冗（穴）炮越一冗（穴）ニ通り候様志多類ものと聞代料之取沙汰無之猟師之持多る者多古物ニ而多鋳損し可有之新筒用候事未時行（好）候

■■　■■■之取扱有之當り第一ニして町間之見極等■■■■■■

火前■■■當り大槩を見定放候事御見掛通り■■■■■■軍中相圖之品与聞候尤當り■■■■■
■■斗候故ニ放候事と聞候就夫ニ我■■■■■■■■■■尾之釼を以日本國■■■■■■■越平
定被遊萬歳目出度唱■■■■誂之霊釼敉々在之不思儀之■■■■■公之戯■■有之候
■■■■■■■四海之寳物就夫利釼之瑞事彼是偏ニ皇帝之劔(叡)徳奉恐伏候

通訳酬酢　柒　終

（中表紙）

文化十一甲戌年

戌

通訳実論〔酬酢〕捌　官品之部

大通詞
小田幾五郎

通訳実論　捌　官品之部

通　曰　朝鮮官職考越見公等之論時々聞候得共多般ニ有之致混雑候間日本向御通交ニ拘り有之官府之分併ニ御論被下度候

訳　答　三公ハ別段ニ見禮曹（判書　參判　參議）東萊府使釜山僉使訓導別差迠ニ候大意御書契御往復等を以考有度委不論候

通　曰　三公御三人之内一時茂闕職無之候哉

訳　答　議政府者表向之首職ニ而領議政（左議政　右議政）是等三公与定有之領議政ハ殿下老幼之時有之左議政茂闕職無之筈ニ候得共時卋（世）ニ随右議政壱人ニ而相濟候時代有之候而三公之内重キ事之決断ニ不相成時も候故議政之内壱人當職与云候事可秘儀ニ御座候間委難論候

通　曰　三公之内當職之御方御壱人ニ而御一決難被成与之趣然者御政事何連より之御決断ニ相成候哉此等之事情併ニ御実論聞度候

訳　答　公者兼々聞及之通り他国掛合事者備邉司ニ有之此府之衆評ニ至決断之起り相始り表向ニ成り候上議政府之決断相極り候備邉司ハ國之老臣集り被居三公ハ従一品ニ候得共退職之人休職之人有之或者六曹之判書迠ニ昇り八道監司迠ニ而相濟候人達之集所ニ而多人枚有之此人達之跡越常ニ宰相方

与唱候當職之人を時任宰相与云前職之人を原任宰相与敬彼是ニ而宰相方多人数ニ相成決断事却而滞ニ至り國内國外共ニ不速儀も候

通曰　文官之勤所多武官之勤所少く見候両班与被唱候而文武釣合を以御国中御備へ可有之如何釣合候ものニ候哉

訳答　文官者木之根武官ハ枝葉ニ表し候監司ハ一道之首官北兵使南兵使与釣合府使与水使と郡守縣（縣）令縣（縣）監与僉使虞候監牧官与釣合候此外文武相兼候勤所府郡縣（縣）之内所々驛（驛）ニ察訪有之馬別當故巡察使通行之節僉使之格ニ而被供セ候

通曰　外方とハ都外之事越被云候と考外方之職武官之極官ハ統制使之由水使僉使之貟被致支配候と聞景尚全羅江原三道之海邊而已ニ惣大將有之日本向之備ニ候哉武官昇職之体を考候処僉使ニ堂上堂下有之釜山僉使ハ堂上を被差定有之勤向ニ随水使被相勤候上統制使ニ被至候と聞外方ニ而統制使ニ釣合候文官を不聞何連と釣合ニ相成候哉

訳答　我国北方者難處ニ而茂地續キ隣夷ニ近く候而も北京之通路ニ而〆り有之南方者諸戎ニ海路續候故統制使之備へ有之日本之通舩斗安穏ニ有之候得共明日ニ至海賊之憂可有之茂難斗候統制使之釣合ハ都表操廛（匽）府ニ有之内外武之備有之兵使ハ兵曹と釣合候操廛（匽）府者簱本之備故統制使之威不及候得共外方ニ而ハ武官之極官ニ候此府者主君御近族之御方惣〆りを被司當今奞男御ニ預ケ有之候強テ日本向用心之備ニ無之我国之【残堂】堂（黨）昔ゟ他国を語ひ逆意之企多候故海路ニ工成戎夷之語共不致候

哉与開国砌ゟ是等之た免統制使之備有之其後壬辰年之乱起り彼是ニ而弥堅備有之候日本ハ御政事正敷各州大（太）守毎其国越被治我国ニ而云候者日本之大（太）守ハ一國之王侯ニ當り国々別段之御備へ無之哉ニ聞候弥一國之威重有之我国と引合見候へハ八道之監司日本之大（太）守ニ釣合候得共一道之人命一決不相成一罪之糺し方品ニ應都表之差圖を被請候事有之又者其品ニ依拙者共之小官ニ而茂全被任候事も有之諸向一体ニ難論両國間ニハ訓導之任重相立居郡守縣（縣）令枚多有之候而茂訳官ニ不及事有之候御隣交ニ付而者表向禮曹東萊府訓導別差迠ニ候訓導者堂下之勤所ニ候得共別件有之時者堂上官之内訓導勤候別差之事往古ハ小通事之内日本之事情委敷者を訓導ニ被差添被召遣候得共若キ判事ハ弥不馴ニ相成候故中往ゟ判事内初心之人を順次を以被中付全勤終候上ニ而訓導勤候判事中之事ハ公能々御存ニ候得共官職之事混乱い多し候与被申聞丁度其通り細ニ論候程不分ニ有之候

一堂上官枚不定　信使ニ三員訳使ニ壱員ツ、監董官壱員ツ、大差使差備官同様

〃教悔（誨）堂下之分　十員　訓導勤又別件等之節相勤候人物有之

〃聡敏十五員　別差諸送使差備官堂上官ニ相附信使訳官其外共ニ壱員ツ、堂上ニ添

〃前衙弐拾人斗有之

此内ゟ笈（及）第聡敏ニ加ル常ニ漂民差備等相勤ル日本詞稽古之名目

惣人枚凡參拾人ニ定有之小通事及參拾人ニ判事中ニ小童參拾人之定枚免し有之

〃御通交者備邉司ニ有り訳学之司ハ中樞府ニ有之此府ニ京訓導教悔（誨）之内聡敏之内ゟ相勤ル東萊府下り合之

判事中訓別ゟ内意之向合等い多し候

通　曰　中樞府ハ訳学之司之由訳学与ハ日本判事各之名目ニ候哉漢学与被仰聞候詞も聞候如何之官名ニ候哉中樞府之事御論可被下候

訳　答　中樞府者二品之衆頭ニして判事中之廳ニ候漢学ハ唐判事ニ候日本判事茂同様堂上堂下有之凡參拾貟ニ類し候諸般同様之身元ニ候得共通交之国盛簑（衰）ニ應し判事之暮し方善悪有之候

通　曰　堂上之各ニ一品二品有之と聞三品ゟハ堂上と云其別チ不相知知事ニ正二品有之同知ニ従一品有之与聞其験し環（ミヽカ子）子ニ表し有之との事ニ候へ共態々耳元ニ不寄してハ難相分外向ゟ見知り能く候者服制而已ニ而何連之堂上も能相分り候得共細々通禮不届ニ至り御人躰ニ依恕（罪）在可被下哉と存候各之堂上官他ニ比べ候時者何連之官貟ニ類し候哉

訳　答　拙者共堂上官府使ニ釣合堂下官ハ郡守縣（縣）監ニ釣合候

通　曰　肰者東莱府使茂各之堂上官同様之官品ニ候処役柄ニ而尊卑有之与見へ二品三品堂上之詮無之役柄専一ニ候哉

訳　答　朝鮮国中府使之部多候処東莱府使府使之最上ニ而其餘之府使勤所ニ依拙者共堂上之下ニ着候教悔（誨）ゟ下堂下官ハ郡守縣（縣）令勤向ニ依り席之上下定り無之依之堂上官ゟ訓導勤之時者接慰官堂下故表向名代を被免堂下之判事ニ而も勤筋ニ而並府使ゟ致上座候事も有之候我国法時勢ニ随権威之盛裴（衰）旦夕ニ有之候

通　曰　堂上ニ被昇候家筋之判事其人一生而已ニ候哉子孫連續之家稀ニ聞候日本之事情ニ而ハ旧キ家筋御厭ヒ有之拙者共出會ニ茂先堂上之子孫与聞候得者別而情意厚交り度心自然与有之候子孫高官ニ被昇御永續之御家名等多有之哉

訳　答　堂上ニ昇候而茂其人心得ニ依家名永續之家有之候得共其人一生之美名其子不揃ニ有之候へハ親之美名茂捨り漸少し之田地を保候家多候公御存有之前之首訳萊(來)儀崔知事之嫡子段々昇進い多し大科之部ニ入東萊府使をも勤候程之官ニ昇り其狖(次)(ツギ)之首訳晦伯玄知事之嫡男酉貟(ヱシ)より經登り両班之部ニ至り今子孫繁昌ニ候其外汝厚朴同知之跡冨貴之家名有之今ニ而茂子孫繁栄ニ候得共判事之家筋連續不致此外枚多之判事何家も同様ニ而消絶い多し跡目緬(継)キ候者稀成義ニ候日本判事旧キ家筋御慕ひ被下候御底意相察し忝御座候何連茂一生之美名越得候事而已本望与い多し候者子孫ニ頼少く嫡子無之候而者妾腹之子ニ跡式讓(譲)候事不相成永録(禄)迚者當テ無之自然与家筋断絶勝ニ有之公等之見聞不安一萃(華)之貪慾此等之意ゟ起り日本之永録(禄)実ニ羨く候

通　曰　公等堂上之論越聞候處三議政初宰相方之後乱(胤)連續之家稀可有之御一生之美名専一ニ可有之仮令宰相之極官ニ被登候而も子孫ニ傳候高録(禄)茂無之御子孫繁昌之楽ミ有之間敷候處大臣衆御忠勤有之候者御國法能々相立候事と考候日本判事之坐(座)目前方者何判事と記し有之候処近来ハ何主簿と顕し有之判事主簿判官与折節交り有之是者官品ニ相應し候事ニ而も有之候哉小通事内年長之者左右道問情等之節何判事と唱江此等之儀不苦官名ニ御座候哉

訳答

我國宰相之堂上日本判事之堂上茂同し事ニ而十分冨貴ニ有之候而も一生之間美名田地を沢山ニ相調へ子孫ニ分ケ與候外無他事候得共忠勤之志し有之候者学越好学力ゟ起り候忠勤日本國者生質より起り候忠節博学ハ上ハ塗之磨（ミカキ）ニ候故忌（思）義を専ニして後世之美名而已ニ志し有之と聞此等之儀國々之大（太）守ゟ公等之身分ニ至一体之生質学力之不及訳爰を以我国大臣之釣合今生之間美名等察し有度候朝夕出會之刻公等与論し候通人ハ死テ留メレ名ヲ乕ハ死テ留ムレ皮ヲ之意爰ニ本付候日本訳官中之論有之判事者両國之公幹正敷相勤候官名和学漢学共ニ同様ニ候得共前方判事中坐（座）目書ニハ判事与書候事多近来ハ主簿多有之候者時節相衺（衰）候故此官名多有之候判事者訳官之惣名已前ハ時代囬（宜）キ故判事之名目ニ而仕立候得共近年判事中相衺（衰）候付判事之名目難立テ通諸官府之書役越勤其中ゟ日本詞之致稽古候ニ而何主簿与坐（座）目ニ出候得共判事中恥候義故自然与如官名用来候判官ハ府之勘定を預り候而書役之主簿ゟ上ハ役ニ當り候へ共同様之勤向ニ候是等之事情定規ニ不相成惣而訳官中越判事与心得有之様若キ御同官中江御示し置可被下候

通曰

仕立之判事衆京府之書役被相勤候ニ依り主簿之官名多有之与之論時代衺（衰）微ニ至彼此之間左様之事情有り（る）内之儀ニ候得共前比士剛劉判事ハ捴（聡）敏之内別差勤中ゟ景尚道監司之内裨將被相兼館中御用隙越見合折々被罷越候近比蜜（密）陽府使之内裨將兼候堂下之判事衆有之由日本勤當時不致人ハ差支無之諸道ニ茂多被相勤候哉是等茂主簿之官名同前何裨將与唬（號）可有之儀内裨將之官名已前ゟ各之坐（座）目ニ不見及候日本判事之名目ニ而他官勤被致候而茂不差支儀ニ候哉

訳答　別差勤中ゟ士剛大丘之内裨將相務候由聞キ傳候館中ゟ茂御宥免有之候与聞畢竟我々中之勢表(衰)候故幸之便り有之時ハ他官之内裨將等相勤候同官折節有之候得共日本向勤筋速々敷相成り得手勝手い多し実ハ可恥儀ニ候公ハ多年之間拙者共之体御存通ニ候へ共此等之儀判事之身分慎内容易ニ相知連候筈ニ無之処他官勤不差支候哉与被論返答致當惑候諸向功者振被申候而者公之身害ニ相成候事も可有之知不知之意専一ニ被存候ハ、永勤頼母敷御座候

通曰　内裨將内堂上堂下有之と見及候都表ニ而惣人枚如何程ニ候哉

訳答　内裨将勤ハ人枚定無之信使一行之内府使僉使相勤候人者素り萬戸之内力量弓馬之達人抔も加り居候宰相達ゟ見寄之人被相頼彼是内情有之多人枚ニ相成候得共凡之人積り考有り度存候一道之監司ニ七八人ツ、有之東莱府使ニ至四五人ニ而相済候都表ニ而内裨將勤候株之人枚凡之程難論両班之隠居部屋住之次男文官武官之中無職之人茂加り有之候得共堂上之員も被相附候事有之依之府使ゟ茂知事之儀大監与被呼僉知之事令監と被呼八道監司達も同様之待接(モテアツカイ)ニ候

通曰　三品以上之官員斗ニ内裨將被相附堂下之官員ニハ内裨將無之候哉内裨將者府営之上下致恐怖候常ニ何事越支配有之候哉

且大監与云候者堂上之知事を指し拙者共各之首訳を大監与呼捨同知僉知を令監与呼何連茂同様ニ當り候処近村之者共老人を敬し(く)令監与多云馴候此等之儀不苦詞ニ候哉上下之差別難知御座候

訳　答　内裨者【将】八道之監司并ニ東萊府使義州之府尹ニハ別段之啇茂有之哉ニ考候得共文武相交り勤候故支配之品表向相極候論難答都表六曹之旨を請府使記録等考之折節論之郡中下役之人柄等追々穿鑿（鑿）之上被申付官府之修理郡内米穀出来穂貢米木綿官庫之出入調を預り百姓官吏之刑罪を預軍用之品支配等之事頭取有之重キ公幹ニ者内裨將中差寄評決之上府使之了簡相究り及啓聞候信使之節被差添候内ニ内裨將之名目ニ而主君近習之内禮曹判書之見寄り備邉司之方口々手寄之人彼是ニ付多人數ニ相成権柄有ル人達故奢勝ニ有之日本判事之身分迷惑筋數多有之候訳官之節者此等之人無遠慮候得共監司府使へ頼込彼方ゟ及挨拶上官之部ニ加江連渡候人有之内裨将之類無之候得共両班之身本（元）ゟ密ニ被差越候人可有之哉と人物等委致吟味候義ニ御座候一行之内　鄉（イナカ）堂上之人も有之候処元拙者共ゟ下ニ着居候人物故無氣（記憶）偲（ヲク）致同道候内裨將之名目表向ニ不用儀ニ候釜山僉使も同様内裨將無之内外之手代り舩將弐人ツヽ有之内ゟ諸向致支配候得共小役所ハ釜山鎮之書手代ル々相勤候水使以上内裨将有之根元を申サハ大將之裨官故其負之別將日本体ニ釣合見候時ハ御用人諸奉行之部ニ當り候

通　曰　府使府尹諸道ニ多候処東萊義州之使道重御用有之与聞江訳遠候事御座候哉

且常ニ使道有之者敬し候事と考信使三使之事何連も之事三使道と云

‥常ニ官負と有之者郡守縣（縣）令【萬戸之】之　貞を敬し候事と聞

‥地方官と云茂郡縣（縣）萬戸を云其通ニ候哉

訳　答　東義州之府使ハ大都護府与云直啓聞有之職分ニ候其地ニ屬(屬)し候郡監令ニハ直ニ差圖を被免後ニ而及啓聞候事有之監司方江者報状を以為知之釣合有之其外ハ堂上之府使ニ而茂都護府与唱へ監司江被申出監司ゟ啓聞有之候

通　曰　官品ニ應し啓聞之手筋都表何連之官廳ニ當候哉直啓聞者至而重キ事と聞候何連ゟ起り朝廷之及御聞候哉

訳　答　日本向之事成否共ニ訓導別差ゟ東萊府使ニ致手本府使ゟ承旨ニ當啓聞被差上候承旨ハ従三品之貟四五貟ツヽ主君之側を被勤用人ニ候表向啓聞之手枚者備邉司方江八道監司初被差立候義ニ候得共備邉司者素り議政府ゟも承旨ニ被差出相濟候承旨ニ當府使ゟ被差上候而も備邉司之公論ニ相成候事茂有之公幹之軽重ニ依同事再三啓聞ニ相成主君之一決ニ不相成様志多るものニ聞へ候我国之事手枚多候ニ付公体相滞り候事多候何角ニ付日本之御政事速ニ有之我国之躰与遠候故公等難儀之事情等朝夕相考候得共國之風俗無詮方事情能々御察可被下候拙者茂日本体ニ馴両國間之釣合越考候処日本之御執政与我国六曹之判書与六拾六州之太守与八道之監司与之品階致對應府使僉使ニ至對州之奉行ニ釣合候公之汲取様ニ付敬(軽)薄与可思ハル候得共御和交永續を案し候而相應之判事仕立度致懸念候公茂傳語官相應之人被仕立度御座候彼此共ニ詞ゟも潔直成人越見立度儀ニ候

通　曰　日本与朝鮮之釣合大槩相當ニ候得共委不行届六拾餘州之大樹八道之監司与引合候ニ見候時對州之大樹東萊府使与釣合候躰ニ有之候者如何思召候哉禮曹与御釣合ニ可相成事与存候公等之御心得実

論聞度候

訳　答

對州之大樹者我国ニ而別星与唱候官品ニ類し主君ゟ直ニ御掛合之意有之別而重キ御職分常ニ相對候品階京内京外八道ニ茂無之東萊府使と御應對有之儀ニ候拙者共之心得ニハ監司与御引合相當ニ存候則殿牌之殿之字和飲(韻)ニ而ハ殿様与可称事ニ當り候頃日公之教へ同官内若キ仁大(太)守与云候時和歆(韻)を以殿様与称候様被諭尤之儀ニ存候此等之意古風之云馴日本判事常ニ可唱儀ニ候大(太)守公【と】中候得ハ与所々々(ヨソヽヽ)敷角立候已後若輩之同官共江御心附之儀無隔意御示論可被下候已前之堂上達日本之事情并ニ日本詞迠勝連候人者誰々ニ候哉

通　答

拙者若キ時之首訳來儀崔知事引續晦伯玄知事日本之事情ニ馴連詞茂上手ニ而丈夫成人物ニ候處其後之首訳君剛金知事ハ頓(貪)慾佞奸之人ニ候得共首訳ニ被昇貴国之御政事如何相立候儀ニ御座候哉殿様之御事【品階】東萊府使与釣合候意を以別星之御方ニ釣合有之東萊者東萊之地名府使者八道内之府使監司与座段遠候越御釣合ニ被成一時之論ニ應御答有之聊実論与不覚候

訳　答

東萊府使茂別星之備ニ候府使之勤ハ地ニ着候官名邉情ニ付候者別星之意含ミ有之候外向を以論拙者答拐(迂)闊ニ聞江候得共外向与実論之遠有之候首訳之儀知事ニ不至候而者不相成強チ(キ)人物功不功ニ拘り無之堂下訳ゟ堂上ニ昇り其身六拾歳之定命過候迠相勤居候ニ付御和交糸口之首官故齢(齢)全候上者堂上之筆口ニ相成候ニ付不捌ニしても一度者首訳ニ至知事被申付候何官ニ而茂六拾歳を越候得者首官ニ相成其勤筋ニ應知事之官を給り候小通事中迠茂六十を過相勤候者ハ仲間中より行首

与呼貴候拙者別差之時ゟ公之預抣(介)抱議聘之公幹同然ニ勤両国間之御為越尽し公与同様致勤労拙者初陽元玄知事明遠崔知事參人共ニ齡(齢)之論ニ不及知事之官被申付両国之御盛【徳】幸者素り殿様之蒙御憐恵雖有身分ニ候へ共此知事ハ一生之美名子孫ニ不傳苦念之至ニ候公之体前ニ不遠候処家名子孫ニ可相残頼母敷御政道ニ御座候

実論　八　終

（通訳酬酢　玖　女性之部）

（前欠）

女中之働強候■■■■見候処男子者家之前ニ莚を敷昼■■■■■者■■有之女者礒山を拵キ昼者夫ニ仕へ夜者綿拵仕事等致精子供を育抱キ居候得共夫之懐(フトコロ)ニ抱■(事)を不見多之男長煙器を銍(クハヱ)(咥)へ緩成男多候

：両班之奥方者餘り慎強く家事ニ疎く可有之拙者ハ下賤之女人具屓(屓)ニ候女姓(性)之手ゟ枚多之木綿を織出し国之御爲ニ相成候此大國ニ男者農業ニ怠り空地多候故男女之差別咄之序ニ付他国之御政事譏り候様候得共悪敷御汲取被下間敷候

訳　答

下賤之女働方御具屓(屓)被下我国両班者勿論有心老人歎之候

：両班之奥方卋(世)事ニ疎候故宰相達之宅ニ而有禄有之老人壱人ツ、養被置候

：女之働を頼男子不姓(精)ニ候へ共其内男働ニ実を入候者共ハ身上仮成ニ暮候へ共段々仕上候時者昇官を臨(望)笠を不放身持尊太(大)ニ出立候故自然々々及困寐(窮)候而海邊之民者多分漁夫ニ候

南男北女と一天下ニ云傳国内道内何地茂此機ニ應朝鮮国ニ而茂南方■■■■柄宜北方之女子器量好く候國民ニ教へ不相■■下之官員勤を貪り得物を得候上者瓜滞（カウダイ）（代）を待請各所務ニ拘り候心得而已有之日本向ニ可恥事ニ候

通曰　貴国中之女姓（性）氣晴遊事無之候哉

訳答　若キ女娘子（ムスメ）共五月五日鞦韆（ビシヤゴ）（韆）を乗り菖蔔（蒲）之葉ニ而頭を巻キ候へバ頭痛無之杯と各摺（モテアソビ）（翫）候十歳内外之小娘指之爪ニ紅之花を塗り幼少より頭ニ物を据（スヱ）候事を仕覚候女盛りニハ米參斗程之重キ物を頭上ニ居へ両手を振り山坂を致往来公見掛通り中以下之女実以働強候

通曰　女中之働別段ニ有之繁華之地ニハ遊女宿々ニ茂買女等可有之何連之地此等栄へ候哉

訳答　遊女与ハ妓生之事ニ候哉遊母（女）之名国内ニ無之事公能々存之前（所）ニ候処無用之事被問候者数十ヶ年在館ニ付欝氣之餘り戯言有之と聞へ候是沾公之手前を恥發話不致候へ共拙者共去秋丹楓（モミヂ）為見物凡（梵）魚寺ニ一統寄合府使之内裨將と出會官婢共不残召呼一昼夜彼寺ニ而慰官婢十人斗ニ楽人十人斗之者へ一統より大銭五百文呉其外之雑費多候故是式之遊茂弊ニ候宿々買女無之候得共一夜腰を揉（モマ）セ候得者弐參拾匁見合呉候是等之事定之花料無之候

通曰　官婢之事此近邊之者妓生与云候日本ニ而申サバ傾城ニ當り候然を官之勤い多し居候者身持自由ニ可相成様無之下賤之者ニ而茂銭両を與候時者何時茂自由叶候哉ニ聞へ遊女之体ニ有之候

訳答　官婢ニ定枚無之時々ニ多少有之日々官を勤候者三四人有之其餘者非番故何時茂手空キ有之自由叶

候下賤之者ニ而も銭両を有枚ニ與候ヘバ持テ中分ニ而茂借し候人者不持一夜之仕切拾匁内外と聞
候妓生共此禮物を受其身之衣類取繕官家より給銀無之相勤候

通　曰　官婢之事を常ニ妓生と云監司府使娘立之女子を撰出し被呼取候哉又者官家より身之代ニ而茂被下
妓生ニ被召使候事ニ候哉

訳　答　官婢ニ品々在之勤内女子を生候者跡を継身持悪キ者廿歳内外不儀之沙汰有ル者其外ニ色々故障有
ル者官婢ニ入候

‥官婢茂仕合ニ依両班之妾ニ相成候者も有之妓生之勤中男子を生候時者地方之直家来ニ被下候

通　曰　京中之諸府ニ官婢之類妓生与唱候女如何程有之候哉

訳　答　官婢之類諸府ニ有之候へ共至而人少ニ在之外方之体与遠猥り成る事一切無之

‥京中ニハ女醫（醫）枚多致徘徊諸家ニ繁致出入候

通　曰　官婢諸府ニ有之との事府者役所と聞一府ニ官婢幾久有之何用を達候事ニ御座候哉

‥女醫（醫）之内醫（醫）術之上手有之候哉

訳　答　一府ニ老女一両人ツヽ官廳之朕ニ居水火不絶様ニい多し昼夜守り居小童等ニ與候事之用ニ候公幹（御用）
体者女人見聞候而茂證ニ不立故何も無之已前ゟ無夫者被召置候各鎮ニハ（武官之勤所）官婢無之法ニ候
得共此例ニ應水汲婢与唱へ僉使以下萬戸在番所ニ一両人宛有之候

‥女醫（醫）者老女ニ不限年若キ女茂有之當職外之宰相方之宅迠廻り婦人之伽ニ茂相成り闕外之時話等

い多し婦人病氣之時者昼夜側ニ附添居候若キ女醫(醫)者両班之房ニ入按摩取候者茂有之禮物定無之

‥女醫(醫)之内年長之者両班之婚姻事之媒い多し其外妾之世(世)話宰相之姫子達之伽キ産臺之扱彼是ニ付
衣類相應ニ取繕顕ニ申候得者買女之体ニ候然共妓生之類と遠婦人達遊楽被催候時者京監司之方江
被申越官裨枚十人来り慰メ申候

‥宰相方へ楽人抱へ無之有限祝事ニ者朝廷より音楽被下舞ハ官婢寄要(器用)成者撰ニ相成候此形を以他国
之使者為慰労朝廷より被送候府使之扱ニ而無之候

通曰　外方ニハ巫堂と云若キ男女連立諸方祈祷をして廻り女者下賤之者共之好ミニ随ひ纔之禮物を請候
与聞候夫者隣邊ニ行合居候由如何ニ渡世(世)ニ而も無義理祈茂利間敷察候得共公等到任之砌通禮之
祈祷被致候時者被召呼候哉其験有之儀ニ候哉其体を見候處巫堂者參拾歳斗之女中ニ而不見苦もの
ニ者錦類之上ハ着を打掛華(華)麗之服ニ而茂各(咎)メ無之候哉

訳答　是等之事を巫堂(ミコ)と云へ共夫を巫男婦を巫女と云夫婦之間無義理世(世)業ニ候得共我国之祭り天地を
祈候故夫婦一様ニ陰陽を以天地之間災を避ケ候ニ付任(ヤク)ニ赴者巫(ミコ)を以山川を祈り候此等之類ニ覡(ホサ)
有之卜方をい多し寄呉成事間々有之候処國民専ら取扱候ニ付中往此等之覡(ホサ)被禁祈祷事ハ巫堂斗
ニ相成り卜者者時々之時行(好)盲人杯仕覚有之近来覡廢し候へ共巫堂之事覡と云候者在之候日本ニ
茂此等之者有之候哉

通答　巫堂之類在之巫女多候日本國者神国故巫者神ニ事へ老若共ニ提(剃)髪ニ而白衣を着舞をして神を清

メ巫男者神楽太鼓を桊（奏）し神を冷し免夫婦之差別有之候覡者其類少々有之懇ニ不扱盲人者トを奉じて琵琶を弾家別廻り一家之災を拂米銭を受中以上之盲人ハ婦人之伽キ琴之糸五筋斗ニ掛音染（ジミ）を出し候品を以渡丗（世）候貴国之人易經考之上手多候哉両國之事大同小㚖（イ）委問答ニ不及候

訳答　近年丗（世）人賢く此等之信仰者扱置易ニしても已前者名人有之候処其傳を不慕（シタハズ）諸業共ニ師範を不尊物体慈悲少キ丗（世）中ニ貴国之御政事國民盲人沾行届候御恵ミ我国ニ而者盲人離（カタハ）歩一行逢候老人未来之為迚寸志を施し候而已ニ御座候

通曰　都ニ而管絃之御遊所々ニ可有之琵琶之弄（モテアソビ）ひ其外闕内之侍女多人敉踊遊候ニ瞽（ゴゼ）（瞽）女打混し調を入得手々々ニ取扱候品可在之何々ニ候哉

訳答　婦人之楽ニ者扌一琴瑟ニ而配匹（フウフ）中好キ事越琴瑟重キと云候次ニハ嵇琴（コキウ）笙阿争（アシヤウ）（箏）之類ニ候歌楽皷等有之管絃所々在之候へ共一聲獨吟故婦人達會坐之時ニも處女達侍女惣踊迚ハ無之日本向歌楽之体与遠陰氣成る楽ニ候

通曰　表通之楽器者大槩見及候得共笙阿争（箏）歌楽皷者如何様之品ニ候哉

訳答　笙者一ツ穴より吹候へバ十二穴より聲を吐キ各其音遠色々之律ニ應し候阿争（箏）者琴之形ニ而絃（スジ）多有之歌楽皷者十二絃ニて音之好キものニ候此等之楽婦人之翫（モテアソビ）物ニ而得手々々ニ扱有之外ニ賑々敷慰無之候

（一行欠カ）

揃候哉

訳答　踊者惣体小蝶之舞ニ候花ニ蝶之戯連候体故夫と見候へバ慈味(オモシロ)其内ニ有之楽之名ハ大（太）平楽と唱へ
常ニ用之候大（太）平楽者両国安泰之接待を祝候
我国之祝ニハ與民楽を被用候八道之郡村ニ至る迠六十七十之百姓ニ祝を被下候右様之楽曲調同事
ニ候朝廷方寿之祝を萬歳楽と唱候

通曰　別曲者音楽高く喧く踊茂頻りニ進ミ手覆(ヲイ)を半(ナカバ)ハ抜素手之体ニなり拙者共目ニ面白覚候貴国之人
此曲調ニ乗両手ニ釵越持舞候踊り有之惣而踊者女子ニ不限男子も踊候事有之是等何之意ニ候哉

訳答　別曲者常之楽一調子高く蝶（蝶）花ニ居らんとして番を結び會合之形チニ候釵舞者所作別段ニ有之事
ニ候鴻門之會攀會（樊噲）相應し候事を形取一席之興ニ付根葉無之踊り不吉之兆(キザシ)し故論ニ不及候

通曰　一両年前九里山十面埋伏之別曲歌斗聞候処虞氏と別連を惜ミ范増可諌を不用事後悔無限虞氏之言
葉ニ妾越御氣遣不被成敢兵越収て生を御求被成度との歌辞誠ニ致悲働（慟）候此等之音曲茂一ニ候哉
蝴蝶之歌是ニ類し笛尺八之事斗ニ而聞之唱歌関東八景を暮中ニ見廻り多る慈味有之候得共別曲之内
此等之音楽用無之候哉

訳答　楽名外ニ無之大（太）平楽與民楽萬歳楽ニ候

通　曰　八送使宴享之楽大(太)平楽を以御慰メ有之段前以てより聞居候得共不知振りして下賤之者江問候処與民楽与答候此等之儀誠信之本意を被失他国之使者越国内之民与御覧被成候意ニ移り御誠信積年ニ至り漸々薄く可相成候哉ニ考候惣体之事此意を被差挟候ハヽ朝廷之御本意遠公幹(御用)ニ茂疑慮起り候実儀御咄可被成候

訳　答　公之語面前之意御誠信積年ニ及漸々薄く可相成との論ニ至候者下賤之者一言より起り與民外ニハ楽名不知其身共一生ニ一度音楽を聞候故左可答茂尤ニ候此近邊之者共ハ折々聞居候ヘ共委不相分唯大(太)平楽与而已存居候文意ニ而之咎メ尤ニ候ヘ共公幹筋ニ至り下賤之浮言朕平之差入信容不為公一朝之憤りと存候古語ニ有之僻テ聴バ則闇ク兼聴ハ則明也と有人之論是を主ニして御心得被成度候御誠信之本意を以被差詰候得共頼母敷致大慶候

通　曰　此語頭取候御方才一之金言ニ候貴国之両班者分而御銘心被成度御座候彼此共ニ此語御用有之候ハヽ両間之幸ニ候御暦々様者御正道ニ在之先入主之成とハ申せ共其先入せし人柄越能々御探り不被成候而者曖昧(ムシツ)(曖昧)有之僻と兼る事ニ至候貴国中ハ上〻中迄諂諛(ヘツロウ)(阿諂)之輩多有之と考佞奸御暁り被成度其弊ヘ自然と及他国ニ候此魔妓御拂被成候様ニ存候

訳　答　魔妓之怖キ事一国者扨置天下越覆し候事古書ニ有之委論ニ不及范蠡如キ人西施を越ニ被亡主君之御為可感事ニ候

通　曰　古ヘ絶代之佳人傾国之美人大体聞及居候得共朝鮮国ニ美人之沙汰不問當今者勿論以前名有ル美女

可有之一国中美人之評議聞へ北京女眞其外潦（遼）東建州邊求婚之噂等無之候哉

訳答　古ゟ朝鮮ニ有名國色無之折節両班之處女ニ美色有之候得共国之風ニ而沙汰不致両班者素り中分迠十五歳以上之女子門尓不出者萬々一㒵狭（境）之貪ニ可逢茂難知意ゟ起り候得共中分之娘子両班之妾ニ被撰取候事茂有之是式之事一国中之沙汰ニ及凡十四五より廿歳迠之年切妾而已ニ候拙者壮年之比ゟ美人之沙汰不聞何連茂並（ナミ）々之女斗増而風儀容体遠候ニ付他邦之人目ニ可應様無之美人多候杯と噺ても信用可有之候得共大体者公妓生之振形見及故美女之体御考可被成候日本ニハ定而美女可多カル對州ニ而荒増し見通候処我国之女子ゟ好キ仕立多候大坂邊ニハ當今美人可在之其上遊女枚多有之との噂聞及畢竟女人多故定而傾国色多キ筈と察候日本之女人者志し優（ヤサシク）聞へ候

通曰　如何様美人之沙汰近年天下ニ聞へ無之日本朝鮮昔より傾國色無之者日本暦々方之息女決し而人目ニ不被觸貴国両班之處女同様之儀委論ニ不及候御国内ニ有名美婦王后ニ被登候事共ハ無之候哉と一通り咄し候處却而日本之女人越被誉致氣毒候女人之容顔（貌）其質ニ有之女人驕り候者御国体ニ一理在之夫を敬ひ過キ内外を働キ候事強故氣勝ニ可有之と考両班之配匹（フウフ）氣勝ニ有之間敷如何之御身持ニ候哉

訳答　両班之配匹者素り中分以上遠候者何連茂別房有之侍女通（小童之事）引板ノ間ニ而朝夕仕廻候日本之女中蜜（密）夫之沙汰無之候哉我国男女之差別嚴重ニ候へ共中以下者男女混乱い多し（候）故此等之患時々出来中以上者此儀少く女人氣勝ニも無之一様ニ難論何事茂大体を以御察し可被成候

通曰　中以下之者蜜(密)夫顕候時者其身共如何斗ひ候哉日本ニ而中以下之者蜜(密)通洩連候時者両人共ニ死を決し両人之実情越卋(世)之人ニ顕し生前之不義理を死後ニ晒し候其出立花麗ニい多し同服ニ而互ニ睦しき体ニ而釼を以女を先ニ殺し男者自殺い多し候此等之事時々有之候依之近年公義より御禁メ被遊死後梟(梟)首有之候故此患稀ニ在之候朝鮮ニ茂蜜(密)通洩候時如此斗死候事有之候哉

訳答　蜜(密)夫両死之沙汰我国之者已前より聞傳無之蜜(密)通渫(泄)連候得者他道ニ迯去り親子一所ニ不居而已ニ而官家(コウギ)より呵り茂不届其侭ニ而一生過キ押詰者困窮い多し十ニ一人身を持候者者我村ニ立帰り候色道ニ死を決候者義氣強キ　(生)質(ウミツキ)与考候

通曰　敬天玄知事与差向對座之席相噺候者予既ニ半百ニ至り公茂御同然五拾有餘ニ被及候処四五年前東莱府ニ十六七之妾を被求候由定而艶可在之如何様年長(タケ)候而茂若氣者捨てざるものニ候へ共半百越候而者保養専一且者都表御内室之前有憚度儀ニ候多年之出會是式之事乍慮外茂致呉見候間必御慎被成度御座候

玄答　妾を求候事御存知通り此年迠一子無之候ニ付妻ニ談越外性(姓)之親類共談合之上東莱府ニ妾宅構置候日本向勤中者東莱内ニ下宿無之候而者結句弊へ多候故一ツ者勘定事ニ候一昨年妾腹ニ一子越儲ケ都表へ申越候処過し春妻東莱ニ下り来妾ニ向ひ預卋(世)話ニ候一禮懇ニ申述一二ヶ月振り致帰京候女人疾妬有内之儀ニ候へ共其身無子事を悔居候与見へ不便之至ニ候此等之意同官内致遠慮候処公之言朋友責(積)善之理ニ當り他国之人ニ而茂頼母敷候拙者別差勤之節よりも預扴(介)抱ニ今首訳ニ昇

り以前ニ無之重大之公幹公与両人主ニ相勤此出會候事両国泰平私幸之至りニ候

通曰　貴国之風操合相成候人者妾幾人茂置候様聞へ候ニ付宰相方者御勝手次第と考候手届候へバ妾幾人ニ而も不苦事ニ候哉

訳答　冨者ハ諸方ニ田地を調候ニ付其所ニ妾を置見かじめ為致子供出生之上者田地を分ケ與候宰相者婦人弐人免し有之両婦人ニ無子息時者又壱人免し有之表立妾と云事無之候

通曰　宰（相）方之婦人者御同職内ゟ御娶り被成候哉又者王氏之内姫君ニ而茂御縁組有之候哉

訳答　宰相之婦人撰ニ手入多く初婦人者両親之斗次婦人者主君ゟ御扱有之両婦人無子息時者国母ゟ之御扱ニ而三婦人ニ至候へ共有功之宰相ニ限候

通曰　王妑（妃）者卋（世）子無之時如何被成候もの哉尤御妾腹ニ卋（世）子御誕生有之候上母儀王妑（妃）ニ被備候事有之と聞此外宮女数多可有之宮女之家筋御吟味等無之候哉

訳答　宮女已前者数多在之候処先々王之代御減し被成當今纔弐參拾人有之三品以上之處女（ムスメ）達ニ而相濟候

通曰　捻而女者姤（妬）強者故王妑（妃）以下姤（妬）ミより起り呪咀之意地等之事無之候哉

訳答　女人者呪咀と云語有之其品見候事無之候へ共髪越迓（逆）ニし山川深谷ニ入怨言を数々云立両掌を揉（テ）ミ昼夜不弁怨を云候と聞候妾ハ幾人ニ而茂夫を不怨訳有之上下共ニ同様之儀ニ候妾者子供さへ誕生い多し候得者其身一生之間其子ニ譲之田地を作り養候故無子妾者其身不仕合と諦（アキラメ）（諦）メ他を怨候事無之妾腹之子何人ニ而茂本妻ニ無子時者養子ニ譲候ニ付其念無之各諦メ居候我身を歎キ候而已

ニ候不孝三千（于）無子息罪深し呪咀之怨十人ニして壱人有可無可ニ候

通曰　上下之女人疾妬（妬）之氣少キ訳呪咀之法稀成よし如何様其筈之事ニ候貴国之人情毒扱軽々敷有之と聞候妬（妬）之怨毒薬を振舞仕損し候時者念を晴し候故呪咀之法変多る事可有之様無キ筈ニ候得共軽キ怨ニ毒害可致様無之一通り之怨念何様之意を以憤りを散し候哉

訳答　一通り之怨念者常ニ悪口を吐キ候故女人氣勝ニ有之其中ニ茂氣強キ女者仇人之姿を見てハ噛（噛）をなし鳥獣之死多るを見仇人ニ譬へ唾（唾）キして通り候女も有之と聞へ女人之情全妬（妬）無キとハ難話候

通曰　貴国之女人氣勝之咄候処如何様其理ニ當り候軽キ者共ハ常之悪口ニ癩（ナンジャ）者可（アトル）子と云癩病者血筋不引候哉至而不憚悪口咎メ人無之候哉

訳答　女人氣勝手餘り之者近年者地方官（ヂトウ）ニ及言上少々之事者杖罪強被致官婢ニ被召遣品ニ應段々邊邦ニ被送此外貪色之女巫女ニ相成候

通曰　巫女者神仙越祈り其察（祭）り一年誠信堂ニ而見候へ共他方之察（祭）り楽器を入連手入之祈祷無之候哉

訳答　山川ニ而祭候ニ者病者之為多候巫男者鉦（ドラ）を打チ巫女者片手ニ扇をかざし片手ニハ鈴を振り身ニ者錦蘭之上ハ衣を着し暫して詑（託）宣を云四方之鬼神を祈り杲物越膳ニ備へ重キ祈祷ニハ牛半（羊）之肉をも備へ察（祭）り終て山川ニ配り病人之頭ニ白紙を着セ打擲之振りをし跡（後）ニ者白紙を焼捨備へ物之木綿一疋ハ其身共取帰り候一通之病人者身付候古着を竿之先ニ掛ケ高く振り廻し祭り終而焼捨候日本向ニも是体之祈祷女中茂妬（妬）強く呪咀之法取扱候事無之候哉

通答　巫女巫男神を崇び人之病症楽桊（奏）し祭之女人者身分丈之貞心を尽し不届者終ニハ致乱心候往昔之咄有之候者怨念強女と不知男子其女越欺候ニ付女憤り責募候故男其所を迯去候を追行所ニ大河有り男渡り畢て舩を突渡し候故無詮方女河之上下狂廻り大蛇と成て河を渡候ニ付男道成寺と云ふ寺ニ走り入り釣り鏡（鐘）ニ身を蔵し候処大蛇鏡（鐘）ニ巻上り〆メ候ニ付其鏱（鐘）湯ニ成しと云ふ古話有之今ニ女人姤（妬）之強キ者之戒ニ此女蛇ニ可相（成）と云傳候

訳答　其女性常並之人ニ無之神氣を請候人ニ而可在之人蛇ニ可化様無之怨念之強者義氣より生し精心神ニ通し夫等之儀可有之日本人之義氣強女人沾茂怨念神ニ徴し怖キ氣質ニ候

通曰　義氣強キとの咄事邪（訝）敷候周之末徴（微）干ハ諫而死と有り釼ニ觸連主君之為死し多る人枚多有之貴国も同様不弥義氣之咄ニ候

訳答　義氣不弥とハ何事ニ候哉此論候茂彼此信ら起り義之端しニ候を不弥と云れ當前之理ニ候へ共公之義論此上之論候哉

通答　徴（微）干禍ニ可逢を知り諫越被容候へ共生前之儀臣下之道ニ候是以不弥義ニ候

訳曰　公之論義を被泥候へ共大（太）平ニ諫程重キ忠臣無之昔者死を先達諫ミ（メ）有之是義之重畳ニ候

通答　忠義之論仮初ニ咄候処公忠義を重し拙者越被押詰候ニ付不得止事日本之義情を顕し候聞捨ニ可被成候百年前或関白酒色ニ被沉臣下追々諫有之候得共御用無之根津宇右衛門と云武臣御諫言被申上候處御用無之候ニ付御前を退キ朝服して又々御前ニ進ミ候上再三御諫言申上次席ニ而遂自殺夫よ

り怨霊御側を不去朝夕御目通りニ侍り御膝下ニ畏り候体数日之間御覧被遊諫言御耳ニ泊り終ニ御國家安穏ニ至り御當代ニ相成根津権現与被称今以江戸之御城外ニ祠有之と聞候

訳答　義氣至誠之論左茂可有之候関羽大將之論も有之書畫ニ茂生氣有之者同前之事義ニ生氣不捨筈ニ候

通曰　日本御暦々之婦人尼を被遂候者寡婦（ゴケ）人ニ候処姿越変美メ形を悪敷様ニして貞心を顕候ものと聞へ改嫁之沙汰ニ不至候貴国夫寡（ヤモメ）再婦人被娶候哉

訳答　宰相方再婦人被娶候事有之候へ共同品之處女ニ而茂妾と被唱候婦人尼を通候人稀ニ有之一ッ者剃刀（カミソリ）之刊（キレ）口悪く手間入有之尤僧者鎮鎓之剃刀相用候依之女尼少く候

通曰　朝鮮者禮儀正敷國与云候へ共春色之咄父子兄弟同席ニも無憚被致五倫之道不苦義ニ候哉

訳答　父兄同席ニ而茂其身ニ不當色談者不苦候得共其身ニ及雑評若輩（ハイ）之人老人之前致遠慮候軽キ者共席之弁へ無之致氣毒候事多候

通曰　去ル年長崎勤番中漂民救巡有之予僕越連連他行之留守召遣之女壱人旅宿ニ残置帰宿之上他行之留守漂民之内放埒之振舞不致哉と問候処御他行之日者壱人茂不入来遠慮ケ間敷人達ニ而淋敷事ニ暮し申候と答此等之事御示し相届候哉と頼母敷御座候

通訳酬酢　玖　終

通訳酬酢　拾　飲食之部

∴冬傳語官廳通詞家之事ニ而訓導別差并舘守差備官監董官堂上堂下大差使差備官堂上堂下其外東萊下り合之判事供ニ八
九負饗應相濟候上

通　曰　日本食物之内各之口合ニ何品宜候哉

訳　答　才一ニ杉焼才二鮟鱇才三濱焼素麺人々好候

通　曰　日本之酒味如何有之候哉公等ハ未煉酒方名酒其外茂被給此内何酒宜被覚候哉

訳　答　日本之名酒種々給候へ共皆々蜜水ニ候常ニ用ヒ有之上酒社実之酒ニ而我国之人々好足口味与云酔心地別而宜其内少々酒味遠候得共惣体日本之上酒結構ニ候我国ニ茂名酒有之候へ共是又蜜之味加へ焼酒を以日本之上酒ニ可類強キを才一ニ造り候北京其外夷狄之酒焼酒多有之候日本国者米宜候故酒ニおゐてハ天下才一と覚候

通　曰　日本之上酒を天下一与被論誉過ニ候然らハ貴国ニ用有之候ハヽ枚百挺御求可被成を味而已宜と有之樽ニ而御調へ不被成振廻候時者何連茂酒量丈御用有之誠ニ御倹約之儀感し入候乍去貴国之焼酒我国之酒客宜覚候与之論有之拙者下戸口ニ者梨花酒方紋酒之類焼酒より造り出し有之味候へ共蜜湯を冷し給候口味有之朝鮮者強キ焼酒を以人々酒盛有之候へ共常肉食被致脾胃強故男女共ニ聲高

く仮初之噺も喧嘩（嘩）之様ニ聞へ女人之音聲者尖（トガリ）て細く聞へ候大酒候女中上下之間有之候哉
男女打混し酒盛無之女中酔臥候迠不給野遊ニハ雑人集り多人數呑倒候ニ付此等之遊奐少く候両班
達之酒宴小歌之心を以察可有之候

　花堂賔客満坐ノ中弾ンレ琴ヲ舂る紅裳ノ女よ
　汝ノ出頭天山上山可左り七月可真実山上山ならバ汝と同宿せんと謡ふ類歌多有之

此意を以遊之体察有り度候

通曰　歌之言葉者一通り分り候へ共是者謎（ナゾ）歌ニ候出頭天とハ夫之事山上山とハ出与云字ニ當り左り七
月与云文字ハ有与云事与聞へ汝之夫有可無キ可との謎（ナゾ）歌と聞へ酒興之戯連言と察候朝鮮之女中
廿歳前後者赤キ裳（マエダレ）を着中年ニハ藍色紺色を着候様子ニ見及両班之婦人地合者何品御用有之候
哉

訳答　婦人達者素り侍女迠茂縮緬禾（水）花紬（スハチウ）を用各道之官女茂此等之品を着候女人者服制ニ不拘候へ共喪
ニ逢候女色服不致中以下者木綿之裳（マエダレ）ニ候
杉焼鮟鱇者貴国之人々被好先日東萊府使宴享ニ下来在之御頼ニ付杉焼仕立進セ候処各別御氣ニ叶
候との事ニて餘り之品官女共へ被下宴廳ニ而取寄給候杉焼者府使ニ不限都表より下来之両班御好
被成日本之味噌味ヒ宜キ様ニ聞候去ル戊辰年訳官士正朴僉知分而御好有之帰国之舩中對州在留中
ニ茂拙者ゟ朝夕相賄土産用迠御所望有之小樽弐參丁遣候処都表ゟ一禮被申越宰相方へ御振舞為有

之と聞へ候其外餞別ニ諸方より保命酒之類一二瓶御取帰り有之候へ共此沙汰無之日本之上酒并ニ味噌者朝鮮人ニ嫌無之ものと聞候

訳答　日本之産物多中ニ鯛鰤生蚫干烏賊鰹節素麪久年母蜜柑中ニ茂柑子(久年母)者冬至ニ先廟ニ被備次ニハ主君膳部ニ用有之候

此外風味宜菓子有之候へ共何れも白砂糖之味御座候然共氷砂糖五花糖者別品ニ候葛(クツ)粉ハ病人之食ニ好我国薏苡(ヨクイ)同様之品ニ候鰹節ハ結構之品魚肉才一ニ候我国ニ而茂女人産後ニハ鰹節古和布を以貴賤共ニ致補養候朝鮮魚者何ニ而も干物を生ニ而食し候故干烏賊宜有之候我国之産物何品口合ニ宜候哉

通答　才一者牛肉猪(ブタ)肉獐(ノロ)等之肉宜候得共山猪(イノシシ)麻肉等ハ爰元ニ少候得共海獐之肉者女中之血氣ニ宜との話ニて味無之此外ニ鸖鴨厂鶏雉同味ニ候へ共郭(ウズラ)(鶉)者餘慶ニ有之風味宜候鱈青魚宜覚候當所ニ在之鯛鰤之事御誉被成候へ共味遠候様不存候尤鰤者鮁(ヒラス)魚と云鰤ニ似候処多枚無之其上味之遠有之白蛤(ハマグリ)紅蛤(イノカイ)海蔘等結構ニ候

訳答　白蛤者腎を補紅(イノカイ)蛤者氣力を増候故(ママ)焼紅蛤を道中ニ用候故不絶所持候病後ニハ無此上常ニ時々被給候様被致度候近日壱斗者可り調へ可進候道味(タイ)之事誉過候様聞可れ候へ共我国之魚類泥海ニ生候故肉ニ〆リ無之物体之魚肉同様ニ候蠣(カキ)鯇(アメ)魚蟹類日本ニ茂有之候哉鰒者時節ニ依魚毒有之候ニ付公等ニ難進態与致遠慮候

通答　如何様鰒者結構之味与聞候へ共日本ニ而者主君并両親ニ事候人一切不給事ニ候法度無之候へ共下賤之内無心者致賞味候塩辛者彼此品々有之内ニ京畿漢江之蝌名物と聞候都表より不絶御取寄被成候得共拙者好不申紅蛤(イノカイ)之乾物者験效(効)有之拙者若年之比大病煩候処東萊之書手李哨官と云人より巨濟ニ而生蛤を青松葉ニ而焼乾し堅メ候品送り被呉復病早力付現效(効)能覚候公此品日々御用有之精力御盛ニ相見へ候朝鮮之海邊泥海と被仰候へ共日本北国之方者泥海之所有之鮟鱇鱈海獺も有りと聞へ朝鮮之海邊ニ近寄候海茂有之与聞へ候海蝿(クラゲ)抔茂此元之海ニ漂(タヾヨ)ヒ居候へ共製法を不知候故好人無之鰊鯑(カド)之子を青魚之子と被論是者大体似寄候小魚故青魚之子茂鰊之子茂同しもの魚之名遠候而已ニ御座候又大鯔(ボラ)之子越から春みと云上品成味ニ而日本之暦々方御好有之丁度鱈之子乾し候形り之ものニ而味茂同様ニ候鯔(ボラ)之小きもの盤此海邊ニ多候

訳答　公者牛肉才一と被称候得共日本人之内不給人有之鳥獣之肉何連茂同様ニ候処此地之品宜キとハ不■■■■■■■■■■■■■■■■■鰒汁之事委聞候処義氣之正キより給人少と聞候是日本人之(生)質(ウミツキ)ニ候牛肉者人ニ依禁しめ有之と云公如何ニ而被給候哉狗肉者不被給候哉

通曰　牛肉不喰人者正直成人ニ候日本元祖皇帝之御禁有之農業ニ牛程働強もの無之其肉を賞し國民不残喰候而者終ニ喰尽し候而(ママ)者農業之妨ニ相成り候間末卋(世)末代不給様御遣(遺)言を不忘人ニ候下拙給候者一己之締メ有之枚拾ヶ年致在館候ニ付朝鮮之脾腊ニ成り喰度故獨り悟り候者日本米ニハ油多キ故肉食ニ不及朝鮮米者油少く候ニ付牛猪之肉胡麻油朝夕給候而茂強害ニ相成間敷牛者餘斗ニ生

候国之事氣向遠候故其国ニ入而者其土地ニ可應事と悟り喰覚候處各ニ茂喰不屓(負)一度ニ二參斤茂
給べ無此上味与覚候加之精力を増し候貴国之男女元氣能聲高ニ有之筈と考候

訳曰　我国之内柑類何品宜候哉梨子柿栗多候へ共才一結構之柑子蜜柑(久年母)已前ゟ色々手を尽しても育不申適
萠出候時実者楊子ニ化し候胡桃子(クルミ)栢子(松ノミ)日本ニ有之候哉

通答　棃子柿桃日本ニ多候得共栗朝鮮之如く嗜(嗜)不届胡桃子松実有之候而茂栢子ニ不及去ル信使之節聘
使帰鮮之砌栢子蜜積(漬)ニして穴を去り壱舛餘り送り被下其後大坂へ登候ニ付少々持越候処彼地之
人㳺敷賞味之上預無心栢子之種萠候而茂生育不致柑子と同様其地ニ應し候物故日本朝鮮一体ニ候
へ共其国内ニ茂冷暖之遠有之
‥貴国之杲子ニハ薬杲才一其外之餅類何品茂蜜之味を持日本之餅者砂糖之味を持大同小異此等之事
と考候内酒を不用口ニハ貴国之米飯各別ニ候色々之菓物交り候得共焚様仕法聞度候

訳答　米飯者老母之手業故扱を見候處
凡餅米壱舛ニ小豆壱合黄栗(ムキクリ)乾柿(クシカキ)大棗(ナツメ)栗焚込ミ蜜水ニ而草之根葉を以ナ露(ソロ)〳〵焚候ニ付和
ニ出来下戸之口老人之薬ニ相成氣力を増候
神仙(仙人)者柑類を以長寿候与聞へ柑類何連茂一切ツヽ有之と聞候中尓桃者長寿之長と云候夾共朝鮮ニ
ハ桃実少く候へ共常々多葉粉を好候人者一年ニ一ツ二ツツヽ者呟(屹)度喰候へと我国之名醫(醫)申置候
と聞公も多葉粉好必桃(モヽ)肉被給度御座候

通曰　日本向御送使江馳走事表向之手枚者御双方共曲録ニ而之御接待五味七酒之手数朝夕見及居候へ共北京ゟ勅使下来之節馳走向酒禮之手数事等日本向与遠候事無之候哉殿下御應對有之候哉

訳答　殿下勅命を被聞早速大明殿を被退跡ニ而宗親之御方一員議政之内一員接待有之曲録掛り膳部之盛り物御送使向ニ大体似寄候中度（中宴之事）禮曹之判書一員兼文院之首官一員被致饗應此時勅使へ聘物等品々被遣兼文院者大清より（北京之事）中来候勅宣之返答向掛合有之院ニ候勅使初次官之人々相替候扱等無之牛脚猪脚其侭ニ備へ其餘之品御送使へ馳走同様ニ候酒国中相用候濁酒ニ而有之席中敷物是又同様之事ニ候女楽一向無之候

通曰　勅使之一行人枚如何程有之候哉女楽者旅館之伽ニ可有之与考候へ共無之との事逗留幾日斗ニ候哉

訳答　勅使之一行參百人沾茂無之多人枚遣し候時ハ貴国之弊へニ相成との意ニ而纔之人枚ニ候女楽無之音楽斗進メ有之日外茂咄候通り北京向ニハ女姓（性）之姿不為見様ニ国内禁し有之候故態与無其儀勅使旅館ニ枚日不泊様ニと北京より云付有之と聞候此方ゟハ今一両日と挨拶時々有之儀ニ候外国へ之勅使茂同様と聞へ大清之代外国を懐ケ度意と聞候乍去付官之人江別段手入生し人情（マイナイ）有之不慮之弊有之候

通曰　朝鮮国中祝事幾度有之候哉五節句者勿論冠婚薨祭外家別餅を突祝候日柄有之候哉一時之祝酒事之馳走見及候へ共先達而客舎大修理之節殿裨（牌）之挙働（動）有之候へ共成就之上御安置之御祝不聞物而鎖細之祝事不聞候人間一生之祝者誕生日ニ候間日本ニ而者貴賤共ニ身分ニ應し親類中を致招請候朝

訳答　鮮人誕生日とハ云へ共下賤ニ至其日馳走之咄不聞候
客舎大家ニ付祝可有之筈ニ候処官家之事者大体ニ有之乍併親族之両班下り合候ハヽ其侭ニ相済中間敷事ニ候惣体家を新敷建候時者落城宴(ムネアゲ)と云祝候而建日を家之誕生日与定小豆飯を杜ニ備候事有之候

通曰　冠婚薨祭之祝者有限りニ賄候与聞及候へ共貴国之風年佪之吊事時々有之と不聞立身祝も仰山成を不聞候祝詞ニ肴被遣候体不見掛吊事ニ杲子被遣候事茂不聞是等之通禮無沙汰者御倹約之至ニ候日本ニ而者婚姻ニハ絹反物肴添遣し吊詞(事)ニハ野菜等相應ニと送候事ニ御座候中以下者朔望之祝詞茂不申述御国中其通りニ候哉

訳答　冠婚薨祭共ニ禮物無之候得共宰相方之祝事ニ者日本之絹反物其外見合懇意之御方而已ニ進上候薨事ニハ吊詞を申述香越進セ候而已ニ候朔望ニハ朝廷ニ祝詞申上中以下通禮之挨拶無之候観(冠)婚之祝其家斗用意来客五人拾人之中ニ膳部一膳ニ肴を盛濁酒弐畓(參合)入候砂鉢ニ而自由ニ呑セ焼酒ハ大猪口ニ而継(注)廻し無造作之振舞ニ候館中ニ而ハ拙者共江毎々預馳走候へ共公外出之時珎敷點心(ヒルメシ)を差出候時新ニ飯を焚セ汁も無之血(皿)ニ鶏卵明太之干魚(ソクイ)ニ而別ニ焼鶏炙(炙)り出し進候適之馳走ニハ牛肉之磯焼(イリヤキ)而已ニ候外向ニ而面々膳を以賄候事無之沉菜(キミスイ)(ツケモノ)者汁代り下地有之候日本之漬物味好候へ共汁無之懇望不致其内芭蕉漬各別宜覚候

‥佛事年回者一周忌を小祥と云三回忌を大祥と云候此日より喪服を改候

通曰　朝廷之御祝御降誕御代替り還甲之御祝之節大赦被行候事御座候哉

訳答　祝事之時者闕内ニ堂上堂下之両班一統入侍（ツトメ）有之朝禮相濟候上主君より一行一連ツヽニ膳部を被下白酒四五瓶添へ贈り候此祝百姓ニ至迠六旬（六十）を越候者共へ其郡監ニ而白酒贈り遠流多年ニ至候人而已赦有之候

通曰　御国中冬至ニ者無残祝有之と聞候得共中分之人祝詞廻り不見掛五節句茂同様ニ候哉

訳答　冬至之朝小豆糀（粥）を新米を以焚米之正体無之様ニして清蜜を猪口ニ入匙（サジ）を以蜜を掛ケ給候ニ腹中和ギ覚（各）別ニ覚候此糀（粥）を門戸ニ濩（灌）（ソヽ）ギ候与見へ毎歳拙者共任所へ被呼候へ共例之沉菜（キミスイ）製鱈（サキタラ）而已ニ而相濟シ御倹約御尤之儀都邊ニ而茂御懇意之御方御招請可有之御別懇之宰相折節御入来有之候哉

訳答　同職之人遠方へ宰相被叅候事無之乍然原任之宰相別懇之人病氣見舞ニ被叅候事有之時任之宰相病之時者主君駕を被狂（枉）候事稀ニ有之候冬至之祝者日本向ニ茂有之と聞我国ニ而申傳候者此日之糀（粥）を七所ニ而給候へバ難を逢（逃）連候与云候

原任とハ前之宰相之事

時任とハ當時之宰相之事

通曰　日本ニ茂冬至祝家別有之諸稽古師範之人より弟子中へ膳部を以振廻有之終日我可侭遊を免候小豆糀（粥）者似多る祝有之正月十五日之朝家々小豆糀（粥）を焚キ懇意之衆へ振舞候此糀（粥）七所ニ而給候へバ災を被免候と云傳候

訳答　一ヶ年中朔日十五日祝日与定有之中ニ茂正月十五日夜蹈橋と云都表ニ而者貴賤老若橋之上ニ席を設ケ酒肴持出致飲食候（ママ）楽ミ遊候八月十五日ハ先祖之墓新（前）ニ流（蔬）床肉床を持越備之肉者人ニ進候為ニ持行佛ニハ新米飯秋之菓物不残初を備候（流（蔬）床ハ精進膳也）肉膳を持越候而茂仏ニ不備者（ママ）喪中之人ニ他人より肉を進候時者不得止事給候表立申候得者三年之喪中可致精進女人之交り不致筈ニ候へ共膳（忌明）喪沾慎候人有之間敷他国人之手前ニハ喪中重く云候得共人之行口程無之者公我国之風俗能々察之前（所）故委不語候

通曰　捻而貴国之馳走向有合之品を以被取扱無補宜候へ共倹約過キ却而御廉恥ニ至候去比茂国元ゟ渡候人初而同道之時點心（ヒルメシ）御振廻有之候処器不足と見へ宅之従者之飯汁碗ニ而被差出中酒ニ焼酒小久利壱ツ御用意候処有限り継（注）切候時者客人之手前無遠慮今一瓶調来候様御差圖有之客並之拙者致赤面候日本向功者之各此等之振廻始終御悟り無之候哉已来ハ少々宛過分ニ御用意被置度御座候

∴日本向ニ而者客人之手前酒肴之有無致沙汰候ハ義理却含（ハツミ）之薄手ニ而恥候

∴貴国之習ハし祭（察）候処大丈夫者不顧小恥と云ふ心ニ而酒者酒屋ニ如何程も有之候へ共當地之事不馴之衆ハ客之心中其席被致氣毒候日本向何程困窮之体ニ而茂客人ニ振廻候品之有無客之目前ニ申出候事無之候兼而御見聞之公故御勘弁被成度御座候差當り此七里んニ土瓶被掛茶之御用意有之我向キ同心之衆へ對し拙者之規模ニ相成忝御座候

訳答　主客之取扱方御嘲被下判事之勤日本向を見習ヒ成丈諸事小寄（奇）麗ニい多し度候へ共面り小童等仕

覚不申中々一年や二年ニ而形り直り候事ニ至り可年先不揃之初者多葉粉盆無之煙器人々持来小童不使人者自身ニ長煙器を手ニ持又ハ襟（エリ）ニ指し上下共ニ如是風俗火鉢壱ツニ而相済炭盤（灰扣キ板之事）此席ニ据へ置吸穴擲キ捨唾（唾）者外ニ吐キ散らし灰吹等銘々ニ不備中以上者御見掛通り鎮鑰之蓋有之鈔（砂）鉢ニ吐キ候日本体者御丁寧成ル仕習ハセ何家ニ而茂着座早速茶多者古盆無差圖ニ小童持出席ニ依割（刻）多葉粉箱入ニして有之茶碗迠茂茶臺ニ戴（載）セ差出候就是都表より館為見物之両班下来之節席ニ被着多人枚一様之御扱故拙者共公之意ニ不逺規模ニ存候国之仕馴連善悪者分り候得共卋（世）人知る不行事多候何国之人茂悪ニハ致早馴常之語ニ近墨者黒近朱者赤与云語交友之才一ニ候

朝鮮之風生花取扱茂無之処去年明遠公別差勤之時小キ瓶ニ花を生ケ技形り取繕有之日本体ニ被馴御殊常之至ニ候与挙（誉）候事有之候人乂交而知ル人心カとの語此等之事哉与考候公茂日本向御好ミ有之候而茂爰ニ尿瓶（シビン）有之穢キ席ニ候都表ニ而客人之出會ニ此等之品除キ無之事ニ候哉

老人上輩之前ニ而者多者こ不給宰相方之席是を除候へ共公廳之外強遠慮無之親疎之出會ニハ覞定無之候生花扱無法な可ら拙者茂好ミ候処卋（世）事ニ事多取扱ニ不至夫よりも今日之給物扱面白候我国者給物之扱迠残別ニ有之　鮮（アサヤカ）ニ扱候不喰風俗ニ候

通

否左様ニ茂無之御暦々江被差上候喰物之扱ハ被入御念孰手（料理人）共手をそゝぎ口ニ手拭を以覆ヒ被扱候喰物ニハ残別なしと被仰其通ニ有之食事之時致迷惑傍ニ立並ひ椀之内を見込下郎とハ云な可ら無躾之仕避（クセ）（癖）ニ候中以上者ケ様之振合不掛見候へ共食事之有之席呟（屹）度被追払度候已前士正之語を聞

答

訳　曰　覚居候ハ晩食ハ當レ肉緩歩ハ當ル車ニ与有之當前之理朝夕思當り忝金言ニ候
公之馳走而已相成今朝釜山之朝市ニ従女(下女)遣候處大鯛一尾調来候付鶏卵野菜ハ大根芹祢ぎ春菊飛じ
き穂藻若和布取揃置候辿七里んニ小鍋を載セ胡麻油を少し入連醤油差加へ野菜不残入連玉子五ツ
六ツ打込ミ杪ニ而交ゼ生体無之様い多し(候)故問候処我国之鍋料理如此ニして社味付候与答候ニ付
給掛り下地沾味克候と挙(誉)候時焼酒出し候様云付候故及断候へバ酒者不用人故春ニ相成候ハヽ別
段之馳走ニ花箋を馳走可致候此外之品貴国之料理ニ不及差當り初献之吸物塩煮と見へ候得共汁之
味軽く何方ニ而茂好塩梅ニ候

通　答　我国之料理ニハ鰹節餘斗ニ遣候故味逺候貴国之人ハ何ニ用多候哉頃日約束之花箋用意候ニ付後遠
ニ行可楽辿敷物を設ケ席中ニ胡麻油斗仕掛有之頓而粉与餅を小皿程宛ニ薄く拵へ其鍋ニ而揚ケ躑
躅之花一輪ツヽ付ケ揚出しニ清蜜越掛ケ勝手ニ給候様取持朝鮮之客接待ニハ是ら結構之振廻無之
候へ共膳部不出列(例)之沉菜ニ而濟後段ニハ焼鶏焼酒ニ而納流跡ニ而召連叅り候草り取之子供へ懇
ニ振舞候事

通　曰　公幹ニ付時々誠信堂ニ罷出候処召連候小童へ御嗜(嗜)之飴類之品被下忝候へ共御用ニ付叅候節ハ已
後御無用ニ被成度可被下候此等之事鎖細之挨拶朝鮮向ニ不應時誼ニ候

訳　答　公之小童ハ如日々丗(世)話預り候故寸志之至ニ候へ共拙者入館之時者小童使令陪通事召連候故大成
雑費ニ至候乍併是沾一言之謝辞不申述候ニ付迕(逆)情(サカバラ)を以被痛候哉与拙者茂致迕(逆)情候此辞社鎖細

之論日本向ニ不應返答致氣毒候是ハ是子供へ食物之事強禁被申間敷候子供与云ものハ喰物外無他
念もの故久敷見セ置候時者疳(ムシケ)氣起り候ニ迄無之其例し童児ニ多有之候
・・童児ニ付噺有之候幻法を行候者其術を得候法ニ者美食盛並べ七ツ比ゟ十歳斗之子供十人斗集メ終
日終夜為見置其品を喰候へバ身元自由ニ相成軽飛廻り候術有之其法邪(邪)法ニ近迚嚴敷禁メ有之近
年此術全絶果候依之童児へ美食者先ニ與へ候事ニ御座候

通　曰　童児者素り客人ニ致馳走見聞候従者へ不残振廻候者日本人之情ニ候処無用之者立交り折節ニ者盗
喰い多し被見咎拙者共致氣毒候へ共公等強く御叱り無之者喰物之事故と察候へ共今之御咄し有之
人之魂入候食物被施候意茂有之哉ニ察候
国民食物を貪り候者困窮ゟ起り中以上者諸向豊ニ有之候ニ付此心少く専質朴倹約有之候依之日本
之重器目ニ付候品多候而茂好不申候へ共久年母ハ年々多数ニ至候処近年者時勢衰へ東莱府使釜山
僉使水営水使多太僉使訓導別差日本掛合之勤所ゟ毎歳先キを争ひ都表江差登候処自然与多少有之
候

訳　答　・・柑子者御隣交之初より被用大(太)祖大王ゟ数代之廟所冬至之膳部ニ被備其膳部宰相方有功之人々江
被下候ニ付主君快く被召上候者他国之品ニ而茂其木之性を以雨露之恵ニ依り味を生し人力を不借
品日本之土地氣矦宜キ国ゟ渡り来候上肉勝之脾胃ニハ無此上拙者五十三十一時ニ給べ有限り飽キ
無之候

通曰　草木ハ雨露之恵柑子之事頻りニ御挙（誉）被成候得ども日本向各々江御丁寧御馳走有之何事茂人力を以御尽し有之客舎其外船中道中御丁寧之御扱所々風景之勝地ニハ寺庵有之候へ共終ニ御挙（誉）不被成文士之筆舌而已聞傳居候日本ニ而者是等之事迠茂美麗を被尽候処朝鮮人之風儀人力を以餝（飾）候事我国ニ茂多キ事也と心中ニ嘲（アザケリ）り有之哉と下墨候眼之前ニ見へ候丁寧者口氣ニ顕連候事人之情合ニ候へ共貴国之風情堅キ事ニ候

訳答　日本向御丁寧之御扱を心中ニ嘲と被下黒（墨）候へ共いま爹公我国之事情不委人を見而左様之咄可被致候

通答　貴国之事情不委と有之其事情を聞詰度御座候

訳答　其事情之咄甚致迷惑候我国之人々元不情（精）ニ有之常々身働（動）しを不致風習故居な可ら唾（唾）越吐キ散し若キ人も居な可ら私用を便し候事有之美麗之席其外丁寧之扱ニ不氣付元者不情（精）より起り候事ニ候此事情公悟り無之と祭（察）候

通曰　信使江戸表へ御通行之時大坂ニ而御丁寧之川船ニ而御登り被成其采船寄（奇）麗成事無限聞候へ共提（鄭）重之如キ船ニ唾（唾）を吐キ散し候由聞傳居候如何ニ身不情（精）ニしても結構之船を不知者我国ニハ如此船枚艘有との意ニ相應し候此後采船ニ而御往還候ハヽ御心持被成度候貴国之人者勿論對州之面目ニ絲（係）（カヽワリ）り候此等之儀兼而御咄被置度御座候

訳答　日本之御丁寧無限肉類多有之中ニ弥敷者山猪（イノシシ）之肉ニ候公爰元ニ而牛猪之肉被好候へ共何肉宜被

覚候哉其味一々聞度候

通答　牛肉者別味獐（ノロ）海育（ヲットセイ）庲肉之味ニ同然鳥類ハ鸖鴨厂郭（鶉）雉鳴ニ候処公等之口味ニ鸖鴨者何と有之候
哉

訳曰　鸖者鳥類之頭故我国之人立身ニ⿰阝童（障）り候与云不給鴨者追風鶏者引風与云傳候風ニハ鳬宜鶏ハ風ニ
不宜と聞候公者肉食品々被給候との咄し内ニ虎之生肉給候とハ不落着我国之人不思寄品ニ候其味
委聞度候左程肉食好ニ候ハヽ狗肉ハなぜ不被給候哉

通答　虎之生肉給候事御不審尤ニ候拙者廿歳之時則此通詞家山手ニ追廻し来一日ニ弐疋狩取り壱疋ハ館
守家ニ而御取捌キ被成其肉館中勝手ニ給候故拙者も一切連ニ切連給へ候処味老牛之肉ニ同油氣無
之候何連茂功效（効）不知力強相成候とのミ申居候其日者訓導聖欽入館ニ而互ニ桜之木ニ登り致見物
候生肉差當り功效（効）無之ものと被申候歳月如流最早五拾五ヶ年ニ相成候
‥狗肉不給者一己之寸孝ニ候父親甲戌之生ニ而戌ハ狗と心得一口茂味不致候

訳曰　狗肉者油勝ニ在之結構之味才一内を暖メ暑中ニハ腹中冷候故養生ニ用候獣類之中人ニ近キものハ
犬馬之労与云候へ共韓信後悔之語ニ
　狡兎死ソ老狗烹（ニラル）と有之公狗を不被給者過し労を不忘との意ニ當り候

通答　諺ニ犬骨折て鷹ニ被執と云候最前之苦労者不及沙汰ニ今一時之功却而用立候氣戻廻来候人之仕合
ニ候犬之辛苦御挙（誉）被下候へ共丑年之覫（親）ニ候ハヽ牛肉給間敷一時之咄ニも可笑事有之候

訳曰　就夫前訓導聖欽李同知其身之覌(親)訳官之節致溺死候故一生鯨を不被給拙者共ハ味宜品と覚候

通答　聖欽公鯨を不被給事存居候此人判事之勤功者ニ而日本詞者素り仮名字大上手ニ而其手跡日本国ニ多く渡居候業務之身分後𦽳(世)ニ名を残し度御座候

訳曰　鯨者大魚ニ而肉之味宜キ内尾早焼ハ真白ニ有之喰心地凾(歯)切レ好く候然共我国之人則好ミ不申人之生(性)ニより眉毛抜ケ或者渋瘡出来候故赤身ハ不給人勝ニ候

通答　鯨肉常ニ不給人増り候而左茂可在之我国之人常不給候故牛肉給候時眉抜ケ渋病起り候人茂折節有之候狗肉者家ニ飼候獸ニ而家之穢を食し候故氣味悪キ候而一ツ者給ヘ不得候

訳答　公狗肉不被給者信士之志し鶏丈者人を頼候生類成を朝夕鶏を喰候者無慈悲殊ニ鶏ニハ有五徳との儀公茂聞及有之乍去諸事慎過てハ食物も不足ニ至り人間者人間を頼分而鶏者人を頼候生類を早々喰ふて呉候へバ其鶏之仕合ニ成との便を設け野菜同様ニ飼育置キ我国之者殺ニ憐ミ無之者人間之至慾御察可被成候

通訳酬酢　拾　終

通訳酬酢（拾壹）　酒禮之部

春二月両訳入館申聞候者一両日東萊府ニ登居候処都表ゟ両班（レキ）之衆五七人日本人為見物下来有之夜前者府使之別業ニ而待接（チソウ）有之候ニ付拙者も取持ニ罷出疲居候へ共府使之子息其外宰相之子息下来故館見物為致呉候様被頼今日内裨將壹人被差添頓而入館可有之候咄之内壹人長手綱を曳セ先ニ騎り来引續馬壱疋ツヽニ山輿を据（ス）へ五六員相見候静成体ニ而従者四五拾人相添来を見掛訳守門迠出迎誘引して先ニ入り通可旅宿ニ着座定り其体訳等同様之挨拶向ニ付キ通茂夫ニ應當話相濟饗饗（應）始三盃を出候処臺盞を無挨拶其内之年輩ニ與へ候故通心得上之盞ニ酒を受高座之員ニ進候内中之盞を思々差寄被給片端よりハ肴箸を犱り直ニ喰段々譲り無遠慮候而茂箸無之粧刀（サウ小刀）之笄を抜キ争被給候ニ付

訳教て曰　日本之禮ニハ不致直箸酒禮始候時者客人与辞誼合有之為毒見主人（丁主）より盞を始免客人之座烈段々ニ致通禮候双方共ニ一献ツヽニ肴を進メ候事ニ御座候

日本体之咄有之内濱焼素麪中平ニ盛木具銘々ニ差出候ニ付訳より大都（ミナサマ）御口味好候ハヽ幾度も御用可被成候日本之仕習せ幾度茂新ニ盛替差出候間節々差出候事を主人觀（ティス（歓））候我国之風習ニ候ハヽ大鉢ニ盛立可出候へ共手間入ニ不構各様御壹人ニ一膳ツヽ備へ品物少キ様ニ有之候而茂厨（クリヤ）ニハ

沢山ニ用意在之候ニ付必無御遠慮御用可被成候我々自分之出會ニハ此等之待接（チソウ）不意之事故此座中ニ風爐（七里ん）を置鍋を掛ケ種々野菜を取揃へ面々給度品を勝手次才煑て給べ候格式之酒禮ハ新敷木具ニ土器据（スハリ）り此間鍋ニ長キ柄を付ケ給仕人手元遠く置キ女蝶男蝶之振合して継（注）キ廻り有之候肴之枚者例之通五味三味七味之枚ニ相成手枚不濟内ハ畢盞無之常体一通之馳走酒禮之法者最初此膳ニ鰭（ヒレ）之吸物其外追々種々之品持来膳之向ニ小盞キ（ヲ）一ツヽ添有之肴改り候度々挑（銚）子を継（注）廻候故枚ニ應一盃ツヽ受候得共上戸者米惑（迷）ニ在之候間献枚之手枚相濟候上結構之酒饌（サカナ）大鉢ニ盛並べ望次才給べ候様用意有之畢盞之上茶果子有之本膳之馳走ハ向ニ茂膳左右ニ膳此膳ニハ作り花等有之我国之膳部餝（飾）りニ似成事大同小畢（異）（イ）此等之事ニ御座候皆様御下之事兼而相知候ハヽ館守裁判之御方へ相頼日本之料理可掛御目ものを不意之御成ニ付残多御座候両班四五貟片脇ニ寄り私語少して訳ニ向公等常体出會之料理給て見度候主人（テイス）御用意可被下と無恕才所望有之候を

訳　曰　毎度雜作ニ候得共都表ニ而懇意之御方故鍋料理御用意可被下と小聲ニ申聞候ニ付

通　曰　易キ事ニ候乍去少し隙入候故館中之神堂（ヤシロ）（弁才天之社を云）東向寺両所之御見物候ハヽ其間ニ用意候様直（と）ニ致差圖候処無程一統被立寄用意之品々を見廻り何連茂大ニ觀（歓）ひ是社誠之馳走ニ候迚（トテ）無遠慮各箸を持チ鍋ニ仕掛り両班らしき振形り少茂無之偖々珎敷預侍接（チソウ）ニ候此上残り物連来之下人共へ味ハセ見度与有之陪従之人々ニハ別段ニ申付置候間厨ニ而振廻可致候召連之者共給候内貴殿之居所ニ休息可致迚両三貟被立入廳（ザシキ）ニ匍訇（匐）（子ハラビ）候貟も有之外を立廻り候人茂有之内住所ニ小童迠茂入来狭

所ニ彼方之主従給仕之子供多人数混乱之中根付ニ用候矢立越見當り是者重寶之品与被取扱候ニ付
御目ニ泊り候ハ、御用可被成与申候処又一負手細之傘（傘）を見てケ様之珎物有之皆々一覧可被致と
被申候ニ付訳引請御望候ハ、御取帰り可被成候両班無辞誼小童ニ持候へと被相渡又大廳ニ出跡（後）
ニ有之風爐（七リン）鍋を見適々之馳走ニ是茂貰度与有ル訳幸と心得候哉此品者賣用多候故拙者ゟ可進候間
御上京之上土産ニ可被成候御帰府之上任所ゟ可差登候両班達帰之節今日者不軽弊ニ相成候斗（と）挨拶
一通被申述跡（後）ニ而

通　曰　兼而存之事ニ候得共朝鮮之両班権柄ケ間敷候処如先刻放埒成客振り両班と不相見併公都表ニ而別
懇之暦々ニ而者無之哉左候時者申ニ不及候得共右体之両班信使之節者内裨將ニ粉（紛）連被来候と聞
候日本人与出會之席右様放埒我侭被致不慮之儀可生茂難斗両班之衆御寄合之折節日本体御咄被成
度他国之出會ニハ少々御心持有之様御物語被置度御座候乍併拙者事大通官与御披露有之候ニ付両
国間ニ無御恕才思召日本料理無遠慮御支度有之忝御座候加之何国茂両班者無障（ヘダテ）（障）言葉同輩同様ニ
有之致氣毒候

訳　答　右様之會仮初不成義ニ候彼人達茂大通官と被聞賤敷官ニ而無之故諸事無恕才被請馳走是等御用（要）
職ニ付先々勤之力ニ相成候毎度御雑作弊重り候得共公之扱御主君之御為ニ相成候今日者多人数之
賄忝候

通　曰　右様之弊者公等ニ對し候事故新ニ不及御挨拶候へ共先刻之両班達拙者を眼下ニ御覧候故惰（惰）弱成

ル御叅會与察却而心中恥入罷在候如何之御人物ニ御座候哉

訳答

従三品之人多有之候阿の内年比三十斗之衆ハ當府使之嫡子ニ而兼旨を勤被居候処一昨年議政之内と兼旨三四人振合悪敷何連茂病氣ニ詑（託）し持職休息有之殿下江暇を乞一春為養生所々見物被致序ニ親父為見舞東萊ニ被立寄館見物ニ下来有之候

兼旨与云勤者至而重キ勤三議政此人達を懇ニ被致表立候御用之取次此人達之勤ニ有之御用人与云姿ニ候此下小姓之勤ハ宦者枚多有之宮女と打交り勤候者ニ候委者象胥（胥）紀聞ニ顕置候

訳曰

：翌日東萊府使之次男宴享（イハチ）為見物廿歳斗之人府使之後ニ立見物有之宴後大廳ニ出通（ツウ）ニ向一通之對話相濟候上昨日者兄貴公之旅宿ニ而預待接（チソウ）ニ忝与之傳語有之小弟茂後程貴宿へ叅度候兄より少し之送物有之候迚別壮紙一束胡桃（クルミ）子栢子（マツノミ）壱帒ツヽ被差出其身之小童膝本ニ呼為持有之日本拵之杲子箪司（笥）ゟ蜜漬之松実乾栗柿乾紅蛤（イノカイ）等之品取出し此品道中給餘り有之持来候間味可被下候此席ゟ公之旅宿へ同道可致与手を曳被立宿ニ帰り候処疲候とて住所ニ匍匐及緩話候得共食物ニ不及と被申五花糖氷砂糖差出候処従者共へ少ツヽ被呉給候上御蔭ニ而皆共始而珎敷品を給候与物語聞

當府使之次男同姓李宰相之養子ニ相濟候由笈（及）第被致候ハヽ東萊府使も可被相勤嫡子者兼旨勤全被致候時者議政茂可被相勤昇官之人ニ候へ共兄弟共丸遊ニ而茂食邑多調へ有之候間五七年者豊ニ可在之候公之論中我国之両班惰（惰）弱之振舞多公を蔑ニ被見込候との意有之候へ共一面之出會ニ而茂公之挙働（タチフルマイ）（動）言語を聞キ同輩之叅會ニ齊（ヒトシク）無隔意所ゟ被致惰（惰）弱候ニ付御恕才被下間敷候其席

ニ而公茂平座進度存候得共日本向之座体食事之取扱何角ニ付正敷体を為見置度態与控居候処磕(ハタ)して此程府使之咄ニ館中ニ子供遣候処日本人者諸般正敷事と聞候其方拙者子供之振合何と見請候哉と被問拙者取合候ハあ之大通官宴廳ニ而時々御見請可被成不賤貧（生質）ニ候府使之咄ニ人ニ待接(チソウ)之意丁寧之心得与聞へ我国之風者表向之振舞仰山而已ニ有之美麗之仕立日本体与遠氣毒ニ候已来送使衆江私宴(イザカモリ)之膳部丁寧ニ取補ハセ度候与有之寸志を以大懇ニ預ルと云傳を聞常ニ知恩（恩）報恩（恩）之意ニ移り候

訳答（ママ）

日本向諸般丁寧ニ有之との御噺日本馴候御方左茂可被思召殊更府使ハ八送使接待之度提（鄭）重ニ而之酒禮御存故御誉被成候茂御実話ニ候へ共酒事越不好拙者朝鮮之酒禮表向之席者盞臺ニ継（注）御銘々ニ被進當時之出會ニハ大盞を以呑人者無遠慮四五盃被給呑人斗挨拶被致不呑人ニ者見物させ置相濟候惣体酒之有限と見へ候呑人ハ肴類少し味有之呑ぶり氣味克速ニ有之如是呑様大坂邊ニ而ハ多との咄し聞へ酒事ニ隙入弊へ無之無雑作之仕方ニ候

我国之人中以下者幼少より男女濁り酒を呑習ひ一時之飢を凌候故盛（成）長ニ至大器を以腹を太(フト)免遠路ニも腰飯不持行所ニ而濁り酒を呑候酒姓（性）日本之上酒与遠候を不知我国之酒を呑古とく拾人ハ拾人給過し酔忘候もの多恥入候事時々在之候

日本之酒禮ニ付呑人を海量(上戸)と云へ共小盞を以往覆（復）有之不好身ニ而茂少々ツ、給べ色々出候時分ニ至段々盞太り彼是ニ付酒宴長引客人迷惑之様子顕連折節者公ゟ預吴見候事茂有之候へ共不呑身分者中ニ茂長膝致迷惑候乍去繁用之時ハ傳語官中之狄成ニて五献七献引盞ニ而酒禮相濟此等之手枚古風与聞ヘ我国茂格立候酒宴是ニ同事有之大同小吴酒禮之大法迠茂同様ニ聞候

通　曰　両国之事大同小吴と云なヾら小キ事ニ大成ル遠有之候朝夕出會之席ニ而致氣毒候者種々弥味盛り備ヘ有之有毎ニ白箸一膳ツヽ添ヘ有之を無遠慮直箸被致直喰有之其箸難用其侭ニ捨り候ヶ様之小事日本体不知人者左茂可在之候ヘ共御同官内ニ茂不合点之人物有之候間御同官御寄合之時此等之事若キ衆中ヘ御示教被成日本判事之勤詞よりも先達割膝之躾御示教被成度御座候

訳　答　公者誠之信士両国之為を被思判事仕立方御咄有之傳語官仕立者公之心得ニ有之候ヘ共近来者彼此共ニ酒好多其上自称之輩見請酔狂奸曲怖候

通　曰　酔狂者酒之科（トガ）奸曲者我慾ゟ起り候事共哉与考候酔狂品々有之と聞ヘ我慾者自称（ジマン）ニ誇（ホコリ）（誇）可笑事ニ候

訳　答　酒情酒戳（戰）使酒之類有之候得共歎酒酒笑之品々此等者怖連無之酒情者情らしく操（繰）言を云酒戰者人を打擲し使酒者高満（慢）を云此三ツの酒常ニ慎候体有之音無しき人与云王れ慎之緒切連候ニ付刃取扱候仕立之人可慎者酒之事ニ候

通　曰　如何様酔狂ニハ品々多候去々武羇（ブキヤウ）（卿）玄（す）判事別差勤西館ニ而酒ニ酔西より東館迠泣（ナキ）来り守門より任所迠不絶泣キ被戻候其外酔忘い多し人者多候得共科者酒請持候酒禮ハ嚴シ於軍令ヨリ与有之候得者可慎之才一若年之判事衆ヘ御示被成度御座候

訳答　上戸之辞ニ醉（酔）中ニ無レ天子との語を以泥酔（ドロボウ）ニ成りても奢り候者多有之酔中ニ茂杖罪ニ被行候者有之候ても翌日者何之事無之拙者共茂品ニ依呵を受杖罪ニ逢候形チ茂有之候へ共頬（ツラ）を押拭ヒ即日より相勤候国法故下賤之者誤者一時之事而已与御心得可被下候

通曰　酒禮外酒事越同盃酒与被仰尤之辞ニ候是ニ付手近申候得者覞（親）疎之隔無く睦キ出會之心ニ候戯連詞ニ含還（ツケザシ）酒与有之興ニ乗し呑欠（掛）之酒を勧（スヽ）メ候席有之是等情合之重畳ニ候貴国之人々花の下ニ而男女打交り村鄙ニ而五七人寄合酒盛之遊終ニ不見掛候処邊鄙往来之人稀ニ見掛候ニ酒ニ酔候を連合通り候折有之御国中遊楽ニ候日柄有之候哉

訳答　一国中之者遊楽ニ候日柄者秋夕（八月十五日之事）外ニ無之是迚茂山所（ハカショ）ニ詣家内親類外之交り無之五七人寄合酒宴不致訳有之呑度者者大器ニ而勝手ニ呑口を押拭ヒ相手求候事無之呑掛候所ニ知音之人来候へバ器ニ一盃継（注）與へ候而已ニ御座候疎遠之人見へ候時者席中口を拭キ正敷居り酒を勧候事無之風儀故下賤之出會此等之意ニ而酒之友与云事少野山之遊無之候

‥萬民一生一度之祝冠婚喪祭而已ニ而身上ニ應村中多人數呼集メ土上ニ莚（ゴザ）を敷干鱈沈菜（キミスイ）膳ニ据へ中間ニ置キ賄候事ニ而隣家より寸志之品茂不遣酒を不用人ニハ粉之餅等を出し少々取扱候人ニハ清蜜を添へ相進候而已ニ聞候

通曰　御国中自然与御倹約之姿萬民沾茂逼迫之至ニ候一ヶ年中遊日秋夕ニ限り百姓之働ニ不弊御政事ニ候朝廷方之御祝年ニ幾度有之候哉

訳答　國之慶事即位㐧(世)子誕生還甲(六十之賀)之寿ニ而候

通曰　御慶賀之御祝闕内嘸賑可申宰相方始其外大臣衆江御酒宴等之儀御座候哉

訳答　京中是与云賑々敷事無之一通之宴宰相達より下ニ至り朝拝之式相済八道州府郡懸(縣)之百姓迠宴を給り候例ニ候主君之御慶事士庶人ニ至迠同様之姿ニ候

通曰　冠者垂(垂)髪を上ケ男丁之部ニ相成婚之禮近村ニ而見及候婿(婿)(ムコ)者馬上ニ而冠を着朝服之上張を着先ニ厂を抱キ同心跡(後)ゟ馬上ニ而叅り候貧村之者官服之様子不審故咄を聞候処其村之地方より婚姻之日者借渡し候儀ニ相聞へ候木厂は暦々茂備へ有之と聞候拙者若キ時故婚家之戸口迠忍行候処聟者地上より男ニ四拝して内ニ入花嫁者房内ニ居候与見へ婚献之咄其所ニ而聞キ候得者盞ニ糸を付ケ花聟花嫁房内ニ而取引い多し是を牽綣(ケンクワン)与唱候由両班之婚禮手枚同様之事ニ候哉

訳答　冠婚之手枚上下共ニ同様ニ候牽綣と云者新婦夫縁不切様糸を引致通禮厂は鴄鳩(雌雄)相分り兼候得共番ヒ外之鳥ニ不番(ツルマ)信有て氣疾を知候故婚事ニ奠へ尊び候新婦夫前ニ立是ニ四拝い多し誓を成し候之候哉

通曰　薨送之日魚肉持越候を見掛候山所ニ而霊前ニ備候手枚有之候哉薨り之時僧ニ而茂死軀(ク)引合候事有

訳答　僧徒死軀ニ立交り候事無之肉類持越候者輿扱彼是預り㐧(世)話候人々江振廻用ニ候薨之時身近キ覫(親)類より段々土を着物之裾ニ包行埋ミ候樞(柩)之中ニ銘文を添候此書付何道何村何氏何某一生何之業与有之天蓋を以送候ハ陰ニ帰ルとの心ニ而天日を覆候

通　曰　貴国中喪事重被取扱祖父母両親兄弟叔父母之分チ衣類ニ顕し有之候へ共大祥（三年）迠ニ而祭り無之様見
掛物体神察（祭）りと云事無之候哉

訳　答　喪服之事御咄被下御心附忝候へ共是ニ而萬民迠茂致困窮候何事ニ而茂我国之風俗呑崩連食崩連多
候

訳（ママ）答　神祭国中ニ日柄無之候得共一家々々ニ上ゟ下迠有之候家一軒ニ神主（サマ）を高棚ニ居へ置候此神主元祖
より段々書續其祖一代之業善悪を記し有之候下賤之業家ニ而茂死後ニ至り村中取寄り記之其家ニ
傳候則是を神と唱候日本ニハ神社多有之と聞へ元祖を被貴候事と考候其上旧霊を被尊旧親を敬先
祖之墓詣春秋不欠信義全との論朝廷ニ聞へ日本国ニ而者憮厚先祖を重取扱可有之との評議ニ至候
夫式之小事都表ニ致貫通候与者公之飾言ニ候此等之小説何連之口より都表迠聞へ候哉

訳　答　古館墓詣社日相満候得者其節々及啓聞候故日本人往還穏ニ相濟候上者任官之規模ニ相成候外向行
規之小役人者東萊釜山之計ニ而不時之手入有之候節者別啓聞相添候尤都表ゟ陰（隠）し目付被差越候
事茂有之候得共表向之往還ニ而村家外ニ而者呑喰等有之候而茂左而已不苦時茂在之候餘り実過飾
言い多し候与被申候へ共公者いま爹毒氣有之笑裡ニ蔵刀之意有之候
仮初之咄ニ茂実意を吐キ候故公之氣當りニ相成却而拙者之事を人柄悪思召候哉ニ考候へ共戯言茂
念より出ルと有之御氣當り乍憚御尤ニ御座候

通訳酬酢　拾壱　終

通訳酬酢　拾弐　禮儀之部

通　曰　朝鮮者文國禮儀正敷國与申傳有之候得共東莱府使釜山僉使宴享ニ付御往還之節印信官符鉄金具之箱入ニして鍵者府使僉使御所持可有之候得共小童頭致守護馬一疋之両方ニ負セ其中脊(背)ニハ古キ草履摑(掴)ク、り付在之軽キ者之所為与察候得共此等之儀呟(屹)度御咎メ可有之義ニ候を枚拾ヶ年之間見及候得共何連之府使茂御咎メ無之者不審之至ニ御座候面り公等之下人共主人之口ニ用有之煙器を足ニ而跪ヶ廻し不敬無禮ケ程之儀無之候を御咎メ不被成不見振り而已ニ而多被相濟右様之事禮譲ニ不拘候哉

訳　答　印信官符者官負之京品ニ候得共其席ニ不備内者其身達之重物國滅ニ不拘与心得被居候御送使接待之時者国ゟ之接慰故府使僉使出入之時先ニ被立席之正面ニ高キ臺を置キ其上ニ備有之候得共府使自身被持出候同様之儀ニ當り候禮譲之別チ此体之心得ニ而鎖細之禮譲不行届国風御察し可被下候

通　曰　禮譲之大法細々ニ不行届との御咄有之貴国之風公を初禮儀を鼻ニ出し人々自称有之候得共我国之人々禮節を細々不致候而者信義を失候ニ當り表向禮を餝と云ふ意ニ移り如此咄候事茂公を同前ニ而敬し諸向御尤之御咄ニ御座候与相答置候ハ、公も拙者を善者杯と蔭ニ而御噂可被成候得共夫ニ而者双方信義を失ヒ表向斗美敷して可相濟候へ共左候時者諸判致表裡誠信者詞斗ニ相成り実意な

き交り公私之出會言を巧ミニして禮讓茂飾りもの不同意之御咄ニ御座候乍併朝鮮国中ニ茂人々質(生)有之鎖細之禮讓御糺し被成候両班茂有之一体ニハ難心得候今之御咄全実意ニ不當候故委咄可申候三十年前比崔府使与云御方腕ニ大成ル種(腫)物出来乍御痛中御送使御應對之時小童等片腕を抱へ對禮相濟御送使接待之体御覧有之年久敷仕来候給仕之軍官等心得遠有之候とて宴後被呼出軽杖罪之上達し有之候者主客之別チを不知往事咎ニ不及此先者送使之前ニ酒肴曲録之胶ニ持出是レ沾之通腑(俯)伏し送使之前より先ニ立其後ニ引添ヒ拙者及僉使之給仕追々立候様被申付其外何事茂此心得を以他国之使臣軽々敷不心得様嚴重ニ被申渡候其後宴享ニ下来有之先例之通白酒を以盃之通禮ニ至り此府使酒を被受壱盞不残呑乾て味ヒ宴後酒預り之老女呼出し其方年久相勤多年之間右之通り無味成酒を以他国之使者ニ出候哉不埒成仕方酒之告(造)り方入目ハ定法ニ遠無之与聞へ候得共才一可恥事者素り他国之使者扱方不心得ゟ起り氣毒成事始而曉り候是沾之事者往事不咎此先キ不埒成義不致様杖罪被致候其老女使令壱人前ニ立両手を抱キ壱人之使令者杖元を以股を志者き哀成体拙者始館中之人々府使嚴重之御斗致感伏御在職中少も失禮不致腕折連府使と其比申觸し内外共ニ敬申候公之咄ニ細々之禮儀不行届国風被仰候処猪口一ツ之酒を以老母越杖罪有之給仕之軍官拾餘人杖罪有之畢竟細キ事ゟ大成信義顕連館中之人々尓今敬之候委者其時之訓導年老之小通事共より御聞可被成候其餘徳両国間ニ有之候

其身正則不令而行

此意ニ移り内外之下々自然与静謐ニ有之人情御察被成度候禮儀之大慶を飾り小事不行届とハ不落着ニ候印信官符席上ニ不備内者禮ニ不拘との論御国内之儀募而可論様無之候へ共朝鮮人上下共ニ足を以被扱候品多是ニ為過失禮無之禮義正敷国とハ難云拙者共ハ存之前(所)故品ニ依不見体ニ相済候場所有之候得ども信使訳使渡海之一行足ニ而蹴被廻候場有之日本人之手前甚致氣毒候勿論以前より信使之砌堅く御示合等茂在之哉ニ聞候へ共面り朝夕被召使之下人等ニ御示無之と察時々此憂へ出来候外之小過時誼ニ應し速ニ御糺し有之品々論ニ不及信使訳官之沙汰有之節ゟ下人共へ御示教被置度御座候

訳答　我国之者共足ニ而物を蹴廻候者國内之仕癖故容易ニ不改候へ共拙者共見當候度叱り聞セ候中ニ茂召使之下人へハ朝夕呟(咤)り禁候ニ付折節者致勘弁候得共信使訳官之節者始(初)而日本ニ渡り候者多く候故右様全示教不相届公之呉見忝心之(三)及兼而示教可致候

通曰　小節之禮事不苦御底意と相察及実論ニ候處御納得之体相聞候巳後ニ至り日本人与御出會有之御銘々上下共ニ足ニ而物を扱候事聊茂御無用候ハヽ貴国之美名對州之光りニ候卆キ事な可ら此事ニおゐてハ堅御示教被示度候

訳答　足ニ而物を扱候者賤キ事と人々存居候へ共国風故急ニ躾(シツケ)直り兼候ハ幼少之時分より居住舞之躾無之拙者始自分之煙器多葉粉入帰り際ニハ居合之小童へ蹴て渡候事有之他人者此等之所作多候増而下人共ニ至り陰ニ而者主人之品闇しき時ニハ蹴廻し候事可多カル候(本)日人之躾与遠耻入候事ニ御

座候

通曰　日本人食物を掌ニ受舌ニ而掌（テノヒラ）を舐（子ムル）との咄し有之其事日本人能々存居候ニ付掌之穢（ケガレ）候度々白紙を以都度々々拭候是者是足之賤を公初御存無之直箸ハ一座之事朝鮮を文国与云候ニ付手ゟ茂足貴く候哉文国之禮儀聞置度候足貴候ハ、公等之冠服足ニ而蹴て見度候

訳答　互ニ実話故足之一通り目前之事を論候処御氣當りと察候実話之実者我国内ニ而之論惣身之内他（ヒト）ニ害を不成者足斗と諦メ居候口之災者太く手者勿論耳目口鼻之実論ニ不及足之舞兼而申論置度候得共幼少より行習（シナライ）無之候而者全不相成儀ニ候日本之童児育方を考候処幼少より平座不致人之前ニ足不投出畢竟育チ方宜キ故足之賤を自然与悟り候と聞候我国之児親之懐（フトコロ）を出候へハ平座い多し盛（成）長之上漸々足之賤を曉り両班之前ニハ素足不致事与心得候幼少より之躾如此故不思失敬候事有之公之咄尤と存候へ共萬民ニ至子供育方より仕馴レ無之而者人則全キ事不相届候此云候へハ公之心ニ迂（サカラヒ）（逆）候様有之候へ共諸人之心得故見當其時嚴重ニ糺し信使訳使之時者一行中へ相達候様同官中へ茂談可申候

通曰　禮儀正敷国与致見聞居候処先頃御同官を伴ひ客席ニ同前罷有候節屁を放され氣毒成振形も不被致是迚茂幼年ゟ之躾ニ候哉

訳答　放屁之事座体者勿論同席之人有之所ニ而呟（屹）度可慎儀ニ候処是社意外之失禮ニ候幼弱之童之躾ニ増り候へ共熟懇之出會ニハ放屁候事有之同席之人扇風を以打拂是茂中年ゟ癖（クセ）ニ相成り与風致傔

相候事有之恥入身働(動)し不致慎居候躾とハ不存寄咄ニ候

通曰　ケ様ニ久敷致酬酢候へ共片隅ニ有之尿瓶（シビン）ニ小便不被通御遠慮無之候哉拙者無恕才此蓋之裏ニ唾(唾)を吐キ見合居候朝鮮之仕癖房内ニ尿瓶被居置人之前ニ出有之候而も可相濟候得共宰相方茂公等与御咄申其席ニ据へ被置候哉夫者御国内之事他国ニ使臣御渡之節行烈ニ為持客殿之隅ニ小童付添罷在尿瓶者鎮鑰磨立有之見苦無之候へ共客殿ニ被持入候事者不敬之至りと存候小便者自用不便してハ難相成依之日本ニ而者客殿之片脇ニ手水場仕度出来有之拙者共宅ニ茂継ニして設ケ有之候禮儀正敷文国与日本ニ而申觸居候間此等之品鎖細之咄ニ候得共御心持被成度儀ニ御座候

訳答　尿瓶目前ニ有之御咄御尤ニ候宰相達自分寄合之席被為持拙者共同官同様之事ニ候処一段上之出會席ニ者為持無之殿中ニ不持入候得共一間を隔次之間ニ蔵し有之宰相始其席ニ而被便候事無之闕内ニも少しツヽ之空地有之候而も其所を穢候ニ當り都度々尿瓶ニ便し早速捨させ候重キ席次之間与云共向ニ下人為居窺(竊)ニ便し候事ニ御座候依之強失敬ニ不至と心得候此品所持不致と存候へバ節々私用ニ罷在却而不敬ニ當り候公如示不持越ニ者不如（シカズ）候へ共其時之廻（メグリ）り故若道中ニ而茂便度事可生哉此事ニおゐてハ返答致當惑候

通曰　私用者時之見斗ニ有之貴国之人何品ニ而茂無遠慮唾(唾)を吐散され所柄ニ依り近邊之人ニ湔（トバシリ）(迸)り掛り放埒之仕方是迚茂幼少より之躾と相察候へ共子供之躾者年長（ヲセ）より不慎候而者不届事面り親者大酒して子ニハ酒不呑様致切勘（セッカン）(諫)人多有之此等釈迦ニ説法な可ら唾(唾)吐散され朝鮮人者北狄（エビス）之類結構之

所茂不弁道中船中御丁寧之御扱茂不知己可国風自満(慢)顔して放埒を働候与云ふ族(ヤカラ)も有之對ス之
我々聞ニ返答無之其席失面目候其起り者伏見ゟ大成采船(カワフネ)御用ニ者有之関白より御馳走之御扱ニ
而御存通双妓(サゲス■)所里之如く美を尽し多る船往古ゟ被差出此船信使より信使沾大坂へ御構候有之御交
隣之厚キ御扱如是有之面前之御馳走而已ニ無之然を其船ナ内へ唾(唾)を吐キ無我無心之人達少し延
出候へバ河水ニ届候を身働を被厭放埒を被致候哉又者尊体(大)成我満(慢)之心得ニて我国ニ者是ゟ廣太(大)
美麗之物多キ抔と為思振りニ放埒致候哉甚以不埒之至ニ候此等之行作貴国両班其外ニ茂委被仰談
度候一行多人数与云候へ共此等之非法一両人有之候へバ朝鮮国之恥辱ニ相成候而已ニ無之文国之
名折連ニ相成對州之拙者共沾も大坂邊之人々ニ朝鮮国之咄難致候當卋(世)公と拙者當話ニ候處後卋(世)
ニ至ケ様之惰(惰)弱成ル御挙働(動)(フルマイ)無之ハ彼此之幸ニ至り候

訳答

唾(唾)之穢キハ下賤之者茂存居候得共口より出候時ハ誠ニ穢く候夫を知ツ、我国之人身不肖(精)惰(惰)弱ニ
有之乾キ割(刻)粉給し時唾(唾)を吹渋(湿)(シメシ)し多者こを吹候日本体ニ見馴候拙者杯者公之手前ニも一時耻入候

通曰

貴国人上下共ニ惰(惰)弱之行跡与被仰聞候へ共其人々ニ下賤ニ而茂禮情行届候者其内ニ御座候御見
及有之候哉
下賤之者ニ茂禮情有之与被申聞拙者見及候者昨今無之併し其情有之候者無理成叱を加へ候時多言
ニ致返答候者理非を云諭しても終ニ納得不致候故嚴敷叱り致杖罪候上漸納得ニ至り是共外ニハ禮
情之行届候事無之候

通曰　貴国之人禮譲有之候者日本人与喧嘩い堂し互ニ打ツ擲連つ難儀ニ迫り候而茂日本人ニ疵不付其身者疵を蒙りても其場を濟ソ後ニ而及公訴ニ最初之起り其身之誤り者捨さり此疵付を云立己可理ニ相成候事を見込終ニハ勝多る喧吪(嘩)ニ相成候惣体喧嘩之振形を見候處朋輩同士之争ニ茂棒を先ニ取候者ニ仕掛り其棒ニ而今打殺せと其身之頭可胞(胸)を擲而時移詀争候此等禮情之至りと举(誉)候事ニ御座候弱者強ニ勝之理常ニ心得居候与考候

訳答　御咄通日本人与争之上疵を受候事折節有之候へ共此方之者者亭主日本之人者客向故此等之意時々申聞せ候事ニ有之候

通曰　右様之御心得追々相務られ候ハヽ両国間小事之手入無之候者(而)出使廳（判事間之下り合會所）傳語(ツウジ)官廳之多幸ニ御座候是ニ付五七年前議聘御用都表ニ不致貫通多年相滞り候ニ付東萊府使ニ議聘都舩主封進御直論可被成との意ニ而上下百人不足館中ゟ操(繰)出有之候処早速設門を閉候故軍官ニ掛合候而茂開門不致候へ共日本人一人茂塀を不越設門ニ仕掛り常々開キ有之門を閉し候者外向所為合点不行公幹ニ付押破り通り候段訓導玄知事江申聞候上門之扉を押倒し設門外ニ多人数罷通候処竹鑓を押立数千之者共立並居候故快痍(ケガニン)(怪我)人出来候与心得拙者父子其中ニ行掛候時左右ニ別連無手ニ而前ニ立塞(フサガリ)り組手をして凡万人追々集り道先ニ立候得者手向ヒ不致掌之甲を以障(サヽ)(漳)江突ても々々又後ニ継此方之下人者各主人之供故乱争ニ不及坂ノ下村離ニ休息候内府使ゟ御使有之御振合之品追々委可承との事ニ而誠信堂ニ四五日滞罷有候内外向者毎夜々々多人数明松(松明)を灯し驚候へ共此方へ釣合無

之内外之下人一方ニ餘り揉ミ合候処彼此之間怪(我)人無之者貴国之下人禮情を知り道を遮り我国
之下人者主を守護し候心得何所迠茂通り自分之仇を不弁事大(太)平之至忠ニ候
∴此記録御用繁之中別冊ニして委認置候ヘ共幾五郎御叱り有之大御目附三浦大蔵殿其外御用書
物不残小箱入之分御取上被成何方ニ有之候哉後鑑ニ不相成しても此形朝鮮方ニ不残事尓今氣
掛り有之

日本人者信義強有之一度納得之上者仮令其身ニ及害候而茂其場を不去生質(ウミツキ)我国之人禮譲有之被
称候得共信義者生質至誠之本禮譲者上ハ壁可誠信之郭(クルワ)ニ候人情之論有其人押極難論候

通曰　下人等禮情之咄昨今現在ニ有之を咄候処公者日本人信義強キと被申聞却而拙者ヘ追従ニ聞候現在
之理を以白地ニ御答可被下候

訳答　日本人之信義強を知り候者其裡(ウチ)ニ慈悲有之上ミ下モ欠乗外向通行之時我国之童子取廻し鼻紙等
を乞(コ)ひ長(ヲセ)ハ多者こを貪り各々争以乞候ヘ共少しツヽニ而茂與ヘ荒キ水夫迠哀ミ有之如此者共無
体ニ打擲キ(リ)不致ハ信義ゟ起り我国内之者無理成杖罪ニ逢候体を見掛其官貟を憎ミ候振合有之氣
強体之者ニハ白紙一枚不與時としてハ及闘争候ヘ共有心日本人者所之官貟ヘ早速諭し候ニ付理を
糺し及杖罪一ツ二ツニ而最早御濟可被下与挨拶候事時々有之手前之筋御聞分ケ被下忝与一礼被申
入是等則信義立候理察ら連度候

通曰　右等之儀朝夕ニ有之信義之論ニハ不足ニ候信義之信相立候理委御答被下度御座候

訳答　是者事新敷責害ニ候信義此禮刀ニ顕し有之候公儀之勤被致候時席ニ一刀帯し被相勤朝夕出會候得共終ニ忘連被置候事無之信義爰ニ有り候（脇差を環刀と云／刀を長釼と云）公幹ニ用有之禮刀者鍛治ニ有之上段ゟ段々下り詰る所者傳語官と拙者共之振合彼此之働貫通不致候而者両国間ニ鋳付候

通　曰　両國間ニ鋳付候与者不吉之御咄し近年之仕立を見候処少し勤之体見習候へバ己ゞ業を自称して内身ニ鋳入候事を不知目前之私慾ニ誇り他（ヒト）ニ愚を譲り候仕立内外共ニ相見へ候得共此内地金宜キ仕立見候御互ニ仕立御隣交益篤之上時勢覆旧ニ至り候様奉祝手候

通訳酬酢　十二冊　全　終

右通訳酬酢大通詞小田幾五郎前後五拾六年相勤候内拾弐ヶ年之間一ヶ年ツヽ之咄し前書ニ記し置候分漸今七旬ニ餘り編集し自筆を以書記候得共朝鮮之事情御心掛被成候御方無之此年ニ至り一言問聞候人茂無之事勢故此十二冊別段ニ残し置候前方仕立候書物枚々在之此品外ニ不出候事

【象】（胥）還．．省紀聞　大冊

草梁話集　一冊　此外朝鮮詞本枚冊有之

北京路程記　一冊　絵圖一巻

通訳酬酢　拾弐

終

奉

前大通詞

小田幾五郎七拾六歳之秋

書之印

解説　小田幾五郎と『通訳酬酢』

解　説

一　小田幾五郎とその時代……451
1　「古六十人」と小田家　451
2　朝鮮語通詞としての小田幾五郎　455
3　難航する易地聘礼交渉　462
二　『通訳酬酢』の成り立ち……469
1　「実論」から「酬酢（しゅうさく）」へ　469
2　『通訳酬酢』の概要　475
3　「酬酢」の時期と場所　483
三　『通訳酬酢』のなかの訳官たち……488
1　「訳」の姓名　488
2　会話の行方　496

一　小田幾五郎とその時代

1 「古六十人」と小田家

『通訳酬酢』の著者小田幾五郎[1]は、宝暦五年（一七五五）十一月二十八日に生まれ、天保二年（一八三一）十月二十二日数え年七十七歳の生涯を終える（巻末「小田幾五郎関係年表」参照）。名前は、初め五郎八、のちの安永八年（一七七九）、二十五歳で稽古通詞に取り立てられた際、幾五郎と改名する。諱は致久、号は二姜。幾五郎の家族は、以下の通りである。


父・藤八郎（号は白楽館青翁）享保十年（一七二五）〜文化五年（一八〇八）八十四歳。

母・もん（又はくま・一族小田善右衛門の娘）元文二年（一七三七）〜天明七年（一七八七）五十一歳。

妻・やす（中山善兵衛娘）明和二年（一七六五）〜元治元年（一八六四）十二月十四日九十八歳。

長女・才（木村武衛門妻）。

長男・管作（初め勝吉・伍作、諱は致遠）?〜弘化四年（一八四七）五月八日。朝鮮語通詞。

次男・茂助（のち幾右衛門、晩年に多兵衛、諱は致栄）寛政五年（一七九三）〜安政六年（一八五九）一月二十七日六十五歳。文政元年（一八一八）士分の御徒士(おかち)（二人扶持）に取り立て。

三男・利三郎　文化十年（一八一三）以降の生まれ。母はタケ。

小田氏の遠祖は肥前小田村出身の小田林庵で、対馬藩の特権商人「六十人」の一族である。六十人とは、対馬の伝承によれば十五世紀中頃宗氏が筑前・肥前に領地を所有していた時代の家臣団といわれ、対馬で土地の代わりに商業上の特権を与えられ、当初の構成員六十名をそのまま商人団の名称としたという。[2] 近世に至り、創設以来の家柄の者を「古六十人」と称して三十名を限度に認定され、新規に参入した「新六十人」、あるいは同等の格式を賦与された「六十人格」とは別格扱いであった。小田幾五郎はその由緒ある「古六十人」商人の一族で、父の藤八郎、および幾五郎、息子管作の名前は、当該期の六十人名簿に書き出されている。[3]

近世初期の小田家は、朝鮮渡航権を知行地代わりとする小送使の所務権を宛がわれ、朝鮮貿易に従事していた。[4] 小送使所務権は、船一艘につき五株単位とされ、所務者は「一人前」「半人前」という形で宗家の家臣団や六十人を中心とする商人へ割り当てがなされていた。このうち遠祖小田林庵に繋がる者として、小田杢左衛門と小田七左衛門の両名が、それぞれ「半人前」の権利を保有している。この小送使所務権は寛永十二年（一六三五）に廃止されるが、六十人商人はそれまでに蓄積した資金を元手に、藩内の有力商人として多くの経済的活動を展開した。わけても「古六十人」家は別格扱いで、藩の朝鮮貿易経営に直接かかわる元方役（商売掛）、町代官、別町代官、請負屋などに任命されたり、あるいは町役として重要な町手代、八人役、乙名役、年行司などを数多く輩出するなど、藩の経済行政面と深くかかわる者が多かった。たとえば寛文十一年（一六七一）五月、対馬藩は民間への金融業者

として、資金力ある左記の八名の商人に質屋業を営む許可を与えることになった。(5)

（寛文十一年）五月十日

覚

今屋敷　小田作兵衛
横町出見世　紣屋市右衛門
右同町　神宮次太郎
濱ノ町酒屋　堀源兵衛
平馬場酒屋　小田五郎右衛門
十王小路酒屋　青柳甚右衛門
中須賀西丁酒屋　阿比留庄左衛門
宮谷橋詰酒屋　清水五郎右衛門

右に書き出された商人のうち、「平馬場酒屋　小田五郎右衛門」とあるのが幾五郎の曾祖父である。文面からすでに府中平馬場町で酒屋を開業しており、さらにこの年から質屋を兼業したことが分かる。紣屋（くけや）市右衛門は対馬藩の両替商、また藩の御米漕船（こめこぎぶね）（朝鮮渡航船）の船主である阿比留（あびる）庄左衛門や青柳甚右衛門の名も見えることから、この八人はいずれ劣らぬ対馬を代表する富裕層であったことはいうまでもない。

小田五郎右衛門は元禄八年（一六九五）八月十一日に亡くなり、跡式を従兄弟で婿養子となった小田幾右衛門が継承した。幾五郎の祖父である。生没年は、貞享三年（一六八六）～宝暦六年（一七五六）一月十二日（六十九歳）。しかしこの幾右衛門の代になって、小田家は突然の悲劇に見舞われる。享保十七年（一七三二）および享保十九年（一七三四）、対馬府中に二度にわたって大火災が発生したためである。とりわけ後者の火災は小田家の店の近くの十王路町からの出火で、町家を中心に一一五八戸が焼失し、小田家は多くの財産を失ってしまった。(6)幾五郎の父藤八郎は、十歳の時にこの大火に遭遇し、いらい貧窮の時代を過ごさねばならなかったという。そしてこのことを契機に、以降の「古六十人」小田家は六十人商人が優遇されていたもうひとつの職業、すなわち専門の通詞職への道へと大きく舵を切ることになる。

実は対馬藩における朝鮮語通詞の身分は商人であり、必要に応じて藩が通詞として雇い上げていたに過ぎない。特に貿易業務にたずさわる六十人商人にとって、朝鮮語は家業を継ぎ、発展かつ栄達するための必須条件であった。このため家ごとに幼少の時分から朝鮮語の特訓を行い、商売のために朝鮮語能力の習得に努めており、この点においては「古六十人」家としての小田家も例外ではない。ちなみに文禄・慶長の役の従軍通詞[7]に小田姓を四名確認できるが、このうち第一軍の「宗義智付き通詞」となったのが、先述した小送使所務権の保持者である小田杢左衛門である。また小田幾五郎の母もんは一族の小田善右衛門の娘であるが、この善右衛門は享保四年（一七一九）来日した通信使の随行通詞[8]として江戸へ赴いている。あるいはこの母方の祖父が、将来通詞となる幾五郎に大きな影響を与えたのかも知れない。『通訳酬酢』（序書）の冒頭に、「明和四年、私はまだ前髪ながら朝鮮草梁の和館[9]に渡った」とある。明和四年（一七六七）は幾五郎が十三歳の年で、元服前から現地留学の形で朝鮮語の特訓を受けていたことが分かる。「古六十人」小田家の一員として、朝鮮語通詞小田幾五郎の人生はすでに始まっていた。

2　朝鮮語通詞としての小田幾五郎

専門職としての通詞は、幾五郎が生まれるかなり以前、儒学者雨森芳洲の改革によって大きく変貌していた。芳洲は通詞について「館守・裁判・代官と並ぶ切要な役人」（『交隣提醒』）と述べ、国の重大時にかかわる要職が商人の家庭教育頼みだったことに強い危機感を抱いていた。そこで享保十二年（一七二七）、対馬府中に藩営の通詞養成所を創設させ、ここに六十人商人の子弟を中心とする生徒を募集して、現役の通詞中を総動員し後進の育成強化を図った。単なる「言葉上手」ではない、「才智」「篤実」「学問」を共に備えよと、朝鮮側の日本語通事（倭学訳官）に劣らぬ、知識人を目指した英才教育が実践されていく。通詞職の組織も補強され、これまで大通詞・本通詞・稽古通詞だった構成員に、新たに「五人通詞」を稽古通詞の下に置くこととした。さらに養成所で優秀な成績を収めた者を、公費で和館留学させる「詞稽古御免札」の制度も整えられた[10]。

小田幾五郎は、安永三年（一七七四）二十歳のときに「詞稽古御免札」を受けている。御免札は、通詞養成所での訓練を受けた者に限られることから、芳洲の教育方針に沿った特訓を受けたことは間違いない。この時期に芳洲が定めた課題は、東向寺僧侶が指導する『小学』『四書』『古文』『三体詩』など漢籍の読書、あるいは倭学訳官らを交えた指導の下で『類合』（朝鮮音訓学習書）、『十八史略』（歴史書）、『物名冊』（語彙書）、『韓語撮要』（用語集）、『淑香伝』（ハングル小説）などを朝鮮音で講読することである。厳しい留学時代を終え、ここからさらに本役である通詞中へ進むとなると、人数はさらに絞られてくる。芳洲は「本役を勤められるほど、言葉もよろしく、朝鮮の事情を弁え、才覚もあるという者は、中々五年や十年では仕立てることはできない」[11]と述懐したように、本役への道は遠く険しいものがあった。

ところが幾五郎は、詞稽古御免札から僅か二年後の安永五年（一七七六）、二十二歳にして本役の一員「五人通詞」に採用されている。その後、稽古通詞から本通詞へと順調に昇進を重ね、四十一歳にして通詞中の最高位「大通詞」に抜擢された。五人通詞以降の就任時期を整理すると、以下の通りである。

安永五年（一七七六）二十二歳　五人通詞
安永八年（一七七九）二十五歳　稽古通詞
寛政元年（一七八九）三十五歳　本通詞
寛政七年（一七九五）四十一歳　大通詞
文政五年（一八二二）六十八歳　大通詞退役　詞稽古指南役頭

このように本役採用から四十六年間にわたり現役通詞を勤め、六十八歳にして退役し、以後は後進の教育に当たるという、まさに通詞職ひと筋に捧げた人生である。

ではいったい小田幾五郎は、どのような通詞だったのか。その一端を知るために、藩が与えた数々の褒美を「小田幾五郎褒美一覧表」（459頁）にまとめた。これによれば幾五郎は判明するだけで二十六回の褒美にあずかっており、そのうちの半分が四十歳代の大通詞時代のものであることが分かる。もちろん褒美の理由のほとんどが通詞としての力量を認め、かつ誠実で実直な性格を褒め称えたものであるが、その中にあって幾五郎の卓越した仕事ぶりを窺わせるいくつかの事績が紹介されている。史料[12]を分かり易く、現代語訳してみよう（番号は褒美一覧表に同じ）。

○幾五郎は生質実直にしてしかも通弁方に詳しい。諸事を心掛け、いまだ年若ながら判事中（倭学訳官）と格別親しく、気伏（きふく）良く（素直に納得させる）、次々に重要な御用を上手に勤めてくれる（④）。

○（訳官駕船二艘の修理に際し費用が嵩むなど交渉が難渋したが）幾五郎は格別に働き、事態が切迫すると訳官使へ直に交渉して役人に掛け合わせ、納得するよう取りはからうなど、誠に奇特な勤務ぶりである。かつまた多年朝鮮へ逗留するため朝鮮人の知音も厚く、それに応じて何かと自分で出費していると聞く（⑥）。

○勤方の心入れが宜しく、格別に精勤であることはいうまでもない。担当判事中との毎回の出会いには、相応の自分捻失（出費）もあると聞くが、これまで少しも御もたれ（藩へ頼る）がましいことはなく、万端心得方は格別に殊勝である（⑩）。

右の文面によれば、幾五郎は自らの出費を厭わず、朝鮮側の訳官たちと積極的に交誼を重ね、難航する交渉事も結果的には藩の望む方向へと円滑に導く通詞であったようだ。

また寛政七年（一七九五）、『象胥紀聞』を藩へ提出したときの褒美事由に次のようにある。○通詞を仰せつけられて以来朝鮮のことに深く心を寄せ、彼国の秘事、或いは包まれていて虚実知りがたいところに、しきりに注意を傾けてきた。朝鮮へ渡った時は朝鮮人と断えず様々なことを咄合い、尋ね、聞き集めたことを象胥紀聞という書物に編集し、全三冊にして差し出した。これを詳しく読んだところ、瑣細な事までも多くの御用考になる（内容である）。右のように心を尽くし、（お上の）御為にもなることを累年心掛けているということは、結局その職をあつく心得ているがためで、大層な志、奇特の事といえよう（⑤）。

交誼を深めた訳官たちから様々な朝鮮事情を収集し、藩の御用に役立つ書物に仕立てて献上した経緯が述べられている。

これらに加え、後進の指導にも他の通詞にはみられない篤い志をもって臨んでいた。寛政十二年（一八〇〇）四十六歳の時に、朝鮮御用支配から朝鮮方頭役中などに宛てた文面に次のようにある。○御用の間をぬって、朝鮮詞仕立ての者共の取り立て（指導）に深く心を寄せた。年来心掛けたことは、稽古の役に立ちそうな書物で写し間違いがあるようなものは朝鮮側へ聞きただし、間違いを除き、主意が明白になるように調べ、その外古語や実話等の稽古になるような書物を求め、諺文や附字を吟味したり、初心者へ役に立つような書物に仕立てて教導してきた。これは五人通詞たちが、その指南方の切実な様子を申し出てきたものである。なるほど幾五郎は通詞役を仰せつけられて以来、朝鮮の事に格別踏みはまり（心を打ち込み）、自分ひとり出精するのみならず、朝鮮詞を志す者へ優劣なく懇ろに指南している。確かに通詞役は御誠信の間の格別に重い役目であるから、なおさら粗雑に済ましてはいけないもので、右のごとき懇切な取り立ては一廉の（並すぐれた）御奉公であるといえる（⑫）。

後進の指導に対し、教科書とすべき書物の充実から、創意工夫を凝らした懇切丁寧な指南法まで、幾五郎がいかに朝鮮との事に「踏みはまり」、その卓越した能力を通詞職ひと筋に捧げたかを遺憾なく物語っている。

小田幾五郎褒美一覧表

	年月日	年齢	内容	事由
①	天明元年（1781）10月10日	27	米5俵	朝鮮勤番のところ通弁方功者
②	寛政6年（1794）5月10日	40	米5俵	議聘御用
③	寛政6年（1794）8月15日	40	米10俵（東田太四郎と共に米10俵ずつ）	議聘御用
④	寛政7年（1795）9月28日	41	米2俵（大通詞吉松清右衛門と共に米2俵ずつ）	生質実直にして判事中格別親しむ

⑤	寛政7年（1795）12月24日	41	公木1疋	『象胥紀聞』編集
⑥	寛政8年（1796）11月3日	42	米5俵	訳官駕船2艘大造修理の手配に格別の働き
⑦	寛政9年（1797）閏7月12日	43	米8俵	御用筋格別精勤
⑧	寛政9年（1797）12月18日	43	米2俵（牛田善兵衛・吉松右助と共に米2俵ずつ）	議聘御用
⑨	寛政10年（1798）1月13日	44	米5俵（牛田善兵衛・吉松右助は米2俵ずつ）	議聘御用
⑩	寛政10年（1798）8月13日	44	大銭7貫文（牛田善兵衛・吉松右助は大銭6貫文ずつ）	掛り判事中との出会い用
⑪	寛政12年（1800）3月1日	46	米2俵（吉松清右衛門と共に米2俵ずつ）	議聘御用
⑫	寛政12年（1800）10月26日	46	米2俵	朝鮮詞指導
⑬	寛政12年（1800）11月1日	46	公木2疋	多年朝鮮勤番にて御用誠実に出精
⑭	享和元年（1801）5月12日	47	米3俵（牛田善兵衛と共に米3俵ずつ）	議聘御用（特に書契改撰一件）
⑮	文化2年（1805）1月21日	51	公木3疋（通詞牛田善兵衛は公木2疋）	議聘御用

⑯	文化8年（1811）	57	大銭10貫文・公木4疋・米3俵	通信使送聘の節内々拝領
⑰	文化12年（1815）12月9日	61	銀5匁（吉松与左衛門と共に銀5匁ずつ）	指南役出精
⑱	文化13年（1816）5月8日	62	麦2俵	漂流官人（前旌義県監）応接
⑲	文化13年（1816）7月9日	62	麦2俵（吉松与左衛門と共に麦2俵ずつ）	指南役熟成
⑳	文化13年（1816）12月22日	62	麦1俵	不明
㉑	文政2年（1819）5月	65	六銭500匁	御国にて拝領
㉒	文政3年（1820）5月18日	66	銀500匁	不明
㉓	年紀不明		米3俵（梯感兵衛・青柳孫七と共に米3俵ずつ）	参判使御用勤務のため
㉔	年紀不明		米2俵	朝鮮勤番（館守平田帯刀の時）御内々につき書付写なし
㉕	年紀不明		米2俵	盗人詮議（館守戸田頼母の時）御内々につき書付写なし
㉖	年紀不明		米5俵	52ヶ年勤労に対し（「朝鮮詞指南役頭取」）御内々につき書付写なし

宗家文書『朝鮮方御役人衆より内々御尋ニ付申出』（韓国国史編纂委員会所蔵）より

3　難航する易地聘礼交渉

このような小田幾五郎の通詞としての優れた才能に注目し、最も重用したのが和館館守を四期も勤めた戸田頼母（源暢明）である。戸田頼母は、歴代館守が記録する『（館守）毎日記』[13]をはじめ、和館の膨大な記録類を効率良く利用するための種々の方策を講じ、情報の収集、活用、保存に取り組んだ希有な館守としても知られている。幾五郎が編纂した朝鮮情報の宝ともいうべき『象胥紀聞』の価値を最も良く理解したのも戸田頼母であり、幾五郎へ与えられた褒美の多くは、恐らくこの館守の推薦によるものと考えられる。戸田頼母の館守時代は、次の通りである。

初任　第七〇代館守　安永八年（一七七九）～天明元年（一七八一）
再任　第七四代館守　天明七年（一七八七）～寛政二年（一七九〇）
三任　第七七代館守　寛政五年（一七九三）～寛政七年（一七九五）
四任　第七九代館守　寛政八年（一七九六）～寛政十二年（一八〇〇）

その初任は安永八年（一七七九）で、幾五郎が稽古通詞に昇任した年に当たる。幾五郎が大通詞になったのが寛政七年（一七九五）で、その時戸田頼母は三期目の第七七代館守時代にある。第七八代の館守樋口左近が就任後間もなく急死すると、旧館守の戸田がそのまま次の館守となって、通常二年任期のところ四年も館守役を勤めた。戸田頼母と共に長きにわたって朝鮮との諸交渉に携わった幾五郎は、やがて時代の大きな波に翻弄される結果を招く。

そのころの対馬藩政[14]は、藩主宗義功が幼少のため家老が中心となっており、それも「易地聘礼」をめぐって新参家老の大森繁右衛門（推進派）と、対馬の名家を代表する筆頭家老の杉村直記（阻止派）が激しく対立した情況にあった。易地聘礼とは、通信使の聘礼行事を江戸から対馬に易えて行うことにより、日本側は莫大な接待費と旅費を削減でき、いっぽう朝鮮側は「省弊」と称してこれを機会に通信使の人員や贈呈品、ひいては対日貿易の削減を計るなど、双方ともに経費節約の面からいって充分なメリットが期待された。折しも天明六年（一七八六）徳川家治にかわって十一代将軍家斉が就任し、幕閣も田沼意次から松平定信が老中筆頭になるに及んで、易地聘礼は正式な幕命として対馬藩に交渉が委ねられることとなった。

寛政五年（一七九三）易地推進派の大森繁右衛門は、自ら「告慶大差使」（将軍世子誕生を通知する使節）の正使となって和館へ赴いた。このとき三期目の館守となった大森派の戸田頼母、そして本通詞として朝鮮勤番中にあった小田幾五郎は「議聘御用」という名目のもと、担当訳官との交渉に当たることとなった。やがて寛政八年（一七九六）渡海訳官使が対馬を訪れると、大森繁右衛門は正使朴俊漢（パクジュナン）（字、士正（サジョン））と省弊の条件をめぐって直接交渉を行い、東萊府使の書契を対馬側が案文を示して偽造することで乗り切ろうとした[15]。寛政十年（一七九八）省弊と易地に関する協定（戊午協定）が成立し、公文書（但し偽造文書）が戸田頼母へ手渡され、翌年幕府へこれを報告して了解を得た。ところがこの期間も大森派と杉村派の対立は熾烈を極める一方で、寛政十二年（一八〇〇）杉村派が一時的に勢力を回復して大森派排除をねらったが、幕府の方針は易地聘礼で固まっており、逆に杉村派は叱責を受けて失脚、また大森派が盛り返すといった藩内はまさに勢力の錯綜状態にあった[16]。

翌享和元年（一八〇一）、館守の任期を終えた戸田頼母はそのまま和館にとどまり、「通信使講定裁判」（通信使来日前、諸条件を交渉する外交官）となって易地聘礼の最前線に立った。しかし省弊の条件がうまくかみ合わず、文化二年（一八〇五）朝鮮側は先の戊午協定を含めて訳官が渡した公文書はすべて偽造であるとして、これにかかわった訳官を処刑し、交渉は暗礁に乗り上げてしまった。一連の欺瞞工作が通用しなくなっていたにもかかわらず、同年、大森派は戸田頼母とは別に、家老古川圖書を正使とする「通信使請来大差使」（通信使来日を要請する臨時使節）を和館へ派遣した。江戸での遊蕩生活を問題視されるような家老の派遣は、果たして説得よりも直接的な強圧外交で迫る方向へと向かっていく。このころ和館では、欄出という在館者が集団で東萊府へ押しかける威圧行動が繰り返されている。特に文化四年（一八〇七）七月二十三日の欄出はすさまじく、在館者九十余名が東萊府を目指して途中の設門（訳官任所近くの境界門）まで押しかけ、村人に道を阻まれて引き返す有様だった。この欄出に小田幾五郎は息子で五人通詞の勝吉（後の管作）と共に加わっており、行く手に数千人の村人が竹槍を持って立ち並び、さらに時間の経過とともに群集は一万人近くにふくれあがり、まさに一触即発の危機に直面したと『通訳酬酢』（巻十二）に記述している。

交渉の長期化と和館情勢の緊迫のなか、事態はさらに思わぬ方向へ向かう。欄出の翌八月、大森繁右衛門は用人の重松此面（藤功喬）を「幹事裁判」の名目で和館へ送り込んだ。この一行には、朝鮮方添役の田口秀之助と松浦平蔵が真文役（公文書担当）として、さらに小田常四郎（大通詞）・東田庄左衛門（六十人）・住永恵介（代官）の三名が専用通詞となって加わっており、「戸田頼母・小田幾五郎のツテに頼らずに朝鮮側との交渉を可能としていた。重松此面はこの役を拝命するとき、易地聘礼について「これは偏に彼国の難情をお助けするもので、御両国の御用を速やかにすることを尽くす術」と理解しており、また「彼国の書翰など、謀書・謀判などの筋にならないように」[17]とする指示を受けていたこともあり、早くも和館到着の翌九月には朝鮮側の主張を全面的に承諾した和解の伝令を受け取っている。そのいっぽうで重松此面は、長年交渉の中核にいた戸田頼母と小田幾五郎（大通詞）・牛田善兵衛（大通詞）・吉松右助（本通詞）の三名の和館通詞を、十一月十一日付をもって突然「禁足」（業務停止処分）とした。記録には「不埒な聞こえ（噂）があるため、和館において禁足を仰せ付ける」[18]とあるだけで、「不埒」の内容については記述されていない。実はこのころ幕府の勘定方役人（久保田吉次郎）を交えて聘礼遅滞の原因が密かに探索され、結局和館通詞が倭学訳官と共謀して、日本で不審なことが起きたので聘礼はしばらく延期になったという内容の偽書を作成し、朝鮮側に渡していたことが判明した。これも大森派の失脚をねらった政治工作のひとつである[19]。この影響で通詞中を束ねる小田幾五郎と、かれらを重用した戸田頼母に嫌疑がかけられたものだが、当時の対馬藩は敵も味方も分からない疑心暗鬼の時代にあったといえる。

『通訳酬酢』（巻六）に、禁足当時のことが生々しく記述されている。これによると小田幾五郎は、和館の西館副特送家の長屋部屋に蟄居していたようで、そこに馴染みの訳官で丁度講定官（応接担当の接慰官につく訳官）となって和館にいた崔昔（チェソク）（字、明遠（ミョンウォン））が密かに忍び込んで、次のような会話を交わしている（意訳、以下同）。

崔昔「あなた様は長く公務（議聘御用）に苦しめられ、長髪の鬚（ひげ）が白み、何とおいたわしいことか。他の訳官達と評議して私が参りましたのは、この衣服を着てどうか今夜ここをお逃げください。都であなた様が一生、豊かに暮らせるようにお世話致します。道中用にと、一日二百文当たり大銭二貫文ありますので、どうかこれを持って早々に御出立ください。」

幾五郎「公務が成就せねば、死ぬと決意しております。皆様のご親切は忝く、公務が成就しないためにお救いくださる底意と考えます。」

崔昔「公務が遅滞しあなた様を苦しめているのは、私どもが不働きのためです。始終このようなことはなく、結局はうまく解決いたしましょうが、それまでお待ち下さいとは申し上げられません。あなた様の身だけが行き詰まっておりますので、こうしてわざわざ忍んで来ました。どうぞ今、御出立ください。」

幾五郎「公務が遅滞し、御叱りを受けている身分です。国を後ろ向きに出立すれば、人にどのような面を向ければよいのか。ましてやあなた方との出会いも恥ずかしく、至って礼なく、そのうえ不忠・不義は限りないことです。公務を一日も早く解決してくだされば、公私の御恩はこの上ないことです。今は御叱り中、人との出会いはできない法ですので、情懐きわまりないことですがどうぞ早々にお帰りください。一別後久し振りの対面に、お帰り下さいと申すことは、私ならずとも残念の至りです。」

この会話の翌日、今度は訓導（和館担当訳官）の玄義洵（字、敬天）が蟄居部屋の前を通り過ぎた。目に手をあてて涙を拭くそぶりをして行き過ぎたかと思うと、またまた来ては従者に礫を打たせ、扇を使って笑い笑い通り過ぎ、さらに小通事を寄こして近々対面いたしましょう、と伝言してきた、とある。しかしその後に、「こうした銘々との情けある出会いは、言語の外れに気を付けて、身体に目を配し、心を緩めずに弁えること」と、意味深長な記述が続く。この禁足中、小田幾五郎は議聘御用に関する記録類はもとより、訳官たちと交わした私信までも藩当局に取り上げられており[20]、自らの言動によっては異国の友に害が及ぶことを懸念したからに他ならない。

易地聘礼交渉は、対日貿易の規模縮小[21]を含む朝鮮側の主張を全面的に取り入れた重松此面の交渉が功を奏し、文化六年（一八〇九）渡海訳官使（堂上訳官玄義洵・崔昔）の来日によって正式な協定（己巳約条）を結ぶことができた。やがてその二年後の文化八年（一八一一）、対馬において聘礼が無事執り行われ、これが江戸時代最後の通信使となる。いっぽう和館で謹慎蟄居の身にあった小田幾五郎は、謹慎から三年後の文化七年（一八一〇）戸田頼母と共に禁足状態のまま帰国し、さらに本国での取り調べを受けることになった。幾五郎の禁足が解けたのは通信使の対馬滞在中で、一行が朝鮮へ帰国するとき大通詞の身分のまま賄通詞を仰せ付けられている。嫌疑が晴れたことはいうまでもないが、このことに加えて通信使上々訳官となった朋友玄義洵と崔昔らによる幾五郎復帰についての強い要請がなされたのではないかと推測される。また戸田頼母は、易地聘礼の翌文化九年（一八一二）朝鮮御用支配として復帰[22]するが、すでに幾五郎は還暦近い年齢に達しており、激務の和館勤務は体力的にいっても無理な状態にあった。

小田幾五郎は『通訳酬酢』（序書）に、「後進通詞のために、私が見聞したこと、あるいは随時交わした議論を集め、文化四年（一八〇七）から書き始め、文化十五年（一八一八）までに十二編にしてこれを袖中の書とした」と記述している。あの禁足によって交渉現場から遠ざけられた幾五郎が最初にとった行動は、後進通詞のため自己の体験で得た訳官たちとの会話実例を著述にして残す作業であった。当初『通訳実論』と名付けられたこの書物は、長い期間「袖中の書」とされ、表に出されることは無かった。文政八年（一八二五）七十一歳になった幾五郎は、和館の詳細を記録した『草梁話集』を藩へ献上した後、以前から書き溜めていた『通訳実論』を『通訳酬酢』に改め、完成させる時期がようやく到来したものとみられる。

二　『通訳酬酢』の成り立ち

1　「実論」から「酬酢（しゅうさく）」へ

『通訳酬酢』（三冊十二巻）(23)は、もともとその前身をなす『通訳実論』（三冊十二巻）と題する書物が編纂され、後年になってそれを改訂して藩へ提出された書物である。まずはじめに、旧本である『通訳実論』序を原文でみてみよう（【　】は朱書）。

通譯實論　序

明和四丁亥年予前髪尓して朝鮮【・】國草梁和館尓渡り及壯年而訳官の輩と交る事殆五拾年大小之公幹通詞と訳官の議論尓止る日本判事雖多就中聖欽李同知士正朴僉知敬天玄知事等予如唇歯交る事久し彼國之人情先学之示多故可考事な可ら予現在見聞随時之論集之愚之俔為後生通譯【酬酢】實論十二編ニ顕し文化四丁夘年為始同十（ママ）四年戊寅ニ至十二編ニメ袖中【是を蔵し】之【常】平賞之交り【仮初茂〇含言不易】直實を不失時者【〇仮令】彼方奸越施共終ニ盤直尓伏須奸を責れハ柔を以和ニ移春和尓應春れ者理尓随ひ慾尓頎く理慾を正せは欺起歎事【〇彼國之】人情之常可辨之才一也

通弁盤秋の港乃渡し守往来能人農古丶路【遭】汲知連

文化十四（ママ）戊寅年　【終偏】　小田【某】謹識

本文および奥付にある「文化十四戊寅年」の年紀は、干支「戊寅」のほうが正しく、正確には文化十五年（四月文政に改元）である。内容は次の四点に要約される。

①明和四年（一七六七）、私がまだ元服前のころ初めて和館へ渡った。壮年になるに及び通詞となり、朝鮮の訳官たちと交わり議論することほぼ五十年、大小の公務をこなしてきた。

②出会った訳官は多いが、唇歯のごとく親しい交流を重ねたのは、聖欽李同知（李命和）・士正朴僉知（朴俊漢）・敬天玄知事（玄義洵）等で、人の情けと先学の教えを数々頂戴した。

③後進通詞のために、私が見聞したこと、あるいは随時交わした議論を集め、文化四年（一八〇七）から書き始め、文化十五年（一八一八）までに十二編にしてこれを袖中の書とした。

④（訳官との交わりに大切なことは）通常の交わりで、決して直実を失わないことである。あちらがいくら奸策を施しても、最後にはこの直実さにかなわない。奸を責めると柔軟な和やかな態度になるが、その和やかさに応じていると慾に傾くのが道理である。その慾を正そうとすれば、欺き歎くのが人情の常である。このことをよく弁えるように。

（和歌）通弁は秋の港の渡し守り　往き来の人のこころ汲み知れ

旧本『通訳実論』は、小田幾五郎の五十歳台から六十歳台前半にかけての熟達した力強い筆跡で、極めて端正に清書されている。書き始めたとする文化四年（一八〇七）は、先述したように幾五郎が身に覚えのない罪によって和館で禁足（謹慎処分）となり、易地聘礼交渉の現場から遠ざけられた年に当たる。この年から一年に一編ずつ、十二年かけて文化十五年（一八一八）までに十二編にまとめあげた。これを「袖中の書」としたとあることから、この時点では自身の傍らに備えるのみで、藩当局へ提出する意図はなかったと考えられる。

ところが歳月を重ねるにつれ、幾五郎はこれを秘蔵するよりも、広く後進通詞の役立つようにと願うようになった。旧本『通訳実論』は、右の序の【】内の文字にみられるように、本文に多くの朱書きが施されている。それも「通譯實論十二編」を「通譯酬酢十二編」と修正し、表題を『通訳酬酢』へ改題することが明示されている。『通訳酬酢』の「酢」字は、日本・中国・朝鮮のどの異体字辞典にも出てこない新字である。[25]本字は「酢」で、字義は「むくいる」「こたえる」、「酬」と連なる熟語「酬酢（しゅうさく）」は「応対する」の意味で、諸橋轍次『大漢和辞典』によれば『易経』の「是故可與酬酢」（これ故に与（とも）に酬酢すべし）の字例があるという。『通訳実論』から『通訳酬酢』への改題は、本書が単に事実だけを論じる書物ではなく、「通」が投げかける様々な課題に対して「訳」がどのように応じたのか、その思考過程を会話で表現した書物であること、すなわち著述の意図を明確に伝えるためと考えられる。

現存する旧本『通訳実論』をみると、各巻ごとの表紙は『通訳酬酢』に新たに付け替えられ、あるいは本書「巻の八」にみられるように「実論」の文字の右横に朱書で「酬酢」と訂正されている巻もある。この表紙をはじめ本文で訂正された文字の筆跡は、本書が底本とした『通訳酬酢』(26)と同一の筆跡、すなわち幾五郎の老年期のものである。このことは、当初の修正作業が旧本『通訳実論』へ直接書き込む形で進められ、それも幾五郎が老年期に入ってから開始されたことを物語っている。

完成した新本『通訳酬酢』は、旧本『通訳実論』への書き込みよりも多くの加筆修正がなされている。相違点を明らかにするため、次に『通訳酬酢』序書を原文のまま示し、前出の旧本と比較してみよう（—線は旧本との相違部分）。

通訳酬酢　序書

明和四丁亥年私前髪尓して朝鮮草梁和館ニ渡り及壮年訳官之輩と交る事殆五拾餘ヶ年大小之公幹通詞と訳官之議論尓止流日本判事雖多就中聖欽李同知士正朴僉知敬天玄知事等如唇歯(歯)交る事久し彼國之人情先学能教へ多故可考事な可ら私現在見聞随時之論一ヶ年中之手覚集之愚案之侭後生為通詞通訳酬酢与題目し文化四丁夘年為始同拾四年戊寅年ニ至り十二編尓顕し袖中尓納置候処及老年敉拾ヶ年奉蒙　御恵候験　御役方江差上置候彼人へ旦夕之交り実直を不失時者彼方奸を施共終ニ直尓伏春奸を責れバ柔を以和尓移春和尓應春れバ理尓随ひ慾尓便流理慾越正せハ欺き歎く人情朝夕辨之事第一也

通詞私之心得

通弁盤秋能港の渡し守り往き来能

人の古ゝ路漕き知連

天保二辛夘清月

前大通詞　小田幾五郎

齢七拾七歳自書　謹識

このように、「序」→「序書」、「朝鮮国」→「朝鮮」、「予」→「私」、「示」→「教へ」といった単純な語句の入れ替えに加え、「袖中」の文字の前後が大幅に書き替えられていることが分かる。注目すべきは「袖中」の後の文章で、「(今まで)袖中に納めておいたが老年に及び、数十か年の御恵みを蒙った験（しるし）に（この書を）御役方へ差し上げる」とあり、改訂本を為すに至った心境の変化と、これを藩の「御役方」へ提出したことが綴られている。また旧本には「小田」姓のみだった執筆者名は、「前大通詞　小田幾五郎」と職名・姓名を記し、完成は天保二年（一八三一）、齢七十七歳の自筆本であることを明示している。年紀の下の「清月」は夏を意味し、同じ年の十一月に亡くなる二〜三ヶ月前の序文であることが分かる。

小田幾五郎が『通訳酬酢』を提出した「御役方」が、具体的に藩のどの部署を指すのか分からない。朝鮮との諸事を扱う朝鮮方か、あるいは藩の中枢部に当たる朝鮮御用支配という可能性もある。しかし幾五郎の他の書物と異なり、『通訳酬酢』は写本を作成されることもなく、門外不出の秘書として「御役方」に留め置かれてきた。「後進通詞のため」としながらも、『通訳酬酢』が外部に知られることがなかったのは、実は幾五郎自身が望んだことである。『通訳酬酢』の後書きは「前大通詞小田幾五郎七十六歳の秋」、すなわち序書の前年にあたる天保元年（一八三〇）に書かれたものであるが、そこに次のような記述がみられる（『通訳酬酢』巻十二）。

右の『通訳酬酢』は、大通詞小田幾五郎が前後五十六年間勤務した内、十二か年間に一か年ずつの話を前書（『通訳実論』）に記しておいた分で、漸く今七十歳余りになって編集し、自筆をもってここに書き記す。この年に至り、朝鮮の事情を常に心に留めておられる方、また一言の問いに答えてくださる人もいなくなった。これも事勢故のことかと、この十二冊を特別に残すことにした。以前仕立てた書物が数々あるので、この品は外に出さないように。

右の最終行に「この品は外に出さないように」とあり、幾五郎自身が「以前に仕立てた書物」と区別し、『通訳酬酢』を門外不出とするよう願っていたことが分かる。

『通訳酬酢』は、「通」と「訳」との会話が基調になっている。そこには両班中心の社会批判、政治体制への不満等々、朝鮮社会が抱える多くの問題点が赤裸々に語られており、外国人、とりわけ隣国である日本に知られてはならない機密事項が多く含まれている。これらを包み隠さず「通」に語ってくれた「訳」は、『通訳酬酢』の各巻に実名をもって登場する。幾五郎の最大の懸念は、「唇歯のごとく親しい交流を重ねた」（序書）訳官たち、つまり情報提供者に害が及ぶことであり、ここに『通訳酬酢』が門外不出の書とされる所以があったと考えられる。

2 『通訳酬酢』の概要

次に『通訳酬酢』の内容を具体的にみるため、各巻ごとの概要を項目にして列挙しておく（項目は順不同）。

巻一　風儀の部

○高官一行の和館見物から、日常生活の躾と行儀作法について考える

異形（日本人の髪型・服装・家紋・帯刀・持ち物）への関心と表現の仕方。鼻のかみ方。衣服・刀など身につける物への接触。食事の強請。入館時の武器携行と三穴炮の乱用。幼児期の躾。

○その他

小田幾五郎の語学能力。質朴と贅沢。扶持の比較。上役への諂い。通訳官の日本鼠肩と朝鮮鼠肩。通船時の太鼓の使用。誠信の本意。

巻二　風楽の部

○朝鮮楽や令旗の使用から、通行の礼儀について考える

楽器の種類。官女と女楽。路次楽と軍楽。令旗。厳めしい両班の通行。行列の整え方。

行列の格と釣合。無礼な犯馬。

○その他

傲る高官への諷諫。両班批判。中間の佞奸。京城の町割。文通の宛先。家来の控え方。足ぐせの悪さ。失礼なあくび。「日本体」の教育。

巻三　船上の部

○寛政八年（一七九六）渡海訳官使朴俊漢と時に船将を交えて、船にまつわる諸事を語る

朝鮮船（構造・資材・建造費用・同乗者）について。「点船」の意味。海祭り。磯辺の妖火。鬼神と龍神。船上での太鼓の使用。船上の忌み事。船上での童便要求。不潔な船中。船酔いとその対策。通船時の礼儀。朝鮮船の警備。

○その他

酒席の戯歌（巻十と重複）。他国での望闕礼。逃散しない人夫。日本の政治体制。京城の刻付け。下役の賄賂。欠乗への不当な文句。官女の小唄。

巻四　外国の部

○異国人との接触、両国の境界、漂流民にかかわる会話

オランダ人（恐怖・漂流船・暦法・出島）について。長崎の中国人。琉球人の扱い。イギリス船の絶影島（牧の島）漂着。杜撰な異国船対策。文永・弘安の役に関する認識。「壬辰年乱」後の和平。女真族など北方民族。鬱陵島（日本名竹島）は元于山国。済州島（漂流民の扱い、産物・人柄）について。官人漂流民と碁を楽しむ。外国の当たり字。朝鮮の

姓。ヲランカイとムスコウビヤ。異宗と天主学（キリスト教）。

巻五　乾坤の部

○天地・日月・陰陽など、自然と関連する信仰や怪奇現象の会話から、国家・政事を動かす交流の原点を探る

中国・朝鮮・日本の暦。日月の蝕。物忌み。政度を天になぞらえる。中間の悪鬼と邪氣。清風で邪気を払う。絶影島の怪奇現象。富士山・白頭山・泰山のこと。登龍の沙汰。龍巻。雷光将。落雷。電狩。鬼神。神仙の画。地震。天罰。

○その他

紅参の献上。『草梁話集』。北京への道中。囲碁の手段。御和交の余徳。

巻六　浮説の部

○寛政十二年（一八〇〇）誠信堂で交わした訳官たちとの噂話

絶影島の太宗台。神仙の岩。神仙囲基を好む。東莱府使の絶影島見物。阿倍仲麻呂、永嘉台にて月を詠む。日本の国号（扶桑国・蓬萊国）。神功皇后伝説。三韓時代のこと。倭人と野党人。鄭成功の日本乞師。「壬辰年乱」毒殺の計。舌害と言毒。極楽世界の話。李田氏（被擄人李文長（イムンジヤン）の子孫）のこと。

○その他

長崎の朝鮮漂流民。「倭」字を嫌う。朝鮮の姓。『三国志』。日本の藩制度。日本の禄。寺と僧侶。幾五郎謹慎時の秘話。

巻七　武備の部

○朝鮮の武官と軍備について

両班の由来。堂上と堂下。兵曹と操扈府。韃靼と女真への備え。水使。統制使。虞候と配下の軍夫。巡察使の行列。軍器の備え。粛静旗。射夫は郷士、先達は直参。船将。曲馬は武官の遊び。馬の騎り方。大科と小科。朝鮮の具足。八道軍夫の数。凄まじい役名（万戸・伏兵軍・営纏監官）について。名剣の銘。剣の代金。鉄砲。

○その他

左右道の欠乗。

巻八　官品の部

○朝鮮の官職について

日朝交流にかかわる官職。主な官職（議政府・兵曹・備辺司・東萊府使・県令・県監・郡守・水使・僉使・虞候・監牧官）。操扈府は旗本の備え。八道監司と日本の大名。両班のこと。北方の備え。訳官（構成人員・格・勢力の衰え・他官勤め・昇進・首訳・育成）について。継承しない職と家名。内裨将は御用人。尊称の乱用（大監・令監）。身分を環子で見分ける。

○その他
『朝鮮官職考』。日本の禄と忠勤。啓聞の手続き。即決できない政府。大名の釣り合い。宗氏の格。優れた訳官。佞奸。

巻九　女性の部
○朝鮮の女性について
下賤の女人びいき。南男北女。女性の遊び。官婢（遊女と妓生・定数・代金・両班の妾）について。女医。水汲み婢。巫女と巫男。楽器と踊り。傾国の美女。美女の日朝比較。佞奸。魔妓。密夫と情死。訳官玄義洵の妾と正妻。女人の妬み。尼が少ない理由。
○その他
太平楽と与民楽。送使への宴享楽。娘道成寺の話。忠義の論。根津権現の由来。誠信の本意。長崎の朝鮮漂流民。

巻十　飲食の部
○通詞家において訳官たちと好みの飲食について
好みの日本食。日本酒談議。酒席の戯歌（巻三と重複）。肉食（牛肉・狗肉・鳥肉・魚肉・虎肉・鯨肉）について。肉食の禁。狗肉・鯨肉を食さない理由。杉焼好きの訳官朴俊漢の話。日朝の産物。米飯の炊き方。送使接待宴の酒食。食事と酒席の礼儀。喫煙の仕習い。訳官が振る舞う鍋料理と花箋。子供と食事。
○その他
朝鮮女性の服。勅使（応接・一行人数）について。朝鮮国中の祝い事。国王の祝い事。生け花を嗜む訳官崔昔。尿瓶の持ち込み。采船に唾を吐く。日本を誉めない風情。和館虎退治の思い出。

巻十一　酒礼の部
○東萊府使の子息が和館見物をした時の体験から、酒席での礼儀作法について考える
無礼な飲食の慣習。日本の食事と作法。饗応膳と日常食。日朝酒礼の比較。横柄な両班の態度。高官次男の配慮。酒乱。泣き上戸の別差崔國桓（チェグクワン）。
○その他
承旨は御用人。『象胥紀聞』。通詞仕立て方。領地を蓄える東萊府使。村の冠婚葬祭。宮中の祝い事。神祭り。古和館墓誌で。

巻十二　礼儀の部
○日常生活の礼儀作法について
印信・官符の取り扱い。礼譲の大法。礼譲に厳格な「腕おれ府使」の話。足ぐせの悪さ。座り方。人前での放屁。客殿へ尿瓶を持ち込む。采船に唾を吐く。文国の名折れ。喧嘩

のやり方。

文化四年（一八〇七）の欄出事件。小田幾五郎禁足と書物の没収。日本人の信義と情け。

○その他

右の概要からも分かるように、触れられているテーマは礼儀、船、東アジア情勢、外国、自然、信仰、怪奇現象、歴史、文学、浮説、政治、制度、軍事、官職、音楽、女性、飲食、産業等々といった、多種多様な分野にまたがっている。しかも各巻は必ずしも個別のテーマに限定されず、包括的な情報とそれに対する考察が、「通」と「訳」とのテンポ良い会話口調で記述されている。他所で触れた一つのテーマは、視点を変えてまた別の巻でとりあげられ、それらが相互に複雑にからみあうことで、多角的かつ重層的な会話が縦横に展開される仕組みになっている。

『通訳酬酢』は、幾五郎の他の書物（『象胥紀聞』『講和』『北京路程記』『病録』『草梁話集』）のように具体的な事象を明らかにしたり、精緻な情報を収集してそれらを記録することを目的に書かれたものではない。たとえば歴史に関する会話をみると、その多くが「浮説の部」（巻六）の中でとりあげられ、タイトルが暗示するように確たる根拠が明示されない噂話の形で会話が連綿と続く。神功皇后伝説、三韓時代や三国時代のことはともかくとして、モンゴル・高麗連合軍の日本襲来（文永・弘安の役）や倭寇、文禄・慶長の役に関しても、まるで史実を避けるかのごとく会話が外へ外へと逸れていく。壬辰倭乱は「壬辰年乱」と呼び換えられ、被擄人（ひりょにん）李文長（イムンジャン）の子孫李田（すもだ）氏[27]などは、三韓時代に対馬へ逃れた者として会話に登場する。互いに衝突の歴史を重ねた両国の者として、そうした話題をどのようにして曖昧にしながら別な話題に切り替えれば良いのかを探りつつ、「通」と「訳」の微妙な掛け合いが展開されていく。

全巻を通じて最も多くのテーマとされる「礼儀」についても、日朝双方の礼儀のありかたを議論するかとおもえば、会話の行方はやがて通信使や渡海訳官使の随行員らの悪癖をやめさせて欲しいといった「訳」への要望に転じていく。たとえば「礼儀の部」（巻十二）は冒頭から足癖の悪さがとりあげられ、「朝鮮は文国、礼儀正しい国と申し伝えるが、……現に公等の下人どもが、主人の口に用いる煙器を足で蹴り廻している」に始まり、「日本人の手前とても恥ずかしい」「信使・訳官使派遣の計画がある前から、下人どもへ御示教すべき」といった具合である。このほか「通」が指摘する非礼とは、人前でのあくび（巻二）、人前での放屁（巻十二）、客殿への尿瓶の持ち込み（巻十・十二）、直箸（巻十二）、犯馬（巻二）、采船にツバを吐く（巻十・十二）、三穴炮の乱用（巻二）等々である。「貴国と違い幼少から躾（しつ）けられていないので仕方ない」（巻二）などど言って逃げ腰態度の「訳」を捉え、「言葉の通じない者同士の席では闘争になり兼ねない。小事の大事とはこのこと。兼々お心得なされ、日本体に馴れていただきたい」（巻二）と真剣な面持ちで諭す「通」との掛け合いは、異質の社会慣習の狭間に生きる通訳官たちの苦労を垣間見る感がある。『通訳酬酢』は全巻を通読して初めて、著者小田幾五郎が後進通詞へ何を伝えたかったのか、その本質が見えてくる書物といえる。

3　「酬酢」の時期と場所

『通訳酬酢』の各巻の執筆年は、旧本『通訳実論』と同じである。すなわち文化四年（一八〇七）が執筆を開始した年で、目次にも巻一の上に文化四年を意味する「卯年」とある。執筆年を示すこの十二支は、以下巻十の「子年」＝文化十三年（一八一六）まで続くが、巻十一及び巻十二は空欄になっている。旧本『通訳実論』の巻十一には「丑」＝文化十四年（一八一七）、巻十二には「寅」＝文政元年（一八一八）とあることから、『通訳酬酢』の方に記入するのを忘れたものと考えられる。

ただしこの年次は執筆にとりかかった年であって、実際に訳官たちと「酬酢」（応対）した時期とは異なっている。本文には、「未年聘使」（巻二）、「辰年訳使」（巻三）、「一昨年異船漂着」（巻四）のように出来事から年月日を特定できるもの、あるいは単に「卯の春」（巻一）、「申年春」（巻六）といった十二支のみの記載であっても、『（館守）毎日記』と照合すれば小田幾五郎の在館時期が判明し、そこから年代を比定することができる。次に本文の記事を抜粋して、判明する時期を各巻ごとに整理してみよう。

（◎＝実際の会話年　△＝話題とする時期）

巻一　執筆年　文化四年（一八〇七）

◎卯の春、都表より四品以上の官人……→文化四年（一八〇七）朝鮮勤番の春。

巻二　執筆年　文化五年（一八〇八）
△去る未年聘使通行の時……→文化八年（一八一一）通信使対馬易地聘礼の時。
巻三　執筆年　文化六年（一八〇九）
◎辰年訳使上船近寄り候に付き……→寛政八年（一七九六）渡海訳官使来日の時。
巻四　執筆年　文化七年（一八一〇）
△両三年前、済州旌義の県監内室を連れ漂着これあり、予、旅館にて懇ろに取り扱い……→文化十三年（一八一六）、前年に漂着した済州旌義県監を対馬府中の使者家で応対した時。
△一昨年異船漂着の節……→寛政九年（一七九七）八月二十四日～九月二日まで、イギリス船が絶影島へ乗り込んだ時。
巻六　執筆年　文化九年（一八一二）
◎中年春長日の折柄、誠信堂において……→寛政十二年（一八〇〇）朝鮮勤番の時。
△去る年相勤め候講定官明遠崔知事……→文化六年（一八〇九）渡海訳官使を勤めた崔昔のこと。
◎講定官明遠崔知事、大通詞小田幾五郎副特下行廊に住みおり候処……→文化四年（一八〇七）～同七年まで、小田幾五郎和館において禁足の時。
巻十　執筆年　文化十三年（一八一六）

◎冬、伝語官庁にて（中略）、監董官堂上・堂下……↓享和二年（一八〇二）開始の東西館大監董の時。
△去る戊辰年、訳官士正朴僉知分けて御好みこれあり……↓寛政八年（一七九六）渡海訳官使（正使、朴俊漢）来日の時。
△去る信使の節聘使帰鮮の砌……↓文化八年（一八一一）通信使対馬易地聘礼の時。
◎去る年、明遠公別差勤めの時……↓文化四年（一八〇七）の時。
△虎の生肉給い候事……↓明和八年（一七七一）三月二十三日、和館虎退治の時。

巻十一　執筆年　文化十四年（一八一七）
△去々武卿玄判事別差勤め……↓（「玄判事」は「崔判事」の間違い）崔國桓（字、武卿（ムギョン））の別差勤務は寛政七年（一七九五）三月二十一日～翌年四月七日。

巻十二　執筆年　文政元年（一八一八）
△五、七年前議聘御用都表に貫通致さず（中略）、上下百人足らず館中より繰り出しこれあり……↓文化四年（一八〇七）七月二十三日、和館欄出事件の時。

これによれば、執筆年と「酬酢」の時期が同一なのは巻一だけで、ほとんどが執筆年より以前のことが記述されている。まず話題として会話に出てくるもの（△印）をみると、最も古い年紀は明和八年（一七七一）虎退治の思い出（巻十）で幾五郎が十七歳の年、最も新しい年紀は文化十三年（一八一六）前年に漂着した旌義県前県監を対馬府中の使者家で応対した時の話題（巻四）で幾五郎六十二歳の年である。したがって収録された話題には、四十五年間の幅がある。この最も新しい出来事を記述した（巻四）の執筆年は「午」＝文化七年（一八一〇）で、漂民応対はその六年後のこと、同一の記事は旧本『通訳実論』（巻四）にも収録されている。また（巻二）もこれと同様、執筆年（文化五年）よりも後年（文化八年）の出来事が記述されており、会話の流れによっては後年の出来事が随時挿入されていたことが分かる。

実際の会話年が分かるもの（◎印）と幾五郎の年齢を、年代順に示すと次の通りである。

寛政八年（一七九六）…（巻三）（巻十）四十二歳
寛政十二年（一八〇〇）…（巻六）四十六歳
享和二年（一八〇二）…（巻十）四十八歳
文化四年（一八〇七）…（巻二）（巻六）五十三歳

このように実際の「酬酢」の時期は、寛政期から文化期初めにかけて、すなわち幾五郎が先述した「議聘御用」で活躍した四十歳台から五十歳台にかけての期間であることが判明する。

次に、「酬酢」の場所をみていこう。「通」と「訳」が最も多く出会う場所は、当然のことながら和館である。その東館にある通詞家は、しばしば和館見物に訪れた両班たちの饗応や休憩の場とされることから、本文には「旅館」「旅宿」「伝語官庁」（巻一・巻十・巻十一）などとあって、そこでの会話が記述されている。和館近くの通称「坂の下」と呼ばれる訳官の詰め所「誠信堂」（巻六）も、交渉の進展によって通詞が日参する場所であることから、幾度も「酬酢」の場となっている。特殊な場所としては、「西館副特下行廊」（巻六）がある。先述したように、幾五郎が禁足となり蟄居していた和館西館の副特送家前の長屋部屋で、夜間忍んできた訳官との会話が収録されている。また和館近くの原を「後遠」と呼ぶが、ここで訳官に花箋という料理菓子を振る舞ってもらった時の会話がある（巻十）。

このほか訳官は通信使の随行員、あるいは渡海訳官使の使者として来日することから、限定的ながらここにも「酬酢」の場がある。幾五郎が在職中に来日した両使節と当時の年齢は次の通りである。

通信使　　　文化八年（一八一一）五十七歳
渡海訳官使　①安永九年（一七八〇）二十六歳　④寛政八年（一七九六）四十二歳
　　　　　　②天明三年（一七八三）二十九歳　⑤文化六年（一八〇九）五十五歳
　　　　　　③天明七年（一七八七）三十三歳　⑥文政元年（一八一八）六十四歳

このうち通信使は、第十二次対馬易地聘礼である。この時の幾五郎は禁足を解かれて通詞として応対に当たったものの、「去る未年聘使」（巻二）、「去る信使の節」（巻十）といった文言は話題のみで、実際の「酬酢」の場として記述されたものではない。渡海訳官使は、在職中に右に示す六回の使行がある。このうち⑤文化六年（一八〇九）は、和館禁足中のため幾五郎は応対にかかわっていない。この後、渡海訳官使は文政五年（一八二二）にも来日するが、幾五郎はこの年の閏一月に隠退しており、これ以降、渡海訳官使の来日が「酬酢」の場となった可能性は薄い。『通訳酬酢』の中で明らかに確認できるのは、訳官朴俊漢が正使として来日した④寛政八年（一七九六）の使行時である。すなわち「船上の部」（巻三）は、幾五郎が訳官の船（訳駕船）に乗り込み、船将（船頭）を交えて朝鮮船のこと、あるいは海や航海の諸事にかかわる興味深い実話をそのまま収録していたことになる。この④以外の使行時の会話は、少なくとも本文の記述から窺い知ることはできない。

三　『通訳酬酢』のなかの訳官たち

1　「訳」の姓名

朝鮮で訳官となるには、担当官署である司訳院が実施する科挙（雑科）試験に合格しなければならない[28]。司訳院には、日本語通事である倭学のほかに漢（漢語）・蒙（蒙古語）・女真（清語）があり、試験の成績順に等級と品階が与えられる。『通訳酬酢』（巻八）に倭学訳官の説明があり、現職通事は教誨（定員十人）とその下の聡敏（定員十五人）、これに合格前の前銜（定員二十八人）と、配下の小通事（定員三十人）で構成されるとある。このうち教誨の中から、通信使上々官、渡海訳官使正使、臨時使節の接慰官につく大差使差備訳官、和館修改築を担当する監董訳官、和館担当の訓導などが任命され、聡敏は和館担当の別差、定例使節の差備訳官、そのほか教誨を補佐する種々の役割が割り当てられている。

いっぽう和館勤番となった小田幾五郎等朝鮮語通詞は、ほぼ日常的に訓導・別差と対面して、懸案とされる事柄の解決に当たる。訓導・別差は、略して「訓別」あるいは「両訳」とも称され、日朝関係を円滑に進めるための重要な存在である。訓導は二年ごとに、また別差は一年ごとに交代するため、着任した両訳の資質の見極めが重要であることはいうまでもない。対馬藩の旧家に残る『問答覚書』[29]に、訓導・別差についての次のような記述がみられる。

一、両訳というのは、どのような役目の者なのか。

訓導・別差といって、一人ずつその役に当たる。両国間の御用は軽重にかかわらず、いずれもこの者共へ命じられ、そこから東萊府使へ、さらに府使から都表へ啓文（上奏文）が出される。日本通事というのは凡そ三十人ほど、訳官とも、また判事ともいう。官位は知事・同事（知）・僉知これを堂上と号し、主簿・僉正・判官・奉事・直長等を堂下と号す。右の内から訓導・別差の役を申し付けられ、これを両訳とい、または任官・任訳・訓別などともいう。両国の取次（交渉事）でこの者共の手を経ない事はなく、それ故に人柄あしきものは間々御用向きを渋滞する勢いをもち、自己の徳益（得）に貪り、御国（対馬）へ御難渋を掛けることは以前より絶えることがなかった。公私の御慶弔に付き、訳官（使）として渡るのも右の訳官の内からで、信使の上々官に渡り来るのも右訳官の堂上官の者である。

堂上官（知事・同知・僉知）と堂下官（主簿・僉正・判官・奉事・直長）の職名と順位を正確に把握しておけば、その訳官が中央官庁に対してどの程度の交渉能力を有しているかの目安になる。とりわけ「両国の交渉事は、彼らの手を経ることなくては進展せず、それ故に人柄の悪い者は時々御用向きを渋滞させる勢いすらある。己の利益のみを貪り、御国へ難渋をもちかけることは以前から絶えない」とあるように、交渉事の成否はひとえに訳官にゆだねられていたといっても過言ではない。

『通訳酬酢』は、「通」と「訳」との会話の応酬で成り立っている。「通」は小田幾五郎に他ならないが、相手の「訳」はその時の課題によって追々登場人物が変わる。幾五郎が会話の相手とする「訳」とは、一体どのような人物なのか。本文に名前のあげられた訳官は、次の通りである（生年順）。

姓名	字	生年	来日年	掲載巻	書簡
①崔鳳齢（チェボンニヨン）	來儀（ネウィ）	壬寅（一七二二）	安永九（一七八〇）渡	八	◎
②朴道洵（パクドスン）	汝厚（ヨフ）	壬寅（一七二二）	天明三（一七八三）渡	八	
③玄啓根（ヒヨンゲグン）	晦伯（フェベク）	丙午（一七二六）	安永九（一七八〇）渡	八	
④李命和（イミヨンファ）	聖欽（ソンフム）	戊申（一七二八）	宝暦十二（一七六二）渡・天明三（一七八三）渡	序・六・十	◎
⑤朴俊漢（パクジユナン）	士正（サジヨン）	庚戌（一七三〇）	寛政八（一七九六）渡	序・三・十	◎
⑥金健瑞（キムゴンソ）	君剛（クンガン）	癸亥（一七四三）	なし（本文に「貪欲・佞奸の人」）	八	
⑦鄭思鈺（チヨンサオク）	士剛（サガン）	甲子（一七四四）	なし（本文に「士剛、劉判事」）	八	

⑧玄烒（ヒョンシク）	陽元（ヤンウォン）	壬午（一七六二）	文化八（一八一一）通・文政五（一八二二）渡	八	◎
⑨崔國桓（チェグクワン）	武卿（ムギョン）	癸未（一七六三）	なし（本文に「武卿玄判事」）	十一	
⑩玄義洵（ヒョンウィスン）	敬天（キョンチョン）	乙酉（一七六五）	文化六（一八〇九）渡・文化八（一八一一）通	序・六・八・九	◎
⑪崔昔（チェソク）	明遠（ミョンウォン）	戊子（一七六八）	文化八（一八一一）通・文政十二（一八二九）渡	六・八・十	◎

渡＝渡海訳官使　通＝通信使　◎＝小田幾五郎宛ハングル書簡(30)が現存

右の十一名中、噂話の中だけに登場する訳官は七名である。すなわち、○子孫が訳官にこそならなかったものの栄達している者（①崔鳳齢②朴道洵③玄啓根）。○首訳に昇進したが実は「貪欲・佞奸の人」（⑥金健瑞）(31)。○別差勤務の傍ら慶尚道監司の内裨将を兼ねる者（⑦鄭思鈺）。○六十歳以前最高位の知事に就任した一人（⑧玄烒）。○泣き上戸（⑨崔國桓）。この七名は話題とされるも、小田幾五郎が左程懇意にしていた訳官ではない。これとは対称的に、各巻に散見する訳官が四名いる。すなわち、幾五郎が『通訳酬酢』（序書）で「唇歯の交わり」を重ねたという④李命和、⑤朴俊漢、⑩玄義洵、そして幾五郎禁足中日本人の誰よりも身を案じて「有信の人」（巻六）とまでいわしめた⑪崔昔である。おそらくこの四名が、実際の会話の相手となった「訳」と考えられる。

次にかれらの略歴と、『通訳酬酢』の記述内容をみてみよう（倭＝倭学訳官　漢＝漢学訳官）。

◉李命和（イミョンファ）　金山李（イ）氏。父（倭李樟（イジャン））、兄（漢李命尚（イミョンサン）・倭李命尹（イミョンユン）・漢李命卨（イミョンソル）・漢李命説（イミョンソル））、孫（漢李時豊（イシプン））が訳官。一七五四年合格。品階・嘉善大夫。官職・教誨。幾五郎より二十七歳年上。○対馬藩士李田（すもだ）氏と同姓の親しみを交わした（巻六）。〇和館虎退治のとき、共に桜の木に登って見物した（巻十）。〇父（李樟）が訳官の時に溺死したため、生涯鯨を食べないと公言する（巻十）。〇判事勤めの功者。日本詞はもとより仮名文字が上手で、その手跡が日本国内に多く残る（巻十）。

◉朴俊漢（パクジュナン）　密陽朴（パク）氏。父（倭朴尚訥（パクサンヌル））、子（倭朴思勗（パクサウク））が訳官。一七六二年合格。品階・通政大夫。官職・教誨。幾五郎より二十五歳年上。〇寛政八年（一七九六）幾五郎が渡海訳官使船に同乗し、朴俊漢らと朝鮮船について会話する（巻三）。〇杉焼を格別好み、対馬滞在中や船中でも所望したため、朝夕幾五郎が馳走した。土産用に小樽二、三丁を持ち帰り、宰相達へ振る舞ってたいそう評判が良かったと都から礼状が届く（巻十）。〇晩食は肉にあたり緩歩は車にあたる、の諺を教わる（巻十）。小田幾五郎宛ハングル書簡が十通現存する。

◉玄義洵（ヒョンウィスン）　川寧玄（ヒョン）氏。養子（漢玄膺祐（ヒョンウンホ））、孫（漢玄学善（ヒョンハクソン））が訳官。一八〇一年合格。品階・崇禄大夫。官職・教誨。幾五郎より十歳年下。〇文化四年（一八〇七）幾五郎禁足の時に訓導。崔昔が和館に忍び込んだ翌日、目に手を当て泪を拭くしぐさをして宿所の前を通り過ぎる。さらに従者に礫を打たせ、扇を遣って笑い笑い通り過ぎ、小通事をもって近く対面したいと伝言する（巻六）。〇別差の時から幾五郎に世話になり、お陰で六十歳の定年前に知事になれたと感謝の言葉を残す（巻八）。〇男子に恵まれず、五十歳を過ぎて十六、七歳の妾を求める。幾五郎の体をいとえの言葉にいたく感激する（巻九）。小田幾五郎宛ハングル書簡は三十八通で、現存数が最も多い。

◉崔昔(チェソク)　慶州崔(チェ)氏。一八〇四年合格。品階・崇政大夫。官職・教誨。幾五郎より十三歳年下。『譯科榜目』に字名を「明元」とするが、実際には同音の「明遠」を使っている。〇幾五郎禁足の時、和館に密かに忍び入り、朝鮮の大銭と衣類を渡してこれで朝鮮の国内へ逃げろと指示。「講定官明遠崔知事は有信の人」とある（巻六）。〇六十歳以前に知事になった一人（巻八）。〇別差勤めの時、小さな瓶に花を生け、枝を形どり取り繕っていた。日本体に馴れられて御殊常の至りと誉め、「人久しく交わりて知る人心か」の語はこうしたことかと考える（巻十）。小田幾五郎宛ハングル書簡は四通現存する。玄義洵とともに易地聘礼にこぎつけ、文化八年（一八一一）通信使上々訳官として来日する。

右の四名の訳官の年齢からみて、李命和と朴俊漢は幾五郎の若い時期の交流、また玄義洵と崔昔は幾五郎の熟年期から晩年にかけての交流とみられる。このうち崔昔を除く李命和（金山李氏）・朴俊漢（密陽朴氏）・玄義洵（川寧玄氏）の三名は、父から本人、さらに子や孫が訳官職についており、有力な訳官名門家[32]の一員であることが分かる。特に玄義洵は、川寧玄氏の名門家虎(ホ)系の十八代目で、その三代前には雨森芳洲との交流で知られる玄徳潤(ヒョンドギュン)がいる。川寧玄氏はこの玄徳潤の時代以降、倭学訳官の合格者が激増したといわれ、玄義洵はその弟（玄徳昌(ヒョンドクチャン)）の曾孫で、歴代にわたって対日交流に尽力した家柄である。文化元年（一八〇四）七月に完成した小田幾五郎の著書『北京路程記』は、朝鮮国内から中国北京に至るまでの地名・駅名・距離・日程・景観等の概略を記述したものであるが、和館を出ることのなかった幾五郎が同書を成しえたのも、ひとえに玄義洵の協力があったために他ならない。弘化二年（一八四五）の奥付がある写本に、(33) 息子小田管作が「二世大象胥官致遠」の名で添えた序文に次のようにある。

家君(小田幾五郎)、北京ノ路程ヲ審ニセント積年象胥ノ官ニ遊、文化元甲子年五月(ママ)別差敬天玄判官ニ逢テ初テ其實説ヲ聞ク、敬天名ハ義珣(ママ)、元唐判事ニシテ北京ニ数度渉ル、後日本判事ニナリ一品ノ知事ニ登ル、大志アリ人ニ逢テ必ス蔵スコトナシ、家君モ又彼國ニ信セラレ言(行ノ)率爾ナラサルヲ知ラル、曾テ聞所ノ附會ナルモノヲ去リ其實ニ當ルモノ筆(擇テ)シテ敬天ニ示ス、敬天カ云ク、公其地ヲ蹈コトナウシテ初行ノ人ヨリ委シ、然トモ古今ノ稱各異ナレハ庄堡ノ地名、或ハ変災ニヨリ替(テ)リ、里数ノ違モ或ハ五里又ハ三里ノ所アリ、三里ノ名ニシテ七里ノ所モアリ、多分延タル里数也、今所謂(云)近来相唱ルモノ也ト(シカリト云)、（以下略）

これによると、玄義洵は当初漢語通事を目指しており、北京へ数度赴いた経験があるという。その後倭学訳官に登用され、別差となって和館へ初入館したのが文化元年（一八〇四）三月二十四日のこと。(34) これが勤番通詞小田幾五郎との初対面の日で、北京情報をめぐって両者の「唇歯の交わり」が始まったと考えられる。『北京路程記』に「琉球國ノ人ニモ北京ニテ逢タリ」という記事があるが、これは『通訳酬酢』「外国の部」（巻四）で訳官がいう「琉球人は、北京にて見候事これあり」の言葉と重なる。この時の会話の相手は、玄義洵と考えて間違いない。

また李命和と朴俊漢については、『通訳酬酢』より少し前の時代に書かれた『贅言試集(ぜいげんししゅう)』[35]に多くの記述があり、その人物像を窺い知ることができる。

◉聖欽李同知（李命和）について

○倹約の性質で常に黒い帯をしめている。通詞が堂上官なのになぜ赤い帯ではないかと聞くと、我等は黒帯をしても腹の中の明るいことは館守公もよく御存じでおられると言って笑った。面白い心入れだ。○（和館への入送物が滞ったとき）躍り上がって席をたたき、これからは少しも油断なく順便に送り込もう、私の勤め方ぶりを見ていて欲しいと申したが、はたしてその通りになった。○（和館に船が沢山係留されているのを見て）御国は朝鮮向きに有能な代官（貿易担当官）を持たれていると笑った。

◉士正（朴俊漢）について

○未年（一七九九年）一月六日に六十七歳で病死した。訓導勤めの終わりは六十七、八歳の間で、乗馬は調子が悪いといっては雨後に雨履きをはいて杖をついて入館してきた。夕方には伏兵所（番小屋）を見回り番人の精惰（勤めぶり）を糺す。このような人物は前代未聞のことで、ともかく優れた精勤の人だった。○丙辰（一七九六年）の冬、余寒が強く貝類に毒が入っているとわざわざ館中へ注意しに来られた。朝市で売らないよう命じたが、持ち込まれてもこれを買わないよう館守方へ通詞から伝えて欲しいと言ってきた。誠信の重い所を尽くす、奇特なことである。○小田幾五郎と同道して館守家へ行った時、雁木（階段）がきつくないかと問うと、これがきつくなるようでは日本の勤めなどできるものかと笑っていたそうだ。〇代官の下人が人参・公木（木綿）の納入を催促に行くと、士正のみ一人、笠も上着も着けず東莱府の方へ向かって立ち、今日こそ人参が下ってこないかと心配していた。下人を招き入れ、日本の扇に仮名文字を書いたものの読み方を習ったという。

右の記述から、李命和のユーモアを解する行動派の人物像が浮かび上がってくる。また朴俊漢の逸話は枚挙にいとま無く、右はその一部に過ぎない。先述したように、朴俊漢は易地聘礼交渉の初期段階である寛政八年（一七九六）、書契（公文書）偽造に直接かかわった訳官と名指しされるが、その実は職務に忠実で、両国の人々から慕われた稀代の名訳官であったことは明らかである。『通訳酬酢』「船上の部」（巻三）は、寛政八年（一七九六）渡海訳官使正使の朴俊漢と、四十五歳の幾五郎が交わした朝鮮船についての会話であり、数少ない朝鮮船舶史にかかわる貴重な史料として注目される。

2　会話の行方

次に『通訳酬酢』を通じて多くの場面でみられる訳官の社会的位置づけに注目し、幾五郎が意図した会話の行方を考察してみたい。

まずはじめに、『通訳酬酢』「風儀の部」（巻一）の書き出しは、両班が従者を引き連れて和館見学に訪れたときの会話である。客人は六曹の判書（長官）を勤めることのできる三品以上の両班と、和館を監督する東萊府使の関係者も混じっていたというが、訳官と小田幾五郎は臆すること無く見事な応接ぶりを発揮する。初めて出会う「外国人」を前に、髪型（月代）・服装・家紋・帯刀・持ち物に至るまで、次から次へと発せられる質問によどみなく答え、とりわけ訳官はやたらに服や刀にまで触ろうと近づく従者の無礼な振るまいを制しながら、自国と日本文化の違いを丁寧に説明する。確かに『通訳酬酢』には、阿倍仲麻呂の古歌を諳んじて詠む（巻六）かとおもえば、生け花や杉焼料理を嗜む（巻十）など、日本文化に精通した教養人としての訳官が随所に描かれている。しかし幾五郎が真に描きたかったことは、そうした訳官を両班がまるで己の使用人のごとく蔑ろに扱う朝鮮社会のあり方である。

たとえば「酒礼の部」（巻十一）は、東萊府使の子息と重臣の子息が、従者四、五十人を引き連れて和館見物に訪れた時の会話である。幾五郎が酒肴を差し出すと、かれらはやにわに料理に添えた肴箸をとって直箸で食べ、あるいは笄（こうがい）を箸がわりにして争うように食べる。正式な饗応膳も食べたいというので、鍋料理を用意したところこれにも遠慮無くとりかかり、そこには「両班らしい振る舞いは少しもない」。勝手に他人の部屋に上がり込んでは、腹這いになって寝ころんだり、使い勝手の良さそうな品（矢立て・風炉鍋）を見ると、それが欲しいと所望する。すると訳官は自腹を切って購入し、都の自宅へ届けることを約束する。両班が帰った後、幾五郎は訳官に次のように言う。「朝鮮の両班は権柄がましいが、あのように放埒な客ぶりは、両班にはみえない。ああした両班が通信使のとき、内裨将とかいって一行に紛れ込んで来ると聞く。日本人との出会いの席、あのような放埒、我が侭をすれば、いつ不慮の事態が生じてもおかしくない」。

　また「風楽の部」（巻二）は、音楽・楽器の話から、華々しく楽器を奏でた行列にふんぞり返る両班の態度に会話が移る。訳官が「我が国の両班は、厳めしい事が多い」と言えば、幾五郎は「朝鮮の両班は道すがら音楽を聴き、旗を何本も連ね行き、下人共がこれを仰々しく取り扱う。高輿に乗って加え煙器をし、下々が我劣らずこれに追従する。なりてみたきは朝鮮の両班。自身の至らぬことを脇から一言でも聞くと、不似合いな自慢顔でいばり散らす。諸般の計りごとや善悪の調べも自分ではやらない。側の従者も厳めしい」と返す。すると訳官は言う。「まわりにいる従者がいけない。佞奸がいて諫言が上へ届かない」のだそうだ。訳官の言う佞奸とは、たとえば「東萊府使の書き手」や「内裨将」だとか。「内裨将とは日本でいう御用人」「東萊府使が任地へ下るときにお気に入りを連れてくる」「官舎の修理から税の経理、百姓や官吏の刑罰、軍用品の管理」にも当たるようで、このため「内裨将は東萊府の上下に恐怖を与えている」という。さらに「官品の部」（巻八）は、朝鮮の官僚組織と役割の話から、いつしか訳官の家名存続の話題にそれ、「最近の訳官家は跡目相続が難しく、家筋が断絶することが多い。これが一時の貪欲心を引き起こさせる原因になっている。日本の俸禄制度が羨ましい」などと、訳官自身の口から朝鮮社会のあり方に対する真情が吐露されている。日本の書物だからこそ、これほど赤裸々な会話が残されたのかもしれない。

このように、『通訳酬酢』の随所に書き留められた苦慮する訳官たちの姿は、かれらの社会的身分が朝鮮王朝における「中人」と称される両班（支配階級）と常民（平民）の中間階層に属していたことに由来している。中人は訳官の他、医科（医学）・雲科（天文学）・律科（法学）・籌科（算学）といった雑科試験の合格者によって構成される専門技術職に従事する官僚によって構成されている。このほか朝鮮には、「庶孽」[36]と称す両班の庶子が属す特殊な階層がある。かれらも出世に制限が加えられており、議政府の中枢部に登用されにくい仕組みになっているが、中人と同様に雑科の受験が許可されていた。このため「中庶」という呼称が生まれ、中人階層は両班からみてより低い位置にみなされるようになった。しかし中人は、両班と比べても決して劣ることの無い優れた教養人である。とくに訳官は職業がら外国との諸事に接することが多いため、自国以外の政治・文化・社会体制を知る機会に恵まれており、開明的な思想を持ちあわせている者が多いとされる。

実は『通訳酬酢』（巻一）のなかで、小田幾五郎は訳官が両班相手に日朝交流を預かる身として一歩もひかず、職務を忠実に果たす場面を描いている。それは武官が弓や剣を持ったまま和館に入ろうとするのを見て、訳官が「和館に武器を持ち込むことは失敬の至り」と、武器を取り上げて下人に渡し、外で待つように指示した時のことである。幾五郎は「今日のお客は特別な方々だから、何もそこまで気遣わなくても」と言うと、訳官は「三品以上のお方だから、丁寧に日本のことを知ってもらうようわざと厳密に申したまでのこと。都の両班衆はもちろん、我が国の人は皆、我々訳官が総じて〝日本びいき〟だと心得ている。幸いの折なので、お気遣いくださらないように」と言った。幾五郎としては、「〝日本びいき〟ととられては、かえって公務の妨げにもなろうかと気がかりです」と言ったものの、あることに突然気づいた様に次のように述べている。「我々通詞の勤めも同様、対馬藩のお偉方は、通詞が〝朝鮮びいき〟に掛け合っていると思われている。あなた方と同じです。しかし折あれば誠信の本意を歴々方へ申し上げなければ、誠信も骨抜けになってしまう。仰ることの意味はご尤もです」。上官に苦慮する訳官の姿は、そのまま鏡の中に映る自分たち通詞の姿を見た心地ではなかったろうか。

『通訳酬酢』の会話の行方をたどると、小田幾五郎が何を伝えたかったか、その真髄が見えてくる。「議聘御用」の担当通詞を外され、和館と国元で合計四年近く、あらぬ嫌疑で禁足状態に置かれ、対馬易地聘礼の表舞台から遠ざけられた苦悶の日々。しかしそれでも『通訳酬酢』（序書）に「訳官と日常の交わりの中で、決して実直を失わないこと。そうすればあちらが悪巧みを仕掛けてきても、最後は正しい道に従うことになる」の言葉は、まさに後進通詞への戒めでもある。この「実直」が、右の会話に出てくる「誠信の本意」に繋がる。「誠信」とは、双方の実意を知った上で、互いの違いを理解し尊重するという、かつて日朝交流に生涯をささげた対馬藩の儒者雨森芳洲の言葉に他ならない。芳洲の没年と同じ年に生を受けた幾五郎は、時空を越え、形を変えて本書『通訳酬酢』を後進通詞へ託した。そしてその序文の最後に、「通詞私の心得」と題する和歌を詠んでいる。

通弁は秋の湊の渡し守り

往き来の人のこゝろ漕ぎ知れ

小田幾五郎が到達した「人のこゝろ」を知ることは、まさに芳洲が求めてやまなかった理想の通詞そのものの姿であったといえよう。

註

（1）小田幾五郎については、田川孝三「對馬通詞小田幾五郎と其の著書」（『書物同好會會報』一九四〇年）、鈴木棠三「小田幾五郎著『象胥紀聞』解題」（対馬叢書『象胥紀聞』村田書店、一九七九年）、小幡倫裕「對馬通詞小田幾五郎の朝鮮文化認識―〝通訳酬酢〟を中心に―」（『社会科学研究』第六、二〇〇二年、平沢大学校、原文ハングル）、山口華代「朝鮮語通詞小田幾五郎とその墓所について」（『対馬歴史民俗資料館報』三二号、二〇〇九年）、許芝銀「対馬朝鮮語通詞小田幾五郎の生涯と対外認識―『通訳酬酢』を中心に―」（『東北亜歴史論叢』三〇号、二〇一〇年、東北亜歴史財団、原文ハングル）、同『倭館の朝鮮語通詞と情報流通』（景仁文化院、二〇一二年、原文ハングル）を参照。なおいずれも小田幾五郎の生年を宝暦四年（一七五四）とするが、『通訳酬酢』（序書）に「天保二辛卯清月　前大通詞小田幾五郎　齢七拾七歳自書謹識」とあり、天保二年（一八三一）に数え年七十七歳であることを逆算すると、宝暦五年（一七五五）生まれになる。

（2）田代和生『近世日朝通交貿易史の研究』（創文社、一九八一年）四二〇～四三一頁。なお近年、「古六十人」の実態は朝鮮三浦に居住して広域的な貿易活動を行っていた宗氏管下の御用商人（三浦恒居倭）で、三浦の乱（一五一〇年）後対馬へ引き揚げた対馬商人であったことが明らかにされている（荒木和憲『中世対馬宗氏領国と

朝鮮』山川出版社、二〇〇七年、二五五～二六七頁)。

(3) 小田藤八郎は天明五年(一七八五)作成の『古六拾人・新六拾人・中分竈・由緒竈現人帳』(表書札方)に「古六拾人」二十二名の一人。小田幾五郎は文化十一年(一八一四)作成の『古六拾人・新六拾人・中分竈・由緒竈現人帳』に「古六拾人」二十一名の一人。小田管作は天保六年(一八三五)作成の『六拾人帳』(町奉行所)に「古六拾人」十七名の一人。いずれも宗家文書・長崎県立対馬歴史民俗資料館所蔵。なお同じ小田姓ながらも、例えば幾五郎と共に大通詞を勤めた小田常四郎は、「真常院様御時」(宗義暢、在位一七六二～一七八年)認定の「六十人格」であり、幾五郎系統とは異なる「新六十人」の部類である。

(4) 田代和生『近世日朝通交貿易史の研究』(前掲註2)一〇二～一一一頁。

(5) 宗家文書『諸運上・諸請負・諸商賣・銭相場』寛文十一年五月十日条(長崎県立対馬歴史民俗資料館所蔵)。同史料によれば、天和三年(一六八三)十月質屋の定数は三十人に拡大されており、そのなかの「以前からの者」八名に「小田五郎右衛門」の名がある(天和三年十月二十八日条)。

(6) 厳原町誌編纂委員会編『厳原町誌』(厳原町、一九九七年)八一七頁。

(7) 田代和生『日朝交易と対馬藩』(創文社、二〇〇七年)一五〇頁所収、表3―1「文禄の役(一五九二年)における従軍通詞とその配属」参照。

(8) 田代和生『日朝交易と対馬藩』(前掲註7)一五一頁所収、表3―2「享保四年(一七一九)通信使来日時の随行通詞と役割」参照。

(9) 和館は、朝鮮釜山に置かれた日本人居住地区である。正式には「倭館」と書くが、小田幾五郎の時代「倭」字を嫌って意図的に「和館」としており、本解説の記述も「和館」に統一した。

(10) 田代和生『日朝交易と対馬藩』(前掲註7)第三章「朝鮮語通詞の養成」参照。

(11) 宗家文書『詞稽古之者仕立記録』（韓国国史編纂委員会所蔵）。

(12) 宗家文書『朝鮮方御役人衆より内々御尋ニ付申出』（韓国国史編纂委員会所蔵）。

(13) 宗家文書・国立国会図書館所蔵。戸田頼母は膨大な量にふくれあがった『（館守）毎日記』を効率的に活用するため、項目毎に分類して編年体に編纂した『分類事考』（一七冊）を寛政七年（一七九五）に完成させている。後代の館守がこれを引き継いだことから、記事の内容は貞享二年（一六八五）～慶応三年（一八六七）に及び、和館史料利用のための至便の書となっている。詳細は田代和生「国立国会図書館所蔵『宗家文書』の特色」（国立国会図書館古典籍資料室編『参考書誌研究』七六号、二〇一五年）一一～一二頁。

(14) 藩主宗義功は天明五年（一七八五）十五歳の若さで他界し、将軍拝謁前だったことから家老杉村直記が中心となって弟富寿を義功に仕立てるなど、当時の対馬藩は老中田沼意次を後盾に種々の欺瞞工作を弄していた。その後の対馬藩政と易地聘礼交渉については、田保橋潔『近代日鮮関係史の研究』下巻（朝鮮総督府中枢院、一九四〇年）別編「對州藩を中心としたる日韓関係」、森山恒雄「対馬藩」（長崎県史編纂委員会『長崎県史』長崎県、一九七三年）一〇五七～一〇六六頁、などに詳しい。

(15) 長正統「倭学訳官書簡よりみた易地行聘交渉」（『史淵』一一五輯、一九七八年）一〇五～一一〇頁。寛政九年（一七九七）の丁巳約条、翌十年の戊午協定で渡された書契は、いずれも偽造されたものである。

(16) 対馬でいう「寛政の百余輩事件」。易地聘礼交渉に反対する杉村派一〇〇余人が、藩主宗義功へ大森派排除を目的に直訴し、家老平田隼人と連判役吉賀（よしが）主膳が田舎蟄居となる（森山恒雄「対馬藩」前掲註15、一〇五七～一〇六〇頁）。

(17) 宗家文書『（裁判）毎日記』文化四年八月三日条（長崎県立対馬歴史民俗資料館所蔵）。

(18) 宗家文書『通詞被召仕方・漂民迎送賄・町代官・御免札』文化四年十一月十一日条（韓国国史編纂委員会

所蔵)。

(19) 森山恒雄「対馬藩」(前掲註15) 一〇六一～一〇六二頁。この一件で、文化五年（一八〇八）杉村直記は江戸にてお預けの後自害、息子の杉村主税および一族は幕府の詮議を受ける。また禁足となった和館通詞のうち、大通詞牛田善兵衛は後に牢舎となり、同じく通詞の住野喜介と白水庄蔵は文化五年に幕府の詮議を受ける（宗家文書『支配方毎日記』文化五年閏六月八日条、長崎県立対馬歴史民俗資料館所蔵）。

(20) 記録類没収のことは、『通訳酬酢』（巻十二）に詳しい。また長正統「倭学訳官書簡よりみた易地行聘交渉」（前掲註15）は、訳官から小田幾五郎に宛てられた私信八通について紹介したものである。さらに近年、長崎県立対馬歴史民俗資料館の調査によってハングル書簡九九通の全貌が明らかにされた。それによると発信者は総て訳官で、玄義洵（敬天）の三九通が最も多く、宛先は連名を含めて総てに小田幾五郎の名がある。私信の上限は寛政七年（一七九五）、下限は幾五郎が和館に禁足されていた文化五年（一八〇八）であることから、記録類と共に藩当局に没収されたものと考えられる。詳細は『対馬宗家文庫史料朝鮮訳官発給ハングル書簡調査報告書』（長崎県教育委員会、二〇一五年）、岸田文隆「倭学訳官崔瑀（伯玉）のハングル書簡よりみた易地行聘交渉」（『韓国朝鮮文化研究』一六号、二〇一七年）を参照。

(21) 文化六年（一八〇九）成立した己巳約条は、通信使の経費節減に加えて、①一部使船の派遣中止と制限、②官営貿易で支給される公作米の減額、③和館修理期間と経費の再検討、といった対馬藩の経済的損失を伴う項目が含まれていた（尹裕淑『近世日朝通交と倭館』岩田書院、二〇一一年所収、第四章「己巳約条による日朝通交体制の改変と倭館政策」参照）。これを大森派が容認したのは、幕府からの多大な下賜金・拝借金・飛地領の加増などを期待してのものだが、それは一時的な補填であり、結局は行政費用の拡大によって年間三〇〇〇両の恒常的損失を生み、これがやがて幕末期の対馬藩に新たな火種となって熾烈な藩内闘争を惹起していく

（森山恒雄「対馬藩」前掲註15、第七章「終末の藩政と激変の政争」参照）。

(22) 宗家文書『古馬廻奉公帳』（長崎県立対馬歴史民俗資料館所蔵）。戸田頼母は「文化十一甲戌年二月十四日病死」とある。

(23)『通訳酬酢』を初めて紹介したのは田川孝三「對馬通詞小田幾五郎と其の著書」（前掲註1）である。近年は小幡倫裕「對馬通詞小田幾五郎の朝鮮文化認識―〝通訳酬酢〟を中心に―」（前掲註1）、箕輪吉次「小田幾五郎『通訳酬酢』小考―朝鮮贔屓と日本贔屓―」（『日語日文学研究』七四輯二巻、二〇一〇年）、許芝銀「対馬朝鮮語通詞小田幾五郎の生涯と対外認識―『通訳酬酢』を中心に―」（前掲註1）、同『倭館の朝鮮語通詞と情報流通』（前掲註1）などにより内容が詳細に検討されている。

(24) 対馬美津島町鶏知『（通詞）小田家文書』（鍵屋歴史館所蔵）。

(25) 藤本幸夫氏の御教示による。

(26) 底本とした『通訳酬酢』に原表紙はなく、四巻ごとに一冊にとじて合計三冊からなる。戦後宗家文書を引き継いだ国史編纂委員会による新しい表紙は次の通りで、年紀の間違いを鉛筆で訂正し、表紙裏にハングルで登録番号などを示す角印・丸印・楕円印が捺されている。

「明和四丁亥年（ケシ）　六番
　天保二年（鉛筆書）
　　通譯酬酢　」

(27) 和館で訳官李命和と対面し、同姓の親しみを表したと記述されている（巻六）。披擄人李文長は、林川の士子（在野の文化人）で、文禄・慶長の役のときに薩摩軍に捕らわれ、後に易者として大坂・堺・京都を転住する。京都では披擄人帰還の反対を唱え、晩年対馬に定住する。子孫は李田（すもだ）姓を名乗り、大小姓格で士分にとりたてられる。李文長については、李元植『朝鮮通信使の研究』（思文閣出版、一九九七年）四六四～四六六頁を参照。

(28) 訳官については、鄭光『司譯院倭學研究』（太學社、一九八八年）、『朝鮮時代雑科合格者総覧』（韓国精神文化研究院、一九九〇年）、李南姫『朝鮮後期雑科中人研究』（以會文化社、一九九九年）、姜信沆『韓國の譯學』（ソウル大学校出版部、二〇〇〇年）（いずれも原文ハングル）を参照。

(29) 上対馬町小鹿『扇家文書』。

(30) 現存する訳官から小田幾五郎宛ハングル書簡。詳細は『対馬宗家文庫史料朝鮮訳官発給ハングル書簡調査報告書』（前掲註20）参照。

(31) 金健瑞は『増正交隣志』の編者として有名。単参（贈呈用の朝鮮人参）の未収問題で首訳にもかかわらず責任を部下に負わせ、自身は罪を逃れたことから評判が頗る悪い。詳細は長正統「倭学訳官書簡よりみた易地行聘交渉」（前掲註15）一一九～一二二頁、『対馬宗家文庫史料朝鮮訳官発給ハングル書簡調査報告書』（前掲註20）一九一頁参照。

(32) 訳官の名門家とは、全州李氏、南陽洪氏、密陽卞氏、川寧玄氏、牛峰金氏を中心とし、さらに江陰李氏、開城金氏、金山李氏、密陽朴氏などがこれに続く。訳官名門家については、金良洙「朝鮮後期譯官家門の研究―卞應星・卞承業等密陽卞氏家系を中心に―」（『孫寶基博士停年紀国史学論叢』知識産業社、一九八八年）、同「朝鮮後期譯官家門の研究―金指南・金慶門等牛峰金氏家系を中心に―」（『白山学報』三二号、一九八五年）、李尚奎「朝鮮後期川寧玄氏家の譯官活動」（『韓日関係史学報』二〇巻、二〇〇四年）（以上原文ハングル）、信原修『雨森芳洲と玄徳潤』（明石書店、二〇〇八年）などを参照。

(33) 『（通詞）小田家文書』（前掲註24）。

(34) 宗家文書『(館守)毎日記』文化元年三月二十四日条(国立国会図書館所蔵)。

(35) 宗家文書『贅言試集』(韓国国史編纂委員会所蔵)。李命和と朴俊漢に関する記述の一部は、長正統「倭学訳官書簡よりみた易地行聘交渉」(前掲註15)一〇九頁、箕輪吉次「小田幾五郎『通訳酬酢』小考―朝鮮聶肩と日本聶肩―」(前掲註23)二四八～二四九頁、において紹介されている。なお『贅言試集』の著者を館守の戸田頼母とするが、内容を検討すると小田幾五郎より年長でほぼ同じ時期に大通詞役を勤めた者と考えられる。詳しくは後日刊行予定の『贅言試集』の校訂本(解説編)を参照。

(36) 両班の庶子「庶孽(しょげつ)」は人口比重が中人よりも多く、絶え間ない集団的上訴運動と国家の政策的配慮によって一八五一年に差別撤廃がなされ、「清要職」(科挙による中央官僚への登用)への道が開かれる。中人もまた一八五〇年代に大々的な上訴運動を展開するが、勢力が微々たるものであったため成功を納めることができなかった。中人の地位向上は開港以後急速に高まり、近代における急進的開化派の大部分が中人層から出てきたとされる。以上、中人階層の社会的地位については、韓永愚(吉田光男訳)『韓国社会の歴史』(明石書店、二〇〇三年)二五三頁、三七九～三八〇頁、を参照。

小田幾五郎関係年表

年代	年齢	事項	備考
宝暦5年（1755）英祖13・乙亥	1	11／28 誕生。初名・五郎八〔父・藤八郎（六十人）母・もん（小田善右衛門娘）〕	1／6 雨森芳洲没（88）
宝暦6年（1756）英祖14・丙子	2	〔祖父・幾右衛門没〕	
明和4年（1767）英祖43・丁亥	13	初めて朝鮮へ渡る	
明和8年（1771）英祖47・辛卯	17	7／23 和館にて虎退治　虎肉を食す	
安永3年（1774）英祖50・甲午	20	12／14 詞稽古御免札	4／19 68代館守杉村弁之進
安永4年（1775）英祖51・乙未	21		
安永5年（1776）英祖52・丙申	22	1／9 五人通詞　一人扶持	
安永6年（1777）正祖元・丁酉	23	2／13 石見及び筑前漂民迎賄通詞 5／4 三巡漂民送賄通詞	2／4 69代館守原宅右衛門

安永7年（1778）正祖2・戊戌	24		宗義暢没（37）宗義功（～天明5年迄）
安永8年（1779）正祖3・己未	25	10／ 幾五郎に改名 10／14 稽古通詞 12／29 長崎勤番	3／17 70代館守戸田頼母
安永9年（1780）正祖4・庚子	26	訳官駕船乗り	訳官使（崔鳳齢・玄啓根・卞世謙）府中11／27～2／21
天明元年（1781）正祖5・辛丑	27	朝鮮勤番 10／10 米五俵拝領	6／17 71代館守幾度主膳
天明2年（1782）正祖6・壬寅	28	6／ 朝鮮より帰国	
天明3年（1783）正祖7・癸卯	29		訳官使（朴道洵・漢廷修）府中7／19～9／10（奥州より全国）天明の大飢饉（～天明8年迄）
天明4年（1784）正祖8・甲辰	30	1／30 長崎迎賄通詞 3／26 玉江浦漂民送賄通詞	1／25 72代館守嶋雄太膳
天明5年（1785）正祖9・乙巳	31	2／1 長崎漂民賄通詞 5／『（ハングル）講和』編集 8／14 朝鮮勤番	宗義功没（15）富寿改め宗義功（～文化9年迄）
天明6年（1786）正祖10・丙午	32	7／4 朝鮮より帰国	3／28 73代館守吉田彦右衛門（江戸）9／8 徳川家治没（50）11代将軍徳川家斉（天保8年迄）田沼意次失脚

年	年齢	事項	関連事項
天明7年（1787）正祖11・丁未	33	4／26 病に付帰国 11／11 長崎勤番（6年間）〔3／2 母・もん没（51）〕	4／22 74代館守戸田頼母（再任）訳官使（李命和・丁一星）府中12／25～3／10（江戸）松平定信老中筆頭
天明8年（1788）正祖12・戊申	34	長崎勤番 朝鮮人漂民へ画踏（キリシタン詮議）不要の旨長崎奉行所にて申し開く	（江戸）5／通信使来聘延期を命じる 10／延聘使派遣（正使古川圖書）（～寛政元年5月帰国）
寛政元年（1789）正祖13・己酉	35	長崎勤番 9／4 本通詞 11／20 長崎より帰国	3／朝鮮と延聘の合意
寛政2年（1790）正祖14・庚戌	36	11／12 長崎勤番	5／4 75代館守多田左膳
寛政3年（1791）正祖15・辛亥	37	長崎勤番	（江戸）5／ 松平定信易地聘礼交渉を命じる 8／30 76代館守小川縫殿介 12／ 通信使議定大差使派遣（正使平田隼人）（～寛政7年1／23迄）
寛政4年（1792）正祖16・壬子	38	長崎勤番 11／24 朝鮮勤番（翌年2／19 館着）	（根室）ロシア使節ラクスマン通商要求
寛政5年（1793）正祖17・癸丑	39	朝鮮勤番（議聘御用のため小田常四郎と交代）	4／18 77代館守戸田頼母（三任）（江戸）7／松平定信老中職退く 7／ 告慶大差使派遣（正使大森繁右衛門）
寛政6年（1794）正祖18・甲寅	40	朝鮮在勤 5／10 米五俵拝領 8／15 米十俵拝領	

寛政7年（1795） 正祖19・乙卯	41	2／16 朝鮮より帰国 9／28 米二俵拝領 12／14 大通詞 12／24 『象胥紀聞』完成により公木一疋拝領	10／9 78代館守樋口左近
寛政8年（1796） 正祖20・丙辰	42	訳官駕船乗り中帰国、再度駕船 11／3 米五俵拝領	3／24 79代館守戸田頼母（四任） 訳官使（朴俊漢・崔昌謙・林瑞茂）府中8／29～11／8 家老大森繁右衛門銅鉄二千斤他朴俊漢へ贈る
寛政9年（1797） 正祖21・丁巳	43	閏7／12 中帰国 同日米八俵拝領 閏7／22 朝鮮勤番 12／18 米二俵拝領	9／ 易地行聘協定（偽造） （蝦夷）イギリス船来航（朝鮮） 8／24 異船釜山浦へ乗込（9／2出帆）
寛政10年（1798） 正祖22・戊午	44	1／13 米五俵拝領 2／30 朝鮮勤番交代するも別御用のため残る 8／13 大銭七貫文拝領 9／『病録』編集（寛政11年4／新撰）	8／ 通信使10年延期を合意 11／ 戊午易地協定（偽造）
寛政11年（1799） 正祖23・己未	45	朝鮮在勤	1／6 朴俊漢没（70） 2／ 易地協定成立を幕府へ報告
寛政12年（1800） 正祖24・庚申	46	朝鮮在勤 3／1 米二俵拝領 10／26 米二俵拝領 11／1 公木二疋拝領 〔10／9 勝吉（長男）詞稽古御免札〕	12／10 80代館守大浦兵右衛門 旧館守戸田頼母通信使行節目講定となり留館（～文化7年6／ 帰国）
享和元年（1801） 純祖元・辛酉	47	朝鮮在勤 5／12 米三俵拝領	

年	年齢	小田幾五郎関係	関連事項
享和2年（1802）純祖2・壬戌	48	朝鮮在勤	
享和3年（1803）純祖3・癸亥	49	4／21 帯刀御免 11／3 朝鮮に10年間連続勤番の功により子供へ大小姓まで養子御免〔9／1 勝吉、五人通詞〕	
文化元年（1804）純祖4・甲子	50	7／『北京路程記』編集	3／24 玄義洵別差として着任（長崎）ロシア使節レザノフ通商要求
文化2年（1805）純祖5・乙丑	51	1／21 公木三疋拝領〔2／25 勝吉漂民賄通詞 3／19 勝吉病に付き差免〕	2／9 81代館守番盛之介 9／6 文書偽造により訳官等処刑 11／ 通信使請来大差使派遣（正使古川圖書）（文化7年1／29迄） 11／ 玄義洵講定官
文化3年（1806）純祖6・丙寅	52	朝鮮勤番 7／23 請来大差使等90余名と和館欄出	6／ 玄義洵講定訳官として東萊着任（12／23 訓導を兼務） 8／25 通信使幹事裁判（重松此面）和館着
文化4年（1807）純祖7・丁卯	53	11／11 勤方不埒につき禁足（牛田善兵衛・吉松右助と共に） この年より『通訳実論』執筆〔2／15 勝吉朝鮮勤番 米一俵拝領 11／ 勝吉帰国〕	10／14 82代館守鈴木一之進 11／11 戸田頼母禁足

年	年齢	事項	関連事項
文化5年（1808）純祖8・戊辰	54	この年和館にて禁足〔父・藤八郎没（84）〕	6／27 通信使公幹講事大差使（正使小島宇左衛門）和館着 8／23 修正礼曹回答書契東萊へ届く（長崎）イギリス船フェートン号来航
文化6年（1809）純祖9・己巳	55	この年和館にて禁足	訳官使（玄義洵・崔昔・卞文圭）府中7／5～10／12 己巳約条成立
文化7年（1810）純祖10・庚午	56	6／17御叱のまま帰国	4／15 83代館守田中所左衛門 6／ 戸田頼母帰国
文化8年（1811）純祖11・辛未	57	5／7 御叱免じられ送聘御用のため朝鮮へ 10／ 朝鮮より帰国 大銭十貫文・公木四疋・米三俵拝領〔2／27 勝吉稽古通詞〕	第12次朝鮮通信使対馬来島（易地聘礼）府中3／29～6／25
文化9年（1812）純祖12・壬申	58	1／18 帰国に付き詞指南役仰せ付けられる	宗義質（～天保9年迄）
文化10年（1813）純祖13・癸酉	59	1／18 病気に付き入湯許可〔文化10年以降 利三郎（三男）誕生〕	9／23 84代館守小河三四郎 宗義功没（41）
文化11年（1814）純祖14・甲戌	60	〔勝吉、伍作に改名 3／9 伍作和館勤番（～文化12年迄）〕	
文化12年（1815）純祖15・乙亥	61	12／9 銀五匁拝領〔9／18 伍作長崎勤番〕	5／20 85代館守小野十郎兵衛 9／27 旌義県前県監等五島漂着

年	年齢	事項	朝鮮関係
文化13年（1816）純祖16・丙子	62	2／15 府中使者家にて旌義県前県監等漂民賄通詞 5／8 麦二俵拝領 7／9 麦二俵拝領 12／22 麦一俵拝領	
文化14年（1817）純祖17・丁丑	63	7／19 朝鮮勤番	4／2 86代館守平田帯刀
文政元年（1818）純祖18・戊寅	64	1／26 朝鮮より中帰国 『通訳実論』執筆終える（のち『通訳酬酢』へ改訂）〔8／24 幾右衛門（次男、初名茂作）御徒士取立〕〔1／9 伍作本通詞〕	訳官使（秦東益・玄義温・李櫄）府中4／26～7／3
文政2年（1819）純祖19・己卯	65	5／ 六銭五百匁拝領〔9／1 伍作年限裁判通弁〕	
文政3年（1820）純祖20・庚辰	66	5／18 銀五百匁拝領〔2／19 伍作銀二百匁拝領〕	4／22 87代館守幾度八郎左衛門
文政4年（1821）純祖21・辛巳	67	1／13 朝鮮より中帰国 2／28 朝鮮より中帰国〔5／16 伍作和館在勤〕	
文政5年（1822）純祖22・壬午	68	閏1／10 大通詞免じられ年行司次席・詞稽古指南役頭取仰せ付けられる	訳官使（玄烒・金東倫）府中8／25～10／29
文政6年（1823）純祖23・癸未	69	〔伍作、管作に改名 11／15 管作詞指南役〕	

文政7年（1824）純祖24・甲申	70	〔1/24 管作漂民賄通詞となるも病気に付御免〕	
文政8年（1825）純祖25・乙酉	71	2/『草梁話集』藩へ献上	
文政12年（1829）純祖29・壬午	75		訳官使（崔昔・朴命澈）府中4/28～7/10
天保2年（1831）純祖31・辛卯	77	夏『通訳酬酢』執筆終え藩へ献上 10/22 没	
天保12年（1841）		〔2/24 小田管作年行司次席帯刀御免〕	
弘化4年（1847）		〔5/8 小田管作没〕	
元治元年（1864）		〔12/14 幾五郎妻・やす（中山善兵衛娘）没（98）〕	

謝　辞

本書が底本とする『通訳酬酢』は、韓国国史編纂委員会に保管される『對馬島宗家文書』の中にあり、今回全文翻刻の御許可を頂いた。とりわけ李鉉淙（イヒョンジョン）元委員長（故人）ならびに李元淳（イウォンスン）元委員長からは、全文複写の御提供と不明文字の原文照合の御許可を頂き、正確な校訂本を刊行することができた。また『通訳酬酢』は巻八のみ欠本となっており、これを旧本『通訳実論』で補完することとした。同書は『（通詞）小田家文書』の中にあり、これを保管する鍵屋歴史館（長崎県対馬市美津島町鶏知、代表大浦章子氏）の高谷光代氏より当該巻の複写を提供していただくことで、全十二巻の校訂本を刊行することができた。ここに特記して感謝の意を表する次第である。

本書校訂にあたり、朝鮮人名のハングル表記には藤本幸夫氏（麗澤大学名誉教授）に、漢文諺の出典には金文京氏（鶴見大学教授）に、朝鮮史にかかわることは吉田光男氏（東京大学名誉教授）に、多くの御教示を仰いだ。また石部祥子氏には史料解読から解説原稿までの校閲を、渡部厚子氏には本文のデータを入力して頂いた。最後に出版状況の厳しい折、本書刊行の御英断を賜ったゆまに書房社長荒井秀夫氏、編集担当の吉田えり子氏及び校閲担当の佐藤哲彦氏に深く御礼を申し上げたい。本書の出版を支えて下さった総ての関係各位に、衷心から感謝の言葉を捧げる次第である。

【ま】

松浦平蔵　465
松平定信　463

【み】

三浦大蔵　294, 301
水戸大納言→徳川光圀

【や】

八木久左衛門　300

【よ】

楊修　118, 125
吉賀主膳　503
吉松清右衛門　459-460
吉松右助　301, 460, 465
吉松与左衛門　461

【り】

李世民→太宗〈唐〉
劉備　230
劉邦→高祖〈漢〉
呂望→太公望呂尚
呂后　153

【わ】

和田義盛　148

神宮次太郎 453
神功皇后 149, 477, 481

【す】

杉村主税 504
杉村直記 463, 503-504
住永恵介 465
住野喜介 504
李田某 145, 154

【せ】

西施 212, 226

【そ】

宗貞茂 150
曹操 125, 153, 230
宗富寿 503
宗義功 463, 503
宗義智 454
宗義誠 108

【た】

太公望呂尚（呂望） 45, 60, 152-153
太宗〈唐〉 104-105, 113, 129, 133, 148, 152
田口秀之助 465
田沼意次 463, 503

【ち】

紂王〈殷〉 229
張子房 141, 153
張飛 230

【つ】

東田庄左衛門 465
東田太四郎 459

【て】

鄭芝龍 151
鄭成功（国姓爺） 138, 151, 477

【と】

陶朱公→范蠡
東照宮→徳川家康
徳川家継 229
徳川家斉 463
徳川家宣 229
徳川家治 463
徳川家光 229
徳川家康（東照宮） 61, 132-133, 149
徳川家慶 83
徳川綱重 229
徳川光圀（水戸大納言） 138, 151
戸田頼母 461-465, 468, 503, 505, 507
巴御前 148

【ね】

根津宇右衛門 220, 229

【は】

白楽天 105, 114
ヘンドリック・ハメル 108
樊噲 210, 225
范増 210, 225
范蠡（陶朱公） 141-142, 153, 212, 226

【ひ】

比干（微干） 219, 229
樋口左近 462
微子 229
平田帯刀 461
平田隼人 503

【ふ】

武王〈周〉 45, 60
夫差（呉王） 226
古川圖書 300, 464

【ほ】

堀源兵衛 453

《人名索引》（日本・その他）

ゲェグン）

【み】

明遠（ミョンウォン）崔知事→崔昔（チェソク）

【む】

武卿（ムギョン）玄判事→崔國桓（チェグクヮン）

【や】

陽元（ヤンウォン）玄知事→玄烒（ヒョンシク）

【よ】

汝厚（ヨフ）朴同知→朴道洵（パクドスン）

【れ】

來儀（ネウィ）崔知事→崔鳳齢（チェボンニョン）

《人名索引》（朝鮮）〔　〕は字

【い】

李(イ)哨官　235, 255
李時豊(イシブン)　491
李樟(イジャン)　262, 491-492
李成桂(イソンゲ)(太祖大王)　247, 261
李種徳(イチョンドク)　112-113
李命尚(イミョンサン)　491
李命尹(イミョンユン)　491
李命卨(イミョンソル)　491
李命説(イミョンソル)　491
李命和(イミョンファ)〔聖欽 ソンフム〕　17, 19, 145, 154, 250-251, 261, 469-470, 472, 490-491, 493, 495-496, 505, 507
李文長(イムンジャン)　154, 477, 481, 505

【き】

金又得(キムウドゥク)　147, 156
金健瑞(キムゴンソ)〔君剛 クンガン〕　194, 201, 490-491, 506
金祖淳(キムジョスン)(純祖)　197
敬天(キョンチョン)玄知事→玄義洵(ヒョンウィソン)

【く】

君剛(クンガン)金知事→金健瑞(キムゴンソ)

【さ】

士剛(サガン)劉知事→鄭思鈺(チョンサオク)
士正(サジョン)朴僉知→朴俊漢(パクジュナン)

【そ】

聖欽(ソンフム)李→李命和(イミョンファ)

【ち】

崔(チェ)府使　286, 298
崔國桓(チェグクヮン)〔武卿 ムギョン〕　273, 282, 480, 485, 491
崔昔(チェソク)〔明遠 ミョンウォン〕　145-147, 155, 195, 201-202, 244, 259, 466-468, 480, 484-485, 491-493
崔�(チェチン)　156
崔鳳齢(チェボンニョン)〔來儀 ネウィ〕　186, 194, 199, 490-491
鄭思鈺(チョンサオク)〔士剛 サガン〕　189, 200, 490-491

【は】

朴思勗(パクサウク)　492
朴尚訥(パクサンヌル)　492
朴俊漢(パクジュナン)〔士正 サジョン〕　17, 19, 64, 82, 141, 153, 233, 245, 253-254, 463, 469-470, 472, 476, 479, 485, 488, 490, 492-493, 495-496, 507
朴道洵(パクドスン)〔汝厚 ヨフ〕　187, 199, 490-491

【ひ】

玄義洵(ヒョンウィスン)〔敬天 キョンチョン〕　17, 19, 147, 155, 201, 214, 227, 294, 301, 467-470, 472, 479, 491-494, 504
玄膺祜(ヒョンウンホ)　492
玄啓根(ヒョンゲェグン)〔晦伯 フェベク〕　187, 194, 199, 490-491
玄烒(ヒョンシク)〔陽元 ヤンウォン〕　195, 201-202, 491
玄徳昌(ヒョンドクチャン)　493
玄徳潤(ヒョンドギュン)　493
玄学善(ヒョンハクソン)　492

【ふ】

晦伯(フェベク)玄知事→玄啓根(ヒョン

廉直(れんちょく) 170, 177
連判役 503

【ろ】

櫓(ろ) 41, 87
牢舎 504
老中 463, 503
老女 206, 253, 287
老臣 116, 182
老人 27, 30, 70, 82, 95, 98, 190, 203, 208, 221, 237, 244
楼船 261
老年 142
老母 237
禄→俸禄
六十人(→古六十人) 452, 454-455, 465
——格 452, 502
六旬 258, 240
六姓 106, 136
六曹 32, 39, 116, 124-125, 158, 172-173, 182, 190, 193, 195, 197, 257, 497
魯西亜(ロシア) 96, 110
路次楽 44, 59, 475

【わ】

賄賂(わいろ→賄まいない) 152, 257, 476
和韻 131, 149, 193, 201
和音 132
和歌 105, 114, 131, 149
和解の伝令 465
倭(和)学 54, 188, 488
倭学訳官(→訳官) 455, 457, 465, 488, 491, 493-494
我が身の不明 46, 61
若和布(わかめ) 245, 254
和(倭)館 17, 19, 32, 39, 41, 51, 58, 60, 64, 83, 87, 110-111, 119, 125-126, 147-148, 154-155, 159, 173, 195, 197-198, 222, 228, 252, 257-258, 261, 278-279, 282-283, 300-302, 454-455, 462-472, 480, 484-489, 492-495, 497, 499-500, 502-505
——見物 475, 480, 486, 497
——通詞 465, 504
脇差(→大脇、刀) 302
脇乗 87, 176
脇平 68, 73, 85, 140, 152, 211, 226
和交 68, 123, 133, 137-138, 151, 193-194, 477
倭寇 150, 481
和国の弄 105
『倭語類解』 59, 255-256
倭人 131, 135-136, 477
和銭 83
「倭」字 135, 252, 478, 502
和漂船 167
倭物 135
割膝 272, 282
悪口 114, 127, 217, 228

【を】

ヲセイア(魯西亜) 96, 110
ヲランカイ 105-106, 114, 477
ヲロシヤ 110

欄出　300, 464-465, 481, 485
乱世　136-137, 145
乱の基　144

【り】

離宮香　80, 89
陸海軍　197
陸海総大将　84
陸軍　196
利剣(→剣)　26, 37, 178
　——の瑞事　171
吏曹　39
律科　499
立身　239, 249
利発の品　123
離歩　208, 224
龍(神)　45, 69, 71, 73, 77-78, 110, 119-120, 476
琉球人　93-94, 476, 494
龍宮の沙汰　78
龍驤衛　173
流星　72
龍台(堂)　95, 110, 119, 126
龍柱香　80, 89
龍尾山神社(和館)　148
両替商　453
領議政　124, 181, 195-196, 256, 280
猟犬　153
両国安泰　210
両国泰平　215
猟師　171
領事　198, 254
遼人　111
領地　122, 281, 480
遼東　100, 103-105, 212, 227
料米　31, 92, 95
粮米　94
両訳(→訓導、別差、訓別)　263, 278, 489
料理菓子　487
料理人　260
旅館　32, 34, 92-93, 101, 113, 238, 484, 486
　——の伽　238
旅宿　32, 147, 221, 263, 269, 278, 486
林佳　25, 37
隣交　35, 92-94, 98, 106, 133, 135, 184, 247
　——の厚み　32, 34, 92-94, 296
臨済宗　279
臨時使節(→使者)　197, 252, 464, 488
林川の士子　505

【る】

『類合』　455
留守状　147, 155

【れ】

令監　190, 200, 478
令旗　60, 475
礼儀(作法)　52, 56, 64-65, 75, 86, 286-287, 289, 298, 476, 480-482
　——正しき国　75, 220, 285, 287, 290-291, 482
霊剣(→剣)　171, 178
令公　200
霊魂　71
礼譲　65, 285-286, 295, 298, 480
　——の親さ　56
礼情　75, 292-295
礼節　55, 286
礼曹　39, 115, 124, 181, 184, 191, 193, 195, 238, 252, 257
礼刀(→剣)　296, 302
礼物　205, 207, 240
礼を飾る　286
歴史　280, 302, 481-482
　——書　150, 153, 455
暦々(歴々→お偉方)
　24, 33, 37-38, 46, 49, 55, 58, 61, 75, 80, 86, 125, 131, 148-149, 157, 169, 172, 212-213, 220, 226, 235, 244, 255, 267, 275, 500
列国時代　140
『洌陽歳時記』　259

訳使→渡海訳官使
薬師 143
薬酒(→酒) 254
薬種 254
約条 133
薬草 254
厄除け 259
野菜 239, 245, 251, 259, 264
社(やしろ) 279
ヤダグノム(野党人) 136, 150
矢立 266, 280, 497
薬果 237, 256
訳官(→日本語通事) 17, 19-20, 23, 27-28, 33-34, 36, 40, 57, 64, 82, 129, 155, 164, 184, 188, 191, 198-199, 228, 233, 251-252, 254, 263, 279-280, 302, 457-458, 463-464, 466-470, 472, 474, 477-480, 482-483, 485, 487-494, 496-500, 504-506
——(駕)船 67, 457, 460
雇人 68
夜蹈橋 242, 259
野党人 136-138, 150, 477
筈(やはず) 133, 149
野蛮国(人) 36, 65, 111, 124, 149, 253, 299
藪医 141
病 80, 89, 107, 241
大和国 132, 135
寡(やもめ) 230
鑓(やり) 165-166, 170
——の稽古 165
両班(ヤンバン→お偉方、暦々) 25, 27, 31-33, 37-38, 43, 45-47, 55-58, 73 74, 79, 116, 125, 130, 144, 148, 154, 157-158, 182, 187, 190-191, 196, 203, 206-207, 211-213, 221, 232-233, 239-240, 243, 253, 263, 265-268, 270, 275, 278, 286, 289, 292, 474-476, 478-480, 486, 496-500, 507

【ゆ】

由緒竈(かまど) 502
揖(ゆう 会釈) 55, 68, 84
有官 25, 31, 55, 122, 137, 157, 163
遊興 54, 74-75, 132, 232
遊女 204-205, 213, 222, 479
有信の人 145, 491, 493
有熊(ゆうゆう)氏 134, 150
遊楽 274
有禄 25, 37, 203, 221
弓 32, 109, 122, 157, 162, 164, 175, 499

【よ】

妖 118, 125
——火(飛んぼう火) 71-72, 85, 476
——船 71
養子 217, 270, 492
養生 23, 250, 268
謡囃 49, 63
用人 191-192, 269, 280, 465, 478, 480, 498
慾 17, 20, 117, 139-140, 142, 170, 178, 187, 194, 252, 272, 296, 470
翼 67, 83
薏苡(よくい) 234, 254
横笛 58
吉野葛 254
輿車 53, 64
淀川 261
与風(よふう) 290, 299
与民楽(→音楽) 210-211, 225, 479
鎧(よろい) 166

【ら】

『礼記』 230
雷光将 121-122, 477
螺角(らかく) 44, 59
落城宴 239, 257
落馬 52, 165
羅杖(らじょう 杖持ち) 44, 60
喇叭(らっぱ→楽器) 44, 46, 59-60, 75, 77

167, 169, 182-183, 189-190, 192, 204, 214-215, 223-224, 233, 235, 241-244, 247, 263, 265, 267, 277, 294, 466, 483, 485, 489, 492, 497, 500
味醂(みりん) 254
未煉酒(→酒) 231, 253
明 136, 151-152

【む】

麦 461
剥き栗(→栗) 256
婿 275
虫気 260
無実(→曖昧あいまい) 63, 226
無躾(むしつけ) 56-57, 244, 260
武者 143, 168
筵(むしろ) 177, 203
筵帆 69
ムスコウビヤ(モスクワ) 105-106, 114, 477
娘(→処女) 204, 224
——立 205, 222
——道成寺 479
無刀 24-25
棟上 257
無禄 25

【め】

名医 140, 237
名剣(→剣) 170, 478
名山 132
銘酒(→酒) 254
名人 208
名島 101-102
銘文 276
名門 493, 506
目鑑(めかがみ) 117-118, 125
妾 206-207, 212, 214-216, 220, 479, 492
飯 139, 240
飯汁碗 71, 242
綿 26-28, 203
明太(めんたい) 240, 258

【も】

裳 233, 253
毛冠 113
網巾 28, 38
蒙古 104, 106, 113, 149
——学 198
——系部族 112, 173
——語 488
——・高麗連合軍 113, 481
——人 103-104
——船 104
孟子 228
盲人 208
木牌 114, 201, 257
木覔(もくべき)山 118
餅 237, 239, 246, 274
——菓子 260
——米 237
喪中 242
元方役 452
斎(ものいみ) 115-116, 124
喪服 240, 276
丹楓(もみじ)見物 154, 205
木綿 28-29, 131, 191, 203, 218, 233, 496
——幕 164
桃 236-237
モルッカ諸島 89
問情 95, 101-102, 110-111, 166, 176, 187, 199
問情書 135, 150
『問答覚書』 489
紋所→家紋 30

【や】

館(→出島) 92
焼鶏 240, 246
焼料理 253, 278
訳科 198
訳学の司 185, 198
訳駕船 67, 71, 82, 85, 488

北兵使 98, 159, 163, 182, 196
虎(ホ)系 493
戊午(ぼご)易地協定 463-464, 503
ボシ(帽子) 148
乾し紅蛤(→紅蛤いがい) 269
乾柿(→柿) 237, 256
乾し栗(→栗) 269
干鱈(→鱈たら) 28, 258, 274
菩提寺(ぼだいじ) 61
牡丹 91
北極星 125
北方の備え 478
北方民族 59, 110, 151, 173, 227, 476
ホトギ(拍子木ひょうしぎ) 59
仏 242
匍匐(ほふく) 266, 269, 279
帆筵(ほむしろ) 68, 83
保命酒(→酒) 233, 254
穂藻 245, 260
保養 53, 70, 214
鯔(ぼら) 235, 255
ホラ貝 44, 59
梵魚寺 143, 154, 205, 222
ボンザ(奉祀) 224
本妻 217
盆石(→快石) 126
本膳 264
本通詞(→通詞) 455-456, 463, 465

【ま】

舞 43, 207, 208
賄(まいない→人情) 78-79, 94, 139-140, 152, 257
前垂れ 28, 253
賄(まかない)通詞(→通詞) 113, 468
魔妓 212, 220, 479
蒔絵 27
牧の島(→絶影島) 95, 110, 113, 125, 129, 147-148, 476
マクサカミア(莫斯歌未亜) 106, 114
誠の信士 272
鉞(まさかり) 174
又者 25, 37
洞(まち) 53-54
町代官(→代官) 452
町手代 452
町役 452
全き人 94, 110
松の実 236, 256, 269, 281
マツマエ(松前) 95
祭 69, 71, 107, 207, 218
政事の論 48
祭り日 283
魔法 107
豆板銀 37
丸竹 103
真綿 27-28
マングン(→網巾もうきん) 38

【み】

三笠山 131-132
蜜柑(→柑子) 233, 236, 254
身木 67, 82-83, 89
巫堂(みこ→巫女、覡かんなぎ) 85, 207-208, 223
水汲み婢 206, 479
味噌(汁) 233, 252-253
蜜 241, 246, 256, 274
——水 231, 237
——漬け 237, 269
——湯 232
密通 214
密夫 213-214, 227, 479
密陽朴氏(みつようパクし) 492-493, 506
密陽卞氏(みつようピョンし) 506
密陽府使(→府使) 189
水戸学 151
身の代 206, 223
耳金(→環子かんし) 172, 198
身持悪き者 206
土産(みやげ) 101-102, 115, 233, 267, 492
都(表)(→王城、京城、闕内けつない) 23, 27, 32, 65, 76, 79, 96, 101, 118, 130-132, 134, 145, 162-164,

不老不死 114
文永・弘安の役 476, 481
文学 297, 481
文官 99, 157-159, 163-165, 168-169, 182-183, 190, 196, 199
文芸 280
分県 144
文士 248
文武私会の時 158
文武釣り合い 182
『分類事考』 503
文禄の役(→慶長の役、壬辰年乱) 111, 148, 151, 154, 197, 454, 481, 505

【へ】

平安道 100, 103, 106, 129, 143
兵営 159
米穀 101, 136, 191
聘使(へいし) 57, 237, 485
兵士 62, 175
兵使 183
弊事(へいじ) 33, 40
兵書 152-153
米銭 144, 208
兵曹 39, 158, 163, 172, 183, 197, 478
兵馬節度使 196
米飯 237, 242, 479
僻州 94, 109
北京(ペキン) 93, 96, 100, 103, 106, 115, 118-119, 123, 133, 183, 212, 231, 237-238, 257, 477, 493-494
——皇城 302
——人(→中国人) 24
——の通官 24, 36
——向き 159, 238
『北京路程記』 297, 302, 481, 493-494
別曲 43, 210
別啓聞 277
別差(→訳官) 19, 181, 184, 189, 192, 195, 197-198, 215, 228, 231, 244, 247, 252, 260, 273, 278, 282, 480, 485, 488-489, 491-494
別冊 294, 301
別将 175, 191, 200
別星 116, 193-194, 201
別腹 144, 154
別房 213, 227
別町代官(→代官) 452
蛇 121
部屋住み 190
弁韓 134, 149-150
弁才天(和館) 279
変村 106, 114
変宅 54, 65

【ほ】

帆 41, 69, 75, 83, 87, 92
房 207, 223, 275, 290
貿易船 281
魴魚(ぼうぎょ) 234, 255
望闕台(ぼうけつだい) 74-75
望闕礼 74-75, 86, 476
宝剣 175
奉公 30, 459
方士 105, 114
奉事 252, 489-490
帽子 129, 148
庖丁 170
放屁 290, 480, 482
防備 173
方名酒(→酒) 231, 253
方紋酒(→酒) 232, 253
朋友積善の理 215, 228
蓬莱(国) 105, 114, 133, 149, 477
放埒(ほうらつ) 221, 267-268, 291-292, 498
法律 280
俸禄 26, 37, 142, 150, 175, 221, 478-479, 498
慕華館 256
木剣(→剣) 26
北狄 98, 100, 105-106, 111, 291, 299
北斗七星 125
北兵営 112

鱶(ふか)　78
夫寡　220, 230
舞楽　225
付官　238, 257
武官　32, 84, 95-96, 99, 111-112, 157-159, 162-163, 165-166, 168-170, 173, 175, 182-183, 190, 195-196, 200, 223, 255, 478, 499
——人事　172
——の司　158
——の法　165
武器　32-35, 170, 174, 475, 499
不儀の沙汰　206
奉行　191
武具　39, 174
副使(→三使、通信使)　86
福州　106
副水使　111
服制　185, 233
服装　475, 497
副特下行廊(和館)　145, 155, 484, 487
副特送使家(和館)　155, 466, 487
伏兵　169
——軍　169, 478
——所　495
——将　169
不敬　34, 144, 285
不孝三　217, 228
釜山　19, 39, 64, 67-69, 95, 110, 126, 131, 149, 277
——僉使　110, 160, 174, 181-182, 191, 195, 247, 261, 285, 297
——鎮　110, 174, 191, 195
——の朝市　245
——の城　34
釜山浦　69, 87, 110-111, 119, 130-131, 176, 261, 297, 302
府使(→東莱府使)　33, 47-49, 57, 62, 110, 130, 163, 169, 182, 185-186, 190-194, 200, 205, 207, 222, 233, 263, 268-271, 278, 285-287, 294
武士　25, 197
富士山　118-119, 132, 477
伏見　292
富者(人)　53, 215
武将　148, 153, 230, 261
武臣　220
武神　230
婦人　74-75, 215-216, 220, 233
——の楽　209
——の伽　207-208
不仁の政　49
浮説　121-123, 133-134, 142, 477, 481
扶桑国　132, 149, 477
猪(ぶた→生猪)　249
——肉　234, 236
扶持(ふち)　31, 475
府中(→対馬府中)
『物貨記』　135
仏器　143
仏法　143
『物名冊』　455
不道の所作　49, 63
船
——改め　82
——瓦　67, 81, 83
——具　101, 163
——見分　68, 82
——大将(→都船主)　300
——の出入り　35
——張り　67, 81, 83
——奉行(→船将)　83
——酔い　88, 476
武備　34-35, 96, 162, 167, 280, 478
俯伏(ふふく)　286, 298
武弁　163, 175
文国(ふみのくに)　52, 64, 285, 289, 291-292, 297, 480, 482
武門の神　148
フヤグ(→揮項きこう)　38
夫役　154
鰤(ぶり)　233-234
旧き家筋　186-187
無礼　23, 55, 285, 475, 480, 497

東館(和館)　261, 273, 278-279, 282, 485-486
東義州　192
脾疳(ひかん)　260
彼岸　283
美妓　140
引き盞(さかずき)　271, 282
日公役　77, 88
微国　229
ひじき　245
ビシャゴ(→鞦韆しゅうせん)　222
美女(人)　212-213
美色　212
美食　247
肥前　452
美饌　53
脾臟　89
常陸国　151
筆管　171, 178
柩　276
羊　92, 218
未年聘使(へいし)　50, 63, 483-484, 487
人魂(→妖火)　85
美男　121
火の塊　121
檜　279
日の本(→日本国)
火の用心　259
火鉢　243
美婦　213
備辺司　116, 125, 182, 185, 191-192, 196, 478
非法　292
干物　234
栢子(びゃくし 松の実)　236-237, 256, 269, 281
百姓　76, 122, 136, 138, 144, 162-163, 168, 191, 210, 240, 274-275, 498
——の公役　82, 166
——の子供　71
——の遣い方　77
百捴　162-163, 175
白虎　125
病気見舞い　241
病後　234
拍子木　59
廟所　135, 247
病症　218
漂人　102, 113
漂船　96, 100
漂着(→上乗、下乗)　87, 95-97, 100-101, 103, 112, 143
病人　218, 233
漂民　91, 93, 95, 101, 108, 135, 221, 476
——差備　184, 198
——官人　113, 461, 476
漂流　91, 94, 96, 135
——船　302, 476
兵糧　26
『病録』　481
平言(ひらことば)　69, 84
平座　56, 270, 281, 289, 299
平皿　279
ヒラス(→魴魚ぼうぎょ)　255
被擄人　154, 477, 481, 505
鰭(ひれ)　264
琵琶(→楽器)　208-209
貧者　140

【ふ】

武威　33, 35, 104
怖畏しき事　45-46, 60
府尹　190-191, 200
風楽　44, 54, 59
諷諫(ふうかん)　48-49, 62-63, 476
楓渓堂(ふうけいどう)　144
風景の勝地　248
封進(ふうしん)　294, 300
夫婦　207-208, 224
風炉(ふうろ)　264, 279
——鍋(→鍋)　267, 497
笛(→楽器)　43-44, 210, 226
——吹　74

拝礼 46, 74, 86
枚(ばい)を含む 47, 62
はえ(暗礁) 85
南風波瀬(はえのはせ) 85
羽織 29-30
墓所 282
袴 28, 38, 64, 253
墓詣 276
バカ野郎(ノム) 150
馬韓 134, 149-150
履(はきもの) 56
馬具 52, 165
白衣 208
博学 188
鏌鋣(ばくこん→剣) 163, 175
白紙 218, 289, 295
白頭山 98-100, 102, 111, 119, 477
幕府 109, 111, 463-465, 504
白米 69
幕命 463
薄禄 31, 142
破軍の七星 116, 125
馬上 52-53, 122, 164, 165, 275
芭蕉漬(→芥子菜漬) 240, 258
柱 257
却含(はずむ 奮発) 30, 39, 242, 259
破船(→漂着、漂流) 71, 85, 102
把捴 162-163, 175
旗 45, 60, 69, 160-161, 170, 177, 498
旗本 158, 183, 197, 478
鉢金 59
八道 43, 48-49, 58, 60, 106, 111, 115, 124, 133, 143, 162, 168, 174, 182-183, 190, 192-196, 210, 222, 275, 478
八人役(→通詞) 452
八幡宮 50, 63
幕閣 463
八朔(バカ) 123, 127
八送使(→定例使節) 211, 226, 271, 281
バッチ(下着) 38
法度 235
鳩麦 254
花 43-44, 209-210
鼻紙 28, 295
鼻はえの刃 71, 85
花聟 275
花嫁 275
蛤 234-235
濱焼 231, 253, 264, 278
腫れ物 262, 286
バン 92
繁華(昌) 73, 91, 204
判官 187-188, 199, 252, 489-490, 494
ハングル書簡 491-493, 504, 506
万戸(ばんこ) 68, 84, 87, 99, 111-112, 159, 162-164, 167-169, 173, 175, 177, 190, 192, 200, 206, 223, 478
蛮国 92
万歳楽(→音楽) 210-211, 225
藩士 301
番士 109
判書 32, 39, 158, 169, 173, 181-182, 191, 193, 195, 238, 257, 497
番所 51, 162, 169, 206
萬松院(ばんしょういん) 61, 46
晩食は肉に…(→緩歩は車に…) 53, 64, 245, 260, 492
判事(はんす) 17, 19, 33, 39, 54, 65, 184-189, 193, 197, 200, 231, 243, 251-252, 272-273, 282, 457, 459-460, 485, 489, 492
藩政 301
番船 34, 67, 111, 164
半僧 24
犯馬(→騎り打ち) 51-52, 64, 475, 482
半百 214, 227
万民 77, 274, 276, 289
万里の滄海 80

【ひ】

脾胃(ひい) 80, 89, 232, 236, 248
火入れ(→炭盤) 259
火打 27, 38

——繁盛(昌) 73, 91
——判事(はんす→訳官) 33, 185, 187, 189, 191, 193, 272, 282, 469, 472, 494
——贔屓(ひいき) 33, 145, 475, 500
——米 236
——向き 27, 31-35, 38, 44, 49, 51, 55-57, 60, 73, 77-78, 85, 93, 109, 116, 125, 138, 140, 144, 152, 159, 162, 169-170, 173, 181-183, 189, 192, 195, 204, 209, 215, 218, 222, 228, 237, 241-244, 246, 248, 256, 270-271, 281
——訳官(→訳官) 188
——料理 264, 268
日本語 59, 201
——通事(→訳官) 19, 36, 39, 65, 110, 147, 154, 195, 201, 252-253, 258, 260, 262, 282, 300-301, 455, 488-489
日本国(日の本) 52, 98, 102, 104, 116, 120, 132-135, 138, 144, 188, 208, 231, 251, 277
——六十余州 48
日本詞(ことば) 188, 194, 251, 492
——稽古 184
日本人 23-24, 27, 29, 31, 94-95, 135-139, 141, 145, 150, 160, 165, 167, 174, 198-199, 219, 235, 247, 267, 270, 277, 287-289, 293-295, 475, 481-482, 498
——見物 23, 263
——の躾(しつけ) 56
——の生質(→生質) 145
——の風 24
——墓地 283
入侍(謁見) 240, 258
入送物 495
女人 206, 217-219, 233-234, 242
——国 96
——の弄(あそ)び 43, 479
——の音声 232
——贔屓(ひいき) 203
鶏 234, 251
任官 277, 489
人間 251
任所(→坂の下、誠信堂) 241, 258, 267, 273, 280
人情(→賄まいない) 139-140, 217, 239, 257, 287, 470
人参 99, 496
人夫 51, 76, 100, 160, 476
任訳(→訳官) 489

【ね】

佞雲 49
佞奸 49, 62-63, 194, 201, 212, 226, 479, 490-491, 498
根付 266
根津権現 220, 229, 479
熱病 126
寝腹這(ねはらび→匍匐ほふく) 279
年個の吊事 239, 257
年行司 452
年切妾 212
年長 291, 299
年例使節(→定例使節) 226

【の】

野遊び 232
農業 203, 236
野袴 52, 64
騎(の)り打ち(→犯馬) 51-52, 64
乗頭 80, 89
獐(のろ) 234, 249, 254

【は】

拝借金 504
陪従 55, 65, 265
買女(ばいた) 204-205, 207
陪臣 37
陪通事(→訳官) 246, 260
配匹 209, 213, 224
灰吹(灰落し) 243, 259

取り箸 278
泥海 234-235
ドロボウ(酔払い) 282
飛んぼう火(→妖火) 85
貪欲 490-491

【な】

内室 73-74, 101, 214, 484
内裨将 95, 110, 189-191, 200, 205, 222, 263, 267, 278, 478, 491, 498
長崎 36, 78, 89, 91-94, 108-109, 113, 135, 221, 230, 476, 478-479
――奉行 109
長尻 282
長膝 271, 282
中平 264, 279
中分竈(なかわけかまど) 502
泣き上戸 480, 491
歎き酒 272
媒(なこうど) 207
梨子 236
鍋 264-265
――料理 245, 265, 480, 497
生海鼠(なまこ 海参) 102-103, 113, 234
生人参 124
波花 72, 85
奈良 254
鳴り物 35, 44, 46, 72-73
縄 89
南京 24, 36
――人 94, 109
――船 94, 96
南男北女 204, 479
南兵使 182, 196
南陽洪氏 506

【に】

肉 234, 242, 248-249, 276, 479
――床 242
――食 69, 92, 232, 236, 249-250, 479
西館(和館) 155, 273, 282, 466, 485, 487
錦 143, 207
二十四気 115, 124
二十八宿 116, 125
鰊(にしん) 255
日供 76, 87
日蝕 116
日本
――乞師(きっし) 151, 477
――使臣 223
――船 69, 75-76, 78, 81-82, 102, 167, 302
――船漂着(→漂着、漂流) 101
――大樹(→大名) 47
――勤め 189
――体(てい) 58, 191, 193, 243-244, 264, 268, 270, 272, 292, 476, 482, 493
――の御政事 193
――の落武者 136
――の兜(かぶと→兜) 167
――の漁夫 105
――の御威勢 92
――の皇帝 133
――の諺(→諺) 141
――の暦(→暦) 115
――の酒(→酒) 231-233, 479
――の産物 233
――の事情 51, 57, 184, 186, 194
――の食物(→食物) 32, 231, 479
――の女帝 133-134, 149
――の服制 27
――の俗語 140, 152
――の重器 247
――の童児(→子供、小童、童児) 289
――の土地 248
――の女人 213
――の武威 34
――の風儀 23, 27, 29, 31
――の法 25
――の都 132
――の両将 129, 148
――の礼(→礼儀) 55, 263
――の輪内 52

銅座　108
冬至　233, 241, 247, 254
道士　114
童児（→子供、小童）　31, 50, 56, 70-71, 105, 130, 136, 141, 166, 247, 283, 289-290, 295
童女　73
洞簫（どうしょう→楽器）　43, 58
堂上（官）　36, 137, 150, 157-158, 165, 172, 182, 184-187, 189-192, 194, 197, 231, 240, 252, 478, 485, 489-490, 495
東照宮　46, 61
道成寺　218, 229
堂上訳官（→訳官）
当職　181, 196
唐人　24, 36
同心　52, 64
同枢　19, 198
統制（節度）使（→統営）　84, 159-161, 163, 173-174, 182-183, 197, 223, 478
唐船　102-103
銅銭（→大銭）　155
唐僧　143
同知　17, 19, 145, 154, 185, 187, 190, 198-199, 251-252, 469-470, 472, 489-490
唐土　96, 102, 136
頭取　158, 160, 173, 191, 200-201, 211, 226
到任　207, 223
唐判事　185, 198, 494
童便　70, 85, 476
頭目　201
東萊　69, 95, 110, 143, 191, 231, 269, 277-278
——金井山　154, 222
——の書手　235
——府　43, 54, 58, 62, 69, 84, 174, 184-185, 195, 214-215, 222, 253, 263, 278, 297, 464, 496
——府使　33, 39, 47, 62, 110, 130-131, 148, 160, 163, 174, 181, 186, 190, 192-195, 200, 222, 233, 247, 253, 269-270, 285, 294, 297, 300, 463, 477-478, 480, 489, 497-498
登龍　119, 120, 477
当話　24, 36, 263, 292
渡海訳官使　19, 40, 67, 74, 82, 155, 175, 184, 197-199, 202, 253, 287-288, 290, 298, 457, 463, 467, 476, 482, 484, 487-488, 491-492, 496
土器　264
鬨（とき）の声　60
毒害の計　140, 217
毒気　139, 277
毒殺の計　139-140, 477
毒種　139-140
ドクバイ（→置毒）　151
毒見　263
毒薬　151, 217
都護府　192
——府使　39
都船主（船大将）　294, 300
土曹　39
都提調　163, 175, 196, 254
殿様　193
——の御憐恵　195
——の品階　194
戸帳　143, 154
飛地領　504
豆満江　99-100, 112, 227
トミ（道味→鯛）　255
土民　76-77, 107
艫（とも）　67, 81-83
豆毛浦（ともぽ→古和館）　19, 283
豊浦　113
豊崎　71-72, 85,
虎　73, 133, 157, 161, 174, 188, 261, 480, 485, 492
——肉　249-250, 485
銅鑼（どら）　44, 59, 218
鳥　93, 105, 157, 249
取り添え物　46, 61

漬物 240, 258, 283
対馬(対州) 34, 48, 52, 57, 59, 63, 72, 76, 82, 84-85, 87, 96, 103, 111-112, 122, 137, 145, 150, 197-198, 213, 226, 233, 249, 256-257, 292, 298, 452, 463, 467-468, 481, 489, 492, 501, 505
——島主(→宗貞茂) 150
——島民 113
——府中 61, 63, 70, 84, 113, 453, 455, 484, 486
対馬藩 19-20, 38, 40, 83, 110-111, 113, 177, 201, 252, 282, 301-302, 452-454, 457-458, 463, 465, 467-469, 471, 473, 489, 491, 500, 503-504
——主(→宗家) 39, 61, 86, 108, 193, 201, 503
——邸 108-109
恙(つつが)なし 34, 40, 134, 149
躑躅(つつじ) 246
鼓(つづみ→楽器) 43-44, 58
綱 68, 130
唾 217, 243, 248-249, 290-292, 480, 482
礫(つぶて→石礫) 93, 147, 467, 492
紬 28, 38, 253
鶴 103, 123, 157, 234, 249

【て】

出会いの料理 265
丁巳(ていし)約条 503
亭主 293
泥酔 273, 282
丁男(ていだん→男丁) 283
手入れ 52, 64, 96, 216, 218, 239, 277, 294
定例使節(→使者、使節) 281, 488
手覆(ておい) 210, 225
出島(→オランダの旅館) 92, 108-109, 476
鉄丸 166
鉄炮(砲) 33-35, 166, 171, 478
鉄砲張り 171
手拭 28, 244
手鼻 28, 38
手本 192, 201
寺 104, 113, 143-144, 478
田横島 103, 105, 113
殿下 181, 238, 256, 268, 280
天鵝声(てんがせい) 44, 59
天下祭り 230
諂言(てんげん) 48, 62
伝語官(→通詞) 33, 40, 193, 201, 271-272, 282, 296
——庁 231, 252, 294, 300, 485-486
天子 49, 120, 178, 273
天主学(→キリスト教) 107, 114, 477
天象 116
殿上人 131-132
点心 240, 242, 258
伝説 229
点船(船改め) 67-68, 82, 476
天台宗 229
田地 122, 137, 142, 164, 186, 188, 215-216
殿中 291
天帝 122
天皇 149
殿牌 193, 201, 239, 257
天罰 120-122, 477
田野 144
電雷(→電いなずま、雷) 120-121

【と】

トイノム(奴漢) 106, 114
唐 104-105, 107, 114, 119, 129, 131-133, 136-138, 148-149
銅 108, 176
統営 69, 84, 159-161, 170, 174
動駕(→挙動) 61
東海の皇帝 133
堂下(官) 158, 172, 182, 184-186, 189-190, 197-198, 231, 240, 252, 478, 485, 489-490
堂下訳(→訳官) 194
東向寺(和館) 265, 279, 455

270, 276, 286
——の礼法 50, 55, 97, 160, 186
——贔屓(ひいき) 33-34, 475, 500
——漂流民(→漂流民) 108, 230, 478-479
——貿易 452
——米 236
——向き 246, 495
朝鮮方 295, 302, 465, 473
——頭役 458
『朝鮮官職考』 181, 195, 479
朝鮮語 38, 85, 150, 228, 253, 258, 280, 454
——通詞(→通詞) 19-20, 36, 40, 201, 252, 282, 451, 454-455, 489
——通詞家 261, 278, 300
朝鮮国 48, 52, 92, 95-96, 104-105, 111, 133, 137, 168, 186, 204, 212, 239, 261, 280, 286, 292, 302, 480
——王(→国王) 61, 256, 280, 300
『朝鮮語辞典』 61, 258, 283
朝鮮詞(ことば) 459
——稽古指南役 456
——仕立て 458
——指導 460
——指南役 461
——本 297
朝鮮人 30, 40, 57, 70, 91, 94-95, 135, 141, 147, 164, 233, 239, 287, 291-292, 457-458
——の礼儀 56
朝廷 106, 138, 143, 192, 207, 210-211, 240, 274, 277
——の稟議 96, 111
長刀 170
朝拝の式 275
朝服 220, 229, 275
朝礼 240
長老 143
直(じか)啓聞 192
勅使 237-238, 256-257, 480
勅宣 238, 257
直長 252, 489-490
勅命 238
猪口(ちょこ) 240-241, 287
苧物 81, 89
縮緬(ちりめん) 28, 38, 233, 253
鎮 161-162, 168, 170, 206, 223
鎮営 168
チンジュ(沈菜→キムチ) 258

【つ】

通引 213, 227
通官 93-94, 109
通詞(→朝鮮語通詞) 17, 19-20, 68, 455-460, 462, 465, 468-473, 482, 487, 494-495, 500-501, 504
——家 250, 252, 261, 479, 486
——仕立て方 480
——職 454-456, 459
——養成所 455
通事(→訳官) 198
通信使 33-34, 40, 57, 63, 67, 75, 80, 82, 86, 94, 119, 149, 155, 164, 168-169, 175, 184, 190-191, 237, 249, 256, 261, 267, 287-288, 290, 292, 298, 454, 461, 463-464, 467-468, 482, 484-485, 487, 489, 491, 498, 504
——講定裁判(→裁判) 464
——請来大差使(→大差使) 300, 464
通政大夫 492
通船 71-72, 75, 92, 167, 183, 475-476
通弁(方) 17, 457, 459, 469-470, 472, 501
通訳官(→訳官) 91, 230, 475, 482
『通訳実論』 468-469, 470-472, 474, 483, 486
通礼 185, 239, 240, 263, 286
杖 495
——持ち 60
番(つがい) 210, 225
月見所 131
作り花 264
付け差し(→還含酒) 282

94, 237-240, 242, 245, 247-248, 264-265, 267, 278, 292
地動 120
置毒 138, 151
地方官 97, 111, 167, 176, 192, 196-197, 200, 217, 258
地方長官 60, 124, 174, 196, 222
チマ(→裳も) 253, 480
茶果子 264
茶台 243
茶たばこ盆 243
茶壺 259
チャルメラ(→太平簫) 58
茶碗 243
中宴 257
籌(ちゅう)科(算学) 499
中官 68, 74
忠義 219, 479
忠勤 187-188, 479
中国 112-114, 124, 126, 149-150, 152-153, 225-226, 230, 254, 261, 297, 471, 477, 493
——五岳 126
——語通事(→漢学訳官、漢語通事、唐判事) 198
——使臣 223
——人(→北京人) 36, 109, 476
——の古帝 150
中士 154
中庶 499
忠臣 219
中人 499, 507
中枢府 185, 198
忠清道 174
忠節 75, 188
中分 27, 73, 205, 212-213, 241
蝶(男蝶、女蝶) 43-44, 209-210, 225
庁 185, 266, 279
朝謁の儀 257
町家 453
朝会の席 144
長旗 161
重器 261
長剣(→剣) 25, 302
長鼓(→楽器) 43-44, 58
朝貢使節 110, 124
長座 55
庁司 94, 109
銚子 264
丁子(字) 80, 89
吊事 239
吊詞 240
鳥獣 157, 217
長人国 96
手水場(ちょうずば) 290, 299
朝鮮
——王朝 64, 195-196, 221, 254, 278, 299, 499
——表 51, 77
——音 455
——楽 475
——勤番 459-461, 463, 483-484
——御用支配 458, 468, 473
——三浦 501
——銃 40, 178
——情報 462
——船 67, 75, 83, 476, 488, 492, 496
——銭(→大銭) 83, 177, 222
——俵 102
——通信使(→通信使)
——渡航権 452
——人参 506
——の海辺 72, 104, 235
——の気候 118
——の癖 135
——の具束 166
——の国法 106
——の仕癖 290
——の事情 34, 248, 297, 456, 458, 474
——の射法 165
——の名折(なおれ) 137
——の女人 122
——の風儀 27, 29, 33, 56, 121, 135, 170, 212, 215, 239, 242, 244, 248,

【ち】

船頭 84, 488
先入主 212, 226
仙人 114, 123, 127, 148-149, 256
川寧玄氏 492-493, 506
先廟 233
膳部 69, 233, 238, 240-241, 246-247, 264, 270
千仏 131, 143
膳喪(忌明) 242, 259
全羅道 97, 100-101, 103, 136-138, 143, 154, 159, 182
千里眼 45, 60
戦略家 153
銭両 139, 205

【そ】

楚 141, 225, 227
僧 36, 143-144, 154, 166, 168, 220, 229, 276, 455, 478
錚(そう→楽器) 44, 59
宋 150, 152
宗家(氏) 61, 452, 479
雙渓寺 143, 154
『宗家文書』 502-506
操扈府(そうこふ) 163, 172, 183, 197, 478
草紙 122
惣司 173, 158
送使(→使者) 184, 198, 237-238, 256
壮紙 269, 280
『増正交隣志』 201, 506
双親 74, 86
宗親府 238, 256
惣(総)大将 159, 182, 197
宗廟 254
聡敏(そうびん) 184-185, 189, 198, 488
素麺(そうめん) 231, 233, 264
雑物(ぞうもつ→乾物) 87
草履(鞋)(ぞうり) 137, 246, 285
蒼竜 125
草梁和館→和館
『草梁話集』 84, 110, 125, 154, 297, 302, 468, 477, 481
楚王 153
ソクイ(→明太) 258
即位 225, 274
俗説の論 120-121
賊船 159
族譜 114
俗話 116
焼酒(ソジュ 朝鮮酒→酒) 231-232, 240, 242, 245-246, 413, 419, 421, 423
蔬床(そしょう) 242, 259
外方 163, 183, 197, 206
外向き 157, 172, 185, 194, 198, 223, 240, 258, 277, 283, 294-295, 301-302
ソレギ(→使令) 60, 177

【た】

鯛(道味) 233-234, 245, 252, 255
大厦 120, 126
大科(→小科) 165, 186, 199, 478
代替わり 161-162, 240
大監 190, 200, 478
代官 94, 455, 465, 495-496
大監董(→監董官) 252, 485
大籏 45, 119, 120, 160-161
大丘 69, 189
大琴(→楽器) 224
大工 143
帯剣 25-26, 160
——の飾 28-29
太鼓 35, 58, 72-73, 75, 78, 475-476
大国 103, 113, 203
大差使(倭) 184, 197, 231, 252, 488
泰山 119, 126, 477
臺盞 263, 278
大赦 240, 258
大峠 218, 229
太守(→対馬藩主) 46, 48, 61, 75, 86, 183, 188, 193-194, 197
大樹 47-48, 61, 193, 201
対州→対馬
——の大樹→対馬藩主
——の恥辱 52

脚当(すねあて) 167, 176
水花紬(スハチュウ) 233, 253
炭 177
炭小屋番(→営纏監官えいてんかんかん) 177
李田(すもだ)氏 145, 154, 477, 481, 492, 505
摺鉢 166
干烏賊(するめ) 233-234
寸志 208, 246, 270, 274
寸減の分かち 30, 39

【せ】

斉 62
生員 200
斉王 153
旌旗(せいき) 45-46, 60
旌義県(済州島) 101, 112, 461, 484, 486
青魚(せいぎょ) 103, 113, 234-235, 255
世業 74, 86
聖賢 121, 139
『贅言試集(ぜいげんししゅう)』 495, 507
正妻 479
正使(→三使、通信使) 82, 86, 485, 488, 497
世子 83, 216
——誕生 274, 463
政事 181, 183, 194, 203, 208, 274
生質(せいしつ) 23, 36, 145, 188, 199, 214, 227, 235, 255, 270, 281, 286, 295, 298
清酒 253
聖書 114
誠信 33, 76, 108, 117, 135-138, 151, 211, 286, 295, 459, 495, 500
——の意 33, 40, 135, 151, 211, 475, 479, 500
誠信堂(→坂の下、任所) 129, 147, 218, 228, 246, 258, 260, 294, 301, 477, 484, 487
正装 229
政度 116, 125, 477
清道 45
静謐(せいひつ) 138, 151, 287
清風 117, 477
西洋国 96
清要職 507
青龍 119-120
せがい(鯖魚) 255
関所 84
赤壁 153, 230
世宗時代 225
接慰官 186, 198-199, 252, 466, 488
絶影島(→牧の島) 105, 110, 113, 118, 125, 129-130, 133, 147-148, 476-477, 484
舌害 140, 477
接待(→応接、待接、馳走) 84, 115, 210, 237-238, 246, 271, 278, 280, 285-286, 463, 479
絶代の佳人 212
設門 294, 301, 464
銭 28
膳 218, 259, 282
前衙 184, 198, 488
栓木(せんぎ) 81, 89
先崎 103, 113
僉使(せんし) 99, 111-112, 158, 160, 162-164, 167, 169, 173, 182, 190, 193, 196, 206, 223, 261, 285-286, 478
全州李氏 506
船将(船奉行) 67, 69-70, 75, 78, 80-81, 83, 89, 160, 163-164, 191, 476, 478, 488
潜商 97
潜称 116, 125
僉枢 19
僉正 199, 252, 489-490
先祖 107, 114, 144, 242, 276-277
千捻 162-163, 169, 175
全僧 24
先達 162-164, 166, 168, 175, 478
僉知(せんち) 17, 19, 141, 153, 190, 233, 252, 469-470, 472, 485, 489-490

織女　117
食邑　270, 281
書契　181, 196
——改撰　460, 496, 500
庶孽(しょげつ)　499, 507
処女(→娘)　209, 212-213, 216, 220, 224
庶人　275
女真(直)　44, 59, 96, 98-100, 105-106, 110-111, 114, 138, 151, 159, 173, 212, 227, 476, 478, 488
女中　28, 73, 203-204, 207, 213, 218, 232, 234
書通(文通)　54, 65
所務(しょむ)　204, 222, 452, 454
白木　279
新羅　112, 134
寺領　143
使令　44, 50, 60, 170, 177, 246, 260, 287, 298
白酒　240, 254
白砂糖(→砂糖)　233
白箸　272
秦　105
清　133, 151, 173, 227, 238, 256-257
——学　198
臣下の道　219
辰韓　134, 149-150
神気　80, 219
信義　147, 277, 286-287, 295-296, 481
信仰　208, 477, 481
神国　70, 208
信使→通信使
唇歯(しんし)の交わり　17, 20, 469-470, 472, 474, 491, 494
神社　61, 84, 148, 276
身上　164, 175
壬辰年(倭)乱(→文禄の役、慶長の役)　98, 111, 129, 139, 148, 151, 183, 197, 476-477, 481
神仙　123, 127, 129-130, 148, 218, 237, 256, 477
——術　114
親疎の隔て　273
真鍮(しんちゅう)　71, 167, 170, 176, 200, 220, 230, 243
陣中の密計　45
神堂　265, 279
宸筆(しんぴつ)　133, 149
真文役　465
神木　149
新米　241
信友　147
神霊　70, 114, 133
新六十人(→六十人)　452, 502

【す】

水営　69, 84, 160-161, 170, 174
——水使　247, 261
酔狂　272-273
水軍　84, 111-112, 173, 195-197, 200, 223, 261, 297
——営所　261
——節度使　84, 173
——武官　111
随行通詞(→通詞)　454
水滸伝　151
水使　84, 159-161, 163, 173-174, 182-183, 191, 196, 478
水疾　79, 88
水主　69, 72-73, 80
簀板(すいた)　79, 81, 88
水夫　68-69, 295
水木　94 96
吸い物　245, 264
吹螺(すいら)　44, 59
崇政大夫　493
崇禄大夫　492
杉村派　464, 503
杉焼(料理)　231, 233, 252, 479, 492, 497
頭巾(ずきん)　23, 36
介党鱈(すけとうだら)　258
朱雀　125
鈴　218
砂漉(こ)し　92, 109

春色の咄 220, 230
順天 101, 159
順風 69-70
順風耳 45, 60
女医 206-207, 223, 479
笙（しょう→楽器） 44, 59, 209, 224
唱歌 74, 131, 210
小科（→大科） 165-166, 175, 478
『小学』 455
城郭 34, 99
昇官 107, 137, 144, 204, 270
哨官（武官） 235, 255
上官 68-69, 74, 94, 191
小監董（→監董官） 252
瘴気（しょうき） 118, 126
小旗 120
娼妓 222
上級士族（→お偉方、曆々） 38
上京 267
小久利（茶壺） 242, 259
将軍（徳川将軍） 83, 197, 229, 300, 463, 503
将軍 225
上戸 264, 281
上戸の辞 273
杖罪 50, 77, 169, 217, 273, 282, 286-287, 293, 295
承旨 201, 268-270, 280, 480
情死 479
小事の大事 57, 482
常赦 258
上酒 231, 253
小祥（一周忌） 240
鐘城 99, 112
上々（訳）官（→訳官） 19, 155, 201-202, 468, 488-489, 493
『象胥紀聞』 110-112, 173-175, 198, 223, 252-255, 269, 280, 283, 297, 302, 458, 460, 462, 480-481
『象胥紀聞拾遺』 58, 89, 224, 253, 255-256, 260-261, 280, 300
小人国 96
精進膳 259
承政院 201, 280
小節 65
——の礼 56, 288
小説 151, 277
小送使 452, 454
妾宅 215
小樽 233, 492
哨探将（→万戸ばんこ） 84
焼酎（しょうちゅう→酒） 253-254
小通事（→訳官） 19, 95, 110, 147, 155, 184, 187, 194, 197, 287, 452, 467, 488, 492, 501
昇殿 172
上典（→主人） 28, 38, 56, 65
粧刀 26, 37, 263, 278
小刀 170
小童（→子供、童児） 31, 39, 56-57, 74, 184, 206, 227, 243, 246, 266, 269, 285-286, 288, 290
商人 55, 454
上納米 77
乗馬（→騎馬） 495
上輩 244, 260
商売体の品 95
妾腹 154, 187, 215-217
菖蒲 204
情夫 227
承文院 238, 257
省弊 463-464
将木（一里塚） 136
常民 499
庄屋 166
醤油 245
上輿 49, 63
笑裡（しょうり）に刀を蔵す 139, 277, 283
書画 220, 230
女楽（じょがく） 43, 58, 238, 257, 475
書記 17
蜀 153, 230
飾言 277
食事 244

指南 458-459, 461
時任 182, 196, 241, 258
柴(→炭柴たんさい) 177
四拝 74, 86, 275
師範 166, 208, 241
祠版 283
尿瓶(しびん) 244, 259, 290-291, 480, 482
渋瘡(病) 251, 262
士分 451, 505
自慢 282
——顔 46, 61, 291, 498
四面楚歌 225
下座 172
下々の女 74
下乗(しものり→上乗、漂着) 87
釈迦 98, 143
——に説法 291
邪気 117-118, 477
司訳院 19, 198, 488
尺八 43, 226
射稽 164, 175
社日 277, 283
邪説(法) 107, 121, 247
射夫 162-164, 168-169, 175, 478
周 45, 60, 152, 219
『十九史略』(→『十八史略』) 134, 150
従軍通詞 454, 502
酬酢(酢)(しゅうさく) 20, 123, 290, 471, 483, 485-488
宗旨 96, 98, 143
従事官(→三使臣、通信使) 86
従者 24, 27-28, 46, 56, 61, 65, 147, 166-167, 242, 247, 263, 269, 467, 496-498
愁傷 94
——の体 110
十四列国 227
鞦韆(しゅうせん) 204, 222
舅 275
重箱 300
『十八史略』(→『十九史略』) 150, 455
州府 54, 73, 78, 122, 144, 162-163, 275
十面埋伏の別曲 210, 225
重物 138, 151, 285
酒宴 232, 253, 271-272, 274-275
主(首)官 33, 40, 45, 60, 159, 169, 182, 194, 238
主客 243, 286
儒教(道) 121-122, 230, 262
祝願 143, 154
『淑香伝』 455
祝詞 239-241
熟手(じゅくしゅ 料理人) 244, 260
粛静旗 478
粛静の重器 161, 174
祝年 274
粛拝式 257
主君 25-26, 37, 46, 115-116, 183, 191-193, 212, 216, 219, 233-234, 240-241, 247, 259, 268, 275
守護 50, 77, 99, 111, 285, 294
酒肴 61, 242, 279, 286, 497
儒者(生) 40, 108, 149, 151, 455
酒情 272, 282
殊勝の至り 71, 85
主人(→上典) 25, 31, 38, 46, 55, 65, 264-265, 278, 285, 289, 294, 482
酒饌 264, 279
酒戦 272, 282
呪咀 216-218
出使庁 294, 300
首途(しゅと 出港行事) 68, 83
主簿 187-189, 199, 252, 489-490
狩法 122
守門(和館) 19, 263, 273, 278
首訳(→訳官) 186-187, 190, 194, 199, 215, 228, 478, 491, 506
酒乱 480
酒礼 237, 263-264, 271-273, 279, 479-480, 497
巡察使 160-161, 174, 182, 196, 478
巡視 45
巡使道(→監司) 60
春秋時代 62, 153, 226-227

三失礼　55
三使道　191
山所　274, 276, 282
三台星　116, 125
山王祭　230
参判(使)　181, 195, 252, 461
三婦人　216
産物　234, 280, 476, 479
残弊の土地　76, 87
参奉　252
三浦の乱　501
山輿(→輿こし)　131, 263, 278
『三略』　141, 152

【し】

詩歌　131-132, 153
しうらい(周羅)　44, 59
私宴　270, 281
塩辛　235
塩俵　102
鹿肉　234, 249
直箸(じかばし)　263, 272, 289, 482, 497
士官　145
祗木(しき 敷)　82, 89
『史記』　152-153
鴫(しぎ)　249
辞(時)誼　53, 64, 75, 260, 266, 288, 299
——合い　75, 86, 263, 278
直家来　206
直参　37, 162, 478
仕切　205, 222
死軀(しく)　276, 283
仕癖　57, 244, 260, 288
潮花　72, 85
時好　140, 152, 171, 178, 208, 224
持国　111
——天　111
——の備え　98
自殺　214, 220
使者(使臣、使節)　35, 41, 44-45, 60, 67, 87, 96, 110, 137, 145, 164, 170, 198-199, 201, 207, 211, 223, 225-226, 256-257, 281, 286-287, 290, 298, 463, 483
——家　113, 484, 486
使酒　272, 282
『四書』　455
侍女(従女)　209, 213, 233, 245, 260
自称　272, 282, 286, 296, 298
地震　120, 477
至誠　220, 230, 295
使船　226, 281, 492, 504
子孫　29, 31, 97, 123, 137, 186-188, 195, 491, 505
自尊の意　52
下地　240, 245, 258
仕立ての判事　188
下役　62, 88, 160, 173, 190, 198-199, 476
——人(→下吏かり)　62-63
——の咎　79
——の不心得　78
下を食(は)み　79, 88
七島沖　113
七十二候　115, 124
七宿　125
七旬　297
質屋業　453, 502
七りん(輪)　243, 245, 259, 279
実(意)　40, 48, 108, 151, 277, 286
日外(じつがい)　47, 61, 238, 257
実儀　211
失敬　26, 32-33, 51-52, 55, 68, 289, 291
実談　134
疾妬　215, 217
質朴　28-29, 38, 247, 475
失礼　23-24, 27, 29, 36, 55-56, 64, 287, 290, 476
実論　47-49, 54, 98, 121, 157, 181, 193-194, 288-289
実話　95, 160, 168, 271, 289, 458, 488
四天王　111
使道　48, 62, 191
地頭(じとう)　62, 111, 126
仕習い　29, 264, 479

婚家 275
魂魄（こんぱく） 72, 85
金平糖（こんぺいとう） 254
婚礼 275
こんろ（→七りん） 259

【さ】

妻子 30-31, 77, 87, 142
祭祀 228
済州（島） 101-102, 108, 112, 254, 476
宰相 53-55, 62, 64, 144, 153, 169, 182, 187, 190, 196, 203, 207, 215-216, 220-221, 223, 233, 240-241, 244, 247, 254, 263, 270, 275, 278, 290-291, 299, 492
——の姫子 207
采船 249, 261, 292, 300, 480, 482
祭典 124, 195
罪人 60, 177, 258
裁判（さいはん 外交官） 264, 279, 455, 465
際木 71, 85
掉銅（さおどう） 91, 108
堺 505
座楽 44, 59
魚 79, 234
肴（さかな 饌） 61, 239-240, 279
——箸 263, 278, 497
坂の下（→誠信堂） 147, 294, 300-301, 487
さかばら（→逆情） 260
酒盛 232, 273
酒屋 243, 453
月代（さかやき） 23, 36, 497
左議政（→右議政、議政） 124, 181, 195-196, 256, 280
裂き鱈（→鱈たら） 258
朔望（さくぼう） 239-240, 257
——の礼 75, 86
酒 231-233, 237-238, 243, 245, 253-254, 256, 271-274
酒の科（とが） 272
提鞘（さげさや→粧力） 278
双妓所里（サゲスリ 提重） 292, 300
沙工（船頭） 70, 84
左参賛（→右参賛） 196, 256
左参成（→右参成） 196, 256
座敷 279
佐須郷 103
佐須奈浦 69, 84
座段（格） 142, 153, 165, 176, 194, 201
雑科（→科挙） 198-199, 488, 499
薩摩（薩州） 94, 102, 113
——軍 505
——藩 113
座体（ざてい） 270, 281, 290
左道（→右道、左右道） 76, 87, 97, 111, 159, 167, 173, 187, 199, 302
砂糖 237, 254
——菓子 281
砂鉢 240, 243, 257
差備（訳）官（→訳官） 184, 198, 231, 252, 488
作法 281, 480
座目（書） 187-189, 199
左右道（→右道、左道） 159, 478
左右の備え 159, 173
戯言（詞）（ざれごと） 136, 205, 232, 273, 277
声花（さわやか） 162-163, 166, 175
三回忌 240, 283
三角山 118
三韓 101, 112, 133, 135, 145
——時代 133-134, 149-150, 477, 481
参議 181, 195
三議政（→領議政、左議政、右議政） 187, 199, 254, 269, 280
参勤 50, 94, 109
三穴炮 35, 40, 171, 178, 475, 482
三公 116, 124, 181-182, 195, 199, 280
山号 143-144
三皇の時分 134
三国一覧 102
『三国志』 141, 153, 478
三国時代 112, 150, 230, 481
三使（臣）（→正使、副使、従事官） 75, 86

国王(→朝鮮国王) 35, 45, 48, 150, 172, 225, 228, 252, 257-258, 281, 480
国王親族 158
国舅(こくきゅう→藿舅御かんきゅうぎょ) 197
告慶大差使(→大差使) 463
国主 49
国情 280, 302
国色 212, 227
黒人 108
国体 107, 114, 134, 145, 213
刻付 78-79
国風 28, 77, 96, 139, 145, 212, 285, 287-288, 291
国母 216, 228
国法 50, 106, 186-187, 273
国民 116, 204, 208, 236, 247
穀物 92, 138
極楽世界 142, 477
五軍門 158, 173
後家 230
古語 70, 211, 458
五湖の楽 142, 153
蓙 274
古冊 131
輿(こし) 48-49, 53, 62-64, 276
故事 221, 225
こしうらい(太平簫) 58-59
輿添(こしぞえ) 47, 62
古書 133-134, 140, 212
後生 17, 20, 142
小正月 259
瞽女(ごぜ) 209, 224
御政道 31, 77, 79, 136, 195
五節句 239, 241
古戦場 225
戸曹 39
小玉銀 26, 37
後段(ごだん) 246, 260
蝴蝶の歌 210
胡蝶の舞い 44
小蝶の舞 209
国家安穏 220
琴(→楽器) 43, 74, 208-209, 224, 232
五島 103, 112
五徳 251, 262
詞(ことば) 286
詞稽古御免札(→通詞) 455-456
子供(→小童、童児) 203, 246-247, 266, 270, 480
諺(ことわざ) 116, 250, 492
古和布 234, 254
五人通詞(→通詞) 301, 455-456, 458, 464
近衛軍営 172, 197
碁盤(棊盤→囲碁) 129, 148
古風 271
——の言い馴れ 193
小船 68-69, 73, 77, 103-104, 142
虎賁衛 173
胡麻油 236, 245-246
五味七酒 237, 256
小麦 92, 256
米 71, 79, 115, 204, 231, 459-461
米漕船(こめこぎぶね→漕船) 453
米水 71-72
薦(こも) 169, 177
小者 35
小役所 191
小役人 78, 94, 277
御用(→公幹) 115, 151, 161, 189, 223, 246, 269, 292
御用商人 501
御用向き 490
暦(法) 115, 124, 476-477
孤楽の身分 142
五倫の道 220, 230
古六十人(→六十人) 451-452, 454, 501-502
古話 135-136, 218
古和館(旧館→豆毛浦ともぽ) 148, 283
——墓誌 277, 480
棍(棒) 46, 60, 141, 152
錕(こん 宝剣) 175
婚姻 207, 239, 275

言語の外れ 147, 467
建州 159, 174, 212, 227
献上品 124, 300
兼帯の制 226, 281
遣唐使船 149
言毒 140-141, 152, 477
原任 182, 241, 258
剣舞 210, 225
献物 115, 124
権柄 33, 46, 61, 158, 191, 267, 497
幻法 247
倹約 26, 142, 232, 239, 241-242, 247, 274
県令 99, 111-112, 166-167, 169, 176, 182, 184, 186, 192, 196, 478

【こ】

呉 141, 153, 226, 227
鯉口 25, 37
後胤 187
江陰李氏 506
後遠 246, 487
笄(こうがい) 263, 278, 497
黄海道 100, 103
公幹(→御用) 17, 19, 33, 39, 139, 145-146, 151, 188, 191-192, 195, 200-201, 206, 211, 215, 223, 246, 260, 294, 296, 301, 469, 472
高官 35-36, 55, 137, 158, 186, 480
高檻(こうかん) 68, 83
公儀(義) 83, 93-94, 175, 214, 296
康熙年中 138, 151
剛弓 164
後金(→女真) 173
高句麗 112
江原道 100, 130, 133, 137, 159, 166-167, 182
皇后 228
公作米(→米) 504
高札 69
紅参 115, 124, 477
郷士 162, 478
高直の品 28, 38
功者 69, 81, 189, 242, 251, 492
功臣 125, 153, 225, 262
公訴 293
小唄(歌) 43, 72-73, 232, 476
皇帝 115, 132-133, 148-149, 171
講定官(役) 19, 145, 155, 466, 484, 493
皇帝の御禁め 236
皇都 132
剛盗(者) 136-137, 150
狡兔(こうと)死して…… 141, 153, 250, 262
公服 157
甲府宰相 229
公文書 281, 464-465, 496
公木(木綿) 460-461, 496
貢米 191
紅毛(人) 36, 91, 93, 108
鴻門の会 210, 225
交友 244
剛勇 136-137, 140
公用船 113
高麗(こうらい=国名) 113, 134-135, 150
高麗(こま=通称) 94, 135
黄龍(こうりょう) 119-120
香料 89
交隣 292
『交隣須知』 88, 222, 254
『交隣提醒(こうりんていせい)』 108, 455
高禄 187
講和 481
五衛(→五軍門) 173
氷砂糖 233, 269
胡笳(こか) 44, 59
古歌 497
語学能力 475
五花糖(ごかとう) 233, 254, 269, 281
漕船(こぎぶね→米漕船) 35, 41, 76-77, 87
胡弓 58, 86, 224
鼓弓摺り 74, 86
極悪人 121
黒雲 117, 119, 122

訓導(→訳官)　19, 95, 110, 145, 147, 154-156, 181, 184, 186, 192, 195, 197-198, 228, 231, 247, 250-252, 260, 262, 278, 282, 287, 294, 301, 467, 488-489, 492, 495
軍備　45, 478
軍夫　143, 154, 160-163, 166, 168, 175, 255, 478
軍服　163
軍兵　97
訓別(→訓導、別差、両訳)　185, 195, 198, 278, 489
君命　75, 201
軍用品　160, 166, 191, 498
軍令　44, 273

【け】

京外　53, 193
京監司　207
京畿道　134, 138, 143, 235
嵇琴(けいきん)　43-44, 58, 209, 224
傾国色(傾国の美人)　212-213, 479
『経国大典』　195
警固衆　93, 109
稽古通詞(→通詞)　451, 455-456, 462
刑罪(刑罰)　191, 498
慶州崔氏　493
京城(→王城、闕内けつない、都)　52-54, 64, 134, 137, 188, 302, 476
景(慶)尚道　39, 58, 68, 83-84, 87, 99, 111, 118, 126, 136-138, 143, 150, 154, 159, 168, 173-174, 182, 189, 197, 199, 302, 491
京中(→都)　55, 73, 78, 193, 206, 223, 275
系図　107
傾城(遊女)　205, 222
刑曹　39
慶長の役(→文禄の役、壬辰年乱)　111, 151, 154, 197, 454, 481, 505
鯨肉　251, 479
稽能　165, 176
鯨波(鬨ときの声)　44, 60
京品　285, 298
啓聞(けいぶん)　191-192, 200, 277, 283, 479
啓文　489
鶏卵　240, 245
下官　68, 71, 74, 223
下行廊(和館)　155
下戸(げこ)口　232, 237
下女　260
下乗(げじょう)の礼(→下馬の会釈)　64
下賤　235, 239, 274, 276
——の女　203, 479
——の浮言　211
——の者　57, 166, 205, 207, 211, 273, 292-293
闕外(けつがい)　207, 223
血気病　122
闕職(けっしょく)　181, 196
闕内(けつない→王城、京城、都)　54, 65, 209, 224, 240, 258, 275, 283, 291, 299
毛唐人　24, 36
解毒　140
下人　24-25, 31-32, 36, 46, 52, 55, 68, 71, 94, 137, 265, 285, 288, 291, 294-295, 482, 496, 498-499
下馬　51-52
下馬の会釈(→下乗の礼)　52
獣　122-123, 157, 250-251
下輿(げよ)　49, 63
家来(頼)　31, 70, 476
下郎　244
剣(→刀)　25-26, 32, 120, 123, 157, 160, 162, 166, 169-171, 174-175, 178, 210, 214, 219, 225, 478, 499
剣鉞(けんえつ)　162, 174
喧嘩(闘争)　25, 29, 39, 57, 99, 112, 232, 293, 295, 480, 482
県監　101-102, 112, 169, 176, 182, 185, 196, 461, 478, 484, 486
権官　99, 112, 175
牽綣(けんかん)　275, 283
牽牛　117

仰山なる声　44, 60
梟首(きょうしゅ　さらし首)　214, 227
行首(頭目)　194, 201
行習　289, 299
行粧(ぎょうそう)　46-47, 61
——船　34, 40
——の論　48
京都　78, 120, 144, 253, 505
胸背(きょうはい)　91, 108, 157, 172
行列　46-47, 49-51, 63, 160-162, 170, 290, 475, 478, 498
——のしまり　49, 51
——の立法　50-51
——奉行　51
魚介類　253, 278
曲調　43, 58, 74, 210
曲馬　164-165, 478
曲彔　237-238, 256, 286, 298
巨済島　87, 159, 174, 235
挙動　47, 61, 239, 257, 270, 281, 292, 300
魚肉　234, 276, 479
漁夫　204
御吏(ぎょり)　47, 62
キリスト教(キリシタン　→天主学)　114, 477
祇林寺　143, 154
銀漢(天漢、天の川)　125
金銀　25, 302
——の飾り　26
金言　211, 245
金山李氏　491, 493, 506
金山寺　143, 154
琴瑟(きんしつ)　209, 224
禁足　301, 465-468, 471, 481, 484, 487, 491-493, 500, 504
巾着　26-28, 37
禁徒　50, 63, 170
錦蘭　218

【く】

虞候(ぐこう)　98, 111, 158, 160-163, 173, 182, 196, 478
串柿(→柿)　256
鯨(→鯨肉げいにく)　78-79, 251, 492
葛粉　233, 254
薬　71, 80, 85, 237, 255
具束(具足)　160, 163, 166-167, 174, 176, 478
果物(菓物)　28, 218, 237, 242
百済　112, 134
口取り　165, 176, 196
口の災い　289
口髯(くちひげ　須髭)　24, 145, 155
狗盗(くとう　盗人)　137, 150
国の慶事　274
——恥辱　134-135, 292
——風俗　193, 242, 276
——風流　45
久年母(くねんぼ→柑子)　176, 233, 247, 254
公役(事)　68, 76-77, 82, 87-88, 166
海蝿(くらげ)　235, 255
栗　236-237, 256, 269
九里山　210, 225
厨(くりや)　264-265, 279
胡桃子(くるみ)　236, 269
紅裳(くれないのも)　86, 232, 253
喰わざる風俗　244
軍営所　84, 174
軍楽(→音楽)　44, 84, 475
軍官　44, 51, 60, 168-170, 177, 255, 260-261, 286-287, 294, 297-298
郡監　192, 240, 258
軍器　35, 161-162, 478
軍旗　60
軍士　162, 174
軍事　196-197, 481
軍資監　158, 173
郡守　99, 111, 163, 182, 184-186, 192, 196, 258, 478
軍政　172
軍隊　173, 175
軍中　171
——の令物　161

観音 98, 143
関白 94, 109, 219, 229, 292, 300
官婢 205-207, 217, 222-223, 479
官品 157, 186-187, 192-193, 478, 498
官府 116, 169, 181, 188, 191
官符 285, 287, 297, 480
官服 172, 275
冠服 69, 289
乾物(→雑物ぞうもつ) 87, 235
翫物 209, 224
緩歩(かんぽ)は車に…(→晩食は肉に……) 53, 64, 492
監牧官 182, 196, 478
諫諭 56, 65
漢羅国 101
官吏 49, 63, 191, 498
監令 163, 170, 175

【き】

魏 118, 153
忌明(→膳褒) 259
気当たり 139, 151, 277, 289
妓生(キーセン) 58, 204-207, 213, 222, 257, 479
生糸 253
義気 214, 219-220, 229, 235
戯曲 151, 153
木具(きぐ) 264, 279
黄栗(→栗) 237, 256
揮項(笠) 29, 38
樵(きこり) 73
奇策 225
刻多葉粉(きざみたばこ 刻粉) 243, 259, 292, 300
雉(きじ) 234, 249
騎射 165
——の稽古 164
己巳(きし)約条 467, 504
紀州(紀伊) 229
義州 99, 190-191, 302
偽書(偽造文書) 463, 465
儀仗 174-175
鬼神 69-70, 84, 121, 218, 476-477
寄生虫 260
議政(府)(→右議政、左議政) 39, 83, 111, 124-125, 175, 181-182, 192, 195-196, 238, 256, 268, 270, 280, 478, 499
煙器(きせる) 46, 55-57, 170, 177, 203, 243, 285, 288, 482, 498
機張 87, 159
喫煙 479
鞠躬(きっきゅう) 86
祈禱(きとう) 154, 207-208, 218
絹 29, 239-240
絹織物 26, 28, 38, 91, 124, 253
騎馬 52, 160, 165, 478
議聘(議聘御用) 195, 201, 294, 300, 459-460, 463, 466-467, 485-486, 500
気向 49, 63, 116, 118, 236, 255
沈菜(キムチ) 240-241, 246, 258, 274, 283
客館(→和館) 44, 60, 282
客舎 239, 248, 257
逆情 48, 62, 246, 260
客人 242-244, 247, 263
逆賊 98, 134, 138
客殿 33-34, 50, 290
旧記 104, 133, 136
宮女 269
宮城門 258
弓箭(きゅうせん) 122, 126
及第(きゅうだい) 162, 164-165, 175, 184, 198-199, 270, 281
宮中 254, 480
宮殿 280, 480, 482
牛肉 92, 218, 234-236, 240, 249-251, 479
牛峰金氏 506
饗応 32, 60, 225, 231, 238, 263
——料理(饗応膳) 252, 278, 480, 486
教誨(きょうかい) 184-186, 198, 488, 491-493
京訓導(→訓導、訳官) 185
行幸(ぎょうこう) 61, 257, 281

雷　120-22
上みの口(→絶影島、牧の島)　95, 110
上乗(かみのり→下乗、漂着)　87
神祭り　276, 480
家名　186-187, 195, 478, 498
鴨　103, 234, 249, 283
鴨は追い風　249
家紋　30, 475, 497
伽耶琴　224
粥(→小豆粥)　241
芥子(からし)菜(漬)(→芭蕉漬)　258
からす貝(→紅蛤いがい)　255
からすみ　235, 255
下吏(かり→下役人)　48, 62, 78-79, 88
臥龍(がりゅう)　119
花料　205, 222
軽き人(者)　27, 217, 221, 285
家老　463-464, 503
川御座船　261
川船　249, 261, 300
舮(かわら→舐木しき)　89
漢(後漢)　125
漢(前漢)　141, 153, 225, 261
雁　100, 234, 249, 275, 283
官員　32-33, 48-49, 62-63, 79, 122, 126, 131, 166-167, 185, 190, 192, 204, 285, 295
寛永通宝　83
官営貿易　504
漢王　225
漢学(→漢語)　185, 188, 198, 297
——訳官　491
管楽器　59, 224
宦官(かんがん 宦者)　280, 269
含還酒(付け差し)　273, 282
官妓(→妓生キーセン)　222
雁木　496
藿舅御(かんきゅうぎょ)　183, 197
鯇魚　234, 255
咸鏡(かんきょう)道　99-101, 103, 112, 138, 143, 159, 168
官家　31, 39, 67, 77, 79, 83, 162, 164, 170, 175, 205, 214, 239
疳気　246, 260
諫言　63, 220, 498
官庫　160-161, 191
間語(閑語)　119, 126
漢語(→漢学)　488
——通事　494
還甲(還暦)　240, 258, 274, 283
『韓語撮要』　455
冠婚甕葬祭　239-240, 274, 480
観察使(→監司)　60, 174
監司　45, 47-49, 60, 97, 111, 115, 124, 159, 174, 182-183, 189-194, 196, 205, 222, 478, 491
閑士　130, 149
環子(かんし)　157, 172, 185, 198, 478
柑子(密柑、久年母くねんぼ)　166, 176, 233, 236-237, 247-248, 254
幹事裁判(→裁判)　465
館守　198, 231, 252, 264, 279, 282, 455, 461-464, 495, 503, 507
——家　250, 496
『館守毎日記』　462, 483, 503, 507
冠者　275, 283
官女　43, 58, 73, 233, 257, 475-476
漢城(→京城、都)　64
勘定方役人　465
官職　184, 195, 280, 302, 478, 481, 491-493
官人　23, 25, 28, 30, 34-35, 54
漢水(→銀漢)　117, 125
寛政の白余輩事件　503
韓族　149-150
神田祭　230
関帝廟　230
環刀　302
関東八景　210, 226
監董(訳)官(→訳官)　184, 197, 231, 252, 485, 488
巫女(かんなぎ→巫堂みこ)　74, 85, 107, 114, 207-208, 217-218, 223, 479
覡(かんなぎ 巫男)　207-208, 218, 223-224, 479

開城金氏 506
開城府 124, 134
外姓 30, 215, 228
快石(盆石) 120, 126
海草 260
海賊(船) 103, 183
海獺(かいだつ) 234-235, 249, 254
開閉楽 44, 60
開閉門 44
カイラハム(儿良哈) 106, 114
海量(大酒飲み) 271, 281
怪録 121, 126
画員 187, 199
歌楽 209
——鼓(→楽器) 209, 224
雅楽 225
蠣(かき) 234
柿 236-237, 256, 269
鍵 170, 285
書手(役) 49, 95, 110, 188, 191, 498
科挙(→雑科) 124, 175, 195, 199, 281, 488, 507
楽(→音楽、楽器) 44, 210, 225
学冊 107, 114
学士 130, 133, 149
隠し目付(→暗行御史あんこうぎょし) 277, 283
楽人 44, 69, 84, 205, 207, 223
神楽太皷 208
欠乗(かけのり) 76, 87, 167, 176, 295, 302, 476, 478
欠尿(かけばり) 91, 108
笠 29, 38, 102, 157, 163, 204, 496
傘 28, 266
火災 453
峨嵯山(がさざん) 118
畢盞(かさん) 264, 279
菓子(果子) 233, 237, 239, 256
梶(舵かじ) 82-83
——穴 67, 81-82
——木 89
——座 79, 88
歌辞 210
鍛冶(師) 170, 177, 296
炊き 79, 88
下賜金 504
柏 43, 59
滓(かす) 80, 89
鎹(かすがい) 167, 176
春日山 132
風邪 261
花箋(かせん) 245-246, 260, 480, 487
駕船 68, 75-76, 79, 82
嘉善大夫 491
瓜代(かだい) 204, 221
刀(→剣、脇差し) 178, 475, 497
倂(かたよ)って聴けば… 211, 226
搗栗(かちぐり→黄栗) 256
鰹節 233-234, 246
楽器(→楽、音楽) 43, 45, 59-60, 160, 209, 218, 475, 479, 498
甲冑 174, 225
鰊鯑(かど 鰊にしん) 235, 255
——の子(数の子) 255
加藤神社 148
加徳 87
金具 170
鈔張(かなばち) 170, 177
仮名文字 132, 251, 492, 496
蟹(かに) 234-235
鐘 78, 229
株 190
歌舞伎 43
寡婦人 220, 230
兜(かぶと) 166-167
鎌 170
鎌倉時代 148
神 60, 70, 85, 143, 208, 219, 276
紙 115
髪型 19, 475, 497
神主(かみさま) 276, 283
上下(かみしも→左右道) 295, 302
紙漉 143
剃刀(かみそり) 220

烏帽子（えぼし） 137
襟 243
宴会 256
宴享（→イハチ） 233, 269, 280, 285
　——楽 211, 479
燕京使（えんきょうし） 110, 124
宴庁 233, 270
延日 166-167
宴大庁（えんのだいちょう） 60

【お】

追い風 261
五日次（おいり）の雑物 87
枉駕（おうが） 259
扇 52, 55, 147, 218, 290, 467, 492, 496
王侯 47, 115-116, 183
王后 213
王室 199, 254
奥州 122
王城（→京城、闕内けつない、都） 65, 86, 172, 197, 257-258, 283, 299
応接（→接待、待接、馳走） 84, 480, 497
王族 256
王妃 216
往復書状 181, 196
王命 201, 280
応揖（おうゆう 会釈） 68
鴨緑江 99-100, 104, 112, 227
お偉方（→暦々） 37-38, 58, 61, 86, 125, 148, 172, 226, 255, 278, 500
大井川 119
大小姓 154, 505
大坂 73, 78, 108, 144, 213, 237, 249, 253, 271, 292, 505
大坂城 91
大酒飲み（→海量かいりょう） 281
大竹 102-103
大通詞（→大通官） 17, 20, 145, 297, 301, 455-457, 459, 462, 465, 468, 473-474, 484, 502, 504, 507
大綱 80-81
大釣鐘 78
大棗（なつめ） 237
大鉢 264
大船張り 81
大目付 294, 301
大森派 463-465, 503-504
大脇（→脇差し） 24, 36
御徒士（おかち） 451
『翁草』 229
御叱（呵）り 146, 214, 294, 301, 466
押し出し賄（まいない） 139, 152
小田家（氏） 451-454
小田家文書 505-506
オットセイ（膃肭臍） 254
乙名役 452
踊り 43-44, 209-210, 479
斧 170
帯廻し 81, 89
ヲランカイ 105-106, 114, 477
阿蘭陀（オランダ） 91-93, 108
　——語通詞 109
　——商館長 109
　——人 36, 91, 93-94, 108, 110, 476
　——船 91, 108
　——の旅館（→出島） 92-93
　——の暦法 93
尾張州 138, 151
音楽（→楽、楽器） 43, 46, 54, 77, 207, 210-211, 238, 481, 498
音曲 210
女盛り 204
怨念 217, 219
諺文（おんもん） 458
怨霊 220

【か】

貝類 495
改嫁 220, 230
垓下（がいか）の戦 225
怪奇現象 477, 481
会合（かいごう） 210, 225
外交 124, 195, 257
　——書簡（文書） 252, 257, 196

一生の美名 186-187, 195
一声独吟 209, 224
夷狄(いてき) 106, 231, 253
伊奈浦 113
田舎蟄居 503
田舎の子供 71
電(いなずま) 120-122
電狩り 122, 477
狗肉 235, 250-251, 479
犬の辛苦 250
犬骨折りて… 141, 250
山猪(いのしし) 234, 249, 261
位牌 107, 114
イハチ(→宴享) 280
梨花酒 232, 253
衣服(衣類) 26-30, 39, 118, 145, 163, 205, 207, 276, 466, 475, 493
異法 107
入子(いりこ) 27, 37
煎海鼠(いりこ) 102, 113
煎焼(いりやき) 240, 258
祝い事 207, 239-240, 480
殷 60, 229
印鑑 297
飲食 242, 479, 481
印信 285, 287, 297, 480
陰陽 45, 60, 207
印籠(いんろう) 26, 37

【う】

右議政(→議政、左議政) 124, 181, 195-196, 256
請負屋 452
于山国 101, 476
右参賛 196, 256
右参成 196, 256
牛 92, 95, 236, 249
鶉(うずら) 234, 249, 255, 261
打槌 29, 39
梁(うつばり) 120, 126, 257
鬱陵(うつりょう)島 101, 112, 476
器 242
腕折れ府使 287, 480
右道(→左道、左右道) 76, 87, 97, 111, 159, 161, 167, 173, 187, 199, 302
産土神(うぶすながみ) 229
馬の騎り方(→騎馬) 165, 478
馬別当 182, 196
馬廻(上士) 252
生み付き(→生質せいしつ) 36, 227, 255
海祭 476
卜(うらない)方 208
閏月(うるうづき→暦) 115
上わ着 28, 145, 207, 496
上わ廻り 67-68, 79-81, 83
上わ役 79, 88, 160, 188, 475
雲科(天文学) 499

【え】

永嘉台 131-132, 149, 477
英才教育 455
営纏監官(えいてんかんかん 炭小屋番) 170, 177, 478
叡徳 171, 178
永禄 187, 199
易 208
『易経』 224, 471
易経考 208, 224
易者 505
易地聘礼(えきちへいれい) 19, 63, 155, 201, 256, 300-301, 462-465, 467-468, 471, 484-485, 487, 493, 496, 500, 503
絵図 103, 106, 297
蝦夷(えぞ) 96, 100
越 141, 153, 212, 226
越王 226
江戸 78, 93-94, 144, 220, 249, 454, 463-464, 504
——三大祭 230
——参府 109
夷(戎えびす) 56, 65, 96, 100, 103, 106, 109, 115, 124, 133, 149, 183, 299
箙(えびら) 32, 39, 157, 162, 172

《事項索引》

【あ】

藍染め 38
愛孫の嫁 142
曖昧(あいまい 無実) 49, 63, 212, 226
亜鉛 176
淦(あか) 79-80, 88
赤き帯 158, 495
灰汁(あくじる) 29, 39
悪党(賊) 137, 144
欠伸(あくび) 55-56, 476, 482
悪魔 44-45
朝市 245, 495
朝夷奈大明神 130, 137, 148
浅黄染め 28, 38
あざらし 254
あしか 254
足癖 57, 476, 480, 482
足の所作 57, 65
足の蹈み所 56
足の舞い 289
足贔屓(びいき) 57
阿箏(あしょう) 209, 224
小豆(あずき) 237
——粥(かゆ) 241, 259
——飯 239
悪鬼 117, 477
宛行(あてがい) 137, 150, 164, 175
阿諂(あてん) 212, 226
鐙(あぶみ) 52, 165
油 236
尼(女尼) 220, 479
天照皇大神宮 70, 84
天の川 125
阿弥陀 98, 143
網曳船 73, 85
飴 246
雨履き 495
粟 237
生蚫(アワビ、鰒、鮑、蚫) 70-71, 102, 233-235, 252
鮟鱇(あんこう) 231, 233, 235, 253
暗行御史(あんこうぎょし→隠し目付) 283
按摩(あんま) 207
安楽寺 113

【い】

家筋 186-187, 216, 498
家の誕生日 239
硫黄(いおう) 72
医科 499
位階 143, 157-158, 160, 172, 195
紅蛤(いがい 赤貝、貽貝、からす貝) 234-235, 255, 269, 281
碇 68-69
壱岐(壱州) 75, 86, 134, 149
イギリス(イゲシュ) 95
——人 110
——船 476, 484
戦船 99, 111
生花 244, 480, 497
生猪(→猪ぶた) 69, 71
異見 214, 227, 271, 288
囲碁(囲棊、碁) 101, 123, 127, 129-130, 476-477
異国 100
——人 95, 118, 143, 476
——船 97, 103, 143, 476
——の詞 105
居酒盛り 281
石礫(いしつぶて→礫) 166
石火箭(いしびや) 92, 109
異宗 96-98, 106-107, 477
医術 206
石弩(いしゆみ) 92, 109
居住舞(いずま)い 288, 299
異姓(他性) 30, 106
異船 95-97, 100
——漂着(→漂着) 96-97,110,483-484
胃腸 89
一里塚 136

索　引

凡　例

1．本索引は『通訳酬酢』「解読編」および「解説」の本文と註から項目を抽出した。ただし頻出する小田幾五郎（人名）と『通訳酬酢』の項目は除外した。
2．事項の配列は、日本語読みの五十音順とした。原史料に見えるふりがなについては、表記統一のため、一部例外を除き採用していない。
3．採録した事項と同義語・類義語として集約できるものについては（　）内に示した。
4．採録事項と関連する用語がある場合は、見よ項目（→）に示した。
5．朝鮮人名の読みについては、原音表記に近い形の日本語表記（カタカナ）とした。

『通訳酬酢』解読編・註（朝鮮官職）修正表

（頁・巻数・註番号、項目、修正文を示す）

19頁　序書　註（10）　同知（どうち）　知事につぐ訳官二番目の職位。

19頁　序書　註（11）　僉知（せんち）　同知につぐ訳官三番目の職位。

19頁　序書　註（12）　知事　訳官の最高位。

111頁　巻四　註（60）　郡守　従四品の地方官（

112頁　巻四　註（61）　県令

112頁　巻

巻四　註……従五品の地方官（守令）。

112頁　巻四　註(63)　権官　不明。権管（武官、従九品）のことか？

巻四　註(75)　県監　従六品の地方官（守令）。

17…

衛営・衛…

173頁　巻七　註(20…

174頁　巻七　註(35)　統制使　慶尚・全羅・忠清三道水軍の総司令官

176頁　巻七　註(75)　県令　従五品の地方官（守…

196頁　巻八　註(12)　議政府　朝鮮王朝の官僚統制を担当……以……・左右参賛・左右参成からなる（巻十註69）。

196頁　巻八　註(14)　備辺司　内外の軍事を統括するとともに国家政策の最高議決機関。

197頁　巻八　註(31)　統制使　「三道統制使」の略で、統制営に本営を置いた慶尚・全羅・忠清三道水軍の総司令官。

198頁　巻八　註(58)　知事　訳官の最高位。

198頁　巻八　註(59)　同知（どうち）　知事につぐ訳官二番目の職位。

199頁　巻八　註(76)　主簿　従六品。判官（註77）の下位。判官不在の官庁では主簿が最高職位（長）となる。

199頁　巻八　註(77)　判官　従五品。後の原文に「判官ハ府之勘定を預り」とあるが、どの官庁のものをさすかは不明。

200頁　巻八　註(94)　府尹（ふいん）　地方官（守令）の最高位。従二品。

【編著者紹介】

田代和生（たしろ・かずい）

1946年札幌市生まれ。慶應義塾大学大学院教授を経て、2011年同大学名誉教授。同年紫綬褒章受章。2014年日本学士院会員。文学博士。

1968年より対馬島を中心に史料調査を開始。1998年～2006年国内外に散在する膨大な宗家文書のマイクロフィルム資料『対馬宗家文書』（ゆまに書房）を監修。

著書・論文『近世日朝通交貿易史の研究』(創文社1981年)、『書き替えられた国書』（中央公論社1983年）、『江戸時代朝鮮薬材調査の研究』（慶應義塾大学出版会1999年）、『日朝交易と対馬藩』（創文社2007年）、「朝鮮国書原本の所在と科学分析」『朝鮮学報』202輯2007年、『新・倭館—鎖国時代の日本人町』（ゆまに書房2011年）、『交隣提醒（校注）』（平凡社2014年）、「朝鮮通信使が見た庶民芸能」『史学』86巻1・2号2016年など。

近世日朝交流史料叢書　I

通訳酬酢（つうやくしゅうさく）

2017年10月2日　初版第1刷印刷
2017年10月10日　初版第1刷発行

編著者　田代和生

発行者　荒井秀夫
発行所　株式会社　ゆまに書房
〒101-0047　東京都千代田区内神田2-7-6
TEL 03-5296-0491　FAX 03-5296-0493

組版　有限会社　ぷりんてぃあ第二
印刷・製本　株式会社　シナノ

　ISBN978-4-8433-5167-3 C3321
定価：本体5,800円＋税